María M. Portuondo

Ciencia secreta
La cosmografía española y el Nuevo Mundo

Traducción de Manuel Cuesta

María M. Portuondo

Ciencia secreta

La cosmografía española y el Nuevo Mundo

Traducción de Manuel Cuesta

Iberoamericana - Vervuert - 2013

Esta obra ha sido publicada con una subvención del Ministerio de Educación, Cultura y Deporte, para su préstamo público en Bibliotecas Públicas, de acuerdo con lo previsto en el artículo 37.2 de la Ley de Propiedad Intelectual

Este libro es una traducción de la edición inglesa *Secret Science. Spanish Cosmography and the New World.* Licensed by The University of Chicago Press, Chicago, Illinois, U.S.A.

© Iberoamericana, 2013
Amor de Dios, 1 – E-28014 Madrid
Tel.: +34 91 429 35 22
Fax: +34 91 429 53 97
info@iberoamericanalibros.com
www.ibero-americana.net

© Vervuert, 2013
Elisabethenstr. 3-9 – D-60594 Frankfurt am Main
Tel.: +49 69 597 46 17
Fax: +49 69 597 87 43
info@iberoamericanalibros.com
www.ibero-americana.net

ISBN 978-84-8489-620-3 (Iberoamericana)
ISBN 978-3-86527-675-9 (Vervuert)

Depósito Legal: M-10830-2013

Diseño de la cubierta: Carlos Zamora
Ilustración de cubierta: Jan van der Straet, Nova Reperta; Lapis Polaris Magnes, © The Trustees of the British Museum

Impreso en España
The paper on which this book is printed meets the requirements of ISO 9706

"Pintaremos nuevo cielo nunca visto de nuestros pasados,
nueva tierra nunca imaginada, con la extrañeza que tiene,
donde no hallaremos cosa que parezca a las nuestras; nuevos
Arboles, yerbas, fieras, aves y pescados; nuevos hombres,
costumbres y religión; grandes acaecimientos en la
conquista y la posesión de lo conquistado".

Juan Páez de Castro,
De las cosas necesarias para escribir historia (1555)

Biblioteca del Real Monasterio de San Lorenzo de El Escorial,
manuscrito &.III.10

Índice

Ilustraciones

Imágenes

Láminas en color

Las láminas se encuentran en el cuadernillo sin foliación tras la página 372

3.	Mapamundi en dos circunferencias con centros respectivos en sendos polos terrestres (Alonso de Santa Cruz, 1542)
4.	Mapa del estrecho de Magallanes del *Islario general* de Alonso de Santa Cruz
5.	"Carta de marear" del *Sumario* de Juan López de Velasco
6.	"Tabla general de las Indias de medio día" (*ibid.*)
7.	"Tabla de las Indias de Poniente" (*ibid.*)
8.	"Tabla de la Audiencia de La Española" (*ibid.*)
9.	Mapa de Cempoala
10.	Mapa de Guaxtepec

Cuadros y tablas

Agradecimientos

Este libro se originó en el Departamento de Historia de la Ciencia y la Tecnología de la Johns Hopkins University, y es a profesores y compañeros doctorandos de allí a quienes primero debo agradecer que lo hicieran posible, pues me ofrecieron un entorno de aprendizaje fascinante, y una plataforma desde la que explorar las múltiples formas de enfocar la historia de la ciencia. Los profesores Sharon Kingsland y Bill Leslie se ocuparon de proporcionar, tanto en su papel de catedráticos como de docentes, los recursos económicos y la sazón que mis cambiantes intereses requerían. Larry Principe, con su entusiasmo contagioso por el oficio de historiador, supuso una fuente inagotable de motivación. Plantó la semilla del trabajo que acabó siendo este libro Richard Kagan, quien me animó a trabajar en un tema que le es tan querido, y durante dos años toleró mis digresiones sobre historia de la ciencia en su seminario de Historia de España, Edad Moderna.

La investigación que llevó a este libro no habría sido posible sin la dotación económica de una serie de becas. Financiaron partes de mi investigación dos de la Johns Hopkins University –la Leonard and Helen R. Stulman Fellowship in the Humanities, y el J. Brien Key Graduate Student Assistance Award–, y una beca de investigación de corta duración del Seminario de Historia Atlántica de la Harvard University me permitió una dilatada estancia en varios archivos de España; quisiera expresar mi agradecimiento a los suscriptores y administradores de estos programas por su generoso apoyo. El Departamento de Historia y el College of Liberal Arts and Sciences de la University of Florida me concedieron, por su parte, fondos para viajes de investigación y un semestre sabático que me permitió revisar el texto del libro, amén de una generosa subvención para que sus mapas manuscritos pudiesen reproducirse en color. Mis colegas Fred Gregory y Betty Smocovitis leyeron una primera versión, haciendo sugerencias y comentarios de valor incalculable. Kip D. Kuntz me asesoró pacientemente sobre ciertos aspectos de astronomía, si bien la única responsable de posibles errores en los cómputos soy yo. En la University of Chicago Press he tenido el gusto de trabajar con Karen Darling, quien reunió un equipo de correctores anónimos especialistas a quienes agradezco sus sugerencias y puntualizaciones. Merecen mi más profundo agradecimiento Klaus Vervuert, a cuya iniciativa debemos la publicación de esta obra en castellano en la editorial que dirige, y Manuel Cuesta, quien vertió mis ideas con elegancia y precisión. Esta edición española ha podido realizarse gracias a subvenciones de la Johns Hopkins University, y del Ministerio de Cultura de España.

Estoy en deuda también con los encargados de los numerosos archivos y bibliotecas que visité en España, entre los cuales dos personas merecen mención especial: en la biblioteca del Real Monasterio de El Escorial, José Luis del Valle Merino me ayudó a localizar volúmenes en ocasiones esquivos, y, gracias al tiempo que generosamente me dedicó Mercedes Noviembre, del Archivo Zabálburu, pude mantener mis fechas previstas de viaje a pesar de las obras de remodelación del edificio. Debo agradecer asimismo a Francisco Fernández de Navarrete, marqués de Legarda, quien tuvo la gentileza de indagar en el archivo de su familia, y sacarme copia de una importante fuente.

Este libro no habría sido posible sin el apoyo inquebrantable de Janet Patacca, quien me animó a emprender la aventura intelectual que llevó a estas páginas.

Partes de los capítulos segundo y quinto aparecen en "Spanish Cosmography and the New World Crisis", en *Beyond the Black Legend: Spain and the Scientific Revolution / Mas allá de la Leyenda Negra: España y la Revolución Científica*, editado por William Eamon y Víctor Navarro Brotóns (Valencia: Soler, 2007). Secciones del segundo capítulo aparecen como "Cosmography at the *Casa, Consejo y Corte* during the Century of Discovery", en *Science in the Spanish and Portuguese Empires (1500-1800)* (Stanford: Stanford University Press, 2008).

Abreviaturas

AGI   Archivo General de Indias (Sevilla)
AGS   Archivo General de Simancas
AHN Archivo Histórico Nacional (Madrid)
APR   Archivo de Protocolos (Madrid)
BAH Biblioteca de la Academia de la Historia
BCC   Biblioteca Capitular y Colombina (Catedral de Sevilla)
BL   British Library
BME Biblioteca del Real Monasterio de San Lorenzo de El Escorial
BMN Biblioteca del Museo Naval
BN   Biblioteca Nacional de España
BUS   Biblioteca de la Universidad de Salamanca
CSIC Consejo Superior de Investigaciones Científicas
DIA   Joaquín Francisco Pacheco, Francisco de Cárdenas y Espejo, y Luis Torres de Mendoza, eds., *Colección de documentos inéditos, relativos al descubrimiento conquista y colonización de las antiguas posesiones españolas de América y Oceanía, sacados de los archivos del reino, y muy especialmente del de Indias*, 42 vols. (Vaduz: Kraus Reprint, 1964)
DIU   Academia de la Historia Real, ed., *Colección de documentos inéditos relativos al descubrimiento, conquista y organización de las antiguas posesiones españolas de ultramar*, 25 vols. (Nendeln: Kraus Reprint, 1967)
DIE   Martín Fernández de Navarrete, ed., *Colección de documentos inéditos para la historia de España* (Vaduz: Kraus Reprint, 1964-1975)
IVDJ Instituto de Valencia de Don Juan
JCB   John Carter Brown Library
UTX   Benson Latin American Collection. University of Texas at Austin
ZAB   Archivo Zabálburu (Madrid)

Introducción

Durante el siglo que siguió al descubrimiento de América, los europeos fueron tratando de familiarizarse con aquellas vastas tierras recién descubiertas que con tanto acierto llamaron el Nuevo Mundo. Las primeras descripciones del territorio y sus habitantes no hicieron sino abrir las compuertas a nuevos interrogantes. ¿Qué contenía aquel Nuevo Mundo? ¿Dónde quedaba con respecto a Europa? ¿Quién lo poblaba? ¿Personas como nosotros, o distintas? Estas preguntas que el descubrimiento planteaba llenaron de desconcierto a los pocos hombres que, en Europa, se declaraban expertos conocedores del mundo natural y sus habitantes. Reconocieron en ellas uno de los mayores retos de su época.

Muchos de quienes lo asumieron ostentaban el título de *cosmógrafo*. Era la suya una nueva disciplina firmemente arraigada en el humanismo del Renacimiento –integraba lo que, desde nuestro punto de vista actual, podríamos identificar como geografía, cartografía, etnografía, historia natural, historia y ciertos elementos de astronomía–, y este cielo y esta tierra nuevos entendían que tenían que ajustarse a la imagen del mundo que los relatos bíblicos y clásicos habían inoculado en el imaginario europeo, conque inicialmente buscaron pautas generales en los textos clásicos que habían venido definiendo secularmente los contornos del mundo conocido. Pero este constructo de los antiguos que los humanistas alimentaron pronto demostró tener cimientos resbalosos, y, en el siglo XVI, los cosmógrafos no tardaron en privilegiar, frente a relatos clásicos, informes de primera mano, ni en emprender sus propias pesquisas empíricas.

Fue, sin duda, en la España del siglo XVI donde hubo la más firme determinación de crear un nuevo marco desde el que explicar la realidad del Nuevo Mundo. Los cosmógrafos españoles introdujeron en su disciplina, en efecto, epistemologías alternativas y nuevos métodos que, en última instancia, cambiaron la forma en que los europeos concebían el mundo natural. En la idea de elaborar una descripción fiel y útil del mundo, echaron mano de viajes de exploración científica, geografías descriptivas, nuevos métodos cartográficos y nuevas técnicas de navegación, e incesantemente interrogaban a quienes vivían en las nuevas tierras o llegaban de allende el "mar Océano", esfuerzos todos que, para el reinado de Felipe II (r. 1556-1598), ya se habían institucionalizado y funcionaban bajo la dirección de los cosmógrafos del rey.

En los años 70 del siglo XVI, la tarea que estos cosmógrafos habían asumido de describir el imperio en expansión de su país dio lugar a una serie de proyectos científicos de gran escala. De algunos se han ocupado minuciosamente los historiadores (la obra del naturalista Francisco Hernández en México o los cuestionarios asociados a las llamadas relaciones de Indias), y otros son menos conocidos (el de determinar, sirviéndose de eclipses lunares, las coordenadas de longitud de los dominios de España en ultramar o la reforma de las cartas de navegación que usaban los pilotos que zarpaban para las Indias), pero, en general, los historiadores han abordado estos proyectos como empresas independientes, vinculándolos vagamente a necesidades administrativas o a la curiosidad del monarca –más recientemente, Jesús Bustamante ha visto en ellos la culminación del humanismo español–.[1] En mi libro, en cambio, estos proyectos se plantean desde el punto de vista de la práctica científica coordinada.[2] Este enfoque tiene la ventaja de hacer de la cosmografía y de sus cultores –los

---

1.   Jesús Bustamante García, "Los círculos intelectuales y las empresas culturales de Felipe II: Tiempos, lugares y ritmos del humanismo en la España del siglo XVI", en *Élites intelectuales y modelos colectivos: Mundo ibérico (siglos XVI-XIX)*, eds. Mónica Quijada y Jesús Bustamante García (Madrid: CSIC, 2003).

2.   Mi perspectiva historiográfica coincide con la de algunos estudiosos recientes de la historia de la ciencia en la España de la Edad Moderna. Véanse (nota 29 de la presente introducción) las obras de Antonio Barrera-Osorio y Jorge Cañizares Esguerra que en esta cito recurrentemente.

cosmógrafos reales– uno de los principales nexos de unión (tanto burocráticos como intelectuales) de las actividades científicas llevadas a cabo en España para explicar el Nuevo Mundo.

Conviene aclarar qué entiendo por *ciencia* en este libro. Lo que desde nuestra perspectiva actual podrían considerarse prácticas científicas –asociadas a metodologías posnewtonianas–, en la Edad Moderna o no existían o pertenecían a modos de explicar la naturaleza de todo punto diferentes; sucede, así, que, al hablar de *ciencia*, los historiadores de la Edad Moderna estamos haciendo un uso anacrónico del término, pero es, al tiempo, una forma expeditiva de aludir a un conjunto bastante definido de métodos encaminados a la creación de conocimiento sobre el mundo natural –métodos que incluían la filosofía natural, el empirismo, la historia natural, la magia natural y las matemáticas aplicadas–. Uso también *ciencia* aquí como abreviatura de "ciencia de la cosmografía", es decir: para aludir al marco teórico y a las prácticas específicas de los cosmógrafos.[3]

En la época de los descubrimientos, la cosmografía renacentista seguía siendo una disciplina joven –no se había refundado sino en el siglo xv, con el redescubrimiento de la *Geografía* de Tolomeo y la revalorización, por parte de los humanistas, de geógrafos como Estrabón o Pomponio Mela–. Entendida como conjunto de teorías, jerga y prácticas que, en la medida en que se enseñan, pasan a tener discípulos,[4] se hizo un importante hueco en las universidades

---

3. El término *ciencia* era de uso común en la España del siglo xvi, y tenía diversas acepciones: podía referirse a una disciplina específica, denotar un modo de adquirir conocimiento y describir cuán bien se sabía algo. El cosmógrafo real Alonso de Santa Cruz –por dar un caso– alude concretamente a la astrología y a la cosmografía como *ciencias* cuando dice, por ejemplo: "Despues de esto yo me di a saber las ciencias de Astrología y Cosmografía" (AGI, P-260, N. 2, R. 6, "Borrador y apuntaciones para el prólogo del libro intitulado 'Islario General'"). Covarrubias, por su parte, en el suplemento a su *Tesoro de la lengua castellana* (1611), define *ciencia* como "el conocimiento cierto de alguna cosa por su causa" o "saber con certeza". Véase Sebastián de Covarrubias Horozco, *Tesoro de la lengua castellana o española: Edición integral e ilustrada de Ignacio Arellano y Rafael Zafra* (Madrid/ Frankfurt: Iberoamericana/Vervuert, 2006), 528.

4. Sigo la definición de Donald Kelley, para quien una disciplina es una empresa con "un método característico, una terminología especializada, una comunidad de cultores, un canon de autoridades, una agenda de problemas por resolver y, quizás, otros signos formales de condición profesional como, por ejemplo, revistas, manuales, currículos de estudio, bibliotecas, ritos y reuniones sociales" (Donald R. Kelley, introducción a *History and the Disciplines: The Reclassification of Knowledge in Early Modern Europe*, ed. Kelley [Rochester: University of Rochester Press, 1997], 1). Para un panorama reciente del papel de la universidad en la

españolas, donde cobró estatus de disciplina autónoma al adoptar como fundamento teórico un corpus de obras clásicas (asimiló asimismo numerosos enfoques metodológicos y epistemológicos típicamente humanistas, reduciéndolos a un conjunto de prácticas que se convirtieron en prototípicas del cosmógrafo). Dos formas principales de exponer información cosmográfica –la cartografía tolemaica y el género cosmográfico descriptivo– se remontan igualmente a los orígenes humanísticos de la disciplina en el siglo xv.

La de los cosmógrafos reales de España era ciencia orientada a un fin, justificada únicamente por el beneficio del Estado o, más concretamente, de la monarquía de los Habsburgo –respondían, sí, en todo momento a un mandato utilitario que demandaba un producto específico, resultados aprovechables en un plazo y a un coste razonables–; en semejante contexto, las aspiraciones personales o inclinaciones intelectuales que no sirviesen directamente a fines institucionales habían de subordinarse a los intereses del Estado o abandonarse. Los cosmógrafos reales a menudo estaban vinculados a la corte, pero en su mayoría trabajaban en las dos principales instituciones creadas para coordinar la colonización y explotación del Nuevo Mundo: la Casa de la Contratación (en Sevilla) y el Consejo de Indias.

La Casa de la Contratación se fundó en 1503 para regular todo comercio y navegación hacia el Nuevo Mundo, también llamado las Indias. Coordinaba cualquier negocio mercantil relativo a las posesiones españolas de ultramar, lo que incluía la recaudación de impuestos, el mantenimiento de un marco de supervisión judicial para las empresas comerciales y la regulación del tráfico humano con las colonias. Para desempeñar esta tarea precisaba de hombres duchos en el arte náutico, capaces de ir representando en mapas la línea costera del Nuevo Mundo, confeccionar los instrumentos y derroteros necesarios para navegar con seguridad hasta él y adiestrar a generaciones de pilotos de cara al gobierno de una embarcación. Necesitaba cartas náuticas, instrumentos y tablas astronómicas que fuesen fiel reflejo de la realidad –no podía enviar barcos a una tierra imaginaria por un mar imaginario–.[5]

---

conformación de las disciplinas científicas de la Edad Moderna, véase Mordechai Feingold y Víctor Navarro Brotóns, eds., *Universities and Science in the Early Modern Period* (Dordrecht: Springer, 2006).

5. La obra clásica sobre el Consejo de Indias y la Casa de la Contratación la escribió, en los años 30 del siglo xx, Ernst Schäfer. Véase Ernesto Schäfer, *El Consejo Real y Supremo de las Indias: Su historia, organización y labor administrativa hasta la terminación de la Casa de Austria*, 2 vols. (Valladolid/Madrid: Junta de Castilla y León, Marcial Pons, 2003). Para una evaluación reciente de las actividades náuticas

En el Consejo de Indias, por su parte, la labor cosmográfica no era menos pragmática que en la Casa, si bien respondía a necesidades de índole distinta. Era el consejo asesor del monarca responsable del gobierno de los territorios de España en el Nuevo Mundo –supervisaba la explotación de sus recursos naturales y humanos–, y de él dependía el tribunal judicial responsable de los asuntos legales y políticos de aquellas tierras, así como el nombramiento de sus administradores y responsables religiosos; necesitaba, pues, para poder gobernar el imperio, información detallada sobre el Nuevo Mundo. En semejante empresa no cabía la especulación filosófica. Y no por miedo a, desviándose de la ortodoxia, caer en las redes de la Inquisición,[6] sino porque rara vez producían semejantes investigaciones resultados que pudieran aplicarse a los apremiantes problemas del imperio en expansión.

Los cosmógrafos reales objeto de este estudio sirvieron bajo tres monarcas de la casa de los Habsburgo, el primero de los cuales fue Carlos V, quien (r. 1516-1556) legó las posesiones de dicha casa real en el Norte de Europa, Italia y España –más todos los territorios del Nuevo Mundo– a su hijo Felipe II, que es, por su parte (r. 1556-1598), el soberano con el que la extensión de los dominios de la misma llegó a su cenit, controlando los Países Bajos, amplias partes de Italia, casi todo el continente americano conocido, Filipinas y, tras la anexión de Portugal (1580), toda la Península Ibérica. Nótese el carácter de amalgama de la monarquía española durante la época de los descubrimientos:[7] nobles locales (antiguas casas reales incluidas), asambleas regionales, y virreinatos coloniales –cada cual

---

de la Casa, véase Antonio Acosta Rodríguez, Adolfo Luis González Rodríguez y Enriqueta Vila Vilar, eds., *La Casa de la Contratación y la navegación entre España y las Indias* (Sevilla: Universidad de Sevilla/CSIC/Fundación El Monte, 2003).

6. José Pardo Tomás concluye que las regulaciones sobre la importación de libros de autores protestantes contribuyeron al aislamiento de los hombres de ciencia de la España de finales del siglo XVI, pero no necesariamente fueron obstáculo para la práctica científica local, ya que el Santo Oficio rara vez censuraba libros científicos. Véase José Pardo Tomás, *Ciencia y censura: La Inquisición española y los libros científicos en los siglos XVI y XVII* (Madrid: CSIC, 1991), 334-339.

7. John H. Elliott, "A Europe of Composite Monarchies", *Past and Present* 137 (1992): 51. Para una concisa introducción a la monarquía española de los Habsburgo en el siglo XVI y su relación con el Nuevo Mundo, véase John H. Elliott, *Spain and Its World, 1500-1700* (New Haven, Conn.: Yale University Press, 1989), 7-26. Para una historia general de la monarquía española de los siglos XVI y XVII, véase Antonio Domínguez Ortiz, *Desde Carlos V a la paz de los Pirineos, 1517-1660* (Barcelona: Grijalbo, 1974) y John H. Elliott, *Imperial Spain, 1469-1716* (London: Penguin Books, 1990).

con gobernanza y tradiciones diversas– concurrían en el seno de una compleja estructura administrativa por hacer valer derechos y privilegios, siguiendo en vigor las leyes y prácticas administrativas propias de cada territorio de no explicitar lo contrario un decreto real –respeto este de las leyes locales que, si bien garantizó cierto grado de obediencia a la Corona, hizo también prácticamente imposible la aplicación consistente de determinada legislación (la relativa, por ejemplo, a la información confidencial)–. En el centro del poder se situó, en cualquier caso, el reino de Castilla, cuyos nobles y letrados ocuparon las esferas religiosas y gubernamentales.

En el clima de rápida expansión territorial del siglo xvi, conocer con exactitud la ubicación de tierras recién descubiertas tenía importantes implicaciones geopolíticas. España y Portugal siguieron discutiendo, aun tras su unificación, la línea fronteriza precisa que –establecida en 1493 por el papa– en 1494 revisara el Tratado de Tordesillas, y esta división de nuevos territorios entre dos esferas de influencia no podía sino arrastrar a otras naciones europeas –especialmente cuando, tras la conquista de México y el Perú, se difundieron noticias sobre la naturaleza y magnitud de la posible riqueza de las Indias–. Franceses e ingleses (a quienes luego se sumaron los holandeses e innúmeros piratas y corsarios) vieron en los territorios fronterizos de ultramar de la Corona española –escasamente defendidos– jugosos blancos.

La consolidación del mayor imperio hasta entonces conocido coincidió, además, con los virulentos conflictos religiosos habidos en Europa en el siglo xvi, hacia la mitad del cual, tuvo lugar un cierre de filas en torno a la ortodoxia católica de Felipe II, y la Inquisición se erigió como poderoso árbitro para materias de fe en la Península Ibérica y las Indias, la espiritualidad de cuyos aborígenes era, por otra parte, objeto de gran atención entre las órdenes religiosas responsables de su conversión y bienestar (franciscanos, dominicos, agustinos, y, posteriormente, jesuitas)–. Durante todo ese siglo, el Consejo de Indias procuró fortalecer el tenue control que la Corona española mantenía tanto sobre la mencionada vida espiritual, como sobre las opciones políticas de una población nativa a menudo díscola.

Sobre los incontables grupos étnicos, naciones y credos que constituían sus dominios en Europa, dicha Corona gozaba –en el mejor de los casos– de hegemonía nominal, y preservar al menos esta apariencia de unidad requería una sutil combinación de control militar, patronazgo y autonomía local. En cuanto a las Indias, las dificultades logísticas que la distancia imponía exigían un finísimo aparato de poder real, siendo reducidos a su gremio virreinatos y audiencias de ultramar rara vez por medios militares –eran más bien menester (normalmente) complejas y dilatadas negociaciones,[8] competiendo al Consejo de Indias sopesar cuidadosísimamente, por una parte, las pretensiones políticas y fiscales de los colonos, y, por otra, el deber fiduciario de los mismos para con el monarca español (administradores que eran de lo que este consideraba posesiones suyas personales)–. Hacia finales del siglo xvi, las bancarrotas recurrentes de la Corona –y la sangría constante que para Castilla era la lucha en curso por pacificar los Países Bajos– dejaron al descubierto las dificultades (reales o imaginarias) que mantener aquellos vastos dominios de ultramar entrañaba.

Los cosmógrafos reales de la España del siglo xvi operaban dentro de una estructura burocrática diseñada para administrar este complejo imperio y, hacia la mitad de dicho siglo, las amenazas que suponían enemigos igual foráneos que intestinos llevaron al monarca a considerar la labor cosmográfica lo que hoy diríamos secreto de Estado; cuyo concepto, en la Edad Moderna venía dado por el peligro que determinados tipos de información pudiesen conllevar para la monarquía, por lo que la Corona española tomó –según decimos– la medida defensiva de censurar y prohibir (por motivos militares y políticos) la circulación de mapas, descripciones geográficas y relatos históricos sobre las Indias. Es sencillo reconstruir el razonamiento que llevó a dicha política de confidencialidad: los documentos que revelaban coordenadas geodésicas, accidentes geográficos, líneas costeras, hidrografía y recursos naturales del Nuevo Mundo podrían ser usados –de hacerse públicos– por los enemigos de la Corona para (llegando hasta allí) causar daño en el patrimonio de esta y en los pueblos que tenía obligación de proteger; se otorgaba, pues, a semejante información un valor estratégico, defensivo y monetario, y era menester salvaguardarla de enemigos –extranjeros o internos–. Como cualquier cosa dotada de valor, la información cosmográfica se escondía, se robaba, se tergiversaba, se aprovechaba para el medre personal, se usaba para agilizar los planes institucionales o reales y –naturalmente– se compraba y se vendía.

Desde nuestro punto de vista actual, puede parecer ingenuo el creer que, simplemente ocultando la información geográfica, un país realmente pudiese mantener el Nuevo Mundo a salvo de ávidos

---

8. John H. Elliott, *Empires of the Atlantic World: Britain and Spain in America, 1492-1830* (New Haven: Yale University Press, 2006), 130-133.

intrusos, pero este esfuerzo por guardar en secreto la ubicación de nuevos y fructíferos descubrimientos geográficos no es original de la Corona española: en 1481, la monarquía portuguesa y sus Cortes prohibieron la divulgación de cartas náuticas y descripciones históricas relativas a sus descubrimientos recientes.[9] Sea como sea, en 1527, la Casa de la Contratación vetó a los pilotos extranjeros la posesión de cartas de navegación,[10] y, en la dedicatoria de su *Divers Voyages* (1582), Richard Hakluyt dio fe de cuán eficaces –o, al menos, engorrosos– habían sido los esfuerzos de España por retener la información cosmográfica sobre el Nuevo Mundo: "Portingales time to be out of date and that the nakedness of the Spaniards and ther long hidden secretes are now at length espied, whereby they went about to delude the worlde, I conceive gret hope that the time approcheth and nowe is, that we of England may share and part stakes [...] bothe with the Spaniarde and the Portingale in part of America, and other regions as yet undiscovered".[11]

¿Cómo influyó en la labor de los cosmógrafos reales de España este contexto de confidencialidad? La necesidad de prevenirse contra intrusos extranjeros se tradujo, por ejemplo, en que muchas de sus obras quedasen inéditas –lo que no significa (como determinada literatura historiográfica sugiere) que, en tanto que potencia colonial, España quisiera suprimir las identidades amerindias o que el monarca careciese de interés; la razón era, antes bien, que el material en dichas obras contenido se consideraba valioso y sensible desde el punto de vista estratégico–. Estipulaban también las directrices de confidencialidad que las obras cosmográficas circulasen solo entre un grupo selecto de agentes gubernamentales, y esto, aunque no supuso que la disciplina se ejerciese en el vacío –hay indicios patentes de una

---

9. Jaime Cortesão, "The Pre-Columbian Discovery of America", *Geographical Journal* 89, nº 1 (1937): 30-32.

10. José Pulido Rubio, *El piloto mayor de la Casa de la Contratación de Sevilla: Pilotos mayores, catedráticos de cosmografía y cosmógrafos* (Sevilla: Escuela de Estudios Hispano-Americanos, 1950), 141.

11. "[Teniendo en cuenta que] la hora de los portugueses ya pasó, y que los secretos que los españoles han tenido tanto tiempo ocultos, engañando al mundo, ha sido puestos al descubierto ya, encuentro fundada la esperanza de que ha llegado por fin la hora de que nosotros, los ingleses, tengamos nuestra parte también [...] junto a españoles y portugueses en zonas de América, y en otras regiones aún por descubrir" (traducción *ad hoc* de M. C.). Transcrito de J. N. Hillgarth, *The Mirror of Spain, 1500-1700: The Formation of a Myth* (Ann Arbor: University of Michigan Press, 2000), 374.

vívida tradición crítica–, sí conllevó que, en el ámbito restringidísimo de los cosmógrafos con acceso a esta información, el talento, la disposición y las preferencias de hombres aislados acabasen incidiendo enormemente en el decurso de la disciplina.

El tránsito entre los reinados de Felipe II y Felipe III (r. 1598-1621) permite estudiar la cosmografía bajo dos monarcas de carácter y estilo marcadamente divergentes, los cuales tenían –en ocasiones– programas imperiales diametralmente opuestos y pusieron en práctica sistemas distintos de patronazgo real: mientras que, durante los cuarenta años que duró su reinado, Felipe II dispuso no solo que sus cosmógrafos-burócratas reuniesen con diligencia información sobre el Nuevo Mundo sino, además, que le diesen trato de confidencial, con Felipe III los cosmógrafos reales tenían libertad para –se les animaba, incluso, a– publicar sus hallazgos y divulgar lo que, hasta una década antes nomás, venía considerándose secreto de Estado. Los cosmógrafos reales no tardaron en adaptarse a este socavamiento de las políticas de confidencialidad, cuyos agentes fueron la mencionada transformación de la estructura de patronazgo y el contexto cortesano en que operaban, e incursiones extranjeras recurrentes en los territorios de la Corona.

De los silencios cartográficos –atinada fórmula de J. B. Harley– resultantes de este contexto de confidencialidad se desprende la complicada situación histórica a la hora de confeccionar un mapa del Nuevo Mundo de la Edad Moderna.[12] No nos han llegado, en efecto, sino unos pocos mapas españoles del siglo XVI –exactamente lo que cabía esperar, dadas las estrictas medidas de control aplicadas por motivos de confidencialidad sobre la producción cosmográfica en el Consejo de Indias y en la Casa de la Contratación–, y de esta carestía fueron dos las razones: en primer lugar, las cartas náuticas confeccionadas o autorizadas por la Casa eran, por su naturaleza misma, documentos perecederos (se hacían trazos sobre ellas, se pinchaban repetidamente con compases, las salpicaba agua de mar y, cada vez que veían la luz cartas nuevas, se desechaban); en segundo lugar, en el Consejo los mapas se consideraban documentos secretos de consulta –no se elaboraban con vistas a su publicación–. El aparente silencio que la escasez de mapas sugiere contrasta, sin embargo, con la pujanza y novedad características de la práctica cosmográfica en estas instituciones durante el siglo XVI.

---

12. J. B. Harley, *The New Nature of Maps*, ed. Paul Laxton (Baltimore: Johns Hopkins University Press, 2001), 59-60, 105.

Pero, junto al relato histórico de la transformación de los estándares de confidencialidad, explora también este libro una serie de cambios fundamentales que, a raíz del descubrimiento del Nuevo Mundo, experimentó la disciplina cosmográfica. La cual, según la concebían los estudiosos humanistas que en el siglo xv definieron sus prácticas, llevaba aneja determinado modo de representación –constaba, en efecto, una obra cosmográfica tanto de mapas, como de textos descriptivos; requería, por tanto, destrezas de una parte matemáticas y gráficas, y, de otra, descriptivas y textuales–. Para los cosmógrafos españoles, sin embargo, el descubrimiento del Nuevo Mundo supuso verse de golpe en la tesitura de deber compaginar dicho modo, típico renacentista, de representación, con un contexto imperial que exigía exactitud, rapidez y la producción de obras útiles, y otro tanto sucedió con la epistemología de erudición libresca igualmente asociada a la cosmografía del Renacimiento: que, poco a poco, fue cediendo su sitio a un enfoque empírico y matemático.

Este libro sostiene que, hacia finales del siglo xvi, se hizo patente el fracaso de la cosmografía renacentista en su intento de ofrecer un marco conceptual adecuado desde el que describir el Nuevo Mundo, y, por lo tanto, la práctica cosmográfica se disolvió epistémica y metodológicamente: la parte descriptiva –de geografía– pasó a ser competencia de historiadores y cronistas; en cuanto a la cosmografía en sentido estricto, correspondió a matemáticos centrados en cartografía matemática, y otras disciplinas empíricas complementarias. Los hechos aquí referidos anticipan la tendencia a la especialización –y el desarrollo de nuevas metodologías– que los historiadores han señalado en relación a cosmógrafos ingleses, franceses y alemanes.[13]

Interpreto los datos históricos, que presentan un período de prácticas en proceso de transformación, como indicio de presiones que, ejercidas en el seno de un grupo de cultores de una disciplina científica, pueden acabar llevando a la reconceptualización de

---

13. Para un tratamiento general del carácter cambiante de la cosmografía en el siglo xvi, véase Klaus A. Vogel, "Cosmography", en *The Cambridge History of Science*, eds. Lorraine Daston y Katherine Park (Cambridge: Cambridge University Press, 2006), 470-471. Para un estudio de la cosmografía francesa, véanse Frank Lestringant, *Mapping the Renaissance World*, 129. Del caso inglés se ocupan Lesley B. Cormack, *Charting an Empire* (Chicago: University of Chicago Press, 1997), 37-42, y Robert J. Mayhew, "Geography, Print Culture, and the Renaissance: 'The Road Less Travelled By'", *History of European Ideas* 27 (2001): 349-369.

las metodologías y la epistemología a la misma asociadas[14] –el descubrimiento y la colonización del Nuevo Mundo es ejemplo de tales presiones; la actividad de los cosmógrafos reales, testimonio histórico de cómo reaccionó ante evento de tamaña trascendencia un grupo de científicos especialistas–. Este libro muestra cómo los cosmógrafos españoles, al enfrentarse a las preguntas que el descubrimiento del Nuevo Mundo planteaba, no pudieron sino desarrollar unas prácticas nuevas de creación de conocimiento que, en último término, redefinieron el ámbito de la propia disciplina cosmográfica en que inicialmente se basaban.

En cuanto a marco interpretativo, este libro se basa en la historiografía de la ciencia que estudia el papel de matemáticos y cosmógrafos en la Europa de la Edad Moderna.[15] Creo, en efecto, en la posibilidad de –explorando el desarrollo de prácticas empíricas, modos matemáticos de racionalizar el espacio y nuevas formas de compilar información sobre la naturaleza– situar la práctica de la cosmografía (más concretamente, la habida en España) en el ámbito más amplio de la historia de la ciencia de

---

14. Tomo este enfoque histórico de la literatura sobre el trabajo de laboratorio; más concretamente, de la que reconstruye el universo intelectual de científicos de la Edad Moderna usando sus cuadernos de notas de laboratorio. Para ejemplos de trabajos sensibles a este tipo de interpretación histórica, véanse William R. Newman y Lawrence M. Principe, *Alchemy Tried in the Fire: Starkey, Boyle, and the Fate of Helmontian Chymistry* (Chicago: University of Chicago Press, 2002), y Frederic L. Holmes, Jürgen Renn, y Hans-Jörg Rheinberger, eds., *Reworking the Bench: Research Notebooks in the History of Science* (Dordrecht: Kluwer Academic, 2003).

15. Como obras de historia de la ciencia que estudian el papel de cosmógrafos y matemáticos en la Europa de la Edad Moderna, véanse José María López Piñero, *Ciencia y técnica en la sociedad española de los siglos XVI y XVII* (Barcelona: Labor, 1979), Robert S. Westman, "The Astronomer's Role in the Sixteenth Century: A Preliminary Study", *History of Science* 18 (1980), J. A. Bennett, "The 'Mechanics' Philosophy and the Mechanical Philosophy", *History of Science* 24 (1986) y Peter R. Dear, *Discipline and Experience: The Mathematical Way in the Scientific Revolution* (Chicago: University of Chicago Press, 1995). Para un enfoque biográfico de la práctica de la cosmografía –en este caso, el cosmógrafo real francés André Thevet–, véase Lestringant, *Mapping the Renaissance World*. Para un cultor de la disciplina inglés, véase William H. Sherman, *John Dee: The Politics of Reading and Writing in the English Renaissance* (Amherst: University of Massachusetts Press, 1995). Para una perspectiva de la enseñanza de la práctica cosmográfica en Inglaterra y Francia, Cormack, *Charting an Empire*, y François de Dainville, *La géographie des humanistes: Les Jésuites et l'éducation de la société française* (Paris: Beauchesne et Ses Fils, 1940).

dicha Edad Moderna. De hecho, aunque en tal ámbito la cosmografía ha recibido tradicionalmente poca atención, la literatura reciente está encargándose de situar las disciplinas geográficas en el lugar que merecen en la historiografía de la Revolución Científica,[16] y en el trabajo de los cosmógrafos reales españoles se tiende a ver –de forma análoga– el producto de interacciones culturales y sociales en un contexto cortesano, así como la respuesta a demandas específicas de las instituciones que lo patrocinaban.[17] La praxis y la producción cosmográfica se sitúan –en la idea de modelar una interpretación históricamente sensible– en el contexto de los círculos humanistas, la cultura cortesana y las estructuras burocráticas de la España de finales del siglo XVI.[18]

El esquema organizativo del presente estudio es, por su parte, una exploración cronológica a lo largo de la época de los descubrimientos de los –según tendremos ocasión de ver– dúctiles fundamentos epistemológicos de la cosmografía; es decir, los métodos y criterios aplicados para determinar los hechos cosmográficos: empiezo repasando la historia intelectual de la cosmografía renacentista – en la idea de definir los métodos asociados a la disciplina tras el descubrimiento de América–, y, para ahondar en los complejos aspectos epistemológicos, metodológicos e interpretativos de la cosmografía española del siglo XVI, trato de reconstruir qué prácticas científicas fueron guiando a sus cultores a la hora de recopilar, traducir y codificar la información sobre el Nuevo Mundo. Por "prácticas científicas" entiendo actividades especializadas encaminadas a la pro-

---

16. Véase –además de los ensayos de Peter Dear, David Livingstone, y John Henry– la contribución de Charles Whithers en *Geography and Revolution*, eds. David N. Livingstone y Charles W. J. Whithers (Chicago: University of Chicago Press, 2005), 99.

17. Para dos enfoques distintos –igualmente fascinantes– de la incidencia del patronazgo en la conformación de la práctica científica, véanse Richard S. Westfall, "Science and Patronage: Galileo and the Telescope", *Isis* 76, nº 1 (1985) y Mario Biagioli, *Galileo, Courtier: The Practice of Science in the Culture of Absolutism* (Chicago: Chicago University Press, 1993). Para un panorama del patronazgo en diversos entornos de la Edad Moderna, Bruce T. Moran, ed., *Patronage and Institutions: Science, Technology, and Medicine at the European Court, 1500-1750* (Rochester: Boydell, 1991).

18. No debe sorprendernos la escasez de literatura sobre la ciencia en las burocracias de la Edad Moderna, teniendo en cuenta que pocos países europeos tenían unas estructuras gubernamentales de sofisticación equiparable a la que España desarrolló en respuesta al descubrimiento y colonización del Nuevo Mundo. Para un panorama de las burocracias española, americana y francesa, véase Mark A. Burkholder, ed., *Administrators of Empire* (Aldershot, UK: Ashgate/Variorum, 1998).

ducción de conocimiento sobre el mundo natural;[19] en el ámbito de este libro me refiero, más concretamente, a cuanto los científicos "hicieran" que redundase en saber sobre la naturaleza, la geografía y los habitantes de aquellos territorios recientemente descubiertos. Una definición así de laxa es necesaria y ayuda, teniendo en cuenta lo lábil de las lindes entre las disciplinas del siglo XVI a las que hoy –en modo, cierto, anacrónico– apellidamos *científicas*.

Las prácticas científicas que aquí se estudian pueden ser de índole protocolaria, conceptual, material, literaria o social, pero hermana a todas la misión común de indagar en el mundo natural y ordenar el conocimiento recabado. Disciplinas diversas pueden compartir prácticas: procederes propios de –por dar un caso– un cosmógrafo calculando una coordenada de latitud pueden no diferir de los de un astrónomo que determina la posición de una estrella, y los usos literarios de la historiografía del siglo XVI tienen mucho que ver – de igual manera– con los de un naturalista de la Edad Moderna que describe el comportamiento y hábitat de un animal.[20] Además, el set de prácticas asociado a una disciplina científica en ningún caso era estático, pues, si bien inicialmente se partía de la experiencia y el saber asociados a una comunidad de especialistas, dicho bagaje primero iba luego mutando en función de factores diversos –ver, por ejemplo, puestos en cuestión los fundamentos mismos de la disciplina, o cobrar conciencia de que el *modus operandi* al uso no era camino al objetivo epistemológico deseado–. Y a ello tampoco era ajena la cosmografía.

De aspectos historiográficos de obras cosmográficas concretas he preferido ocuparme, en vez de en esta introducción, en los capítulos

---

19. Para ejemplos de un enfoque sociológico del estudio de las prácticas científicas en el que los aspectos culturales y la interacción social se consideran fundamentales de cara a la actividad científica, véanse Andrew Pickering, ed., *Science as Practice and Culture* (Chicago: University of Chicago Press, 1992) y Jed Z. Buchwald, ed., *Scientific Practice: Theories and Stories of Doing Physics* (Chicago: University of Chicago Press, 1995). Para una introducción general a las numerosas corrientes –en ocasiones opuestas– de teoría de la práctica, Jan Golinski, "The Theory of Practice and the Practice of Theory: Sociological Approaches in the History of Science", *Isis* 81 (1990) y Theodore R. Schatzki, Karin Knorr Cetina y Eike von Savigny, eds., *The Practice Turn in Contemporary Theory* (London: Routledge, 2001), 1-16.

20. Laurent Pinon, "Conrad Gessner and the Historical Depth of Renaissance Natural History", en *Historia: Empiricism and Erudition in Early Modern Europe*, eds. Gianna Pomata y Nancy G. Siriasi (Cambridge, Mass.: MIT Press, 2005), 241-267.

correspondientes; sí quisiera, no obstante, tratar aquí ciertas cuestiones de historiografía que vienen distorsionando hasta el día de hoy las percepciones históricas de la ciencia en España. Hace ya mucho que los historiadores de la actividad científica de ese país han de lidiar con la visión de que, en él, en el siglo XVII dicha actividad inició un declive paulatino que dejó a sus filósofos naturales al margen de las teorías que desembocaron en la Revolución Científica. Analistas de la sociedad e historiadores –igual españoles que del resto de Europa– vienen queriendo explicar, de hecho, el hiato entre la pujanza característica del siglo XVI y la "decadencia" acaecida en dicho siglo XVII ya desde finales del mismo, resultando del debate consiguiente (denominado "polémica de la ciencia española") una serie de respuestas encontradas.[21]

Varias son, en efecto, las teorías propuestas para dar respuesta a la principal pregunta tras dicha polémica (por qué en el siglo XVII España quedó al margen de la Revolución Científica), aunque ya solo los términos de la pregunta –que implican aceptar las ideas mismas de Revolución Científica y decadencia española– contribuyeron al surgimiento de una discusión sin tregua y, por momentos, airada,[22] siendo igualmente objeto de un candente debate la incidencia de la represión teológica y la intolerancia en la praxis epistémica, pues los intentos de explicar la decadencia presuponen, a su vez, la oposición de los climas intelectuales de la España de comienzos del siglo XVI y la del XVII, asociándose la primera mitad del siglo XVI al culmen de apertura a Europa y a las corrientes del Renacimiento y los años postreros de la centuria al de la represión teológica e intolerancia dichas.

En la historiografía de la polémica encontramos, pues, respuestas divergentes a esta pregunta, y fuertemente politizadas. Según el historiador José María López Piñero, todo empezó con los denominados *novatores* de finales del siglo XVII, que con gran

---

21. Ernesto García Camarero, ed., *La polémica de la ciencia española* (Madrid: Editorial Alianza, 1970).

22. En las dos últimas décadas viene cuestionándose la validez del término *Revolución Científica* para caracterizar los cambios ocurridos entre 1500 y 1700 en varios campos científicos. Si la historiografía de la ciencia tradicional describía el abandono de la filosofía natural aristotélica de este periodo como una "importante ruptura", hay quien sostiene que la transformación fue mucho más gradual y difusa. Para un panorama sintético de este debate, véanse los siguientes volúmenes colectivos: Margaret J. Osler, ed., *Rethinking the Scientific Revolution* (Cambridge: Cambridge University Press, 2000), 4-5, y David C. Lindberg y Robert S. Westman, eds., *Reappraisals of the Scientific Revolution* (Cambridge: Cambridge University Press, 1990).

celo quisieron introducir en España las ideas de la Revolución Científica y la Ilustración. Ante la decadencia manifiesta del país y desencantados con el escolasticismo que embebía las universidades, optaron por romper con el pasado rechazando la labor de los pensadores españoles previos, y así fue como, en la idea de combatir la Inquisición –y las instituciones que la respaldaban–, una facción de historiadores acabó presentando a España ni más ni menos que como erial científico –extrapolando, además, tal visión a siglos anteriores sin el menor escrúpulo–; en reacción a lo cual, el grupo opuesto generó, resuelto a quitar hierro a la influencia de la Iglesia, un género de vidas panegíricas de hombres de ciencia españoles –escaso fue, sin embargo, por igual el aporte de un partido y otro a la investigación rigurosa de la ciencia en la España anterior, y esto supuso, en las generaciones siguientes, la impresión de que apenas si había habido logro científico alguno–. Otros apologistas recurrieron, en su afán de justificar la falta de interés de los españoles por la ciencia, al "carácter nacional": en la Edad de Oro –explicaban– en España se valoraba, más que la ciencia, el arte, la literatura, y las humanidades. Con semejante pátina excepcionalista, lo que estaban haciendo era excluir la actividad científica española del ámbito de la historia de la ciencia occidental.[23]

Han complicado aún más esta polémica las persistentes actitudes negativas hacia España producto de siglos de repetición de ese conglomerado de historias que, conocido como "leyenda negra", tan poco halagüeño retrato traza de la España y los españoles del siglo XVI.[24] Cuando, a finales de este, la dialéctica de la Reforma y la Contrarreforma alcanzó el ámbito del libelo popular,[25] los críticos

---

23. López Piñero, *Ciencia y técnica*, 16-17, 21-24, y Mauricio Jalón, "Empresas científicas: Sobre las políticas de la ciencia en el siglo XVII", en *Madrid, ciencia y corte*, eds. Antonio Lafuente y Javier Moscoso (Madrid: CSIC, 1999), 159-163. Sobre la vida intelectual en el siglo XVI, véase Elliott, *Imperial Spain*, 225-227.

24. Para un panorama historiográfico desapasionado, véase Ricardo García Cárcel, *La leyenda negra: Historia y opinión* (Madrid: Alianza Editorial, 1998). Para un ejemplo de la respuesta española a la leyenda negra –en este caso, textos escritos tras la pérdida de España de sus últimas colonias en América y el Pacífico en 1898–, Julián Juderías, *La leyenda negra: Estudios acerca del concepto de España en el extranjero* (Valladolid/Salamanca: Junta de Castilla y León, Consejería de Educación y Cultura/Caja Salamanca y Soria, 1997). Para un estudio de actitudes europeas hacia España, véanse William S. Maltby, *The Black Legend in England: The Development of Anti-Spanish Sentiment, 1558-1660* (Durham: Duke University Press, 1971) y Hillgarth, *Mirror of Spain*.

25. García Cárcel, *Leyenda negra*, 28.

extranjeros pintaban una España-Leviatán a combatir por el conjunto de naciones protestantes, siendo uno de los textos divulgativos más influyentes la *Apología* de Guillermo de Orange (1580), que exponía sin rodeos los problemas del país: la hegemonía de la Inquisición sobre todos los aspectos de la vida, la codicia sin freno de los comerciantes castellanos, el militarismo y la crueldad y (citando a Bartolomé de Las Casas) la masacre de indios en el Nuevo Mundo –incluso terminaba acusando de incesto a Felipe II y de haber asesinado a su hijo (el príncipe Carlos)–.

Hacia finales del siglo XVII y ya en el XVIII, la leyenda negra se extendió a una valoración negativa del carácter español, incluyendo acusaciones de ignorancia y atraso; supuso un hito (en lo que a ciencia concierne) el artículo sobre España de Nicholas Masson de Marvilliers en la sección de geografía de la *Encyclopédie méthodique* (1782): explicaba que los españoles, si bien poseían, quizás, cierta aptitud para la ciencia, poblaban el país más ignorante de Europa.[26] Reavivaron la leyenda las guerras de independencia de América Latina, así como la de España contra Estados Unidos de 1898 –aquí el acento recaía en la sevicia contra los nativos del Nuevo Mundo–, añadiendo por último a todo su bagaje negativo los observadores extranjeros la tradición autocrítica entonces surgida entre los intelectuales españoles.[27]

Volviendo a nuestro tema, a mí me parece que la propia polémica de la ciencia española –y la ausencia consiguiente de análisis históricos imparciales– han malogrado sistemáticamente cualquier intento de entender la relación entre praxis científica en España (tanto en su momento de apogeo como de decadencia) y en el resto de Europa: los autores de historias de la ciencia positivistas del siglo XX han visto en la aparente discontinuidad del quehacer científico español obstáculo a tal punto insalvable, que se han limitado a prescindir de España en sus relatos –incluso los que estaban capacitados para superar prejuicios de siglos de leyenda negra–.[28] A exacerbar este carácter invisible de la ciencia española de la Edad Moderna ha contribuido, qué duda cabe, la

---

26. García Camarero, ed., *Polémica de la ciencia española*, 9.
27. "The Decline of Spain", en Elliott, *Spain and Its World*, 219.
28. Para un panorama de los aspectos historiográficos implicados, véase Víctor Navarro Brotóns y William Eamon, "Spain and the Scientific Revolution: Historiographical Questions and Conjectures", en *Más allá de la leyenda negra. España y la Revolución Científica*, eds. Víctor Navarro Brotóns y William Eamon (Valencia: Soler, 2007), 27-38. Para una interpretación distinta de la invisibilidad de la ciencia española, Jorge Cañizares Esguerra, "Renaissance Iberian Science: Ignored How Much Longer?", *Perspectives on Science* 12, nº 1 (2004): 86-125.

condición de secreto de Estado de los proyectos científicos de tiempos de Felipe II, y que hasta hace poco los materiales estuvieran dispersos y sin estudiar.

Sin embargo, a pesar de la marcada falta de interés allende los Pirineos, los historiadores nacionales hace siglos que –en palabras del ya citado López Piñero, uno de los más eminentes– "torturan archivos" buscando documentación de actividad científica, y este servicio suyo los estudiosos actuales nunca terminaremos de apreciarlo, como el lector verá por mis frecuentes referencias a obras de autores de los siglos XVIII y XIX como Martín Fernández de Navarrete, Marcos Jiménez de la Espada o Felipe Picatoste y Rodríguez, obras que, además de constituir una esencial compilación de fuentes primarias (muchas de las cuales ya perdidas), reconstruyen el fundamental "quién, qué, dónde y cuándo" de las vidas de los principales científicos de España.

A raíz –en buena parte– del trabajo pionero del citado López Piñero desde los años 70 del siglo XX, un activo grupo de historiadores de la ciencia del Consejo Superior de Investigaciones Científicas (CSIC) y de varias universidades españolas siguen cribando archivos con celo equiparable, si bien desde un enfoque histórico que excluye los relatos positivistas de antaño y, por supuesto, las típicas interpretaciones nacionalistas y apologéticas. El presente estudio tiene contraída una deuda enorme con ellos y a lo largo del libro he procurado dejar constancia de la mayor cantidad posible de escritos suyos, pero merecen mención destacada Mariano Esteban Piñeiro, Víctor Navarro Brotóns y María Isabel Vicente, de cuya dedicación infatigable al estudio de la astronomía y la cosmografía españolas de la Edad Moderna han resultado aportaciones simplemente imprescindibles.

En las tres últimas décadas ha publicado obras sobre la cosmografía española de dicha época también un pequeño grupo de historiadores de fuera de España –cabe mencionar a David Goodman, Richard Kagan, Ursula Lamb y Alison Sandman–, y es a ese corpus de literatura anglófona al que este libro se suma; corpus que (reducido aún, pero en alza) descarta una interpretación excepcionalista de la ciencia española de la Edad Moderna sosteniendo, antes bien, que, para entender los orígenes de la Revolución Científica, el historiador ha de volver los ojos, precisamente, a aquellas naciones que más íntimamente estuvieron implicadas en el descubrimiento del Nuevo Mundo: España y Portugal. Hace poco, Jorge Cañizares Esguerra defendía la inclusión de la ciencia ibérica en el estudio de la Revolución Científica, y en términos equiparables argumentaba en su análisis de las prácticas empíricas en la España del siglo XVI Antonio Barrera-Osorio.[29] Albergo la esperanza de que el relato en estas páginas vertido ofrezca a la historia de dicha Revolución una nueva perspectiva de cómo los estudiosos de Occidente reaccionaron al estímulo del Nuevo Mundo.

El punto de partida es la pregunta: ¿qué es la cosmografía? Arrancaremos, pues, analizando el modo en que, entre 1450 y 1530, una serie de tradiciones intelectuales diversas se trenzaron dando lugar a la disciplina cosmográfica del Renacimiento, lo que implica un recorrido por los textos fundamentales de esta (especialmente los relativos al Nuevo Mundo) desglosando sus principales aspectos metodológicos, epistemológicos, y estilísticos; hecho lo cual, en la idea de ilustrar la práctica de la disciplina en España, me ocupo de dos focos de creación de conocimiento: la Universidad de Salamanca y la Casa de la Contratación de Sevilla. Basándome en el currículo cosmográfico de la primera y en los materiales docentes conservados del astrónomo Jerónimo Muñoz, identifico los puntos metodológicos y epistémicos de lo que en aquel tiempo se entendía, en abstracto, por práctica cosmográfica, y a ello yuxtapongo los procederes utilitarios de la mencionada Casa. Apunta todo este primer capítulo a la interesante apropiación que, a raíz del descubrimiento y la primera colonización del Nuevo Mundo, los cosmógrafos de España (igual académicos que "prácticos") llevaron a cabo de procedimientos y modos de representación tanto de la Antigüedad como del resto de Europa, apropiación que, para los años 50 del siglo XVI, había ya cristalizado en una práctica autóctona e, incluso, un nuevo género: el manual de navegación. La cosmografía al uso en la España de mediados del siglo XVI poco tiene que ver, de todas formas, con la de 1600, y es de las razones de tal transformación de lo que trata el resto del libro.

En el segundo capítulo encontramos a la cosmografía en una encrucijada: tras cincuenta años tratando de incorporar al corpus de saber la información recibida sobre el Nuevo Mundo, se han hecho evidentes ciertas deficiencias en el modo en que la disciplina se ejerce. Reciben atención especial dos aspectos: lo inadecuado de los modos de representación textual tradicionalmente asociados a la cosmografía

---

29. Jorge Cañizares Esguerra, *Nature, Empire, and Nation: Explorations of the History of Science in the Iberian World* (Stanford: Stanford University Press, 2006), 26-45 y Antonio Barrera-Osorio, *Experiencing Nature: The Spanish American Empire and the Early Scientific Revolution* (Austin: University of Texas Press, 2006).

del Renacimiento, y el tema de la incidencia de individuos concretos en la práctica cosmográfica. El capítulo se centra, en efecto, en cómo hicieron frente por una parte el cosmógrafo real Alonso de Santa Cruz (c. 1505-1567) y, por otra, Juan de Herrera –mano derecha de Felipe II para asuntos científicos (1530-1597)– al conflicto que percibían entre, de un lado, las formas tradicionales de producción cosmográfica y, de otro, la información que el programa imperial requería, de donde acabaron resultando sendos estilos característicos de práctica cosmográfica, los cuales fueron cobrando sus respectivas formas, en buena medida, en función de las tareas administrativas de cada institución, y, cada vez más, por la preferencia de herramientas ya matemáticas, ya didácticas, a la hora de explicar el Nuevo Mundo.

Con el tercer capítulo, el foco salta a la práctica cosmográfica en el Consejo de Indias: se explora la influencia de la cultura jurídica en el ejercicio de esta ciencia, pues entre 1570 y 1575 Juan de Ovando († 1575), presidente entonces de la institución, tomó una serie de medidas legales que introducían en la burocracia imperial mecanismos tendentes a recopilar (y organizar) información cosmográfica sobre las Indias, así como a impedir que dicha información excediese el ámbito estricto del Consejo. Tales medidas, tomadas por atribuirse a falta de información sobre el Nuevo Mundo los crecientes problemas en su administración, introdujeron en la cosmografía –en vena no muy distinta de la que adoptaría después Francis Bacon– metodologías y formas de determinar los hechos de cariz jurídico que acabaron por subvertir aspectos básicos del modo en que la disciplina se entendía en el Renacimiento. Indago, de hecho, en los paralelismos existentes entre dichas medidas y propuestas epistémicas análogas sobre las que los historiadores han llamado la atención para otras naciones europeas, especialmente en la obra del mencionado Francis Bacon.

Otra consecuencia de las reformas de Ovando fue la creación del puesto de cosmógrafo-cronista mayor del Consejo de Indias, y el cuarto capítulo analiza, precisamente, la vida y obra del primer hombre en ostentar tal cargo: Juan López de Velasco (c. 1530-1598). A lo largo de los veinte años que duró su mandato, sus intereses humanísticos y su saber cosmográfico de autodidacta determinaron la práctica de la disciplina en el Consejo, y su correspondencia privada arroja nueva luz sobre el canal de comunicación que su persona fue entre el Viejo Mundo y el Nuevo, así como sobre la relación de ambos con la dinámica de patronazgo de la corte de Felipe II.

El capítulo quinto examina la principal obra cosmográfica de López de Velasco, la *Geografía y descripción universal de las Indias* (1574), y otra posterior, más breve, el *Sumario* (c. 1580), inéditas ambas mientras reinó Felipe II por su valor estratégico. Me sirvo de las críticas que hizo de estos trabajos el cosmógrafo italiano Juan Bautista Gesio († 1581) para ilustrar aspectos paradigmáticos de esas deficiencias epistemológicas y de representación que, en opinión de ciertos expertos, habían dejado obsoleto el género cosmográfico renacentista.

Pero, en respuesta a sus críticos, López de Velasco puso en marcha el programa de recopilación de información geográfica, etnográfica y de historia natural sobre el Nuevo Mundo más ambicioso y fructífero de toda la Edad Moderna, y no es materia del sexto capítulo sino la concepción, puesta en práctica y resultados de dos importantes proyectos de dicho programa: los cuestionarios de Indias y un plan para la determinación de las coordenadas de longitud a través de la observación sistemática de eclipses de Luna, proyectos estos (intento hacer ver) surgidos de un sopesar caviloso de los criterios epistemológicos usados para establecer los hechos cosmográficos, y de los modos de representación necesarios para trasladar la fluctuante información sobre el Nuevo Mundo.

Cierra el libro un capítulo sobre la transición entre los reinados de Felipe II y su hijo. Se trata en él, por una parte, la adaptación de los sucesores de López de Velasco al nuevo contexto de patronazgo de la corte de Felipe III, y la distensión de las restricciones de confidencialidad y el prestigio ahora conferido al saber geográfico resultantes del nuevo contexto; por otra, la obra de Andrés García de Céspedes (cosmógrafo mayor del Consejo de Indias entre 1596 y 1611), obra paradigmática del divorcio definitivo entre prácticas descriptivas vs. matemáticas que la cosmografía renacentista ayuntaba.

1
La cosmografía renacentista en la época de los descubrimientos

Apenas si tardaron en llegar al último rincón de España las nuevas de que Cristóbal Colón había descubierto una nueva ruta a Catay por Occidente. Según se iba propagando la impactante noticia, muchos empezaron a cuestionar la ubicación y naturaleza de las tierras que aquel hombre reivindicaba para la Corona española: ya Pedro Mártir de Anglería, primer cronista del descubrimiento (escribió poco después del primer viaje de Colón), opinaba que este había encontrado no el camino occidental a la China, sino las antípodas; el propio Colón, no obstante, murió sin cobrar conciencia –sin reconocer, quizás, públicamente– de que había descubierto territorio hasta entonces incógnito.[1] Estos interrogantes sobre el Nuevo Mundo (dónde estaba y si era nuevo o no) no fueron sino los primeros de una serie infinita que surgió durante la época de los descubrimientos, y encontrarles respuesta competía, particularmente en España, a un colectivo de científicos especialistas en lo que entonces era una disciplina relativamente nueva: la cosmografía.

De tal ciencia trazamos en este capítulo su historia intelectual: desde sus orígenes clásicos –ejemplificados en la *Geografía* de Tolomeo– hasta cuando, reinventada como disciplina humanística en el siglo xv, pasó a formar parte de las facultades de humanidades de las

---

1. Felipe Fernández-Armesto, *Columbus* (New York: Oxford University Press, 1991), 95-97. Para más información sobre la interpretación de Pedro Mártir del pensamiento cosmográfico de Colón, véase Juan Gil, "Pedro Mártir de Anglería, intérprete de la cosmografía colombina", *Anuario de Estudios Americanos* 39 (1982).

universidades de la Edad Moderna. Un examen atento del currículo de las universidades españolas ilustra, en efecto, los planteamientos epistémicos y metodológicos de la cosmografía en el momento del descubrimiento del Nuevo Mundo, planteamientos de los que los cultores de esta ciencia echarían mano al disponerse a incorporar a la misma los nuevos datos geográficos. Basándome, por tanto, en estatutos, currículos y materiales docentes de las universidades de Salamanca y Valencia, delimito el ámbito lo que se entendía en abstracto por práctica cosmográfica, y tal será el punto de partida desde el que explorar el ejercicio de la disciplina en las instituciones que la Corona española creó para administrar sus dominios de ultramar.

Pero, determinado el ámbito intelectual de la cosmografía del Renacimiento, y su respuesta inicial al descubrimiento del Nuevo Mundo, en lo restante del capítulo pasamos a ocuparnos de un factor que tendría una incidencia decisiva en la evolución de la cosmografía española: la experiencia real en el mar. En España, para mediados del siglo XVI, el racionalismo matemático inherente a la concepción tolemaica del espacio encontramos que había cristalizado, bajo el paraguas conceptual cosmográfico, en el llamado manual de navegación, género nuevo que prometía al lector convivencia conyugal bien avenida de teoría y práctica. Pues bien: ello planteó una delicada disyuntiva: la doctrina ideal, apriorística, que se impartía en las universidades, vs. las exigencias de aplicar la teoría científica a lo que tradicionalmente venía siendo el arte de pilotar una nave. Semejante tensión (y otras análogas) hicieron que dicho punto medio del siglo XVI fuese para la cosmografía renacentista el momento de emprender una reorientación fundamental.

LOS HUMANISTAS SIGUEN A TOLOMEO. DESDE LA PRÁCTICA SE FORJA UNA NUEVA DISCIPLINA

La cosmografía renacentista tenía sus cimientos en la filosofía natural aristotélica, pero como, por una parte, las esferas (terrestre y de los cielos) se consideraban espacios que era posible describir (y cartografiar) matemáticamente y, por otra, una descripción completa del universo (tal era el objetivo último del cosmógrafo) exigía también integrar en el paisaje geográfico matematizado elementos humanos y naturales, en la producción cosmográfica del Renacimiento confluían, además de la recién mencionada filosofía natural aristotélica –base para la comprensión del mundo natural–, otras dos tradiciones intelectuales clásicas: la geometría euclídea y la geografía tolemaica –herramientas para la representación matemática del universo–, y las obras de Pomponio Mela y Plinio –modelos para incorporar a dicho universo los reinos humano, animal, y vegetal–.[2] La cosmografía era, por decirlo breve, la ciencia que explicaba la esfera terrestre ubicándola en una cuadrícula matemática de coordenadas espacio-temporales. Fenómenos naturales y acciones humanas resistentes a la matematización, se describían; las palabras traían al mundo conocido los fenómenos pertenecientes al dominio de lo ignoto.

En España, el descubrimiento del Nuevo Mundo supuso un reto y una oportunidad sin precedentes, y acudieron al reclamo individuos de orígenes diversos: junto a doctores o docentes formados en universidades, muchos fueron también los autodidactas que encontraron trabajo en aquellas instituciones recién creadas en función de las necesidades a que la política de expansión territorial de la Corona daba lugar, y, en su búsqueda de hombres que, en posesión de determinada mezcla de saber teórico y práctico, pudiesen ayudarlos a entender el Nuevo Mundo, los sucesivos reyes peinaron desde los pasillos de las universidades de Salamanca, Valencia y Alcalá, hasta los puertos bulliciosos de Sevilla y Cádiz. Además, al cosmógrafo –experto matemático en un tiempo en que pocos podían afirmar ser tal– a menudo se le requería para lidiar con problemas de ingeniería en campos tan varios como la navegación, la artillería o la arquitectura.

Estos cosmógrafos de España, considerados nomás por su énfasis en métodos empíricos y su uso de las matemáticas como herramienta orientada a la obtención de resultados prácticos, encajan de forma cabal en la tradición de los matemáticos italianos e ingleses que, según

---

2. El estudio histórico de la cosmografía renacentista más allá de España, tradicionalmente se ha centrado en mapas y geografías descriptivas desde perspectivas diversas: desde el análisis meticuloso de la autoría de los mapas y del desarrollo de los principios matemáticos tras las proyecciones cartográficas (Karrow), hasta el estudio de los mapas como representaciones emblemáticas del Estado (Harley y Buisseret). Otros trabajos encuentran que las corrientes artísticas del Renacimiento –por ejemplo, la retícula de perspectiva– también hallaron su expresión en el diseño cartográfico, igual que la cultura esotérica y la cosmología asociadas a la geometrización del paisaje (Edgerton y Cosgrove). Excepto las referidas al Nuevo Mundo, las geografías descriptivas, en cierto modo, se han desatendido, pues los textos normalmente se han tratado en el contexto de un panorama general (Bowen y Grafton). Para estudios biográficos de cosmógrafos, véase la obra de Lestringant sobre André Thevet, y la de Blair sobre Jean Bodin.

algunos, son los primeros representantes de la incipiente Revolución Científica;[3] en el resto de Europa, sus paralelos más claros quizás sean precisamente matemáticos tipo Niccolò Tartaglia (1500-1557), Simon Stevin (1548-1620), John Dee (1527-1608) y, por supuesto, Galileo, hombres prácticos que, por lo general, se ganaban la vida al servicio de patronos nobles y ejercían la cosmografía fuera del entorno de las universidades. Eran, pues, los cosmógrafos los hombres mejor situados en la España de finales del Renacimiento para contestar a las apremiantes preguntas de "qué tierras son las que se han descubierto" y "dónde están", y, como primera providencia, fueron a consultar el corpus tolemaico.

Como disciplina propiamente dicha, la cosmografía empezó a fraguarse en el siglo XV, en el contexto de la corriente humanística de recuperación del saber clásico. Su texto fundacional, la *Geografía* de Tolomeo, data del siglo II, pero durante la mayor parte de la Edad Media la disciplina se limitó a hibernar. Pocos son los estudiosos de esta época que, casi siempre bizantinos, dan la impresión de conocer fragmentos del original griego de la obra, cuya influencia en ningún caso es comparable a la que ejerció, como manual de consulta, otra también de Tolomeo, el *Almagesto*, tratado astronómico que, sin embargo, compartía con la *Geografía* elementos teóricos.[4] Renovó el interés, y confirió a la cosmografía estatus de disciplina humanística, la traducción latina de Jacopo d'Angelo (1406).[5] Tras la aparición de su primera edición impresa (1475), esta obra geográfica antigua pasó a ser para el género cosmográfico renacentista modelo ineluctable.

Lo que parece haberse "perdido" durante la Edad Media es la explicación de Tolomeo de su enfoque epistémico y de cuestiones

3. J. A. Bennett, "The Challenge of Practical Mathematics", en *Science, Culture, and Popular Belief in Renaissance Europe*, eds. Maurice Slawinski, Paolo L. Rossi, y Stephen Pumfrey (Manchester: Manchester University Press, 1991), 176-190, Eric H. Ash, *Power, Knowledge, and Expertise in Elizabethan England* (Baltimore: Johns Hopkins University Press, 2004), caps. 3 y 4, y John Henry, *The Scientific Revolution and the Origins of Modern Science* (New York: St. Martin's, 1997), 14-16.
4. J. L. Berggren y A. Jones, eds. y trads. *Ptolemy's Geography: An Annotated Translation of the Theoretical Chapters* (Princeton: Princeton University Press, 2000), 50. En notas sucesivas volveré a referirme a la introducción de esta traducción inglesa reciente de los capítulos teóricos de la *Geografía*. Para pasajes de la propia obra –que cito según el sistema tradicional de libro y capítulo– reproduzco la traducción española de M. C. Díaz y Díaz, coord., *Cosmografía de Tolomeo: estudio y traducción* (Barcelona: Planeta DeAgostini, 2001).
5. El "redescubrimiento" del texto griego se atribuye a Máximo Planudes hacia 1300. Véase Berggren y Jones, eds. y trads., *Ptolemy's Geography*, 43, 49.

metodológicas –entre las cuales cómo sacar de relatos aparentemente discordes información geográfica, codificar coordenadas en términos de grados de latitud y longitud, o trazar mapas con diversas proyecciones cartográficas–. El libro define, en efecto, una serie de procederes que se erigieron en cimientos de la cosmografía renacentista. Los humanistas elevaron, sí, el método tolemaico a categoría canónica mil doscientos años después de escrita la *Geografía*.

El texto de esta es, a primera vista, cosa extensísima y aparatosa, mayoritariamente consistente en tablas de coordenadas de latitud y longitud de ciudades antiguas, con poco espacio para la descripción topográfica de las más importantes, y esto pudo contribuir al sentimiento de que constituía no tratado teórico para la confección de mapas, sino manual de consulta (los mecanismos cartográficos se explican en solo dos breves capítulos). Pero los estudiosos humanistas supieron ver el carácter didáctico de la obra y se dispusieron a asimilar y reproducir los métodos del gran astrónomo.

Queda patente, en efecto, el motivo de la organización del libro si se lee como guía para elaborar mapas,[6] pues las tablas de coordenadas geográficas son, bien mirado, materia bruta para el trazado de estos según diversas proyecciones cartográficas que se explican en la segunda parte; su aporte principal al arte cosmográfico es, con todo, el breve capítulo teórico de introducción, dedicado al uso de grados de latitud y longitud como coordenadas de localización en la esfera del orbe de puntos geográficos dados –latitud y longitud que, puestas en relación con el cielo, establecen una correspondencia definitiva entre coordenadas terrestres y del universo, ya que el ecuador del cielo, al proyectarse en la superficie de la Tierra, pasa a ser la línea equinoccial, y los polos celestes, nuestros polos ártico y antártico (otro tanto los trópicos)–. Ubicaba, pues, la Tierra en el universo el sistema tolemaico en modo unívoco, y completaba la inclusión de nuestro planeta en el cosmos, explicando cómo localizar los accidentes terrestres en esta retícula universal.

Tolomeo iba llevando al lector en esta *Geografía* por los pasos necesarios para trazar un mapa de la *oikoumenē* ("parte conocida del mundo").[7] Empezaba estableciendo la dicotomía geografía vs. corografía –términos que los traductores modernos suelen definir como

---

6. Una reinterpretación de los capítulos teóricos de la *Geografía* ha llevado a los estudiosos a considerar la obra manual de instrucciones cartográfico, y a sugerir que como tal lo leían los humanistas del Renacimiento. Véase *ibid.*, 3-4.
7. *Ibid.*, 20-22.

"cartografía del mundo" y "cartografía de una región", respectivamente–, y, si la tarea del corógrafo era seleccionar "determinadas regiones del conjunto" y tratarlas "de forma más detallada, analizando cualquier aspecto [...] incluso tratándose de los sitios más pequeños imaginables", el autor de una "cartografía del mundo" (o *geographia*) aspiraba a "la representación del mundo conocido [...] en su conjunto", ocupándose solo "con aquellas cosas que acompañan a una descripción general de la Tierra".[8] Precisaba también, sin embargo, una *geographia* de textos anejos a los mapas que –descripciones sumarias de las características geográficas fundamentales de las principales ciudades o exposiciones más detalladas– habían de incluir, en cualquier caso, los pueblos más importantes de las zonas descritas y la historia de los mismos.[9] Ahora bien: si dichos textos eran para los mapas complemento imprescindible, los mapas no eran, por su parte, meras representaciones gráficas de la *oikoumenē*: eran asimismo apoyo visual al texto hermano –mapas de discursos verbales–.

Criticaba este autor, por otro lado, el modo en que las obras geográficas griegas anteriores ubicaban en el espacio los lugares –describir sus direcciones y distancias relativas en base a puntos de referencia arbitrarios (sistema afín al de navegación a estima) le parecía insatisfactorio–, y un lector del Renacimiento, sensible a las limitaciones de dicho sistema náutico de cara a establecer la posición de un barco, se acercaba esperanzado a su propuesta: que la forma óptima de afinar el cálculo de una ubicación era matemáticamente –desde la comprensión de las coordenadas geográficas–;[10] que, si el objetivo del geógrafo era ajustar las proporciones de un mapa de la *oikoumenē* lo máximo posible a las del mundo real, el único marco de referencia adecuado era el cielo inmutable; que, aplicando a la determinación de ubicaciones geográficas la observación astronómica, la geografía pasaba a cimentarse en bases matemáticas, de tipo (encontraba él) más preciso y objetivo. En cuanto al programa de investigación que, una vez establecido como punto de partida el racionalismo matemático, planteaba al aspirante a cosmógrafo, como primera medida aconsejaba "la historia de los via-

---

8. Tolomeo, *Geografía*, 1.1. Berggren y Jones, eds. y trads., *Ptolemy's Geography*, 57, nota 1, señalan también que Estrabón usaba la voz *geografía* para referirse no a un mapa, sino a una obra textual o descripción geográfica.
9. Tolomeo se inscribía en una tradición de obras geográficas griegas que consideraban al hombre parte integrante del mundo natural. Véase Elizabeth Rawson, *Intellectual Life in the Late Roman Republic* (Baltimore: Johns Hopkins University Press, 1985), 250.
10. Tolomeo, *Geografía*, 1.1.

jes que aportaron gran cantidad de conocimientos, gracias a lo que narraron aquellos que con gran diligencia exploraron las distintas regiones. De los hechos que se han advertido y transmitido, algunos se derivan de la observación topográfica y otros, de la observación de la astronomía".[11]

Esta insistencia en fundamentar las coordenadas geográficas no en mediciones sobre el terreno, sino en observaciones astronómicas, no es de extrañar viniendo del autor del *Almagesto*: de esta forma, las dimensiones obtenidas podían trazarse sobre una retícula delimitada por puntos y círculos celestes proyectados en el globo terráqueo, dividiéndose las secciones comprendidas entre unos y otros en latitudes y longitudes distribuidas a intervalos regulares. Dedica, en efecto, amplios pasajes de la *Geografía* a enmendar inconsistencias que apreciaba en las distancias longitudinales que sus fuentes aportaban tras viajes por tierra o marítimos –problema que seguiría trayendo de cabeza a los geógrafos hasta principios del siglo xix–, pues, si las latitudes se determinan en la superficie terrestre en función de puntos de referencia "fijos" del firmamento –los polos celestes–, dependiendo sus intervalos de la posición del Sol al mediodía, las longitudes no vienen dadas sino por la rotación diaria de la Tierra (es decir, que han de calcularse en función de lapsos temporales),[12] y se sigue de esto que, o se está en posesión de métodos que permitan cuantificar con precisión dichos lapsos, o se seguirá esclavo de la medición sobre el terreno y, por lo tanto, no tendrá sentido plantearse el cálculo de longitudes. Aunque nunca aborda directamente este problema, salta a la vista que lo comprendía: aboga rotundo por la única clase de proceder astronómico (de él conocido) capaz de llevar al establecimiento de distancias longitudinales, la observación simultánea de eclipses lunares. Lamentaba, con todo, que no estuviese dicha práctica lo bastante extendida para dar lugar a datos significativos.

Un eclipse lunar permite establecer la distancia longitudinal entre dos puntos dados del globo terráqueo desde los que sea visible porque, como se produce a igual hora sideral en ambos, si sendos observadores anotan sus horas locales respectivas al ocurrir el fenómeno y se resta de una la otra, el resultado coincide, precisamente, con la diferencia entre las longitudes de los puntos en cuestión –equivaliendo una hora a 15°–. Aparte de expresar

---

11. *Ibid.*, 1.2.
12. *Ibid.*, 1.2-3.

su frustración por que, a lo largo de los años, solo unos pocos eclipses se hubieran observado y registrado simultáneamente con el cuidado debido en puntos distintos de la *oikoumenē*, en su *Geografía* Tolomeo ni propone método alternativo para el cálculo de distancias longitudinales, ni alude a los numerosos problemas que aquel entrañaba. Recorrieron, pues –más adelante lo veremos–, en su vasto imperio los cosmógrafos españoles de la época de los descubrimientos extraordinarias distancias para ponerlo en práctica, vista la gran fiabilidad que (les parecía) el clásico le otorgaba.

Aconsejaba este, de todas formas, a los aspirantes a cartógrafo incluir en sus mapas los accidentes geográficos descritos en fuentes fiables aun si no constaban coordenadas fundamentadas astronómicamente: el mapa hacía de herramienta con que determinar la coherencia matemática de un relato y era (si bien construido) el mejor modo de organizar grandes cantidades de información geográfica, idea esta última de la que los cosmógrafos renacentistas tomaron buena nota.[13] Era consciente –y queda claro leyendo la *Geografía*– de que el mundo habitado se extendía allende los confines conocidos; lo supuestamente conocido ponía en guardia, de hecho, ante lo plausible de que estuviera mal descrito, por lo que el geógrafo debía examinar cualquier relato (viejo o nuevo) con espíritu crítico[14] y, a falta de datos astronómicos, advertía al cartógrafo que no le quedaba sino examinar descripciones en busca de inconsistencias, inexactitudes e, incluso exageraciones.

Limitarse a la confección de un mapa del "mundo conocido" fue decisión consciente: su enfoque epistémico vetaba representar zonas del globo para las que no se dispusiese de información falsable (imagen 1.1.). Un mapa tolemaico era un mapa honesto, representaba fielmente coordenadas geográficas extraídas de descripciones "verídicas" y coherentes, y el cosmógrafo renacentista que leía a Tolomeo en la idea de seguir sus pasos aprendía del maestro que, en geografía, no se podía dar nada por hecho. Estudiando la obra de los cosmógrafos españoles del siglo xvi veremos, en efecto, que, a pesar de su respeto por el texto antiguo, rara vez dudaron, llegado el caso, en corregir los datos que aportaba.

Fue, no obstante –sin menoscabo del papel de la *Geografía* en la génesis de la cosmografía renacentista–, en el *Tratado de la esfera* de

---

13. *Ibid.*, 1.17.
14. *Ibid.*, 1.5.

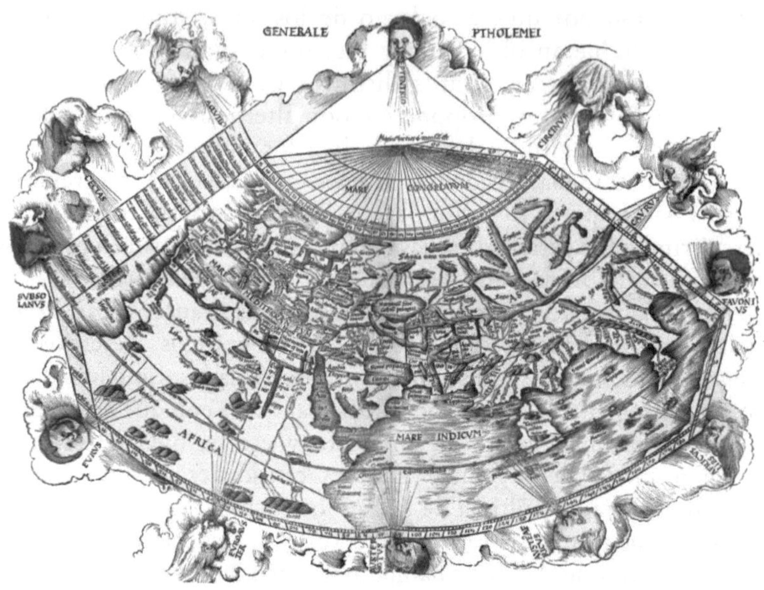

Imagen 1.1. Mapamundi tolemaico en proyección cónica simple. Claudio Tolomeo, *Cosmographia* (Strasbourg: J. Scotus, 1520). Library of Congress, Whashington DC.

Sacrobosco y en el *De triangulis* de Regiomontano (1464) donde la disciplina encontró sus herramientas hermenéuticas más útiles.[15] Si el *De triangulis* de Regiomontano enseñó a generaciones de cosmógrafos los fundamentos de la geometría euclídea con toda una batería de ejemplos prácticos y aplicaciones, el *Tratado de la esfera* de Sacrobosco fue, según el historiador Lynn Thorndike, "the clearest, most elementary, and most used textbook in astronomy and cosmography from the thirteenth to the seventeenth century".[16] Escrito probablemente a comienzos del siglo XIII como libro de texto de la Universidad de París, postula una relación Tierra-cosmos dependiente no de la *Geografía*

---

15. Johannes de Sacrobosco (siglo XIII) era versión latina del inglés John of Holywood –o Halifax–. Regiomontano es, por su parte, adaptación al español del seudónimo latino de Johann Müller (1436-1476), astrónomo y matemático alemán cuya contribución fue esencial en el resurgimiento en Europa de la geometría plana y la trigonometría.
16. "El manual de astronomía y cosmografía más claro, básico y leído entre los siglos XIII y XVII" (traducción *ad hoc* de M. C.). Lynn Thorndike, *The Sphere of Sacrobosco and Its Commentators* (Chicago: University of Chicago Press, 1949), 1.

sino de la tradición medieval tolemaica del *Almagesto* –carece, así, de los aspectos epistémicos y metodológicos de aquella (imagen 1.2.)–, y fue libro tremendamente popular, seguramente por lo sencillo y directo de su exposición y explicación de los fundamentos de la astronomía tolemaica.[17]

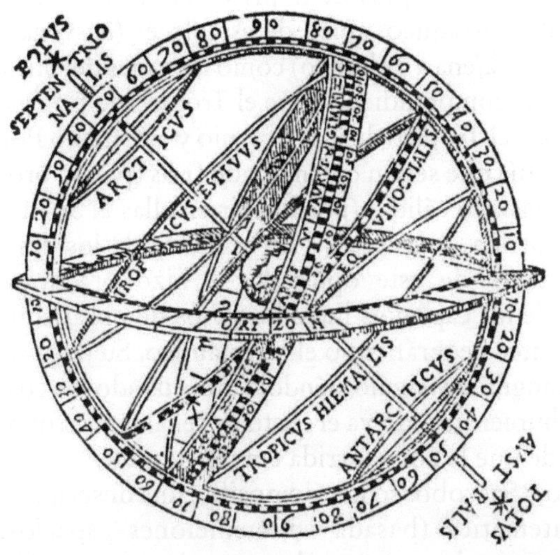

Imagen 1.2. Esfera armilar típica del *Tratado de la esfera* de Sacrobosco. Pedro Apiano y Gemma el Frisio, *Cosmographia Petri Apiani* (Antwerpen: Gregorio Bontio, 1545). Cortesía de History of Science Collections, University of Oklahoma.

Sacrobosco extrajo de fuentes diversas –Alfargano, Aristóteles y Macrobio– lo que consideró más importante, y dispuso el material en modo claro y sencillo, pedagógico: explicaba la filosofía natural y astronomía estrictamente necesarias para la comprensión de la naturaleza y disposición de las esferas celestes. Cierto es que, aquí y allá, se recreaba explicando los fenómenos físicos a que aludían pasajes célebres de Ovidio, Virgilio y Lucano que incluían referencias

---

17. Owen Gingerich, "Sacrobosco as a Textbook", *Journal for the History of Astronomy* 19 (1988): 273, y Olaf Pedersen, "In Quest of Sacrobosco", *Journal for the History of Astronomy* 16 (1985).

astronómicas –así, si el libro no motivaba al alumno a seguir avanzando en el estudio de la astronomía, al menos le ayudaba a entender a aquellos clásicos–, pero, al dejar al margen los aspectos más esotéricos del pensamiento peripatético, brindó a generaciones de lectores una descripción sumaria y acrítica del cosmos.

Su *Tratado de la esfera* enseñó, pues, durante siglos a los futuros cosmógrafos los principios de la proyección de los círculos celestes sobre el globo terráqueo, amén de establecer (en vena, dicho sea de paso, categórica ajena a Tolomeo) como regiones del mismo habitables únicamente las comprendidas entre el Trópico de Cáncer y el Círculo Polar Ártico, y el Trópico de Capricornio y el Círculo Polar Antártico, el resto entendía que serían o demasiado frías (por su proximidad a los polos) o demasiado cálidas (por incidir en ellas el Sol de plano, como en la zona tórrida ecuatorial).[18] En la época de los descubrimientos, el conciso texto de este opúsculo se hizo prácticamente con el monopolio de los capítulos introductorios de obras sobre los nuevos descubrimientos geográficos o el arte náutico. Su jerga se convirtió en la de la cosmografía y siguió siéndolo aun cuando los cosmógrafos del siglo xvi se hubieron dado ya el gusto de señalar el error de Sacrobosco y Tolomeo de que la zona tórrida era inhabitable.

Tolomeo y Sacrobosco hacían posible una descripción del mundo natural matemática (basada en mediciones espacio-temporales), pero no fue menos importante el aporte a la cosmografía renacentista de otros tres libros antiguos: la *Historia natural* de Plinio el Viejo, la *Geografía* de Estrabón y la *Corografía* de Pomponio Mela. Si, en la Edad Media, la monumental composición de Plinio constituyó la obra de consulta más prestigiosa en su género –su ordenamiento enciclopédico, su sencilla prosa descriptiva, y su abanico de temas fueron ampliamente imitados–, en el siglo xvi los humanistas dejaron de atender al propio texto como ejemplo de retórica clásica latina y pasaron a examinar en vena crítica los datos que aportaba.[19] Siguió considerándose, con todo, arquetipo a seguir hasta bien entrado el siglo xvii.

Por su parte, la *Geografía* de Estrabón (siglo i), si bien contenía, como la obra homónima posterior de Tolomeo, un tratado teórico sobre los principios de la disciplina, debe su fama a sus vastas descripciones de los pueblos y regiones de la *oikoumenē*. Habitante heleno de Roma,

---

18. Thorndike, *Sphere*, 17-21.
19. Charles G. Nauert Jr., "Humanists, Scientists, and Pliny: Changing Approaches to a Classical Author", *American Historical Review* 84, n° 1 (1979): 80.

este autor estaba fascinado no ya por el paisaje geográfico –o por cómo
volverlo (matematizándolo) mapa–, sino por las historias y caracteres
de sus moradores. Para él, la descripción completa de un lugar y sus
gentes requería la inclusión de mitos y fábulas. Al geógrafo, entendía,
la dicotomía realidad vs. ficción no tenía por qué quitarle el sueño.
"También podría haber comprensión –explicaba en su capítulo inicial–
incluso si hay algunos elementos puramente míticos entremezclados
con exposiciones de carácter informativo, y no hay que reprochárselo
[se refiere a Homero]. Ni tampoco es verdad lo que afirma Eratóstenes
de que todo poeta apunta al goce del espíritu, no a la enseñanza;
muy al contrario, entre los que se han manifestado a propósito de la
poesía, los más juiciosos dicen que la poesía es una especie de primera
manifestación de la filosofía".[20]

Excepción hecha, quizás, de dicho Estrabón, en España pocos
autores superaron, sin embargo, a Pomponio Mela –que escribió su
Corografía igualmente en el siglo I– como modelo para la escritura
de geografías descriptivas. Mucho antes del redescubrimiento de
la *Geografía* de Tolomeo, en Europa, el "pensamiento geográfico"
implicaba no tanto representación cartográfica sino descripción
verbal,[21] y es precisamente a modo de diario de viajero como organiza
Mela su descripción en prosa (relativamente concisa) del mundo
conocido, en la que va presentando las distintas regiones según irían
encontrándose en un itinerario real. "[He] casts his work", dice
el historiador y traductor F. E. Romer, "as a map"[22], elemento que,
por cierto, en la Antigüedad este libro parece que jamás incluyó, por
más que en ediciones renacentistas generalmente sí lo hiciera. Fue
este texto, como la *Geografía*, poco leído en la Edad Media; cobró
fama solo en el siglo XIV, al "redescubrirlo" Petrarca y Boccaccio. La
primera traducción española, obra del elusivo Joan –o João– Faras (o
Juan Faraz), apareció en los años 90 del siglo XV[23] y, si el *Tratado de la*

---

20. Estrabón, *Geografía*, 1.1.10.
21. R. W. Karrow Jr., "Intellectual Foundations of the Cartographic Revolution" (tesis
    doctoral, Loyola University Chicago, 1999), 53.
22. "Modela su obra a modo de mapa" (traducción *ad hoc* de M. C.). F. E. Romer, ed.
    y trad., *Pomponius Mela's Description of the World* (Ann Arbor: University of
    Michigan Press, 1998), 21. En notas sucesivas volveré a referirme a la introduc-
    ción de esta traducción inglesa de la *Corografía* de Pomponio Mela. Para pasajes
    de la propia obra –que cito según el sistema tradicional de libro y capítulo– repro-
    duzco la traducción española de Carmen Guzmán Arias (Murcia: Universidad de
    Murcia, 1989).
23. F. E. Romer, ed. y trad., *Pomponius Mela's Description of the World*, 28-29.

esfera de Sacrobosco fue el libro pedagógico predilecto de astronomía, este de Mela fue el vademécum de los estudios geográficos en las universidades de España, a lo que pudieron contribuir los orígenes hispanos del autor (que proclamaba orgulloso ser oriundo de la Bética) y que dedicase más texto a describir la Península Ibérica que la Itálica.[24] Su longevidad en el ámbito docente se debió, en buena medida y al igual que el caso de la mencionada obra de Sacrobosco, a cuán fácil se prestaba al comentario.

Aunque el título que consta en los códices es *De chorographia*, este texto también se denomina a veces –pues arranca con las palabras "orbis situm"– *De situ orbis*. "Orbis situm", que indica la materia de la obra, puede traducirse como "descripción del mundo conocido",[25] y Mela, consciente de las dificultades de organizar tal cantidad de información geográfica, recurrentemente insta al lector a dejarse guiar en aquel recorrido imaginario por el orbe todo. Para ayudarle a hacerse una composición coherente, le presenta primero los principales continentes y sus posiciones recíprocas; hecho lo cual pasa a describir, de cada uno, los accidentes más característicos de la línea costera y los territorios que esta comprende según se avanza tierra adentro. Explica, en efecto, que, para evitar la confusión que semejante mapa verbal podría producir, "en primer lugar, describiré cuál es la forma del todo, cuáles las zonas más importantes, de qué modo está situada y habitada cada una, luego las costas de todas y las riberas según estén en el interior y en el exterior y, según a éstas las penetre y bañe el mar, añadido lo que en la naturaleza de las regiones y de sus habitantes debe ser mencionado".[26]

Este esquema explicativo de Mela –de lo general a lo particular– no difiere mucho de las instrucciones que da Tolomeo para la confección de un mapa del orbe, ocupándose primero (en la idea dicha de describir "la forma del todo") de los contornos generales del territorio y bajando, tras ello, a describir en detalle, es decir: a la corografía. El orden como van presentándose los territorios –primero los contornos costeros, luego las zonas interiores– tiene su importancia, pues, tanto para Mela como para Tolomeo, la línea de la costa, barrera formidable que separaba o

---

24. Entre los comentaristas españoles de la *Corografía* de Mela tenemos a Pedro Juan Olivar (1536), que fue objeto de veintitrés ediciones; a Fernando Núñez de Guzmán (1543) y a Francisco Sánchez (1574). Véanse López Piñero, *Ciencia y técnica*, 214, y Víctor Navarro Brotóns, *Bibliographia Physico-Mathematica Hispanica (1475-1900)* (Valencia: CSIC, 1999), 232-237.
25. F. E. Romer, ed. y trad., *Pomponius Mela's Description of the World*, 8.
26. Mela, *Corografía*, 1.2.

unía pueblos, hacía de linde incuestionable de los continentes, y este organizar el relato (e ir guiando por él al lector) en función de los itinerarios costeros siguió siendo característico del género geográfico hasta bien entrada la Edad Moderna.

Pero Mela no se limitaba al registro de accidentes del terreno o hitos significativos obra del hombre: iba describiendo, además, a los pueblos que habitaban las regiones, incluyendo resúmenes de su historia y haciendo más vívida una narración por lo demás más bien repetitiva con el relato, en cada caso, de sus actividades más escandalosas. Ante las leyendas más fantásticas ostenta, sí, cierto escepticismo, pero las cuenta igual, y se ve que le gusta; al ocuparse, por ejemplo, de los extremos orientales del mundo conocido (pasado el río Ganges), comenta de las islas Crisa y Argira: "Una de suelo de oro –así lo transmitan los antiguos–, la otra de plata y, según parece principalmente, o su denominación procede de este hecho o la leyenda del nombre".[27] Semejantes relatos de acciones humanas se entendía que, verídicos o fabulosos, constituían parte esencial de la naturaleza de un territorio y, por lo tanto, no habían de omitirse en una descripción cosmográfica.

El que la cosmografía renacentista conservase –en el análisis geográfico de un territorio– la tradición clásica de incluir relato histórico y descripción etnográfica y de historia natural se debe, pues, a Mela y Estrabón. Desde nuestra perspectiva moderna, la de historiador es, quizás, la faceta que más cuesta integrar en el paisaje intelectual arriba esbozado del cultor de esta disciplina en el Renacimiento, en buena parte porque hoy tendemos a disociar la historia de otras materias que consideramos como ciencias duras (historia natural, etnografía, geografía, cartografía, etc.), pero es desde la consideración de su objetivo de escribir una descripción completa del universo como hay que mirar dicho componente historiográfico, pues permite registrar las acciones de los habitantes del espacio geográfico descrito. Si, dado un territorio, un mapa lo representaba pictóricamente y las historias naturales describían qué reinos vegetales y animales lo poblaban, las crónicas servían para dejar constancia de la acción del hombre en el mundo natural.

Este aspecto del trabajo de los cosmógrafos españoles iba, a menudo, en la línea de la redacción de anales –registro sistemático

---

27. *Ibid.*, 3.70.

de hechos pretéritos–,[28] pero no conviene confundir la escritura de crónicas con el ejercicio de la *historia*, disciplina que implica interpretar, y se traduce en un estilo retórico diverso. En la literatura clásica, el género histórico sugiere –en efecto– un texto que, carente de elemento temporal, entraña, en cambio, el examen crítico de acontecimientos del pasado y, por ende, su interpretación, y, en su versión humanista, "the early modern historia straddled the distinction between human and natural subject, embracing accounts of objects in the natural world as well as the record of human action":[29] competía al historiador, por una parte, registrar sucesos y gestas dignos de fama y recuerdo y, por otra, según escribió en el prólogo a su *Historia de las Indias* Las Casas, investigar las causas y razones de los acontecimientos del pasado.[30]

Para mediados del siglo XVI, en España estaba ya desarrollada la llamada "historia natural e historia moral", nuevo género donde las tradiciones cosmográfica e histórica quedaban plenamente integradas, y que hundía sus raíces en la visión jerárquica de la naturaleza aristotélica, en la que el mundo natural es fundamento de los actos morales del hombre, actos que emanan, por su parte, de un libre albedrío que es don de Dios.[31] Al ser historia natural y moral juntamente, su texto solía

---

28. En época clásica, mientras que por "escribir historia" solía entenderse escribir sobre sucesos contemporáneos a menudo desde una perspectiva testimonial, "escribir anales" solía significar dejar constancia de acontecimientos pasados. En el Renacimiento, en cambio, "escribir historia" fue pasando a definir la escritura de hechos del pasado a partir de fuentes textuales y, en la España de la Edad Moderna, "escribir crónicas" lo normal es que aludiera al relato de acontecimientos pasados según orden cronológico. Véase Walter D. Mignolo, *The Darker Side of the Renaissance: Literacy, Territoriality, and Colonization* (Ann Arbor: University of Michigan Press, 1995), 140.

29. "La *historia* de la Edad Moderna estaba a caballo –integrando la descripción de objetos del mundo natural, y de hechos humanos– entre el sujeto humano y el natural" (traducción *ad hoc* de M. C.). Gianna Pomata y Nancy G. Siriasi, eds., *Historia: Empiricism and Erudition in Early Modern Europe* (Cambridge, Mass.: MIT Press, 2005), 1-2.

30. Roberto González Echevarría, "The Second Discovery of America", *Yale Review* 86, nº 1 (1998): 145-146. Tomo el parecer que parafraseo de Las Casas de la cita del mismo que ofrece Walter D. Mignolo, "Cartas, crónicas y relaciones del descubrimiento y la conquista", en *Historia de la literatura hispanoamericana*, ed. Luis Íñigo Madrigal (Madrid: Cátedra, 1982), 77.

31. Para una explicación de este género, véase el prólogo de O'Gorman a José de Acosta, *Historia natural y moral de las Indias, en que se tratan de las cosas notables del cielo, y elementos, metales, plantas y animales dellas: y los ritos, y ceremonias, leyes y gobierno, y guerras de los Indios*, ed. Edmundo O'Gorman, 2ª ed. (México: Fondo de Cultura Económica, 1962), cxl-cxlvi, y Pilar Ponce Leiva, ed., *Relaciones histórico-geográficas de la Audiencia de Quito, siglos XVI-XIX*, 2 vols. (Madrid: CSIC, 1991), 1:31.

dividirse en dos partes correspondientes. Servía la natural –que, situada normalmente al inicio del libro, describía con profusión, en estilo eminentemente expositivo, aspectos que se consideraban perpetuos o inmutables (la geografía, las plantas y animales, y otros rasgos del territorio)– de introducción al relato de los hechos de la humanidad en dicho paisaje descrito, auténtico núcleo temático de cualquier obra histórica por poseer el hombre, en virtud de su alma moral y de su libre albedrío, estatus aparte del resto de criaturas del mundo natural, sito en lo sumo de la jerarquía de la naturaleza y, no obstante, distinto de ella. Éste fue el formato que usó Gonzalo Fernández de Oviedo en su *Historia general y natural de las Indias Occidentales* (1535).

El libro de Fernández de Oviedo ejerció influencia también a la hora de establecer los criterios epistemológicos empíricos que adoptarían las historias naturales del Nuevo Mundo posteriores: constantemente alude el autor al hecho de haber "visto" o "sabido" personalmente lo que está describiendo, o explica a través de qué proceso llegó a determinar los hechos en cuestión. Escribía pensando en lectores ávidos de conocer el potencial económico de aquellas tierras, el temperamento de sus habitantes y el grado de adecuación de su medio para un europeo.[32] Constituyó, como tal, uno de los primeros ejemplos del cristalizar de la cultura utilitaria que embebía el proyecto imperial ultramarino español en historias naturales y cosmografías, disciplinas ambas con herramientas metodológicas potencialmente útiles para explicar el Nuevo Mundo.

El resurgir de la *Geografía* de Tolomeo en el Renacimiento se ha interpretado como un punto de inflexión en la historia cartográfica y el hecho es que, en efecto, los mapas cambiaron.[33] El *mappamundi* medieval, fundamentado en la conciencia religiosa de la época,

---

32. Sobre la epistemología de Fernández de Oviedo y su uso de testimonios y relatos de primera mano, véase Antonello Gerbi, *Nature in the New World*, 226-231. Para un estudio detallado del interés utilitario de Fernández de Oviedo y la metodología empírica al mismo asociada, véase José Pardo Tomás y María Luz López Terrada, *Las primeras noticias sobre plantas americanas en las relaciones de viajes y crónicas de Indias, 1493-1553* (Valencia: Instituto de Estudios Documentales e Históricos sobre la Ciencia, Universitat de València, CSIC, 1993), 86-97.

33. David Buisseret, ed., *Monarchs, Ministers, and Maps: The Emergence of Cartography as a Tool of Government in Early Modern Europe* (Chicago: University of Chicago Press, 1992), 1-4, y J. B. Harley y D. Woodward, eds., *The History of Cartography*, 4 vols. (Chicago: University of Chicago Press, 1987), 1:504-506.

constituía no tanto una representación geográfica sino, más bien, un modo aproximado de distribuir sucesos significativos en el espacio y el tiempo. La descripción de la geografía de un lugar, que rara vez llevaba anejo mapa esquemático, se hacía en forma de itinerario (modo discursivo que se remontaba a la Antigüedad tardía), y determinaban la concepción del espacio la fe y lo que, de tan familiar, podía representarse con un pictograma. En el Renacimiento, sin embargo, el espacio pasó a concebirse geométricamente, en la vena matemática de la cartografía tolemaica.

Hay, no obstante, historiadores que llevan esta caracterización de la cosmografía renacentista más allá: según ellos, el resurgir tolemaico precipitó una transformación del concepto de espacio que, responsable del virar de Europa hacia ese racionalismo luego característico de la modernidad, posibilitó la concepción de ámbitos físicos nuevos y en apariencia vacíos como realmente existentes, despertando (argumentan) esta alternativa visión espacial del mundo afanes de expansión imperialista[34]. Presentan a veces, de hecho, semejante metamorfosis no como proceso de siglos de contacto entre tradiciones intelectuales diversas (coexistentes igual durante que *después de* la expansión colonial), sino como cuestión de blanco o negro. Yo, por mi parte, me alineo con quienes –como Ricardo Padrón– se muestran reticentes ante generalizaciones indiscriminadas de este género y la historia determinista que conllevan, pues, como Padrón explica, los cambios que produjo en el pensamiento espacial la retícula tolemaica en ningún caso fueron aceptados universalmente, y, en lo que a España respecta, la expansión transoceánica se llevó a cabo con ayuda de mapas firmemente arraigados en el sentido del espacio del itinerario medieval, los llamados portulanos o cartas portuláneas.[35]

---

34. Para algunos ejemplos de estos enfoques, véanse David Harvey, "Between Space and Time: Reflections on the Geographical Imagination", *Annals of the Association of American Geographers* 80, nº 3 (1990): 424, D. Woodward, "Maps and the Rationalization of Geographic Space", en *Circa 1492: Art in the Age of Exploration*, ed. Jay A. Levenson (New Haven: Yale University Press, 1991), Samuel Y. Edgerton, "From Mental Matrix to Mappamundi to Christian Empire: The Heritage of Ptolemaic Cartography in the Renaissance", en *Art and Cartography*, ed. David Woodward (Chicago: University of Chicago Press, 1987) y J. B. Harley, *The New Nature of Maps*, ed. Paul Laxton (Baltimore: Johns Hopkins University Press, 2001).
35. Ricardo Padrón, "Mapping Plus Ultra: Cartography, Space, and Hispanic Modernity", *Representation* 79 (2002): 31.

Un estudio que insista en "la retícula" y el pensamiento espacial como prerrequisitos de la modernidad ha de dar cuenta también de la preponderancia y popularidad de que gozaban, como medio alternativo de descripción del espacio, las geografías descriptivas tradicionales. Suponer que, con la cartografía tolemaica, tales geografías sucumbieron ante una concepción del espacio puramente geométrica o que los relatos descriptivos se escribían para rellenar los "huecos" de un mapa nomás es ignorar la importante influencia de los modelos de Estrabón y Mela en los autores humanistas, y pasar por alto la contribución de diversas tradiciones intelectuales que confluyeron en la cosmografía del Renacimiento. A mi modo de ver, en el contenido de las geografías descriptivas incidió más la adherencia a los modelos clásicos habida con el humanismo que no ningún nuevo "concepto geométrico del espacio" pendiente de dotarse de significación. El resurgir tolemaico, con su énfasis en los mapas gráficos, encaja de forma cabal en la tradición de las geografías descriptivas. Es solo que, ahora, ya no hacía falta imaginarse el mapa, como en la Edad Media: directamente se podía mirar.

Hicieron suyo, en cualquier caso, los cosmógrafos de Europa el objetivo de Tolomeo de describir el "conjunto del mundo conocido" –el *magnum opus* consiguiente pasó a constituir en su oficio la gesta suma–, y cabe destacar entre los émulos del griego a Sebastian Münster (1488-1552)[36] y André Thevet (1504-1592).[37] Estos autores, al adoptar como modelos literarios de sus cosmografías los trabajos clásicos de Mela y Estrabón –y, en medidas diversas, la metodología tolemaica– hubieron de realizar un ejercicio exhaustivo de compilación y erudición. Era, en efecto, su ambicioso objetivo ofrecer una imagen del mundo en un momento dado compuesta de descripciones de lugares que, realizadas primero una a una, se ensamblasen luego y representasen el conjunto. Para describir las plantas y los animales de cada región, partían de la historia natural pliniana y aristotélica.

---

36. Münster publicó una edición latina de la *Geografía* de Tolomeo en 1540 y su monumental *Cosmografía universal* en 1544 en alemán y en 1550 en latín. Para algunos estudios sobre su obra, véanse Lucien Louis Gallois, *Les géographes allemands de la Renaissance* (Paris: E. Leroux, 1890) y Jean Bergevin, *Déterminisme et géographie: Hérodote, Strabon, Albert le Grand et Sebastian Münster*, Travaux du Département de Géographie de l'Université Laval 8 (Sainte-Foy, Québec: Presses de l'Université Laval, 1992).

37. Thevet sirvió como cosmógrafo e historiador a Catalina de Médici y a otros monarcas franceses posteriores. Su *Cosmographie universelle* se publicó en París en 1571. Para más información sobre Thevet, véase Lestringant, *Mapping the Renaissance World*.

En una obra cosmográfica renacentista, para que un sitio existiese hacía falta situarlo en el contexto humano con relato histórico –mítico o verídico–, y ubicarlo en el entramado de símbolos y correspondencias definitorio de la visión del mundo europea.[38] Puesto que se trataba de seleccionar y compilar información, se echaba mano del profuso estilo de la enciclopedia medieval –fungía, no obstante, de esquema organizativo interno la propia geografía descrita (los mapas eran, más que representaciones definitivas y literales del terreno, apoyo visual: esbozo gráfico del texto)–, y era necesaria una lectura de las fuentes tanto histórica como alegórica, destreza esta con la que estos cosmógrafos, en tanto que humanistas, contaban.[39]

Era un proyecto monumental y –según el historiador Frank Lestringant explica a propósito de la obra de André Thevet– tocado de hibris,[40] pues este autor, lejos de abrumarse ante lo ingente de la tarea, se sintió libre de componer una cosmografía que se recreaba en relatar y describir desde el menor detalle hasta lo universal, de lo verdadero a lo fantástico, de lo divino a lo blasfemo. Privilegiaba, de hecho, en su criterio epistémico, los testimonios de testigos oculares y cuestionaba implacable cualquier autoridad, Biblia incluida. Para Münster, en cambio, semejante obra magna era ocasión de ilustrar el poder de un Dios omnipresente[41] y su enfoque enciclopédico se ha tachado, frente a este otro de Thevet, de ingenuo.[42] El género cosmográfico renacentista no era, pues, estático o rígido: su flexibilidad quedó patente en manos de autores que no se arredraban ante la empresa de componer una descripción del mundo entero.

Otros cosmógrafos optaron por dedicar sus obras a aspectos técnicos y cartográficos, dirigiéndose –en un mercado europeo voraz de información sobre los nuevos descubrimientos– a un público no

---

38. John H. Elliott ha señalado lo difícil de integrar el Nuevo Mundo en esta cosmovisión y ha visto en la empresa un esfuerzo por hallar similitudes que a menudo se reducía a la construcción de un "European dream which had little to do with American reality" ("sueño europeo que poco tenía que ver con la realidad de América"; traducción *ad hoc* de M. C.). Véase John H. Elliott, *The Old World and the New, 1492-1650* (Cambridge: Cambridge University Press, 1970), 27. [*El Viejo Mundo y el Nuevo, 1492-1650* (Madrid: Alianza, 1990).]

39. Anthony Grafton, *Defenders of the Text: The Traditions of Scholarship in an Age of Science, 1450-1800* (Cambridge, Mass.: Harvard University Press, 1991), 41.

40. Lestringant, *Mapping the Renaissance World*, 6.

41. Bergevin, *Déterminisme et géographie*, 156-162.

42. Lestringant, *Mapping the Renaissance World*, 11, y Bergevin, *Déterminisme et géographie*, 127.

académico. En esta vertiente del género cosmográfico, los autores más populares fueron Pedro Apiano (1495-1552), padre del tremendamente popular *Cosmographicus liber* (1524), y Gemma el Frisio (1508-1555), con sus numerosas ediciones de Apiano y su influyente *De principiis astronomiae et cosmographiae* (1530). Esta obra se ajusta a lo que, hacia mediado el siglo, pasó a ser formato estándar para esta clase de texto cosmográfico: se abre con una sección teórica basada en la *Tratado de la esfera* de Sacrobosco; sigue una parte práctica que explica el uso de diversos instrumentos y se cierra con un apartado de descripción geográfica del mundo conocido. Los textos son, en esencia, cursos autocontenidos de fundamentos teóricos y aspectos técnicos de la cosmografía.

La naturaleza pedagógica de semejantes libros atraía a un público autodidacta interesado en los nuevos descubrimientos geográficos y en las herramientas cartográficas que permitían dar cuenta de las nuevas tierras, por lo que Apiano y el Frisio incluyeron en sus mencionadas obras aspectos que hoy diríamos "interactivos", orientados a que el lector pudiese reproducir la práctica cosmográfica. Sus libros se imprimían, en efecto, con diversas *volvelles* o ruedas: mapas circulares articulados que –forma primitiva, mecánica, de apoyo computacional– se construían recortando y componiendo páginas del libro [imagen 1.3.], y, acompañados de instrucciones para su confección en madera o latón, hacían de las artes cosmográficas cosa asequible, salvando el hueco entre ciencias teóricas y tradición tecnológica.[43] No se trataba, con todo, propiamente de manuales de instrucciones, por así decir, pues las descripciones de proyecciones cartográficas e instrumentos, si bien permitían comprender las bases teóricas subyacentes a un mapa o a un dispositivo dado, rara vez son lo bastante explícitas para permitir al lector confeccionar por su cuenta uno u otro. A pesar de lo cual, tanto el *Cosmographicus liber* como el *De principiis astronomiae et cosmographiae* gozaron, a juzgar por la dilatada historia de sus reediciones, de enorme popularidad,[44] y no cabe cuestionar su importancia como vehículo de difusión

---

43. Steven Vanden Broecke, "The Use of Visual Media in Renaissance Cosmography: The *Cosmography* of Peter Apian and Gemma Frisius", *Paedagogica Historica* 36, nº 1 (2000): 133.

44. Solo el *De principiis astronomiae et cosmographiae* fue objeto de más de cuarenta ediciones. Véase Fernand Gratien van Ortroy, *Bio-bibliographie de Gemma Frisius, fondateur de l'école belge de géographie, de son fils Corneille et de ses neveux les Arsenius* (Bruxelles: M. Lamertin, 1920). De la cosmografía de Apiano-El Frisio se imprimieron en Amberes al menos dos ediciones españolas, en 1548 y en 1575. Véase Navarro Brotóns, *Bibliographia Physico-Mathematica Hispanica (1475-1900)*.

Imagen 1.3. *Volvelle* para determinar la posición del Zodiaco. Pedro Apiano y Gemma el Frisio, *Cosmographia Petri Apiani* (Antwerpen: Gregorio Bontio, 1545). Cortesía de la History of Science Collections, University of Oklahoma Libraries. © Junta de Gobierno de la University of Oklahoma.

de información sobre nuevos instrumentos, datos geográficos y métodos cartográficos. En la explicación del Frisio, por dar un caso, del uso de relojes mecánicos para el cálculo de longitudes tiende a reconocerse el precedente de los modernos modos de determinación de dichas coordenadas geográficas en el mar, y su sistema de toma de medidas por triangulación aún sigue usándose.[45] Sea como sea,

---

45. A. Pogo, "Gemma Frisius, His Method of Determining Differences of Longitude by Transporting Timepieces (1530), and His Treatise on Triangulation (1533)", *Isis* 22 (1935): 471.

y no obstante toda su popularidad, en el corpus de Apiano y el Frisio se otorga poco espacio a la geografía del Nuevo Mundo: en ediciones posteriores –que incorporaban traducciones de las obras de Francisco López de Gómara y Jerónimo Girava–, la descripción del mismo no llegó a superar las veinticuatro páginas.[46]

Tras el descubrimiento del Nuevo Mundo, y muy especialmente una vez completada la circunnavegación de Magallanes y Elcano (1522), los cosmógrafos elevaron el conjunto de herramientas tolemaico –y su consejo de acercarse escéptico a cualquier información geográfica (antigua o nueva)– a la categoría de prerrequisitos para la creación de una nueva imagen del mundo; se dieron cuenta de que, por primera vez en la historia, la esfera de tierra y agua podía representarse y describirse en su totalidad. Ahora bien, Tolomeo les había indicado cómo gestionar la información recabada en el proceso en curso de conocimiento de la superficie del globo para que dicho conocer mereciese tal nombre, pero la cosmografía del Renacimiento, con sus herramientas hermenéuticas, su estilo narrativo de cuño clásico, su erudición humanística y sus métodos matemáticos, ¿iba a ser capaz de asimilar al corpus recibido la nueva geografía?

Práctica en abstracto: la cosmografía en la universidad

En los cien años posteriores al descubrimiento de América, entre los numerosos canales de información sobre aquellas tierras estaban los estudiosos de la Universidad de Salamanca. Era la más antigua y prestigiosa de España, y sus miembros tuvieron un papel destacado tanto en el proyecto de Colón como, tras él, en la resolución de diversos problemas surgidos a raíz de la línea de demarcación objeto del Tratado de Tordesillas. Examinando el plan de estudios se ve que la información sobre el Nuevo Mundo se incluía en el currículo en el contexto de un diálogo continuo con los clásicos –la tradición medieval de cuyo comentario seguía cultivándose fiel, tomándolos por pauta temática y estilística–, pero se aprecian también, sobre todo mediado ya el siglo, cambios en la concepción de las prácticas cosmográficas, especialmente la cartografía. Esto se hace patente en las obras de los principales profesores y en una serie de reformas curri-

---

46. Gemma el Frisio *et al.*, *Cosmographia, siue Descriptio universi orbis* (Antwerp: Ioan. Bellerum, 1584).

culares que permiten identificar los parámetros de lo que se entendía, en abstracto, por práctica cosmográfica.

Arrojan cierta luz sobre cómo esta reciente disciplina respondió en las primeras décadas tras el descubrimiento del Nuevo Mundo a un panorama geográfico en transformación constante las trayectorias de dos estudiosos humanistas de referencia en España: Pedro Sánchez Ciruelo (c. 1470-1548) y Elio Antonio de Nebrija (c. 1444-1522), miembros de dos de las principales universidades del país y exponentes del movimiento que, con epicentro en la de Salamanca, suele denominarse humanismo científico.[47] Fundamentaban dicho movimiento una serie de docentes universitarios que, partidarios de retomar –en vena humanista– los clásicos de la filosofía natural y la astronomía, otorgaban una importancia especial a la crítica, tanto lingüística como científica, de los textos antiguos. Pretendían no meramente redescubrirlos, sino incluir en su corpus, enmendándolos, los resultados de las nuevas experiencias habidas en el Nuevo Mundo.[48]

Mientras estudiaba teología en la Universidad de París, Pedro Sánchez Ciruelo publicó una serie de tratados matemáticos en la línea de los nominalistas de dicha ciudad y de los llamados calculadores de Oxford,[49] y entre sus obras posteriores figura el *Opusculum de Sphera mundi* (París, 1508 y Alcalá, 1526), que es uno de los primeros comentarios del *Tratado de la esfera* de Sacrobosco escrito por un profesor español.[50] Concebido para el aprendizaje de la astronomía básica necesaria para la práctica de la astrología, integra diversas corrientes intelectuales en un intento de explicar los fenómenos físicos que describe Sacrobosco. En la interesante exposición que cierra el

---

47. Cirilo Flórez Miguel, Pablo García Castillo y Roberto Albares Albares, *El humanismo científico* (Salamanca: Caja de Ahorros y Monte de Piedad, 1988), 111-112.

48. Roberto Albares Albares, "El humanismo científico de Pedro Ciruelo", en *La Universidad Complutense Cisneriana* (Madrid: Editiorial Complutense, 1996), 178-180.

49. Otros nominalistas dedicados a las ciencias matemáticas y físicas en la Universidad de Salamanca eran Juan Martínez Silíceo (1486-1557), Fernán Pérez de Oliva (1492-1531) y Pedro Margalho (1471-1556). Para más información sobre el nominalismo en Salamanca, véase Fernán Pérez de Oliva, *Cosmografía nueva*, edición bilingüe al cuidado de Cirilo Flórez Miguel, Acta Salamanticensia (Salamanca: Universidad de Salamanca, 1985), 12-18.

50. Además del comentario de Ciruelo, en España se dedicaron en exclusiva a Sacrobosco al menos once obras, de las cuales ocho circularon impresas. Véase Antonio Hurtado Torres, "La 'Esphera' de Sacrobosco en la España de los siglos XVI y XVII: Difusión bibliográfica", *Cuadernos Bibliográficos* 44 (1982): 50-51.

libro –escrito como diálogo entre Ciruelo y un amigo suyo–, el autor explica que es deber del filósofo buscar la verdad y, dialogando con las obras de los antiguos, corregirlas.[51] Traslada su visión (como probablemente hizo en sus clases ante numerosas generaciones de alumnos) de que las matemáticas, una de las pocas herramientas de la filosofía natural cimentadas en principios inequívocos, bien podían aplicarse a dicha puesta en solfa de los clásicos.

En otros casos, el *Tratado de la esfera* de Sacrobosco sirvió de trampolín desde el que lanzarse a nuevas teorías astronómicas y, si el objetivo final de Ciruelo en su citado *Opusculum de Sphera mundi* era una defensa matemática de la astrología, la idea de otros estudiosos de sensibilidad humanística –y adoración por las matemáticas– fue integrar los descubrimientos de finales del siglo xv en el canon geográfico recibido. Tuvieron lugar tales tentativas, entre 1498 y 1530, en la Universidad de Salamanca, y es característico de las obras escritas con el descubrimiento del Nuevo Mundo reciente una marcada preocupación por los problemas de la medición de la Tierra y sus dimensiones.[52]

Elio Antonio de Nebrija –que ostentaba en dicha universidad salmantina las cátedras de gramática y retórica (posteriormente, en Alcalá)– fue el primer estudioso de la misma en dedicar obra impresa a temas geográficos relativos al descubrimiento del Nuevo Mundo.[53] En los años 90 del siglo xv, cuando estudiaba en Bolonia, se había familiarizado con la *Geografía* de Tolomeo, y en su *In cosmographiae libros introductorium* (Salamanca, 1498) analiza, a partir de dicha

---

51. Albares Albares, "Humanismo científico de Pedro Ciruelo", 200.

52. Francisco Núñez de la Yerba, aunque en su obra titulada *Cosmografía pomponii cum figuris* (Salamanca, 1498) comentaba las observaciones de Tolomeo y Plinio sobre las dimensiones de la Tierra en una edición de la *Corografía* de Mela, seguía dividiendo el orbe en tres continentes. El primer libro cosmográfico que describe las nuevas tierras descubiertas como un continente fue el *Physices compendium* (Salamanca, 1520) de Pedro Margalho (c. 1473-1537). Véase Cirilo Flórez Miguel, "Cosmógrafos salamantinos del Renacimiento y cambio de paradigma", en *Ciencia, vida y espacio en Iberoamérica*, ed. José Luis Peset (Madrid: CSIC, 1989), 382. Para más información sobre el tema de las mediciones, véase Ana María Carabias Torres, "La medida del espacio en el Renacimiento: La aportación de la Universidad de Salamanca", *Cuadernos de Historia de España* 76 (2000): 198-199.

53. Flórez Miguel, García Castillo y Albares Albares, *Humanismo científico*, 113-114. Para una bio-bibliografía, véase la introducción a Elio Antonio de Nebrija, *Elio Antonio de Nebrija, cosmógrafo: In cosmographiae libros introductorium*, ed. Hermandad de los Santos de Lebrija, trad. Virginia Bonmatí Sánchez (Cádiz: Agrija Ediciones, 2000).

obra del griego –y del *Tratado de la esfera* de Sacrobosco–, el torpedo que para las obras geográficas de los antiguos suponían los nuevos descubrimientos. Adopta un enfoque característico del humanista que era. No ahorra esfuerzos, en efecto, queriendo clarificar el significado de términos cosmográficos en distintas lenguas (abstrayendo, aparte, de tales definiciones cuantos significados posibles y llegando a incluir, tras el texto, un glosario). Para él, extrapolar el rigor de la gramática humanística a la descripción geográfica requería correspondencia unívoca entre apelativo y lugar denotado, así como aclaración exacta, según el modelo matemático de Tolomeo, del significado de la terminología cosmográfica (palabras como *meridiano*, *equinoccial* o *ecuador*, y *polo*), y en semejante proceso había que llegar al culmen de la precisión lingüística: que cada palabra se correspondiese con un número.[54] En su preocupación por un lenguaje sin ambigüedad se ha visto un componente vital de una ciencia en proceso de reconceptualización.[55]

Pero no se limita Nebrija a traducir a Tolomeo con rigor lingüístico: a menudo cuestiona sus conclusiones, así como las de otras autoridades de la Antigüedad,[56] lo que le convierte en uno de los primeros estudiosos en ostentar esa actitud –típica de los países que tomaron parte en viajes de descubrimiento– que el historiador David N. Livingstone denomina "antiautoritarismo intelectual".[57] Explicaba Nebrija, por ejemplo, que los portugueses habían mostrado, en su navegación hasta el sur de África, que, al contrario de lo que sostenía Tolomeo, no

---

54. Para más información sobre la preocupación de Nebrija por la precisión matemática, y cómo se tradujo en esfuerzos por cuantificar el grado terrestre y otras mediciones, véase Mariano Esteban Piñeiro, "Elio Antonio de Nebrija y la búsqueda de patrones universales de medida", en *El Tratado de Tordesillas y su época*, ed. Luis Antonio Ribot García (Valladolid: Junta de Castilla y León, 1995), 572-573.

55. Flórez Miguel, "Cosmógrafos salamantinos", 386.

56. Nebrija siguió bregando con nociones contradictorias sobre la composición de la Tierra. Osciló entre la tradición escolástica (Aristóteles-Escoto), que entendía que la esfera terrestre constaba de dos esferas excéntricas –una de tierra, y otra de agua–, y la idea tolemaica de una única esfera en la que la de tierra y la de agua comparten centro, siendo las masas de tierra protuberancias. En su *Physices compendium* (1520), Margalho se muestra convencido de que los relatos de los nuevos descubrimientos geográficos traían indicios a favor de esta concepción tolemaica. Véase W. G. L. Randles, "Science et cartographie: L'image de monde physique à fin du xve siècle", en *El Tratado de Tordesillas y su época*, ed. Luis Antonio Ribot García (Valladolid: Junta de Castilla y León, 1995), 940-941.

57. David N. Livingstone, *The Geographical Tradition: Episodes in the History of a Contested Enterprise* (Oxford: Blackwell, 1992), 56, 63.

circundaba el océano Índico "terra incognita" alguna.[58] Desestimaba igualmente cuanto los antiguos dijeran sobre las antípodas, añadiendo que "nada cierto sobre su existencia nos fué trasmitido por nuestros mayores, pero hoy en día gracias a la audacia del hombre de nuestro tiempo pronto ocurrirá que nos aporten la verdadera descripción de aquella tierra, tanto de las islas como del continente; de gran parte de la costa nos han informado nuestros marinos".[59]

Carecen, sin embargo, la traducción y el comentario de Nebrija de los detalles prácticos que hacían de la *Geografía* de Tolomeo un manual de instrucciones. No se ocupa, valga de muestra, de cómo determinar coordenadas de latitud o recabar información geográfica, ni resulta su traducción de la proyección cilíndrica de Tolomeo lo bastante exhaustiva para ser útil de cara el trazado de un mapa. Faltan, asimismo, las tablas de coordenadas de latitud y longitud, y la descripción geográfica de los continentes. Se nos deja, pues, con un libro que, si bien adecuada introducción a conceptos, terminología y (parte de la) teoría subyacente a la geografía tolemaica, no ofrece indicación práctica alguna. Nebrija –arquetipo de humanista español– había entendido que la exactitud matemática que prometía Tolomeo requería de un lenguaje igualmente preciso y, en su *Introductorium*, lo que se proponía era compilar y pulir el vocabulario cosmográfico empleado para matematizar los espacios recién descubiertos, pero sin entrar en las propias matemáticas que dicha matematización requería.

Tras Nebrija y Ciruelo, una serie de ajustes del currículo matemático y astronómico habidos en esta Universidad de Salamanca que nos ocupa a lo largo del siglo XVI sugieren buena disposición por parte del profesorado de cara a la incorporación al programa docente de nuevos métodos y tecnologías, así como una paulatina transformación del modo de enseñar la cosmografía, por cuya virtud, la exégesis de los clásicos y la lingüística perdían peso en favor del racionalismo matemático. Antes de dar el salto a la facultad de teología, derecho o medicina, el alumno había de completar los estudios que marcaba la denominada facultad de artes – según era tradición, por lo demás, en la mayor parte de las universidades europeas de la época– y, cursando dichas "artes", adquiría conocimientos sobre el mundo natural por varias fuentes: durante los dos primeros años leía el *De coelo et mundo* y los *Meteorologica* de Aristóteles, así como (en el contexto del estudio de la retórica) comentarios de la *Corografía*

---

58. Nebrija, *Elio Antonio de Nebrija, cosmógrafo*, 97.
59. *Ibid.*, 99.

de Pomponio Mela y de la *Historia natural* de Plinio, y en el tercer año hacía lo propio con el *Tratado de la esfera* de Sacrobosco y algo de la *Geografía* de Tolomeo, recibiendo, además, nociones básicas de astrología[60]; si la cosmografía le interesaba, continuaba estudiándola con el profesor de astrología y matemáticas.

Ahora bien: para estas dos disciplinas, esta universidad disponía de cátedra desde mediados del siglo xv[61]. Competía a su titular impartir a los alumnos de tercer curso de la mencionada facultad de artes los rudimentos de astronomía y astrología, pero, si los estatutos de 1529 y, tras ellos, los de 1538 describen la materia correspondiente a dicho catedrático de matemáticas y astrología a grandes rasgos nomás –que enseñaba aritmética, geometría, astrología, perspectiva y cosmografía–,[62] en 1561, tras un periodo de reformas curriculares, los estatutos introducían ya un nuevo programa de tres años para licenciarse en matemáticas y astrología,[63] y en 1588 se creó, en respuesta a directrices del rey tendentes a aumentar en el reino de España el número de expertos cosmógrafos, un puesto docente de menor categoría dedicado en exclusiva a enseñar matemáticas. La preocupación –cada vez mayor– de Felipe II y sus consejeros por no haber en el reino suficientes hombres capaces de afrontar las crecientes incógnitas relativas a la geografía del Nuevo Mundo y su navegación redundó, en efecto, en cambios periódicos en los currículos matemático, cosmográfico y astronómico de la universidad, y un decreto real de 1593 explica la razón de dotar el mencionado puesto: "Se críen personas suficientes y hábiles para leer en esta Universidad y para tenerlos así mismo en los puertos de mar como en otra cualquier parte, por ser tan necesario y porque de ello depende la navegación".[64] No se limitaban, de hecho, a las

---

60. Flórez Miguel, García Castillo y Albares Albares, *Humanismo científico*, 47.

61. En San Bartolomé –uno de los principales colegios de la Universidad de Salamanca– vivían muchos de los profesores de matemáticas y sus alumnos. Véase Ana María Carabias Torres, "Los conocimientos de cosmografía en Castilla en la época del Tratado de Tordesillas", en *El Tratado de Tordesillas y su época*, ed. Luis Antonio Ribot García (Valladolid: Junta de Castilla y León, 1995), 965.

62. Francisco Javier Alejo Montes, *La Universidad de Salamanca bajo Felipe II: 1575-1598* (Burgos: Editorial Aldecoa, 1998), 197-199.

63. Para una copia de los estatutos, véase E. Bustos Tovar, "La introducción de las teorías de Copérnico en la Universidad de Salamanca", *Real Academia de Ciencias Exactas, Físicas y Naturales* 67-68 (1973): 243-244, 249-250, nota 37.

64. Provisión Real, 26 de marzo de 1593, AUS 2870 Documentos Reales (1568-1600), en Alejo Montes, *Universidad de Salamanca*, 199.

universidades los esfuerzos educativos: en los capítulos que vienen examinaremos los currículos de dos nuevas instituciones creadas en respuesta a estas necesidades: la Academia Real Matemática, en Madrid, y en Sevilla, la cátedra de cosmografía de la Casa de la Contratación.

Al quedar vacante, en 1576, la mencionada cátedra de matemáticas y astrología de la Universidad de Salamanca y no solicitarla candidato apto ninguno, desde el gobierno de la institución se pensó en dos hombres de formación y experiencia marcadamente distintas. Si Jerónimo Muñoz (c. 1515-1592) ejercía la astronomía en la Universidad de Valencia –donde enseñaba, además, hebreo y teología–,[65] Rodrigo Zamorano –que acababa de publicar con buena recepción una traducción de los *Elementos* de Euclides (Sevilla, 1576)– era cosmógrafo en Sevilla, en la Casa de la Contratación, a cuyos pilotos destinados a la flota de Indias impartía los rudimentos del arte náutico. Estaban, pues, uno y otro en sendos extremos del espectro de la práctica cosmográfica: trabajando Zamorano en función de los imperativos de aquella ciudad portuaria pasillo al Nuevo Mundo (navegación astronómica, confección de cartas náuticas y enseñanza de cosmografía a pilotos y marinos), los intereses de Muñoz eran esencialmente astronómicos (buscaba esclarecer la distribución de los cuerpos celestes no por así determinar posiciones de barcos, sino por comprender sus movimientos poniéndolos en relación con sus propias observaciones astronómicas). Huelga decir que, finalmente, los responsables universitarios optaron por el de su gremio –halló Muñoz tiempo, entre medias, de negociar un importante aumento salarial–.

Del examen de algunas de sus obras cabe inferir que, para Muñoz, investigación en filosofía natural y astronómica iban de la mano –ciertos manuscritos conservados revelan, sirva de ejemplo, que tomó parte en los debates de filosofía natural sobre la naturaleza de los cielos, la mecánica de la visión y el atomismo clásico (cabe suponer, pues algunas de sus obras nos han llegado en copias realizadas por alumnos suyos, que discutiese con ellos tales temas)–,[66] y de su reputación de fino

---

65. Notas biográficas sobre Muñoz tomadas de Víctor Navarro Brotóns y Enrique Rodríguez Galdeano, *Matemáticas, cosmología y humanismo en la España del siglo XVI: Los comentarios al segundo libro de la historia natural de Plinio de Jerónimo Muñoz* (Valencia: Instituto de Estudios Documentales e Históricos sobre la Ciencia, 1998), 19-29.

66. Para un inventario de las obras de Muñoz, véase *ibid.*, 31-34.

astrónomo, sea observador que teórico, se hace eco Tycho Brahe, quien, en su obra sobre el cometa de 1572, se refiere a las observaciones del mismo del español. Se apartaba en su cosmografía, por lo demás (según señala el historiador Navarro Brotóns), abiertamente de la aristotélica en aspectos clave –negaba la naturaleza incorruptible de los cielos y aducía argumentos contra la existencia de esferas celestes (para demostrar ambas posiciones, según entendía, bastaban las matemáticas y la observación de los astros)–, y en sus clases discutía (igual en Valencia que, luego, en Salamanca) la teoría heliocéntrica copernicana,[67] si bien la refutaba echando mano de argumentos tolemaicos y del comentario al *Almagesto* de Teón, lo que no le impedía manejar, por ajustarse a sus observaciones astronómicas, las llamadas tablas prusianas de Erasmo Reinhold, de inspiración copernicana. Semejante heterodoxia parece no haber sido lastre en la concurrencia por el puesto salmantino, aunque, en otros círculos, quizás sí le granjease alguna enemistad.[68]

En la universidad, Muñoz tuvo ocasión de cultivar no solo la cosmografía en su vertiente práctica, sino también su interés por la astronomía teórica. Manteniéndose en el marco que la institución universitaria ofrecía, procuraba (como sus pares centroeuropeos) fortalecer su posición social y ganar en independencia intelectual,[69] y en el capítulo próximo veremos que, en efecto, de haber ejercido la cosmografía en la corte real, la Casa de la Contratación o el Consejo de Indias, el planteamiento de la disciplina estrictamente utilitario a finales del siglo XVI allí reinante habría limitado su actividad.

---

67. Salamanca era la única universidad europea del siglo XVI cuyo currículo incluía el *De revolutionibus* de Copérnico. Los historiadores convienen en que, puesto caso de que realmente se discutiese esta obra, se enfocaría en vena puramente instrumental. Para más información sobre la enseñanza de Copérnico en Salamanca, véase Bustos Tovar, "Introducción de las teorías de Copérnico en la Universidad de Salamanca", y Manuel Fernández Álvarez, *Copérnico y su huella en la Salamanca del Barroco* (Salamanca: Universidad de Salamanca, 1974). Para finales del siglo XVI, la teoría copernicana era objeto de debate abierto en los círculos cosmográficos de España. Véase Mariano Esteban Piñeiro, "La primera versión castellana de *De Revolutionibus Orbium Caelestium:* Juan Cedillo Diaz (1620-1625)", *Asclepio* 43, nº 1 (1991).

68. Véase la introducción del editor en Jerónimo Muñoz, *Jerónimo Muñoz. Introducción a la astronomía y la geografía*, ed. Víctor Navarro Brotóns, Colleció Oberta (Valencia: Convell Valencià de Cultura, 2004), 25-29.

69. Muñoz encaja cabalmente en la caracterización de Robert Westman del papel del astrónomo en la segunda mitad del siglo XVI. Véase Westman, "Astronomer's Role in the Sixteenth Century", 127-133.

Ayudan a recrear el contexto intelectual de un cosmógrafo de la época las clases magistrales de Muñoz sobre cosmografía en la Universidad de Valencia que, organizadas en función del corpus astronómico y geográfico de Tolomeo, conservamos bajo el título de *Astrologicarum et Geographicarum institutionum libri sex*.[70] En cuyo prefacio explica el profesor que, buscando las causas de las cosas y los *celorum archana* (secretos de los cielos), prefería, sobre engatusar audiencias con flores y requiebros, el hablar lacónico del matemático.[71] Se trata, en efecto, propiamente de un curso de cosmografía, con el acento en las aplicaciones prácticas de la disciplina, y debates teóricos planteados con demostraciones matemáticas. Esboza a veces, con todo, las cuestiones cosmográficas más apremiantes del momento.

El texto, salpicado de referencias a autores antiguos, considera también el trabajo de astrónomos modernos y no duda en corregir la autoridad del corpus clásico poniéndola en cuestión con la observación del cielo o el raciocinio matemático, ejercicios ambos a los que animaba a sus alumnos para enmendar dicho corpus. En aspectos de práctica seguía los enfoques de la *Cosmographicus liber* de Apiano y el *De principiis astronomiae et cosmographiae* de Gemma el Frisio, y para la nomónica y otras maneras de determinar coordenadas de latitud se alineaba con Oroncio Fineo –al Frisio y a Fineo se refiere, por cierto, como antiguos maestros suyos–.

Entre las técnicas que Muñoz enseñaba a sus alumnos está el método cartográfico de triangulación del Frisio, del que las notas aducen un ejemplo realizado en las cercanías de Valencia. A partir de esta y otras afinidades, Salavert y Navarro han demostrado que, para el mapa de Valencia que incluye en su *Theatrum Orbis Terrarum* (1584), Abraham Ortelio se basa en las mediciones de la zona de Muñoz,[72] el libro sexto de cuyas *Astrologicarum et Geographicarum institutiones* contiene, de hecho, directrices detalladas para la construcción de globos terráqueos y celestes, así como mapas en los que usa, al menos, siete proyecciones distintas (sin contar una trapezoidal en el mapa

---

70. Los materiales de clase de Muñoz –con fecha c. 1570– sobreviven en copias manuscritas de dos alumnos. Un juego está en la Biblioteca Apostólica Vaticana, Ms. VL 6998, titulado *Astrologicarum et Geographicarum institutionum libri sex*; el otro, en la Bayerische Staatsbibliothek, Clm 10674. Para una edición especializada y traducción al español de la versión vaticana, véase la edición de Navarro Brotóns citada en la nota 68 del presente capítulo primero.
71. Muñoz, *Introducción*, 79, 244.
72. V. Navarro y Vicente L. Salavert, "Muñoz y la geografía descriptiva: La descripción de España", en Muñoz, *Introducción*, 40-56.

de la Península Ibérica). Les advertía, por lo demás, constantemente, del peligro de asumir valores de latitud y longitud no contrastados o de base matemática incierta, aun si los adujesen matemáticos, y les desaconsejaba sacarse de la manga geografías: "Se ha de procurar ante todo que no coloquemos nada inexplorado en descripciones de esta naturaleza, pues es preferible que señalemos con líneas imprecisas que esa región es desconocida para nosotros, y dejarla en la oscuridad, que difundir errores entre los estudiantes con descripciones manifiestamente falsas, porque lamentamos que se cometan errores incluso por hombres sabios por el ansia de lucro y por la ambición de dar a conocer su nombre por todas partes".[73]

Ejemplifica también Muñoz en estas notas de clase –que, según sus estudiosos, son la obra ecléctica típica de un erudito humanista– el tipo de descripción geográfica que debía acompañar los citados mapas. En su descripción geográfica (incompleta) de España[74] se sirve de herramientas filológicas e históricas para interpretar las descripciones de Plinio, Mela, Tolomeo, Estrabón, Antonino Pío y otros –se hace patente, en ocasiones, su conocimiento de primera mano del área levantina del país–.

Muñoz murió en 1592, pero las nuevas directrices académicas de la Universidad de Salamanca de 1594 reflejan aún su influencia. El programa de matemáticas y astrología subió a cuatro años. El primero se dedicaba en su totalidad a la adquisición de las destrezas matemáticas y geométricas básicas (necesarias para, en el segundo año, pasar a dominar la astronomía), y, además del *Almagesto*, los alumnos leían ahora obras de astrónomos modernos: amén de figurar en la lista de lecturas aprobada para enseñar a confeccionar efemérides Cristóbal Clavio, las tablas solares de Regiomontano o Reinhold, y la teoría del Sol de Peuerbach, en la segunda mitad del segundo año podían elegir, incluso, con el complemento de dichas tablas prusianas de Reinhold, a Copérnico. Pero el hecho es que, por grato que resulte al historiador de la ciencia imaginarse a aquellos jóvenes optando por semejante lectura, ellos solían preferir, con sus relojes de sol, la nomónica. Eran objeto de estudio el tercer año la *Geografía* de Tolomeo y el *Cosmographicus liber* de Apiano, e incluía también el currículo puntos –y varios tratados– relativos al uso de instrumentos de medición tales como el astrolabio y los anillos astronómicos, así como el *Planisferio* de Juan de Rojas (París,

---

73. Muñoz, *Introducción*, 188.
74. Capítulo 16 del manuscrito *Astrologicarum et Geographicarum*. Véase Muñoz, *Introducción*, 214-226, 320-330.

1551). En el tercer curso podía haber igualmente clases magistrales de arte náutico –no instrucción práctica: aspectos teóricos de navegación astronómica–. El cuarto año se dedicaba, por su parte, a la astrología: se usaban el *Tetrabiblos* de Tolomeo y las obras de Alcabicio.[75]

La Universidad de Salamanca resultó, por tanto, ser lo bastante flexible para incorporar en sus planes de estudios las últimas herramientas matemáticas del oficio cosmográfico, y ello la situó ligeramente por delante de otras instituciones europeas. Su programa apenas si difiere, en efecto, de los de estudios cosmográficos en centros jesuíticos franceses del siglo XVI,[76] pues, aunque el marco teórico seguía siendo tolemaico y, en buena medida, aristotélico, los instrumentos y datos aplicados eran absolutamente "modernos", con fuerte énfasis en los aspectos matemáticos de la disciplina. Estando, pues, la enseñanza cosmográfica universitaria española como poco a igual nivel que en otros países europeos,[77] en los años 90 del siglo XVI empezó también a reflejar los dos caminos divergentes (matemático vs. descriptivo) en que la disciplina habría de escindirse acabando siglo la centuria. Ahora bien: si el currículo universitario reflejaba lo que la disciplina se consideraba en un plano ideal, durante el siglo XVI el ámbito de la misma fue definiéndose también en un contexto muy distinto: la mar.

La cosmografía y el mar: racionalismo matemático y libros de navegación

La curiosidad del público europeo al que se dirigían Apiano y el Frisio es nada al lado del fervor cosmográfico de exploradores, comerciantes y agentes gubernamentales de la ciudad de Sevilla, hervidero de relatos sobre los territorios recién descubiertos ante los que quedaba en entredicho la idea del mundo de eruditos e iletrados por igual. Los hombres de intereses prácticos que pululaban por el patio del Real Alcázar, los pasillos de la Casa de la Contratación y las calles del barrio marinero de Triana también se planteaban los problemas cosmográficos que el des-

---

75. Alejo Montes, *Universidad de Salamanca*, 200-201.

76. Dainville, *Géographie des humanistes*, 3-45.

77. El currículo español de astronomía y astrología no era distinto del de las universidades italianas. Grendler señala que los profesores de Bolonia empezaron a insistir en las matemáticas, geografía y cartografía prácticas en los años 70 del siglo XVI. Véase Paul F. Grendler, *The Universities of the Italian Renaissance* (Baltimore: Johns Hopkins University Press, 2002), 419-422.

cubrimiento y la exploración del Nuevo Mundo generaban, y, puestos a establecer un marco teórico para explicar su geografía, rápidamente renunciaron a la pretensión de que la autoridad de los antiguos y los relatos de primera mano que cada año traía la flota de Indias casaran. A diferencia de en países sin acceso a las nuevas tierras, en Sevilla, los cosmógrafos, ya fuesen particulares o trabajasen para la Casa, veían determinado su quehacer por la condición de centro de intercambio mercantil de su ciudad con aquellos lares, circunstancia cuyas exigencias iban mucho más allá que la mera curiosidad intelectual, si tenemos en cuenta que, en última instancia, explotar América comercialmente requería hallar rutas marítimas seguras hasta ella y desarrollar técnicas para la navegación transoceánica. Se emplearon, pues, a fondo en estos problemas, y dieron lugar, entre medias, a un género cosmográfico exclusivamente español, si bien con hondas raíces portuguesas: el manual de navegación.

En parte tratado cosmográfico, en parte manual de instrucción práctica, perseguía codificar y enseñar una serie de principios esenciales para el gobierno de un barco, y sus autores recurrían (en medidas diversas) buscando respuestas a disciplinas que, hasta entonces, se habían cultivado exclusivamente en ámbitos universitarios o cortesanos: la cosmografía, y la astronomía. Para mediados del siglo XVI, estos manuales de navegación sintetizaban ya los fundamentos astronómicos de la misma en un asequible estilo narrativo expositivo, y el género se hizo tremendamente popular.

Los principios de la navegación astronómica, aunque en círculos universitarios venían comprendiéndose sin mayor problema desde el siglo XIII, no habían tenido demasiada aceptación entre los pilotos experimentados. Colón, Magallanes y otros grandes exploradores usaron en sus viajes métodos astronómicos rudimentarios: recurrían, para guiar sus naves, a técnicas como la navegación a estima con brújula y fue con la práctica, por medio de una cuidadosa observación del mar y del cielo, como los pilotos de los primeros años de la carrera de Indias fueron aprendiendo su arte, sin más tecnología que la brújula y las cartas portuláneas. Para determinar los cuatro puntos cardinales de noche, los marinos venían fiando desde hacía siglos en el avistamiento de la estrella Polar, pero la navegación astronómica propiamente dicha no empezó hasta mediado el siglo XV, con la introducción de dos instrumentos náuticos para la determinación de coordenadas de latitud: la vara de Jacob o ballestilla –para medir la elevación sobre el horizonte de la mencionada estrella Polar–, y –para medir la altura del

Sol a mediodía– el astrolabio. La coherencia teórica de estas técnicas de cálculo de latitudes permite explicarlas sin mayor complicación, pero ambos artilugios devuelven valores que requieren de ajustes,[78] y usarlos en el mar con rapidez en seguida se vio que es problemático: establecer con precisión, en un barco en alta mar, cuánto marcaba un aparato no era gesta pequeña, y la inevitable subjetividad en la lectura de las mediciones astronómicas de estos instrumentos hizo que en ocasiones se considerasen indignos de crédito.

El manual de navegación aspiraba a fundamentar teóricamente el arte de que se ocupaba sobre los principios de la filosofía natural: sus autores se basaban en los rudimentos de la esfera que sintetizaba Sacrobosco, en los fundamentos de la cartografía tolemaica y (teniéndola) en su experiencia práctica en el mar. Incluían a veces (lealtad a las raíces cosmográficas del género) descripción geográfica del mundo, con especial énfasis en las Indias y Oriente. Era fuente también la tradición portuguesa de los *roteiros*, pues, desde los años 80 del siglo xv, los marinos lusos venían sirviéndose del astrolabio para, midiendo la altura del Sol, calcular coordenadas de latitud en sus travesías a Guinea –si bien tal no era, en ningún caso, la norma–, y llevaban anejas a dichos *roteiros* tablas de declinación solar e instrucciones para usar el mencionado astrolabio para medir la elevación de cuerpos celestes.[79]

Escribió el primer manual de navegación impreso en España, titulado *Summa de geographia que [...] trata largamente del arte de marear* (Sevilla, 1519), Martín Fernández de Enciso.[80] Jurista de formación, estuvo en América entre 1508 y 1511, y, según afirma en la dedicatoria a Carlos V, escribió el libro, amén de para facilitar al joven

---

78. Estas correcciones incluían el procedimiento denominado "Regimiento de Norte", que daba cuenta de los aproximadamente tres grados de excentricidad de la estrella Polar con respecto al polo celeste. Para determinar la hora del día era preciso ajustar la elevación visible del Sol a mediodía usando tablas que especificaban la declinación solar cada día del año, debiendo sumar o restar al obtenido en la medición el valor correspondiente según el hemisferio y la época del año en cuestión. Véase Manuel Sellés, *Instrumentos de navegación: Del Mediterráneo al Pacífico* (Barcelona: Lunwerg Editores, 1994), 43-52. Para una introducción completa al tema, véase E. G. R. Taylor, *The Haven-Finding Art: A History of Navigation from Odysseus to Captain Cook* (London: Hollis and Carter, 1956).

79. Para más información sobre la navegación astronómica portuguesa, véanse las obras de Luis de Albuquerque, especialmente *Astronomical Navigation* (Lisboa: Comissão Nacional para as Comemoracões dos Descobrimentos Portugueses, 1988).

80. Una versión corregida se imprimió en Alcalá en 1530, y en Sevilla en 1546. Se tradujo al inglés en 1578. Véase Luisa Martín Merás, *Cartografía marítima hispana*, Colección ciencia y mar (Barcelona: Lunwerg Editores, 1993), 136.

monarca información sobre las territorios de su reino hacía poco descubiertos, en la esperanza de que fuese útil a pilotos y marinos que el mismo enviase a descubrir nuevas tierras –público, pues, amplio donde los haya, al que apunta Enciso–.

Lo redactó en español, introduciendo la explicación de las técnicas náuticas con un tratado cosmográfico –patrón que seguirían la mayoría de los manuales de navegación posteriores–, y salpicando todo sin reparo ninguno de comentarios personales y principios de filosofía natural. Empezaba, tomándolos de Sacrobosco, con los fundamentos de la esfera (iba el acento en los principios subyacentes a las coordenadas de latitud y longitud), explicaba entonces cómo determinar las primeras en función de la estrella Polar (u observando la altura del Sol y corrigiendo los valores obtenidos con las correspondientes tablas de declinación), y, reverente para con la tradición cosmográfica previa, cerraba la obra con la descripción del orbe a la manera de Pomponio Mela. Se desvía, no obstante, del modelo clásico en esta última sección en un punto clave, esencial, pues renuncia a la partición tradicional de la Tierra en tres continentes (Europa, Asia y África), dividiéndola, en cambio, en dos mitades: la oriental –el mundo conocido (los tres continentes recién mencionados)– y la occidental –el Nuevo Mundo (el ignoto, las regiones recientemente descubiertas)–. Para describir la parte oriental reproducía manidos relatos medievales, pero su descripción del Nuevo Mundo es única por su carácter de primera mano;[81] con tal detalle describe la línea costera, que el lector siente que un marino podría reconocerla desde un barco: especifica, aduciendo sus correspondientes latitudes, accidentes geográficos de relevancia como ríos o promontorios. En cuanto a la distribución de los territorios, sigue la tradición del derrotero,[82] es decir, que va determinando sus

---

81. Mariano Cuesta Domingo define la descripción geográfica de América de Enciso como el primer mapa en prosa del continente. Véase Mariano Cuesta Domingo, "'Tierra nueva e cielo nuevo', navegación, geografía y mundo nuevo", *Boletín de la Real Sociedad Geográfica* 128 (1992): 27.

82. Un derrotero es una descripción verbal de una travesía marítima. Indica la ruta entre dos puntos dados con rumbo y distancia, a lo que añade descripción de accidentes geográficos (a menudo en forma de dibujos del paisaje), corrientes y mareas. El rumbo se especificaba en los derroteros con brújula; posteriormente, con coordenadas de latitud y –en la medida en que se tuviesen– de longitud. La voz inglesa *rutter* es recordatorio lingüístico del sentido Sur-Norte de la migración de la tecnología náutica durante la Edad Moderna. Se trata de una corrupción del francés *routtier*, que se retrotrae, a su vez, al portugués *roteiro*. Véase J. B. Hewson, *A History of the Practice of Navigation* (Glasgow: Brown, 1951), 16-17.

ubicaciones en función de puntos de referencia previos (establecidos con coordenadas de latitud o combinando rumbo y distancia)– y no limita el relato a la costa, sino que se ocupa también de pueblos y lugares tierra adentro (especialmente si son accesibles por vía fluvial). Suele contener, por lo demás, la presentación de cada zona un panorama de sus atributos naturales y si tenían o no oro, jalonándola a menudo anécdotas sobre las costumbres de los pueblos nativos.

Para los años 50 del siglo XVI, el manual de navegación se había hecho ya mayor: trataba ahora casi en exclusiva temas náuticos y principios cosmográficos relativos al gobierno de embarcaciones. Introducía una sección teórica que instruía al lector en los fundamentos de la esfera, al tiempo que lo preparaba para el tratamiento de la cartografía tolemaica subsiguiente, preliminares tras los cuales seguían indicaciones de índole más práctica: cómo usar cartas náuticas para trazar un rumbo, cómo medir la altura de cuerpos celestes con cuadrantes o astrolabios y cómo corregir los valores obtenidos con tablas de declinación solar.

Siguiendo la línea de Apiano y el Frisio, los autores españoles también usaban estos manuales para introducir artilugios de su propia cosecha, divulgar nuevas técnicas y discutir problemas náuticos; entre los cuales sobresalía la llamada declinación magnética, dificultad consistente en la desviación con respecto al Norte de la aguja de la brújula, algo que los marinos venían arrastrando desde que, ya en su primer viaje, Colón llamara la atención sobre ella –las fuentes de la época hablan (según) de "nordestear", o "noruestear"–.[83] En las dilatadas travesías trasatlánticas, este fenómeno era vuelta de tuerca adicional a la ya de suyo difícil tarea de trazar un rumbo –el grado de desviación parecía variar según el meridiano–, y los manuales de navegación pasaron a ser foro desde el que abogar por un modo u otro de lidiar con el problema, fuese introduciendo instrumentos "correctores" de la aguja de la brújula o procurando deducir del grado de desviación de la misma el de longitud del lugar en cuestión. Daba la brújula, en efecto, la impresión de que, al viajar de Este a Oeste –como los galeones españoles hacia las Indias–, iba desviándose del Norte paulatinamente en arreglo a la distancia longitudinal, y de esta

---

83. El primer cosmógrafo que se ocupó de la incidencia en la brújula de la declinación magnética fue el portugués Francisco Falero, activo en Sevilla, en la Casa de la Contratación. Véase Francisco Falero, *El tratado de la esphera y del arte de marear (1535)*, edición facsímil, ed. Ministerio de Defensa y Ministerio de Agricultura (Borriana: Ediciones Histórico Artísticas, 1989), 29.

aparente correlación varias generaciones de cosmógrafos españoles trataron de extraer, según recién apuntábamos, un modo de determinar coordenadas de longitud en el mar.

En España –y en el resto de Europa–, los dos manuales de navegación más leídos del siglo XVI fueron el *Arte de navegar* de Pedro de Medina (1545) y el *Breve compendio de la sphera y de la arte de navegar* de Martín Cortés (1551). Pedro de Medina (1494-1567), persona destacada en los círculos cosmográficos de Sevilla, era parte implicada en el encendido debate entre cosmógrafos y pilotos partidarios de diversos métodos náuticos y cartográficos. Su libro gozó de amplia difusión –veinte ediciones, en su mayoría francesas (imagen 1.4.)–,[84] si bien en Inglaterra parece que tuvo mejor recepción el de Cortés, que entre 1561 y 1630 fue objeto de, al menos, seis traducciones que reconocían sin doblez su autoría.[85]

Excepción hecha del mencionado *Breve compendio* de Martín Cortés (c. 1507-1582), no conservamos otra obra,[86] pero sus motivos para escribir esta quedan claros: lo hizo –explica en su dedicatoria y prólogo– irritado por la ignorancia de los pilotos y por su reticencia a aprender los principios de la navegación astronómica, que podían hacer de su riesgoso oficio ciencia más confiable.[87] Inicia su libro, fiel al género, con una sección teórica dedicada a la esfera y a la composición de la Tierra según Aristóteles, tras lo cual se ocupa de los movimientos del Sol y la Luna, y de sus efectos sobre la Tierra, incluyendo, a la manera de Apiano, las *volvelles* o ruedas arriba mencionadas como forma primitiva, mecánica, de apoyo computacional. Pero, si estas secciones teóricas de introducción van salpimentadas de referencias

---

84. Para la historia de la edición del texto de Medina, véase Marie Ange Etayo-Piñol, "Medina y Cortés o el aprendizaje de las técnicas de navegación en Europa en el siglo XV", *Revista de Historia Naval* 16, n° 64 (1998): 43, nota 3. Aunque nunca ostentó cargo oficial en la Casa de la Contratación, en 1552 Medina escribió un sumario del *Arte de navegar* –el *Regimiento de navegación*– pensando en la escuela náutica recién creada en la institución. Véase José María López Piñero, *El arte de navegar en la España del Renacimiento*, 2ª ed. (Barcelona: Editorial Labor, 1986), 162.

85. Lopez Piñero habla de diez ediciones; Navarro Brotóns, de seis. Véanse López Piñero, *Ciencia y técnica*, 202, y Navarro Brotóns, *Bibliographia Physico-Mathematica Hispanica (1475-1900)*.

86. Martín Cortés, *Breve compendio de la sphera y de la arte de navegar* (Sevilla: Casa de Antón Álvarez, 1551; reimpresión, Madrid: Editiorial Naval, 1990), 33-34, y Francisco Javier González González, "Martín Cortés de Albácar, Cádiz y el *Breve compendio de la sphera y de la arte de navegar* (1551)", *Gades* 22 (1997): 311-326.

87. Cortés, *Breve compendio*, ff. 4v, 7r.

Imagen 1.4. Frontispicio del manual de navegación de Pedro de Medina: *Arte de navegar* (Valladolid: Francisco Fernández de Córdoba, 1545). © The Huntington Library, San Marino, California.

clásicas, tales referencias quedan en el tintero en la parte última del libro, que pasa a ser, sencillamente, manual de instrucciones. Trata, en efecto, la última sección aspectos técnicos relativos a la confección de artilugios de navegación y a los usos de instrumentos de mira y relojes de sol (incluyendo uno que, montado sobre un cardán, compensaba el movimiento del barco), y su explicación de los distintos métodos para el cálculo de latitudes es de lo más claro en su género. Se daba buena cuenta Cortés de que los mapas disponibles de aquellas nuevas tierras habrían resultado mucho mejores de haber asumido la tarea de su confección "doctos cosmógrafos y expertos en el arte de navegar".[88]

Tanto Cortés como Medina insistían en la función pedagógica de sus manuales, pero cuesta ver en ellos obras asequibles para lo que sería un piloto estándar, pues estos, si bien ostentaban un puesto privilegiado en la jerarquía del barco –tercero, solo por detrás del maestre y el capitán–, solían ser analfabetos, amén de tipos notablemente indisciplinados. Los capitanes, de todas formas, aunque eran responsables de la defensa militar de la nave, a menudo carecían por completo de formación náutica, siendo su cargo un título honorífico debido, simplemente, a ser el gentilhombre de mayor rango a bordo. Competía, pues, la responsabilidad de guiar el barco al piloto, y uno bueno –es decir: con la suficiente experiencia a sus espaldas (capaz de reconocer las líneas costeras, predecir tempestades, recordar la ubicación de bajíos traicioneros y calcular la velocidad del barco con solo mirar el viento y el agua)–, tenía trabajo seguro en la carrera de Indias durante todo el siglo XVI.

Durante dicha centuria, a pesar de las propuestas de astrónomos académicos y autores cosmográficos, los medios al uso para calcular la posición de un barco en el mar siguieron siendo bastante imprecisos, pues, tanto por su diseño como por los procesos de fabricación a la mano, el margen de error intrínseco a los artilugios de navegación de la época era amplio, lo que se traducía (sumado a lo dificultoso de medir cabalmente en el vaivén de un barco) en confianza escasa en el único modo entonces disponible para ubicar puntos en el océano: determinar coordenadas de latitud midiendo la altura del Sol, o de la estrella Polar. Ahora bien, si la cosa se torcía rematadamente y no lograba el piloto llevar la nave a buen puerto, no era raro que se echase la culpa a su falta de destreza en navegación astronómica –lo despreciaban por no saber poner en práctica los principios nítidamente expuestos en los manuales de navegación, achacando el desastre, a menudo, a su analfabetismo–. En semejante clima de recelo, los pilotos optaban por guardarse para sí los

---

88. "Y no sería inconveniente, antes cosa justa y muy acertada (para quitar tantos errores de los cuales se sigue tanta confusión y peligros) que Vuestra Majestad mandase
a doctos cosmógrafos y expertos en el arte de navegar que verifiquen las alturas de
polo que tienen los puertos, cabos, islas y pueblos marítimos y asimismo descri-
biesen verdaderamente las costas de la Tierra, especialmente de la navegación de las
Indias Occidentales o Mundo Nuevo" (Cortés, *Breve compendio*, f. 68).

resultados de sus observaciones astronómicas –frecuentemente no podía uno estar seguro de ellas o eran, directamente, erróneas–, y había pasajeros con la idea (quizás leído el manual de Medina) de que, para aprender a navegar, bastaba con fijarse en un piloto en faena y reproducir sus observaciones.[89]

Los autores de manuales de navegación de mediado dicho siglo XVI, si bien escribían en la idea de formalizar los principios del arte náutico, difícilmente creían, aunque afirmasen lo contrario, que sus obras fuesen a servir de nada a piloto ninguno. ¿Por qué escribirlas, entonces? Medina y Cortés compusieron sus libros pendientes de un grave problema a que se enfrentaba la empresa española en ultramar. En opinión de Pablo E. Pérez-Mallaina, a los métodos astronómicos de navegación no se dio crédito por entender que tecnológicamente fuesen superiores a los tradicionales, sino por una crítica escasez en el imperio español de pilotos con experiencia en guiar barcos por los océanos Atlántico y, más avanzado ya el siglo, Pacífico:[90] cuando, tras la conquista de México y la circunnavegación del globo, sobrevino la fase más intensa de colonización y explotación del proyecto americano, el consecuente incremento de travesías trasatlánticas se tradujo, en efecto, en carestía de pilotos con la experiencia debida para surcar tamañas masas de agua. Pues bien: ante dicha falta, que amenazaba el programa imperial y la explotación eficaz de los nuevos recursos, los agentes gubernamentales de la Casa de la Contratación y el Consejo de Indias pensaron que la navegación astronómica podría servir para formar pilotos competentes en menos tiempo, y, para lograrlo, echaron mano de los mismos métodos con que ellos se habían educado –clase y libro–, así como del único corpus de conocimiento disponible en aquel mundo occidental de la Edad Moderna a la hora de ubicar en la superficie terrestre un punto: la cosmografía.

---

89. Pablo Emilio Pérez-Mallaina Bueno, *Spain's Men of the Sea: Daily Life on the Indies Fleets in the Sixteenth Century*, trad. Carla Rahn Phillips (Baltimore: Johns Hopkins University Press, 1998), 83-86.

90. Pérez-Mallaina explica que la necesidad de dotar a las principales flotas de suficientes pilotos exacerbó el problema, e impuso a estos hombres de mar exigencias muy distintas de a las que debían hacer frente los exploradores; una cosa era topar con una isla ignota durante una travesía y, simplemente, declararla "encontrada" o descubierta, y otra bien diferente (salta a la vista) deber volver al mismo punto año tras año. Véase Pablo Emilio Pérez-Mallaina Bueno, "Los libros de náutica españoles del siglo XVI y su influencia en el descubrimiento y conquista de los océanos", en *Ciencia, vida y espacio en Iberoamérica*, ed. José Luis Peset (Madrid: CSIC, 1989), 469.

En el manual de navegación vemos la asunción característica de la parafernalia científica por parte de los procederes tradicionalmente asociados a determinado oficio a medida que el mismo va pasando del mero ámbito mercantil al mundo prestigioso de la cultura –los manuales de artillería y minería de la época reflejan transformación análoga–.[91] Los escritores de tratados técnicos de náutica, artillería y minería se sentían cómodos en la tradición de la filosofía natural aristotélica: familiarizados como estaban con su lenguaje y formas argumentativas, podían fundamentar sus explicaciones en modo similar al empleado en exposiciones de dicha disciplina. El corpus tolemaico ofrecía, por su parte, las herramientas, instrumentos y mapas necesarios para reducir a la práctica la materia de que el manual de navegación se ocupaba, y así fue como, puestos a explicar la praxis náutica, los autores de mediados del siglo XVI recurrieron a métodos astronómicos y procedimientos (ya bien establecidos) asociados al cálculo de la posición de objetos en la esfera celeste. Reformularon, en el proceso, dicho arte de la navegación en términos cosmográficos.

El manual de navegación ponía a disposición de comerciantes, agentes gubernamentales y aspirantes a aventurero un canal de instrucción en la técnica náutica, así como de información sobre adónde se dirigía una expedición, y qué cabía encontrar en costas remotas – el incremento análogo del interés por la navegación astronómica habido en Inglaterra acabando la época isabelina responde a motivos similares: la necesidad de hacerse a la mar con conocimiento de causa (para garantizar beneficios), el fervor generalizado por la exploración ultramarina y la voluntad política de expansión más allá de los límites tradicionales–.[92] Con su recurrente de ayuntar astronomía y

---

91. Dos ejemplos de estos tipos de textos son *La nueva ciencia* de Niccolò Tartaglia (1537), y el *De re metallica* de Agrícola (1556). En España, aunque no se desarrolló como género sino medio siglo después que el de navegación, el manual de artillería alcanzó popularidad comparable. Para un estudio del manual de artillería español, véase Jorge Vigón, *Historia de la artillería española*, vol. 1 (Madrid: Instituto Jerónimo Zurita, 1947).

92. John W. Shirley, "Science and Navigation", en *Science and the Arts in the Renaissance*, eds. John W. Shirley y F. David Hoeniger (London: Folger Books, 1985), 75-76. Bennet sitúa la producción de estos tipos de textos –en su caso los tratados de Apiano y el Frisio– en un contexto de público creciente de hombres prácticos interesados en soluciones matemáticas a problemas de medición, náutica, artes militares y arquitectura. Véase J. A. Bennett, *The Divided Circle: A History of Instruments for Astronomy, Navigation, and Surveying* (Oxford: Phaidon, 1987), 22-23. Ash, por su parte, explica el papel de los matemáticos como "expert mediators" ("mediadores especializados", traducción *ad hoc* de M. C.) en *Power, Knowledge, and Expertise in Elizabethan England*, 138-142.

navegación, los autores de estos manuales daban a entender que cimentaban aquel arte nuevo en los principios de la antigua y noble ciencia de la astronomía –capaz, en manos de un puñado de expertos, de predecir con exactitud la posición de las estrellas en los cielos inmutables–, y astrolabio y cuadrante (instrumentos y técnicas de observación astronómica), ¿por qué no iban a ser igualmente precisos a la hora de determinar la ubicación de un barco? Daban, pues, a sus avorazados lectores –atribuyendo a la navegación las propiedades de predictibilidad y exactitud típicamente asociadas a la astronomía– precisamente lo que aquellos con más ansia querían: certezas.

Con semejantes libros, explica Pamela Long, las artes mecánicas se convirtieron en "disciplinas discursivas estructuradas en función de principios (matemáticos o de otra índole) puestos por escrito",[93] pero la transformación no fue sin lid: late tras la génesis del manual de navegación español un tensísimo tira y afloja entre cosmógrafos y pilotos. Alison Sandman sitúa, en efecto, la producción de estas obras en un contexto de conflicto entre el colectivo de pilotos experimentados (que rechazaban la navegación astronómica) y el que (con numerosos cosmógrafos en sus filas) ella denomina de "defensores de la teoría", contendiendo ambas facciones durante la primera mitad del s. XVI por el control de métodos náuticos al uso en la Casa de la Contratación. Estuvo abierto el debate, como en el capítulo séptimo tendremos ocasión de ver, hasta bien después de institucionalizarse y recibir el respaldo oficial de la Corona las prácticas cosmográficas. Sostiene esta autora, de todas formas, que, para la subida al trono de Felipe II (1556), dichos defensores de la teoría ya se habían erigido en autoridad, tanto en materia geográfica, como de navegación.[94]

---

93. Pamela O. Long, *Openness, Secrecy, and Authorship: Technical Arts and the Culture of Knowledge from Antiquity to the Renaissance* (Baltimore: Johns Hopkins University Press, 2001), 176.

94. Los debates giraban en torno a una serie de pleitos entre, por una parte, los cosmógrafos Alonso de Chaves, Pedro de Medina y Pedro Mejía, y, por otra, Diego Gutiérrez, que, maestro artífice de instrumentos náuticos en la Casa de la Contratación, contaba con el apoyo de Sebastián Caboto, piloto mayor de la misma. Aunque el principal contencioso era si debía permitirse a los pilotos usar cartas de navegación trazadas con dos escalas –una de ellas corrigiendo el efecto de la declinación magnética en la brújula–, el motivo real tras las querellas era la competencia por el lucrativo mercado de instrumental náutico sevillano y el monopolio que, con apoyo de Caboto, Gutiérrez allí ejercía en menoscabo de otros cosmógrafos. Para más información sobre estos debates, véase Ursula Lamb, *Cosmographers and Pilots of the Spanish Maritime Empire* (Aldershot: Variorum/Ashgate, 1995), 3:40-57, Pedro de Medina, *Libro de las grandezas y cosas memorables de España*

Este interés por definir un conjunto de principios que dotasen al arte de regir embarcaciones de bases más precisas y fiables cabe interpretarlo como parte de un proceso de matematización de las dimensiones espacio-temporales ya bien activo desde comienzos del siglo xv.[95] La cosmografía y su apéndice –la cartografía– son, sí, paradigmáticas de una transformación de la percepción de la realidad llena de implicaciones habida en Occidente: el paso de la visión medieval (cuyo acento iba en características cualitativas) a la típica del Renacimiento y la Edad Moderna (de índole cuantitativa).[96] La cuantificación del tiempo y el espacio, propiciada en los siglos xv y xvi por nuevas técnicas matemáticas, cambió las expectativas en lo que a tipos de información susceptibles de ser adquiridos sin lugar a dudas respecta. Si una ciencia podía fundamentarse (en vez de metafísica o, simplemente, empírica) matemáticamente, el arte en cuestión se entendía ahora que reposaba en preceptos ciertos, y los cosmógrafos españoles –sitos en el epicentro de aquella transformación intelectual– se erigieron en defensores de las posibilidades de su ciencia, cuyos cimientos astronómicos y matemáticos argumentaban que no pertenecían sino a dicho tipo de preceptos.

Si, según señala Anthony Grafton en lo que probablemente constituya una de las más matizadas aseveraciones de la historiografía del descubrimiento, "the encounter between Europe and the Americas juxtaposed a vast number of inconvenient facts with the elegant theories embodied in previously authoritative books"[97] (es decir: si el descubrimiento del Nuevo Mundo dejaba claro que en las autoridades antiguas había errores), el enfoque tolemaico, ¿seguía siendo válido?

____

(Madrid: CSIC, 1944), xi-xix, y Alison D. Sandman, "Cosmographers vs. Pilots", tesis doctoral, University of Wisconsin, 2001, 283-288.

95. Alistair C. Crombie, "Science and the Arts in the Renaissance: The Search for Truth and Certainty, Old and New", en *Science and the Arts in the Renaissance*, ed. John W. Shirley y F. David Hoeniger (London: Folger Books, 1985), 19.

96. Así explica sucinto Alfred Crosby a partir de Thomas Kuhn, David Landes y Samuel Edgerton. Véase Alfred W. Crosby, *The Measure of Reality: Quantification and Western Society, 1250-1600* (Cambridge: Cambridge University Press, 1997), 132.

97. "El encuentro entre Europa y las Américas sacó a relucir una larga serie de hechos inconvenientes desde el punto de vista de las elegantes teorías expuestas en los libros a que hasta entonces se concedía autoridad" (traducción *ad hoc* de M. C.). Anthony Grafton, introducción a *New World, Ancient Texts: The Power of Tradition and the Shock of Discovery*, ed. Anthony Grafton, April Shelford y Nancy Siraisi (Cambridge: Belknap Press of Harvard University Press, 1992), 5.

Los cosmógrafos españoles se debatían con esta pregunta, disintiendo a menudo en cuál fuese la metodología óptima: si los principales humanistas del país pronto empezaron a aplicar las herramientas en que eran duchos –lingüística y erudición clásica–, los autores de manuales de navegación y algunos pilotos de la Casa de la Contratación recurrieron para sus problemas de tecnología náutica a los instrumentos matemáticos de la cosmografía. Entre tanto, la obra cosmográfica, con su geografía descriptiva y sus mapas, siguió evolucionando e integrando en la disciplina una epistemología que privilegiaba los relatos de primera mano y el empirismo.

Sin embargo, para finales del siglo XVI, era ya complicado componer una auténtica cosmografía renacentista según sus reglas y estándares característicos, pues se exigía ahora una descripción del Nuevo Mundo útil. Los cosmógrafos reales de la España de entonces adoptaron el patrón tolemaico –y su metodología correspondiente– no por lo elegante de su retrato de la Tierra, sino porque resultó ser un valioso recurso para los fines del imperio. Para ellos "conocer" no era satisfacer su curiosidad personal, sino organizar y presentar la información sobre los nuevos descubrimientos de modo que sirviese (como decimos) al imperio y tuviese resultados prácticos. Impregnaron la disciplina, en consecuencia –al asumir los esquemas clásicos de praxis y representación cosmográficas–, de un enfoque pragmático contrario al uso en el resto de Europa (testigo el manual de navegación). Guardianes del conocimiento cosmográfico directo de los nuevos territorios, se vieron los primeros en el brete de deber integrar en la visión del mundo europea "una larga serie de hechos que no casaban", y no es sino eso lo que exploran los próximos capítulos: cómo fueron modelando un marco conceptual en que también cupiese la realidad del Nuevo Mundo.

2
Estilos cosmográficos
en la Casa, el Consejo y la corte

Para el pragmático Felipe II, hombre atento a los detalles y con un interés personal por la geografía, el Nuevo Mundo (con sus maravillas naturales, toda su extensión y sus enigmáticos pueblos) había de ser descrito con precisión no solo para satisfacer su curiosidad, sino también de cara a la administración del más vasto imperio hasta entonces conocido. Movieron a este rey a ordenar la plasmación de sus territorios en mapas (describiendo y catalogando sus recursos naturales y dando cuenta de sus potenciales fuentes de riqueza) también una buena dosis de vanidad imperial y una debilidad muy renacentista por las representaciones visuales del poder y el prestigio de la monarquía.[1] Los hombres a quienes se encomendó escribir la cosmografía de los nuevos territorios de ultramar durante su reinado (1556-1598) trabajaron en un periodo de rápida y tremenda expansión territorial. La incorporación de nuevas tierras –la conquista de Filipinas de Miguel López de Legazpi (1565-1571)– y nuevas situaciones políticas –la unificación (en 1581) de los tronos español y portugués– supusieron para los cosmógrafos reales un sucederse sin fin de preguntas y problemas.

Para la segunda mitad del siglo XVI, la recopilación sistemática de información cosmográfica sobre el Nuevo Mundo estaba ya institucionalizada gubernamentalmente en torno a tres núcleos

---

1. Richard L. Kagan, "Philip II and the Geographers", en *Spanish Cities of the Golden Age: The Views of Anton van den Wyngaerde*, ed. Richard L. Kagan (Berkeley: University of California Press, 1989), 49-50.

principales. Los cosmógrafos profesionales activos en la Casa de la Contratación y el Consejo de Indias tenían acceso a un flujo ininterrumpido de información geográfica oral y escrita. En la Casa, los cosmógrafos interrogaban personalmente a los pilotos que llegaban de las Indias y, con lo que obtenían, iban componiendo la geografía de las costas y tratando de hallar formas seguras de navegación hasta las mismas. Contaban solo en el cielo las estrellas útiles para guiar un barco, o para ubicar el destino deseado en una carta náutica (en la Casa, la cosmografía era un elemento subsidiario de la navegación). En el Consejo de Indias, por su parte, se trataba de administrar y supervisar; pero desde Madrid, a miles de kilómetros, ¿cómo podían saber lo bastante de este remoto imperio para asesorar al rey y legislar debidamente? Para organizar el inmenso cúmulo de información geográfica, etnográfica, natural e histórica, los cosmógrafos de este centro se basaban en la taxonomía tradicional de la cosmografía renacentista, y usaban la máquina burocrática del imperio para recopilar los datos sobre el Nuevo Mundo que necesitasen.

Pero la producción cosmográfica no se limitaba a la Casa de la Contratación y el Consejo de Indias: en ocasiones designaba *ad hoc* el rey de España en persona quien se ocupase de determinado problema, o lo asumía un equipo de cosmógrafos que tenía a su servicio la casa real. Había también particulares que, conscientes de en qué precio tenía el monarca el saber cosmográfico, se afanaban por hacerle llegar sus contribuciones, a veces en la forma narrativa denominada relación. Tanto los cultores de la disciplina a los que el rey recurría para encargos como otros que ejerciesen por su cuenta (sin excluir los de ámbito académico) podían ser llamados, por lo demás, para comisiones que hiciesen frente a problemas cosmográficos específicos, generalmente de importantes implicaciones políticas.

En España, ya vimos, la cosmografía se practicaba desde una tradición intelectual modelada por el resurgir humanista de la geografía descriptiva y el redescubrimiento de la cartografía tolemaica, y los cosmógrafos objeto de estudio en este capítulo –Alonso de Santa Cruz (c. 1505-1567), Juan de Herrera (1530-1597) y Rodrigo Zamorano (1542-1620)– trataron de reconciliar, en su ejercicio de la disciplina, esas maneras literarias y metodologías establecidas, típicas del Renacimiento, con las exigencias del fluido entorno cosmográfico de la época de los descubrimientos. Mediada la cual (es decir: el siglo xvi y comienzos del xvi), la presión del descubrimiento del Nuevo

Mundo –y de las exigencias del imperio subsiguientes– sobre la cosmografía renacentista y sus representantes iba volviéndose mayor y mayor, quedando de relieve las limitaciones del género literario y el modo de representación a ella asociados, y resultando un replanteo del concepto mismo de saber cosmográfico. Surgieron, en respuesta a dicha presión, estilos cosmográficos característicos, determinados en buena medida por en cuál institución del imperio sirviesen los cosmógrafos, la incidencia de individuos concretos, y, cada vez más, una preferencia por herramientas cosmográficas matemáticas o didácticas para explicar el Nuevo Mundo.

La recopilación de información sobre el Nuevo Mundo: "como las piezas dispersas de un puzle"

En la España del siglo XVI, la fuerza motora tras la labor cosmográfica era una *necesidad de conocer* el Nuevo Mundo. La cosmografía renacentista, con su enfoque exhaustivo, ya aportaba las herramientas conceptuales para responder a muchas preguntas sobre aquellas tierras y para organizar los datos de modo que sirviesen en problemas administrativos, financieros, militares, religiosos y políticos del imperio en expansión: la información geográfica respondía a las preguntas obvias de la ubicación del mismo y sus confines, y la cartografía tolemaica permitía representar tal geografía con precisión matemática; las expediciones de reconocimiento hidrográfico juzgaban lo navegable de aguas costeras y ríos, la existencia de posibles puertos y las mejores rutas para llegar hasta los nuevos dominios; los relatos descriptivos sintetizaban la información etnográfica sobre los pueblos nativos; las crónicas, por su parte, dejaban constancia de la historia de la conquista española –no era raro que determinasen el interés de la Corona en conquistar y colonizar un territorio u otro los inventarios de recursos naturales (especialmente minerales)–. Recibieron, pues, el mandato de recopilar y organizar toda esta información, poniéndola a disposición de la máquina administrativa de los Habsburgo, los cosmógrafos –en la Europa de la Edad Moderna, su bagaje intelectual los convertía en el colectivo científico mejor preparado a tal efecto–, y el corpus de saber que generaron se entendió que tenía valor estratégico tanto en el ámbito doméstico, como en el internacional, siempre, eso sí, que se hiciese un uso eficiente de él y se mantuviese en secreto.

Puestos a satisfacer la demanda de información cosmográfica precisa de esta época de rápida expansión territorial, como primera tarea se les imponía incluir el Nuevo Mundo en una nueva cosmografía universal, pero ello requería remodelar el marco metodológico asociado a la disciplina en el Renacimiento. El nuevo marco conservaba las bases conceptuales (vistas en el capítulo anterior) de dicha cosmografía renacentista, pero la época de los descubrimientos trajo consigo una serie de retos con los que, en su redescubrir de la *Geografía* de Tolomeo o enfrascados, en sus bibliotecas, en la descripción del mundo antiguo de Mela, a los cosmógrafos de gabinete del siglo xv no había sido dado siquiera soñar.

Tras el descubrimiento, la labor cosmográfica quedaba claro que incluía incorporar a la imagen del mundo las nuevas tierras, pero en España estaban, además –especialmente en las instituciones imperiales–, las exigencias propias del contexto en que el saber cosmográfico se generaba. En el Consejo de Indias esta disciplina se percibía como corpus de conocimiento al servicio de acciones legales y administrativas –su ejercicio había de reportar *utilidad*–, y llevaba implícito también este mandato utilitario que la información fuese actual y exacta –y que llegase a tiempo–. Para cumplir todo esto, la cosmografía renacentista no pudo sino someterse a una reorientación fundamental que iría alejándola, cada vez más, de sus raíces humanistas. Tenía que adoptar nuevas metodologías que facilitasen la recogida de información de todos los rincones del mundo, ofrecer principios hermenéuticos capaces de organizar en modo operativo una mole de datos y articular la información de forma que los clientes de los cosmógrafos la entendiesen.

Traían la materia bruta –los datos– centenares, si no miles, de aquellas denominadas relaciones de Indias que fluían del Nuevo Mundo al Viejo. Algunas, a menudo escritas en vena histórica, se abrieron paso en editoriales de toda Europa, si bien no cualquier relato se consideraba histórico en sentido propio, como nos recuerda –en el prólogo a la *Historia general de las Indias* de Francisco López de Gómara (Zaragoza, 1552)– el arzobispo de Zaragoza, censor de la obra. Traza el arzobispo linde nítida entre relato histórico vs. de hechos recientes, y, enumerados los autores que considera historiadores auténticos (Pedro Mártir, Hernán Cortés, Gonzalo Fernández de Oviedo y el propio Gómara), señala: "Estos autores han escrito mucho de Indias y impreso sus obras, que son de substancia. Todos los demás que andan impresos escriben lo suyo y poco, por lo cual no entran en el número de historiadores; que, si tal fuesse, todos los capitanes y pilotos que dan relación de sus entradas y navegaciones, los cuales son muchos, se dirían historiadores".[2]

Sea como sea, fue en los relatos de aquellos simples "capitanes y pilotos" –tan poco adecuados a ojos del arzobispo– donde los cosmógrafos se basaron para componer sus obras, pero de las miles de relaciones enviadas a España a partir del descubrimiento de las Indias fue impresa solo una pequeña parte –la mayoría circulaba en copias de amanuenses–, y, en una cultura donde el medio escrito era componente básico de la organización social y –cada vez más– de la vida política, aquellos manuscritos portadores de noticias tuvieron una incidencia enorme. Conservaron, en efecto –observa Fernando Bouza–, las relaciones del Nuevo Mundo el carácter inmediato de la comunicación directa gracias a dicha circulación de copias manuscritas, que, en un contexto cultural donde el material impreso estaba sujeto a censura y requería de licencias, eran canal de expresión más libre,[3] y, según fue avanzando el siglo XVI, pasaron a constituir todo un género literario.

Podemos decir –en términos laxos– que las relaciones son relatos que hacen individuos de sus experiencias en el Nuevo Mundo: combinan memorias personales, cartas, crónicas, respuestas a cuestionarios oficiales e, incluso, entrevistas con viajeros llegados de tierras lejanas.[4] Dirigida al rey o a alguno de los consejos reales, parte de un informe oficial o correspondencia privada, mediado el siglo la relación se ceñía ya, en estructura y contenido, a un formato estándar. Reducción análoga a patrón común se aprecia en la correspondencia entre jesuitas superiores y misioneros: al misionero que informaba de las actividades de la Compañía en equis zona se le aconsejaba describir también el clima, la ubicación en términos de latitud y longitud, las costumbres de sus habitantes, sus medios de vida... Es decir, cuanta información se entendía podían necesitar los superiores responsables del programa apostólico. Pero la estandarización no quita que las cartas de misioneros jesuitas enviados a Oriente fuesen para muchos cosmógrafos de la Edad Moderna *les sources vives*.[5]

---

2. *Historia general de las Indias*, en *Pórtico a la ciencia y a la técnica del Renacimiento*, ed. María Jesús Mancho Duque (Salamanca: Junta de Castilla y León, 2001), 316.

3. Fernando Bouza, *Corre manuscrito: Una historia cultural del Siglo de Oro* (Madrid: Marcial Pons, 2001), 49-67.

4. Prefiero definir el género de esta forma más laxa que no asumir las estrechas categorías de Mignolo, a saber: cartas relatorias y relaciones, más una tercera categoría de crónicas. Véase Mignolo, "Cartas, crónicas y relaciones", 58-59.

5. Dainville, *Géographie des humanistes*, 103-113.

Los motivos por los que alguien decidía escribir una relación eran variados. Había quien lo enfocaba como carta de méritos: informar al rey, en espera de justa recompensa, de los servicios prestados en el exterior. Otros denunciaban injusticias: trato cruel a los indios, falta de respeto a la ley por parte de españoles o, siempre según el autor en cuestión, agravios en el reparto de indios y tierras. Otros escribían en respuesta a solicitudes oficiales de información: los pilotos de la Casa de la Contratación –valga de ejemplo– vueltos de Indias tenían que comparecer ante el piloto mayor informando de cualquier nuevo descubrimiento. A otros los movía una auténtica curiosidad intelectual: las fuentes –por dar un caso– del médico y naturalista sevillano Nicolás Monardes (c. 1508-1588), a quien –tras la publicación de la primera parte de su *Historial medicinal* (1565), dedicada a las propiedades medicinales de las plantas del Nuevo Mundo– desde las Indias numerosos individuos se preocuparon de hacerle llegar especímenes, o le compartieron gustosos (por correspondencia o en persona) sus experiencias con productos medicinales allá.[6]

Hubo también quien encontró en el formato epistolar el óptimo para informar de las Indias a la metrópolis: muchos autores, al escribir sus cartas, tenían presente que las manejaría un público amplio, y con relativa frecuencia aparecían en el mercado de las copias manuscritas misivas distintas con sendas versiones del mismo hecho en "competición". Los cronistas oficiales y cosmógrafos, que tranquilamente subsumían las nuevas de estos documentos en crónicas y relatos históricos, andaban ávidos tras ellos[7]; eran la fuente primaria de las cosmografías, geografías descriptivas y mapas que confeccionaban.

Conviene insistir en cuán desconcertante tarea hubo de ser para los cosmógrafos de la Edad Moderna el recabo de datos. Aunque su cometido era –antes que nada– reunir información, no podían limitarse a yuxtaponer hechos aleatoriamente (harían entonces no cosmografía, sino enciclopedia). La información les llegaba, sin embargo, de allende el mar desordenada, como las piezas dispersas de un puzle, y de ellos se esperaba organizasen dichas piezas en composición semejante a los modelos clásicos que, según les habían enseñado, debían emular. No obstante, queriendo hallar sentido a la avalancha informativa, optaron por someterla a un proceso de traducción que trascendía el mero

---

6. José Pardo Tomás, *Oviedo, Monardes, Hernández: El tesoro natural de América, colonialismo y ciencia en el siglo XVI* (Madrid: Nivola, 2002), 107.

7. Bouza, *Corre manuscrito*, 147.

establecimiento de analogías europeas. La asimilaron, pues, al contexto del Viejo Mundo desde un nuevo marco conceptual que rehuía correspondencias emblemáticas y referencias a fuentes antiguas.[8]

¿Cómo usaban los cosmógrafos esta información? La labor del cosmógrafo era –según describe en su *Geografía* cuidadosamente Tolomeo– interpretar, descodificar, y traducir fuentes innúmeras abstrayendo una descripción coherente del mundo, pero, en el caso de los cosmógrafos que trabajaban para el rey, dicha tarea debía ajustarse, además, a las necesidades de la organización en que servían: reducir el saber cosmográfico a un formato o modo de representación aprovechable. Recibieron, así, los cosmógrafos de la Casa de la Contratación el encargo de mantener actualizadas las cartas náuticas y derroteros con que navegar hasta América, y los del Consejo de Indias, el de mantener informados a los miembros del mismo de la geografía, los recursos naturales y los pueblos de aquellas tierras. La información revestía, en consecuencia, formas marcadamente distintas: cartas e instrumentos para los pilotos, y geografías descriptivas, crónicas y mapas para el Consejo. Confeccionar estos productos era todo menos sencillo: se esperaba del cosmógrafo un retrato cohesivo del Nuevo Mundo según reglas matemáticas y estándares de prosa narrativa propios del género que cultivaba, pero, para los cosmógrafos de los primeros cincuenta años tras el descubrimiento, formados en la tradición humanística de abstraer información de textos clásicos, la falta de un formato consistente –o, en su defecto, de un conjunto uniforme de presupuestos– común a las múltiples relaciones de Indias suponía un reto sin precedentes para el que nadie los había preparado.

El problema de Tordesillas

Era, con todo, en el andamiaje matemático de la cosmografía –especialmente su contribución a la cartografía– donde iba viéndose, cada vez más, la herramienta capaz de clarificar los problemas geográficos

---

8. William Ashworth sostiene que "[the] demise of the emblematic world view" ("el abandono de la visión emblemática del mundo", traducción *ad hoc* de M. C.) se produjo antes del baconianismo e independientemente de él. Véase William B. Ashworth, "Natural History and the Emblematic World View", en *Reappraisals of the Scientific Revolution*, ed. David Lindberg y Robert Westman (Cambridge: Cambridge University Press, 1990), 324.

con una precisión sin precedentes. En el siglo xvi, la exactitud requerida a la hora de ubicar territorios en un mapa trascendía con mucho una distribución aproximada de los continentes en una hoja de papel que ayudase al lector a orientarse en un texto o respondiese, incluso, a las necesidades de la navegación astronómica: por primera vez en la historia occidental, la medición geodésica precisa tenía implicaciones políticas. En 1493 el papa Alejandro VI decretó, en la bula *Inter Caetera*, que las tierras descubiertas a poniente de la línea de demarcación que pasaba cien leguas al oeste de las Azores –prolongándose en un círculo que comprendía el globo entero– perteneciesen a España, correspondiendo a Portugal las que quedasen al este. En 1494, en el Tratado de Tordesillas, Portugal acordó con España que dicha línea de demarcación se moviese 370 leguas al oeste de los archipiélagos de Cabo Verde y las Azores.[9]

Pero los términos del tratado eran ambiguos; quedaban abiertos a la especulación. Aparte de que no se tenía en cuenta lo complicado del cálculo de leguas en el mar, ni siquiera se decía en referencia a cuál isla de cuál de ambos archipiélagos habían de calcularse las 370 mencionadas[10]. No estaba claro, de hecho, si dichos archipiélagos estaban o no en el mismo meridiano y, siendo las dimensiones de la Tierra materia aún de conjetura y estando los archipiélagos en paralelos distintos, la conversión de leguas a grados de longitud planteaba dificultades comparables. Propusieron, así, los españoles definir cada grado de longitud según medición obtenida en el meridiano de Toledo –17,5 leguas–,[11] mientras que los portugueses abogaban por ir midiendo la distancia entre meridianos a lo largo del ecuador –de esta forma resultaban más leguas por unidad de longitud y, en consecuencia, más territorios bajo dominio portugués–.

---

9. Para un estudio en profundidad de las implicaciones políticas del tratado, véase Luis Antonio Ribot García, ed., *El Tratado de Tordesillas y su época*, 2 vols. (Valladolid: Junta de Castilla y León, 1995).

10. Es interesante señalar que la primera línea de demarcación que propusieron Fernando e Isabel se basaba en observaciones de Cristóbal Colón en su primer viaje sobre la incidencia de la declinación magnética en la brújula. Fue la primera vez que un occidental llamaba la atención sobre este fenómeno. Véase Ricardo Cerezo Martínez, "El meridiano y el ante meridiano de Tordesillas en la geografía, la náutica y la cartografía", *Revista de Indias* 54, n° 202 (1994): 511.

11. Para un análisis detallado del debate sobre estos temas en la época, véase María del Carmen González Muñoz, "Introducción" a Juan López de Velasco, *Geografía y descripción universal de las Indias*, Biblioteca de Autores Españoles 248 (Madrid: Ediciones Atlas, 1971), 3-5.

Este debate revistió nueva urgencia cuando, en 1521, Magallanes llevó a cabo su artera reivindicación para España de las Molucas –en 1511 las había descubierto por cuenta de Portugal–, pero la llamada Junta de Badajoz a la que, en 1524, Carlos V convocó a representantes, juristas y cosmógrafos de ambos lados no fue capaz de llegar a un acuerdo, y España se mantuvo en su pretensión de que aquellas islas quedaban 30° dentro de su zona de dominio. Perdió brío el litigio a partir de 1529, cuando España cedió a Portugal el mencionado archipiélago con cuantos territorios quedaran situados 297,5 leguas al oeste del mismo (17° equivaliendo a 17,5 leguas el grado de longitud), y no se reavivó hasta 1564, al enviar España a Miguel López de Legazpi al frente de una expedición para la conquista y colonización de las Filipinas.[12]

Para lidiar con semejante panorama político, la Corona necesitaba cosmógrafos solventes a la hora de entablar discusiones, capaces de determinar exactamente coordenadas de longitud, y la resolución del "problema" geográfico que el Tratado de Tordesillas planteaba fue para los cultores de la disciplina españoles la oportunidad de, colaborando, pasar a constituir una comunidad científica. Las en ocasiones polémicas juntas convocadas para discutir este "problema de Tordesillas" les supusieron un foro desde el que efectuar análisis críticos de metodologías previas y desarrollar argumentos que sustentasen los hechos cosmográficos.[13]

Alonso de Santa Cruz y su obra cosmográfica

Los tres centros de producción cosmográfica aquí considerados (la Casa de la Contratación, el Consejo de Indias y la corte real), herederos intelectuales todos de la cosmografía renacentista, podían reivindicar también cada uno para sí el espíritu de la obra de uno de los principales cosmógrafos de España: Alonso de Santa Cruz (1505-1567), cuya carrera y producción definieron en muchos sentidos lo que en la España de la segunda mitad del siglo XVI se esperaba de un cosmógrafo al servicio

---

12. Eduardo Trueba y José Llavador, "Geografía conflictiva en la expanción marítima luso-española, siglo XVI", *Revista de Historia Naval* 15, n° 58 (1997): 23-25.

13. Las opiniones sobre este tema de algunos de los cosmógrafos españoles más conocidos de la época están reunidas en BAH, 9/4797, "Parecer sobre la demarcación". Los documentos originales están en AGI, P-49, R.12.

del rey y del ejercicio de la disciplina en general.[14] En Santa Cruz convergieron en una sola voz las artes, en ocasiones rivales, de la náutica y la cosmográfica. Hijo de un próspero armador de Sevilla, ya bien joven experimentó las vicisitudes propias de la navegación de la Edad Moderna: en 1526 participó, como hombre de negocios en ciernes, en una expedición que, capitaneada por Sebastián Caboto (1476-1557), hijo de Juan Caboto y piloto mayor de la Casa de la Contratación, inicialmente proyectaba llegar a las recién descubiertas Molucas y circunnavegar el globo, si bien una travesía precaria (y la fama de opulenta de la región) hizo que desembarcaran en su lugar en la costa de Suramérica, donde procuraron redimirse cartografiando y explorando la desembocadura del río de la Plata.[15] En los cinco años que duró la expedición, que incluyó una travesía de regreso vía Veracruz y las Bahamas, Santa Cruz reunió un Potosí de información sobre la geografía y la historia natural de la zona –Fernández de Oviedo cita parte en su *Historia general de las Indias* (1535)–.[16] Aquella experiencia le cambió la vida. Transcurridos casi treinta años, escribió a Felipe II que "despues de esto yo me di a saber las ciencias de Astrología y Cosmografía".[17] Le convenció de que aplicar las matemáticas a la cartografía y la navegación suponía mayor precisión y seguridad en el mar.

En 1536 empezó su carrera profesional como cosmógrafo en la Casa de la Contratación, habiéndose labrado ya reputación de innovador artífice de instrumentos cosmográficos.[18] Cobraba de las

---

14. Para una recopilación de los documentos históricos con detalles sobre la trayectoria y la biografía de Santa Cruz, véanse las introducciones de los editores a Alonso Santa Cruz, *Crónica de los Reyes Católicos*, ed. Juan de Mata Carriazo (Sevilla: Publicaciones de la Escuela de Estudios Hispano-Americanos de Sevilla, 1951), xxxiii-li, y Alonso Santa Cruz, *Alonso de Santa Cruz y su obra cosmográfica*, ed. Mariano Cuesta Domingo, 2 vols. (Madrid: CSIC, 1983), 1:35-58.

15. Santa Cruz, *Obra cosmográfica*, 1:53-56.

16. Schäfer señala que Gonzalo Fernández de Oviedo (1478-1577) fue el primero en desempeñar funciones similares a las que luego tendría el cosmógrafo-cronista del Consejo de Indias, si bien no ostentaba el título oficial. Se le sufragaron los gastos en que incurrió mientras componía la *Historia general de las Indias*, y la impresión de la primera parte de su obra. Véase Schäfer, *Consejo Real y Supremo de las Indias*, 2:352-353.

17. AGI, P-260, N. 2, R. 6. "Borrador y apuntaciones para el prólogo del libro intitulado 'Islario General'", en Santa Cruz, *Obra cosmográfica*, 1:57.

18. En 1536, Santa Cruz presentó a la Casa de la Contratación un instrumento que usaba el efecto de la declinación magnética en la brújula para determinar la longitud, así como un mapa que reflejaba las desviaciones de la aguja en función de las correspondientes longitudes (Santa Cruz, *Obra cosmográfica*, 1:62). Para más información sobre este instrumento, véase el capítulo 5 del *Libro de las longitudes* de Santa Cruz.

arcas de la Casa, pero procuraba mantenerse al margen de su estructura administrativa y obtuvo, amén del puesto que ocupaba, una serie de reales órdenes de las que quizás quepa inferir que estaba implicado en más proyectos que otros cosmógrafos adscritos al mismo centro. Prescribía explícitamente una de dichas órdenes a los pilotos ir a casa de Santa Cruz a relatarle en persona sus travesías (tenían ya la obligación de hacerlo con el piloto mayor de la institución);[19] otra, que el gobernador de Castilla del Oro (Panamá) cartografiase su territorio y le enviase directamente a él la información.[20] Logró para sí el codiciado puesto de contino del rey, y usó la consiguiente proximidad con el monarca para que este apoyase sus proyectos cosmográficos. Ser contino comportaba residir en la corte, pero a lo largo de los años el rey fue renovándole dispensas para que pudiera proseguir su trabajo en Sevilla. En sus visitas a la corte departía largamente de astrología y cosmografía con el emperador Carlos V, lo que le permitió supervisar la formación científica del futuro Felipe II.[21]

En 1545 sus indagaciones cosmográficas lo llevaron a Lisboa, donde se reunió con cosmógrafos punteros, conversó con personas que habían viajado a reinos africanos e interrogó a pilotos curtidos en la ruta oriental a la India y las islas de las Especias. A principios de la década de los 50 regresó a Sevilla, donde, prácticamente recluido en su domicilio (junto al Real Alcázar), vivió la que probablemente fuese su época más productiva[22] –optó por la paz de su morada "para la contemplación y recreación de mi estudio y vida".–.[23] No duró tanto, con todo, su estadía en su ciudad natal: en 1554 lo vemos de vuelta en la corte, donde, de hecho, en 1563 el rey le ordenó establecerse

---

19. Santa Cruz hubo de bregar con los agentes de la Casa hasta que finalmente aceptaron enviarle a su casa a los pilotos que llegasen para que le informaran (Santa Cruz, *Crónica*, xxxviii). Estas órdenes, y otra que prescribe a Sebastián Caboto –piloto mayor de la Casa de Contratación– consultar a Santa Cruz cuando examinase instrumentos náuticos y a pilotos, dieron pie a controversia: a Caboto le dolió aquella merma de su autoridad, y alegó que Santa Cruz había obtenido las órdenes subrepticiamente. Véase José Toribio Medina, *El veneciano Sebastián Caboto al servicio de España y especialmente de su proyectado viaje á las Molucas por el Estrecho de Magallanes y al reconocimiento de la costa del continente hasta la gobernación de Pedrarias Dávila*, 2 vols. (Santiago de Chile: Imprenta y Encuadernación Universitaria, 1908), 345.
20. Transcrito de Santa Cruz, *Crónica*, xxxv-xxxvi.
21. AGS, Estado-121, ff. 1-22. Publicado en Medina, *El veneciano Sebastián Caboto*, 348-349.
22. Carta de Hernán Pérez al emperador, 22 de agosto de 1549, en Santa Cruz, *Crónica*, xliv.
23. AGS, Estado-84, f. 86. Carta de Santa Cruz al emperador, 1551, en Medina, *Sebastián Caboto*, 346-347.

como asesor suyo personal en materia cosmográfica –no obstó ser ya cosmógrafo mayor de la Casa de la Contratación–.[24]

A pesar, en efecto, de su vínculo oficial con la Casa, de la que siguió cobrando un salario, el quehacer de Santa Cruz discurrió al margen de la máquina administrativa estatal: su labor –incentivada y recompensada por la admiración y el favor reales– fue, antes que nada, búsqueda personal. En varios momentos de su vida el rey le pidió que asesorase al Consejo de Indias,[25] y que asistiese a juntas cosmográficas,[26] pero su relación con esta institución a menudo fue turbulenta: en una carta de petición de 1557 se quejaba al futuro Felipe II de que, en ella, los hombres de ciencia eran tan necesarios como mal recibidos.[27] El joven príncipe no echó en saco roto la observación de Santa Cruz. Años después, buscando incorporar dicho Consejo a su plantilla un cosmógrafo, recomendaron para el puesto a un jurista: Juan López de Velasco.

No habrían tenido noticia del alcance de la labor científica de Santa Cruz los estudiosos modernos de no haberse conservado el inventario que, al tomar posesión de su material cosmográfico dicho López de Velasco (inaugurando el mencionado puesto de cosmógrafo-cronista del Consejo de Indias), se realizó de un viejo baúl de piel con una selección de sus escritos y una rica colección cartográfica.[28] A petición del monarca, ninguna de estas obras se publicó.[29] Según el inventario, aquel baúl contenía más de 338 mapas, parte de los cuales subsumidos en dos atlas –169 en uno que no conservamos y 120 en el *Islario general*

---

24. M. I. Vicente Maroto, "Alonso de Santa Cruz e el oficio de Cosmógrafo Mayor de Consejo de Indias", *Mare Liberum* 10 (1995): 519.

25. En 1554, el Consejo pidió a Santa Cruz un informe sobre diversos métodos de calcular longitudes en el mar. La idea era usarlo para evaluar una serie de instrumentos que Pedro Apiano había confeccionado a tal efecto, y afirmaba solucionarían el problema. El informe de Santa Cruz fue el *Libro de Longitudes* (Santa Cruz, *Obra cosmográfica*, 1:93-95).

26. También asesoró a los reales consejos responsables de temas bélicos y financieros. Véase Ángeles Arribas Lázaro, "Unas cartas de Alonso de Santa Cruz", *Asclepio* 26-27 (1974-75): 259.

27. A pesar de su desdén por la falta de interés en la cosmografía de los agentes del Consejo de entonces, Santa Cruz solicitó al rey en la misma petición un nombramiento en dicho centro (Vicente Maroto, "Alonso de Santa Cruz", 517). Para otras cartas en las que se refiere a los miembros del Consejo de Indias en términos similares, véase Arribas Lázaro, "Unas cartas de Alonso de Santa Cruz", 259.

28. AGI, P-171, N. 1, R. 16, ff. 1-10v. "Minuta del inventario de los papeles de la antigua gobernación de Nueva España y Perú, que quedaron por muerte de Alonso de Santa Cruz, cosmógrafo de Su Majestad", 12 de octubre de 1572. El inventario está publicado en Santa Cruz, *Obra cosmográfica*, 1:73-78.

29. AGS Estado-143, f. 84. Citado en Vicente Maroto, "Alonso de Santa Cruz", 521, nota 1.

(láminas 1 y 2)–; enumera asimismo el inventario crónicas, descripciones geográficas y varios tratados cosmográficos y astrológicos. Estos documentos pasaron a constituir el núcleo de un corpus de materiales de consulta que fueron transmitiéndose entre los sucesivos cosmógrafos y cronistas del Consejo hasta bien entrado el siglo XVII. Parte, no obstante, con los años se dispersó o, directamente, se perdió –mapa del mundo nos ha llegado solo uno de 1542 (lámina 3)–.[30]

Tenemos noticia de que, algunos años tras su muerte, la familia de Santa Cruz solicitó le fuesen devueltos algunos de sus papeles; ante lo cual, Benito López de Gamboa –alto responsable del Consejo de Indias– seleccionó los que hacían falta en dicha institución y sugirió a Mateo Vázquez –secretario del rey– que quizás fuese del agrado de su majestad tener algunos en su despacho, por ejemplo "una Descripción de España muy curiosa" y "un libro de ingenios de agua y fuego y machinas de querra y otras cosas de mucha curiosidad".[31] Otros documentos, si bien nunca se perdieron, durante muchos años no fueron debidamente atribuidos a Santa Cruz,[32] cuyo nombre sacó de las portadas de dos de sus obras (el *Islario general*, y el *Astronómico real*) Andrés García de Céspedes al presentarlas a Felipe III, poniendo en su lugar que las había escrito él.[33]

---

30. Alonso de Santa Cruz, *Nova verior et integra totius orbis descriptio nuncprimum in lucem edita per Alfonsum de Sancta Cruz Caesaris Charoli V archicosmographum, A.D. MDXLII*, Biblioteca Real de Estocolmo, sala de mapas.

31. IVDJ, Envío 25, f. 223. Carta mencionada en Vicente Maroto, "Alonso de Santa Cruz", 523, nota 36.

32. Recientemente, Millán de Benavides se ha servido del primer folio del manuscrito *Epítome de la conquista del Nuevo Reino de Granada* (AHN, Indias 27) para atribuir la obra a Santa Cruz y trazar la trayectoria posterior de la documentación del mismo de mano en mano de cosmógrafos y cronistas oficiales. El *Epítome* estaba entre los documentos del baúl de Santa Cruz, según informa en su primera página lo que parece una anotación manuscrita de López de Velasco a la que acompaña, de hecho, el inconfundible "relación notable OJO" de otros documentos que sabemos obraron en su poder. Es asimismo habitual la anotación "cespedes" en documentos cosmográficos que poseyó, precisamente, Andrés García de Céspedes, sucesor de López de Velasco como cosmógrafo del Consejo de Indias, y que acabaron en el colegio jesuita de San Isidro. Otras notas al margen sugieren que consultara también el material Antonio de Herrera, sucesor de López de Velasco como cronista del Consejo. Véase Carmen Millán de Benavides, *Epítome de la conquista del Nuevo Reino de Granada: La cosmografía Española de siglo XVI y el conocimiento por cuestionario* (Bogota: CEJA, 2001), 52-53.

33. Mariano Esteban Piñeiro, María I. Vicente Maroto y Félix Gómez Crespo, "La recuperación del gran tratado científico de Alonso de Santa Cruz: El astronómico real", *Asclepio* 44 (1992).

El *Islario general*

Santa Cruz veía en la composición –a la manera de Tolomeo– de una nueva geografía e historia "general" la culminación de toda una vida de trabajo. En tanto que cosmógrafo, aspiraba a escribir una obra cohesiva que se ajustase a la vez a los fundamentos matemáticos de la disciplina y a los estándares de prosa narrativa del género cosmográfico, requisito doble bien complicado de satisfacer, y en el párrafo final del *Libro de longitudes* explica la parte cosmográfica del proyecto:

> [D]e todas las cuales partes del mundo pienso describir algo en tablas poniendo en cada una de las provincias, ciudades, lugares, ríos, montes y otras cosas notables que hubieren, y lo mismo haré de las Indias Occidentales, ahora nuevamente descubiertas, en mucha parte de las cuales yo tengo estado, porque con la mediana noticia que yo de ellas pudiere dejar puedan, los que después de mi vinieren, hacer su geografía mucho major y con más precisión, de todo lo cual es preciso así mismo escribir algo, así de la sucesión de los reyes y señores que en cada provincia de ellas ha habido, como de las costumbres y contrataciones de las gentes las unas con las otras, todo lo cual saldrá puesto a la luz, dándome Dios vida para ello.[34]

Otras partes de esta geografía e historia general que proyectaba describirían "para la tierra firme la traza de toda ella, con la historia general y particular de cada provincia".[35]

Pues bien: el *Islario general* era una sección dentro de dicho proyecto más amplio;[36] consistía, según explica el propio Santa Cruz, en una geografía con "figuras pintadas y escritas todas las islas que hasta hoy son conocidas y descubiertas, con las distancias y derrotas por do se han de caminar para ellas y las historias que de cada una de ellas se pudiesen hallar, con sus antigüedades".[37] Como estructura narrativa adopta la del itinerario de la Antigüedad clásica –organiza el texto como Pomponio Mela en la *Corografía*: con los perfiles de

---

34. *El libro de las longitudes*, en Santa Cruz, *Obra cosmográfica*, 1:273.
35. En la dedicatoria del *Islario general*, en Santa Cruz, *Obra cosmográfica*, 1:282.
36. "[E]ste nuestro libro, que por ser su material de islas pusimos nombre islario, la cual obra quisimos tratar aparte de nuestra general Geografía e Historia", *Islario general*, en Santa Cruz, *Obra cosmográfica*, 1:330.
37. Santa Cruz, *Obra cosmográfica*, 1:282.

las costas determinando la secuencia del relato–[38] y, para que el lector pueda ubicar cada isla respecto a las líneas litorales continentales adyacentes, incluye ocho mapas parciales que, en conjunto, representan "la costa del mar de toda la geografía del mundo".[39] Las diversas islas se muestran, por su parte, en 102 mapas trazados con proyección cilíndrica equidistante,[40] y las siluetas costeras presentan la exageración característica de las cartas portuláneas: ensenadas y promontorios se enfatizan en la idea de ayudar a identificarlos a ojo desde un barco o, como es el caso en la obra que nos ocupa, para que vayan sirviendo de referencia al lector y al texto.

Santa Cruz se dirige recurrentemente en este *Islario* a Carlos V, su dedicatario original, de lo que quizás quepa inferir que, en un principio, la obra se compusiera para uso personal del emperador.[41] Consta de cuatro partes, y lo primero que llama la atención es la índole distinta del bloque que forman las dos primeras confrontado al de las dos últimas: mientras que aquel, que describe las islas de las costas atlántica europea y mediterránea, se ciñe a los requisitos temáticos y estructurales de la cosmografía humanista (es el clásico texto de cosmógrafo de biblioteca), este se ocupa de las islas de las costas de África, Asia y América desde premisas nuevas: depuestos los métodos epistemológicos de la cosmografía clásica, Santa Cruz se basa en relatos de descubrimientos recientes y en su propia experiencia personal para esta geografía descriptiva de las islas del Nuevo Mundo.

---

38. Previas a esta de Santa Cruz, Naudé enumera solo tres obras cosmográficas conocidas exclusivamente dedicadas a islas, entre las cuales se encuentra el *Isolario di Benedetto Bordone* (Venezia, 1528). Véase Françoise Naudé, *Reconnaissance du Nouveau Monde et cosmographie a la Renaissance* (Kassel: Reichenberger, 1992), 43-44.

39. *Islario general*, en Santa Cruz, *Obra cosmográfica*, 1:312.

40. En esta proyección, todos los meridianos y paralelos se representan como líneas rectas equidistantes y perpendiculares entre sí, equivaliendo cada grado, *independientemente de la latitud*, a unas 17,5 leguas. Aunque para zonas más pequeñas se obtienen resultados aceptables, tratándose de vastas extensiones, se genera una grave distorsión según se avanza hacia el Norte o hacia el Sur desde el ecuador.

41. Aunque las versiones del *Islario general* que conservamos son copias de presentación dedicadas a Felipe II, los historiadores creen que Santa Cruz escribió el grueso de la obra a finales de los años 30 del siglo XVI y que dejó lista la mayor parte en 1541, tiempo en que residía en la corte de Carlos V. Naudé sostiene que estos cambios resultaron de dedicar la obra el autor a otro monarca, efectuando "retouches successives et très discrètes" ("retoques sucesivos y muy discretos", traducción *ad hoc* de M. C.) antes de añadir una nueva dedicatoria a Felipe II antes de 1559. Véase Naudé, *Reconnaissance*, 21-29, 35.

Fía, en efecto, en las dos primeras partes eminentemente en fuentes clásicas; de hecho, aunque confronta las distintas descripciones que de cada isla dan los diversos autores antiguos, rara vez las cuestiona a la luz de informaciones de contemporáneos,[42] y si la isla es conocida desde la Antigüedad, centra su descripción en hechos históricos y en leyendas clásicas, sin prurito ninguno por dejarla envuelta en brumas mitológicas y de folclore. No hace geografía sino historia: sitúa la significación de la isla en cuestión, en vez de en la que era su realidad entonces, en su contexto clásico, relegando las descripciones topográficas a breves notas y dedicando, en cambio, largas parrafadas a la resolución de inconsistencias toponímicas de sus fuentes (cuando describe, con todo, lugares que sabemos conoció de primera mano, por ejemplo, la isla de Cádiz o las islas del río Guadalquivir, entonces se sacude corsés literarios de exégesis geográfica y escribe al dictado de su experiencia personal). Para el Santa Cruz del primer bloque del *Islario*, lo que distinguía al cosmógrafo virtuoso era, pues, la erudición.

En las dos últimas partes de la obra, sin embargo, las dedicadas, decíamos, a las islas de África, Asia y América, cuestiona gustoso (caso de haberlo) lo que los antiguos dijeran al respecto:[43] señala errores en las descripciones de Plinio y Tolomeo de islas del océano Índico como la de Hergana; comenta que, en el momento de escribir él aquella obra, semejante isla no existía, bien porque dieran mal su ubicación dichos autores, bien porque se la hubiera tragado el mar, según afirma había ocurrido a muchas otras islas de aquellos mares.[44] Las fuentes modernas no suele nombrarlas, pero, a juzgar por los relatos de descubrimiento que recrea, las que usase para islas del Atlántico suroriental, del océano Índico y de aguas del sureste asiático es verosímil que fuesen portuguesas. A tales se refiere, sin duda, esfumándose clásicos grecolatinos, según avanza hacia el Este por la costa india. Se pierden igualmente tras el horizonte Tolomeo y Plinio cuando, dejadas atrás las Canarias, prosigue hacia el Oeste. Son las fuentes de su descripción de las islas del Caribe y de las situadas al este de la costa del continente americano y el estrecho de Magallanes, Pedro Mártir, Gonzalo Fernández de Oviedo y una

---

42. Enumera 46 fuentes, de las que solo 7 eran más o menos contemporáneas: Jacob Ziegler, Olaus Magnus, Pedro Mártir, Gonzalo Fernández de Oviedo, Américo Vespucio, Oroncio Fineo y Johanes Stöffler. Véase *Islario general*, en Santa Cruz, *Obra cosmográfica*, 1:311.

43. "[M]uchas de estas [islas] hay poco que examinar la concordia o discordia de los autores antiguos sobre ellas, pues los que de ellos han venido a nuestras manos, que son griegos y latinos, no tuvieron noticia salvo de pocas", *ibid.*, 2:195.

44. *Ibid.*, 1:222.

serie de pilotos y exploradores. Algunas secciones, como la descripción de las islas del río de la Plata –que, escrita en primera persona, incluye un curioso encuentro con unas extrañas criaturas simiescas–, no cabe duda de que constituyen observaciones suyas personales, de cuando la expedición de Caboto.[45]

En este bloque segundo del *Islario* de tierras recientemente descubiertas, Santa Cruz organiza las descripciones en la idea de responder a una serie de preguntas de índole totalmente distinta. Ubicada brevemente la isla dada en función del continente más cercano, como primera providencia narra su historia a partir del momento en que los exploradores occidentales la "encuentran" (el descubrimiento y los primeros años de colonización dotan al lugar de existencia histórica). Hecho lo cual, pasa a ocuparse de qué hay allí, estructurando el apartado primero como geografía general y, después, como corografía de los principales asentamientos. En la descripción general trata los principales accidentes geográficos, realiza una exposición etnográfica de la población nativa y sus costumbres, y enumera los recursos naturales; en la corografía o descripción particular selecciona, por su parte, algunos de los principales asentamientos, ubica cada uno en el contexto de la geografía general anteriormente expuesta y da cuenta de su extensión, población y características más importantes. Para terminar diserta sobre las dimensiones totales de la isla y la sitúa en la retícula tolemaica aduciendo su latitud, la duración de su día más largo y su *klima* –designación tolemaica para regiones con climas similares a lo largo de las distintas latitudes–. Aunque sus mapas incluyen coordenadas de longitud, en el texto nunca las menciona.

Si halla contradicción entre sus fuentes modernas, recurre al método que Tolomeo prescribe ante relatos discordes: comparados todos, descartar los improbables, pero entra en juego en este punto un árbitro anónimo, pues, puesto a solventar discrepancias en información geográfica sobre la ubicación o las dimensiones de una isla, sobre los relatos escritos de Fernández de Oviedo y Pedro Mártir privilegia "la opinion más común y recibida de todos los que la navegan y pasean".[46] Traza, en efecto, sus mapas de Cuba y La Española con arreglo a lo que él considera goza de consenso entre los hombres curtidos en la carrera de Indias –en ambos casos opta, concretamente, por la opinión del piloto Andrés de Morales–, y para lugares más remotos se basa

---

45. *Ibid.*, 2:361.
46. *Ibid.*, 2:309, 20.

en relatos de exploradores. El examen atento –por dar un caso– de su cartografía del estrecho de Magallanes revela cuán fiel siguió en sus mapas los relatos de la zona producto de las exploraciones de la misma que, en 1520 y 1526, efectuaron (respectivamente) Fernando de Magallanes y García Jofre de Loaysa, así como de la que en 1540 financió Gutierre de Vargas Carvajal, obispo de Plasencia.

Tomemos como ejemplo el relato de esta última exploración del mencionado estrecho. Santa Cruz escribe que, pasado un cabo de cumbres nevadas, en el lado sur del estrecho, aquellos hombres encontraron una gran bahía que tenía dentro, a su vez, tres bahías menores dispuestas en forma de cruz, y, viendo muchos fuegos hacia el extremo sur de la bahía grande, llamaron al lugar Tierra del Fuego. Pues bien: su mapa del estrecho de Magallanes es reflejo esquemático de este relato (lámina 4), e igual procede al trazar los mapas de otras islas.[47]

De entre los varios problemas epistemológicos con que topó al seleccionar sus fuentes, el que más le ocupó fue el criterio con el que establecer prelación entre las mismas, ordenarlas en arreglo a sus grados relativos de fiabilidad. En el *Islario* opta para hacerle frente por emplear al máximo "nuestras fuerzas e ingenio" en la recopilación y examen de todos los relatos relevantes. Los cuales, afirma, debieran siempre estar escritos por testigos presenciales, pero en tono apologético añade que eso constituye utopía irrealizable: ni los "famosos geógrafos antiguos", aduce, lograron obtener toda su información de testimonios de primera mano. Decide, pues, suplementarlos entrevistando e interrogando a "personas sabias y expertas" conocedoras de las correspondientes islas, usando, aparte, lo que sobre las mismas escribieran geógrafos antiguos y modernos, "así generales como particulares".

Examinó, entonces, y comparó Santa Cruz "con diligencia" todo este material en la idea de escribir la "descripción literal" y trazar la "demostración y pintura de todas las [islas] que hasta hoy se saben y tratan por los de este nuestro orbe antiguo y habitado".[48] Tuvo

---

47. Atribuye en su mapa al acceso al estrecho de Magallanes longitud de 45° desde la isla de San Antón, en el archipiélago de Cabo Verde, y es una estimación sorprendentemente precisa –la distancia real son 43°–. En cuanto a la latitud, aduce la cifra casi exacta de 52,5°. *Ibid.*, 2:368.

48. "[E]sforzándonos en cumplir lo mandado de V[uestra] M[ajestad] a todo lo que humanamente se ha podido hacer con nuestras fuerzas e ingenio, indagando y buscando con solicitud toda aquellas cosas que a este propósito hacen en parte propia vista y experiencia (que en él todo fuera casi imposible, pues ninguno de los famosos geógrafos antiguos tal hizo ni pudo) y parte de solícita inquisición de personas sabias y expertas en mucho de ello y lo tercero la lección de escritores geógrafos

también muy en cuenta a la hora de seleccionar y privilegiar unas fuentes u otras el país de origen del autor, y, si se trataba de la geografía del Nuevo Mundo, consideraba dignos de crédito solo los relatos de españoles o portugueses. El resto escribía, aseguraba al emperador, geografías imaginadas nomás: "Esto es lo que de esta tierra e isla hasta el día de hoy está descubierto por autores ciertos y dignos de fé, que son los que arriba habemos dicho, todo lo que demás ponen Oroncio y otros fuera de España carece de fe y es hecho no sin temeridad, pues aseveran lo que si algo se hubiese de saber había de ser por la experiencia y plática de los criados y vasallos de V[uestra] M[ajestad] o del serenísimo rey de Portugal y no por sueños y presunciones vanas, que no se han de traer a consecuencia en tratación Geográfica".[49]

Queda patente, por lo que conservamos de su producción cosmográfica, que Alonso de Santa Cruz trató siempre de ceñirse a la pauta metodológica de la *Geografía* de Tolomeo, a saber: el examen atento y sistemático de las fuentes, la forma narrativa de presentación del material (describiendo aspectos históricos, etnográficos y naturales del territorio en cuestión) y el uso de la cartografía matemática para hacer casar las coordenadas geográficas. El *Islario general* es también, sin embargo, una obra de transición: el intento, por parte de un cosmógrafo, de reconciliar el estilo literario, las fuentes y los métodos establecidos característicos de su disciplina en el Renacimiento con las exigencias que comportaba para la praxis de la misma un contexto cosmográfico fluctuante. No extraña, así, su carácter imperfecto aun a pesar de las dos décadas largas que le dedicó. Numerosas son, en efecto, las inconsistencias entre las varias copias conservadas, así como entre las coordenadas geográficas que aporta el texto en relación a las de los mapas (locales o de zonas más amplias), de donde cabe inferir que Santa Cruz volviese sobre aquel trabajo una y otra vez para incorporar material nuevo.[50]

Y es que las prácticas que empleaban los cosmógrafos de finales del siglo xv (dominio de las fuentes clásicas, comparación de textos, virtuosismo filológico y cartografía tolemaica) para componer la cosmografía del Nuevo Mundo eran herramientas inadecuadas.

---

antiguos y modernos, así generales como particulares, con diligencia examinados y conferidos y así exprimiendo junto con la descripción literal la demostración y pintura de todas las que hasta hoy se saben y tratan por los de este nuestro orbe antiguo y habitado", *ibid.*, 2:370.

49. *Ibid.*, 2:369.

50. Naudé, *Reconnaissance*, 100-102.

Debiendo basarse en testimonios de fiabilidad tan diversa –desde declaraciones orales de pilotos, hasta relatos escritos de hombres de letras como Fernández de Oviedo– y habiendo rara vez del mismo territorio más que una sola descripción, a Santa Cruz no le era dado aplicar el arte de comparar textos en busca de inexactitudes. De poco le sirvieron, por lo demás, el griego, el hebreo y el latín puesto a descifrar toponímicos; más le habría valido dominar el náhuatl, el tupí y el arahuaco. En cuanto a la cartografía tolemaica (con toda su elegancia matemática), requería mediciones geodésicas de una precisión que, simplemente, excedía las posibilidades de los instrumentos de la época, especialmente a la hora de determinar longitudes.

Consciente también de que se esperaba que su obra respondiese a los estándares literarios de la cosmografía renacentista y aportase al tiempo información actualizada, exhaustiva y completa, no podía presentar su *Islario* sino como pequeño componente de una empresa mucho más vasta: la magna geografía e historia general cuya confección, según dijimos, acariciaba; pero, a pesar de haber recopilado una colección cartográfica imponente, tener acceso a relatos de los últimos descubrimientos y contar con el apoyo del monarca, nunca dio por terminado dicho proyecto. Vivió la época álgida del descubrimiento y la exploración, contexto a tal punto fluctuante –con la información geográfica cambiando y ampliando su ámbito sin pausa–, que cualquier tentativa de retrato estático del mundo estaba condenada al fracaso. Cosa esta, por lo demás, que probablemente tuviese asumida, y hay que decir a su favor que fue lo bastante sensato para no creer que llegaría a completar semejante gesta.

El género cosmográfico renacentista estaba en crisis. Había resultado incapaz de ofrecer un modo de representación lo bastante flexible para satisfacer las exigencias de los patronos institucionales de Santa Cruz y del mismo Santa Cruz. Muerto, pues, este, el Consejo de Indias resolvió enfocar la disciplina en modo asaz diferente, y, en vez de seguir propiciando su cultivo por parte de humanistas individualmente, hizo de ella –aplicando una serie de reformas– empresa burocrática. No fue, con todo, este modo burocrático nuevo del Consejo el único a la mano de ejercer la cosmografía en la segunda mitad del siglo xvi. En la corte real, bajo la guía del versátil Juan de Herrera, la disciplina adoptó un sesgo marcadamente empírico y matemático. Para dicho Herrera, la forma de dilucidar problemas cosmográficos era poner los datos necesarios a disposición de individuos debidamente formados y capaces.

Juan de Herrera y sus exploradores científicos: expertos para explicar el mundo

Tras la muerte de Alonso de Santa Cruz (1567), y durante el reinado de Felipe II, fue responsable de la actividad cosmográfica en la corte Juan de Herrera (1530-1597), el arquitecto del Real Sitio de San Lorenzo de El Escorial.[51] Ejerció de asesor personal del soberano en temas cosmográficos, según atestiguan innúmeras notas escritas por este en los márgenes de diversos memoranda. Comprendiendo, como tantos otros orgullosos nobles de escasos recursos –era su padre un hidalgo empobrecido–, que el futuro estaba en la carrera militar, en 1548 entró a servir en la Guardia Real, en un viaje del futuro Felipe II por los territorios que heredaría de Italia y Flandes, y aquello fue para el joven inteligente y observador que Herrera era entonces tanto *grand tour* educativo como ocasión de acceder al servicio del futuro rey,[52] para cuyo arquitecto –Juan Bautista de Toledo– ya estaba trabajando como ayudante y dibujante en 1563,[53] convirtiéndose a su muerte en arquitecto *de facto* de los numerosos proyectos reales entonces en curso –el más imponente de todos, el mencionado monasterio-palacio de El Escorial–.[54] Su posición cercana al monarca le puso en contacto con otros humanistas de la corte, entre los cuales estaba Benito Arias Montano, con quien Herrera colaboró en la recopilación de los fondos de la notabilísima biblioteca que dicho palacio-monasterio albergaría, permitiéndole hacerse también esta estrella suya ascendente con una bárbara colección personal de libros e instrumentos científicos y técnicos.[55]

---

51. M. I. Vicente Maroto y Mariano Esteban Piñeiro, *Aspectos de la ciencia aplicada en la España del Siglo de Oro*, 2ª ed. (Valladolid: Junta de Castilla y León/Sever-Cuesta, 2006), 8, y Catherine Wilkinson-Zerner, *Juan de Herrera: Architect to Philip II of Spain* (New Haven: Yale University Press, 1993), 14.
52. Wilkinson-Zerner, *Juan de Herrera*, 3.
53. *Ibid.*, 9, y Nicolás García Tapia y M. I. Vicente Maroto, "Juan de Herrera, un científico en la corte española", en *Instrumentos científicos del siglo XV: La corte española y la Escuela de Lovaina* (Madrid: Fundación Carlos de Amberes, 1997), 42, 45.
54. Felipe II, reconocido, concedió a Herrera honores y recompensas económicas mientras vivió, ascendiendo, de hecho, sus ingresos anuales –salarios más complementos varios– a 1.050 ducados, y siendo a su muerte (en 1597) hombre rico. Para un inventario y estudio de su patrimonio, véase Luis Cervera Vera, *Inventario de los bienes de Juan de Herrera* (Valencia: Albatros, 1977).
55. Francisco J. Sánchez Cantón, *La librería de Juan de Herrera* (Madrid: CSIC, 1941).

Los intereses cosmográficos de Herrera, y su modo de ejercer la disciplina, eran distintos de los de Santa Cruz: si este apuntaba a la composición de una obra cosmográfica de tipo humanístico, aquel parece que estimaba de la cosmografía solo los aspectos matemáticos, con especial énfasis en el diseño de instrumentos. Lo fascinaba, con todo, igual que a Santa Cruz, y a la mayoría de cosmógrafos de aquella época, el problema de la medición de la longitud terrestre. El primer testimonio del interés de Herrera en temas cosmográficos data de 1573, cuando solicitó –y obtuvo– licencia real (forma primitiva de patente) para vender determinados instrumentos náuticos que había inventado y, aseguraba, servían para determinar coordenadas de latitud y longitud.[56] Ignoramos la naturaleza exacta de tales instrumentos, pero de la licencia parece deducirse que uno medía el efecto de la declinación magnética en la brújula y la relación entre dicha declinación y la coordenada de longitud del lugar en cuestión. Pidió también que el Consejo de Indias examinase y evaluase sus artilugios, y obtuvo no solo visto bueno para su uso en barcos que viajasen a las Indias sino, además, disposición –emitida por Juan López de Velasco, cosmógrafo-cronista de la institución– de que Alonso Álvarez de Toledo (cosmógrafo que había de zarpar con la siguiente flota) los pusiese a prueba en el mar,[57] lo cual supuso la ruptura del monopolio que hacía ya tanto ostentaba la Casa en la producción, examen y aprobación de artilugios de navegación transoceánica. Desconocemos cómo reaccionaron los cosmógrafos de la Casa al proyecto de Herrera, como tampoco sabemos cómo resultó la prueba, pues, lamentablemente, no se han localizado testimonios al respecto.

El interés de Herrera por la cosmografía cobraría vigor entre 1580 y 1582: en 1580, al reclamar para sí la corona portuguesa, Felipe II pidió a su arquitecto que fuese en su séquito a Lisboa, y allí vio

---

56. AGI, IG-426. f. 275, "Privilegio a Juan de Herrera para instrumentos de navegación", 13 de diciembre de 1573. Publicado en Luis Cervera Vera, "Instrumentos náuticos inventados por Juan de Herrera para determinar la longitud de un lugar", *Llull* 20, n° 38 (1997): 151-152.

57. AGI, P-259, R. 58, "Conocimiento de Alonso Álvarez de Toledo, cosmógrafo de Su Majestad en la armada de los galeones, de los instrumentos de Juan de Herrera", 8 de enero de 1574. Publicado en Cervera Vera, "Instrumentos náuticos", 152-153. Aunque el texto del memorándum no explicita que se tratase de instrumentos de Herrera, su nombre figura en una nota al reverso del documento. Otros historiadores sostienen, sin embargo, que eso no constituye prueba irrefutable de su autoría. Véase Vicente Maroto y Esteban Piñeiro, *Aspectos de la ciencia*, 387.

rápido este –al gozar de acceso irrestricto a los mapas portugueses– que entre estos y los españoles había discrepancias fundamentales y alarmantes.[58] La anexión suavizó algunas de las tensiones políticas relativas a la línea de demarcación del Tratado de Tordesillas que cada equis tiempo saltaban,[59] pero algo había que hacer con todo aquel material cartográfico que Portugal usaba para argumentar que las islas Filipinas quedaban de su lado. Había que reconciliarlo con la visión española del asunto, y así fue como, el 21 de agosto de 1581 (exactamente dos meses después de presenciar la entrada triunfal de Felipe II en Lisboa), Juan de Herrera escribió a Juan López de Velasco solicitando le enviase los mapas portugueses otrora en posesión de otro cosmógrafo de la corte y espía ocasional: Juan Bautista Gesio, quien en 1573 había llevado dichos mapas a Madrid a instancias de Juan de Borja, embajador entonces de España ante el vecino luso.[60] Los necesitaba Herrera para trazar uno nuevo –mayor– donde constase nítida la línea de demarcación donde los españoles decían, y con el cual enmendar los mapas portugueses modernos. "[P]orque la moderna [carta general] esta depravada", decía, añadiendo chusco: "por lo que V. sabe de los portugueses".[61]

La labor cosmográfica de Herrera en aquella estancia lisboeta fue, no obstante, mucho más allá que simplemente sugerir a los portugueses enmendar sus mapas en función de los españoles: coordinó, además, un esfuerzo por instituir en aquella ciudad controles análogos a los de la Casa de la Contratación de Sevilla para autorizar pilotos y evaluar instrumentos náuticos.[62] A cuyo efecto, en 1583, se celebró una junta

---

58. Juan de Herrera, *Institución de la Academia Real Mathemática*, ed. José Simón Díaz y Luis Cervera Vera (Madrid: Instituto de Estudios Madrileños, 1995), 17-18.
59. Elliott, *Imperial Spain*, 271-275.
60. BL, Eg 2047, f. 325v, Antonio Gracián, "Copia de carta de Gracián al Presidente del Consejo de Indias", 23 de diciembre de 1573, San Lorenzo. Para un estudio del papel de Gesio como espía por cuenta de España, véase Vicente Maroto y Esteban Piñeiro, *Aspectos de la ciencia*, 79-80.
61. Carta de Juan de Herrera a Juan López de Velasco, 21 de agosto de 1581. Publicado en Eugenio Llaguno y Amirola y Juan A. Ceán-Bermúdez, *Noticias de los arquitectos y arquitectura de España desde la restauración*, 4 vols. (Madrid: Imprenta Real, 1829; reimpresión, Madrid: Ediciones Turner, 1977), 2:358-359.
62. BN MS 5785, f. 179r-179v, José Luis Casado Soto, *Discursos de Bernardino de Escalante al Rey y sus ministros (1585-1605): Presentación, estudio y transcripción por José Luis Casado Soto* (Santander: Universidad de Cantabria, 1995), 49, 109-110. Véase también M. I. Vicente Maroto, "El arte de navegar", en *Felipe II, la ciencia y la técnica*, ed. E. Martínez Ruiz (Madrid: Actas, 1999), 363-364.

bajo la supervisión del virrey de Portugal (el archiduque Alberto),[63] decidiéndose en ella que, por el momento, a los pilotos portugueses que se enviase a rutas marítimas de Oriente y África se entregase dos juegos de cartas náuticas –uno trazado en función de las observaciones de sus compatriotas, y otro (reflejo de los puntos de vista de España) según la carta maestra de la Casa de la Contratación–, que durante una serie de años los pilotos fuesen efectuando observaciones astronómicas, y que, al cabo, ambos juegos de cartas se refundiesen en uno coherente. Jamás se llevó a término tamaño proyecto –parece ser que quedó arrinconado al volver a España a finales de 1583 Herrera–, como tampoco se realizó la reforma prevista de las cartas de navegación portuguesas.[64]

Pero Herrera regresó con la convicción de que, para afrontar problemas no solo cosmográficos, sino también técnicos, hacían falta más individuos duchos en artes matemáticas,[65] y esto le llevó a convertirse en impulsor de una institución para formar a jóvenes en oficios de base matemática –la Academia Real Matemática, en Madrid–.[66] Diseñando el plan de estudios se apartó en aspectos esenciales del modo en que las disciplinas de fundamento matemático se enseñaban en las universidades del país: abandonó los tradicionales *quadrivium* y *trivium*, centrándose, en vez, en las destrezas y conocimientos necesarios para determinadas profesiones en su opinión vitales para el futuro de la monarquía española. En 1584, en la idea de dar a conocer el nuevo currículo, publicó los estatutos del centro.[67] El documento, titulado *Institución*

---

63. Alberto, sobrino de Felipe II y hermano de Rodolfo II de Hungría, sirvió como virrey de Portugal entre 1583 y 1593. Posteriormente se casó con Isabel Clara Eugenia, hija de Felipe II, y gobernó los Países Bajos desde 1598 hasta su muerte, en 1621. Para más información sobre este personaje, véase Werner Thomas y Luc Duerloo, eds., *Albert and Isabella, 1598-1621* (Louvain: Brepols, 1998).
64. Bernardino de Escalante recibió el encargo de preparar las cartas y las instrucciones necesarias, pero en 1583 volvió a España con el rey y el proyecto quedó sin terminar. Véase Ricardo Cerezo Martínez, *La cartografía náutica española en los siglos XIV, XV y XVI* (Madrid: CSIC, 1994), 242.
65. Fernández de Navarrete señaló este afán renovado de Herrera en su *Disertación sobre la historia de la náutica y de las ciencias matemáticas que han contribuido a sus progresos entre los españoles*, ed. Carlos Seco Serrano, Biblioteca de autores españoles 77 (Madrid: Ediciones Atlas, 1954-1945), 77.
66. Los historiadores Esteban y Vicente han investigado con sumo detalle la génesis y evolución de esta institución, y han publicado una recopilación indispensable de documentación relevante. Sostienen que el principal objetivo del centro era formar cosmógrafos. Véase Vicente Maroto y Esteban Piñeiro, *Aspectos de la ciencia*, 65-219.
67. Herrera obtuvo licencia de impresión el 8 de junio de 1584. Es un opúsculo extremadamente difícil de encontrar, y que permaneció sin estudiar hasta 1995. Véase Herrera, *Institución*, 24.

de la Academia Real Mathemática, informaba a potenciales alumnos (jóvenes hidalgos de la corte) de la finalidad de la Academia y de los tipos de oficios para los que ofrecería formación.

Los preparativos empezaron en aquella estancia de dos años en Portugal, al enviarse a Lisboa en 1581 a Pedro Ambrosio de Ondériz, estudiante de lenguas clásicas, para instruirse en matemáticas y emprender la traducción de una serie de clásicos de la disciplina (el idioma de las clases sería el español).[68] Luego, a finales de 1582, el rey tomó a su servicio al cosmógrafo portugués Juan Bautista Labaña –o Lavanha– (1555-1624)[69] y le ordenó "para que se ocupe y entienda [...] cosas de cosmografía, geografía Y topografía", así como "leer matemáticas en la forma y lugar que se le mandase".[70] Recibió entonces Ondériz, que vio formalizado el mencionado encargo de traducir los textos que se usarían en la Academia (geometrías griegas, principalmente), el nombramiento de ayudante de Labaña,[71] y supervisaba a ambos Herrera.

---

68. Vicente Maroto y Esteban Piñeiro, *Aspectos de la ciencia*, 74.
69. Para notas biográficas y una reimpresión de un experimento de Labaña sobre la incidencia de la declinación magnética en la brújula, véase Alfonso Ceballos-Escalera Gila, "Una navegación de Acapulco a Manila en 1611: El Cosmógrafo Mayor Juan Bautista Labaña, el inventor Luis de Fonseca Coutinho, y el problema de la desviación de la aguja", *Revista de Historia Naval* 17, n° 65 (1999): 7-42.
70. APR, a. 1582, T. VI, f. 210, "Cédula de Felipe II desde Lisboa dirigida al pagador de las obras del Alcázar ordenando que pague, a partir del primero de enero de 1583, cuatrocientos ducados anuales a Juan Bautista Labaña por entender de cosmografía, geografía y topografía y leer matemáticas en la corte", 25 de diciembre de 1582. Publicado en Vicente Maroto y Esteban Piñeiro, *Aspectos de la ciencia*, 116-117.
71. APR, a. 1582, T. VI, f. 211, "Cédula de Felipe II mandando al pagador del Alcázar que a partir de 1583 se le pague a Pedro Ambrosio de Ondériz 200 ducados por ayudar a Labaña a leer matemáticas en Palacio y traducir al castellano las obras necesarias", 25 de diciembre de 1582. Publicado en Vicente Maroto y Esteban Piñeiro, *Aspectos de la ciencia*, 117-118. Las obras que Ondériz tradujo al español ocupan puesto destacado en el currículo de la Academia. Para 1584 ya había ultimado los libros 11 y 12 de los *Elementos* de Euclides, la *Óptica* del mismo autor, las *Esféricas* de Teodosio, el *Sobre el equilibrio de los planos* de Arquímedes y las *Cónicas* de Apolonio, si bien solamente se imprimió la *Óptica* (Euclides, *La perspectiva, y especularía de Euclides: Traduzidas en vulgar Castellano, y dirigidas a la S. C. R. M. del Rey don Phelippe nuestro Señor*, trad. Pedro Ambrosio Onderíz [Madrid: Imp. casa de la viuda de Alonso Gómez, 1585]). Del resto cabe asumir que circulasen copias manuscritas (Vicente Maroto y Esteban Piñeiro, *Aspectos de la ciencia*, 91). Para un resumen del texto, véase también Cristóbal Pérez Pastor, *Bibliografía madrileña*, 3 vols. (Madrid: Tip. de los Huérfanos, 1891-1907), 1:111-112.

Para este, las matemáticas eran fundamento de todas las ciencias: preparaban la mente, entendía, para aprender no solo del mundo material, sino del espiritual también, pues había hecho suyo el puntal básico del pensamiento del filósofo catalán Raimundo Lulio (c. 1232-c. 1315), a quien siguió toda su vida, de que todo conocimiento se deriva de un único Arte; Arte que, principio organizador de cualquier forma de conocimiento, es además método de contemplación espiritual.[72] Desempeñaban, pues, en la *Institución* de Herrera las matemáticas papel análogo al de dicho Arte en el ideario de Lulio –"disciplina (según él mismo lo formula) q[ue] todo es uno, y manifiestan el methodo verdadero y orden de saber, disponiendo el entendimie[n]to para que levantados sobre las cosas materiales y sensibles, suba a la contemplacion de las sobrenaturales y intelligibles"–,[73] y, en consecuencia, en el currículo que concibió para la Academia, los rudimentos de matemáticas, aritmética y geometría eran cimientos sobre los que edificar una serie de profesiones; a saber: aritméticos, geómetras y agrimensores, mecánicos, astrólogos, expertos en nomónica, cosmógrafos y pilotos, expertos en perspectiva y óptica, músicos, arquitectos, pintores, constructores de baluartes, constructores de obras hidráulicas y artilleros. Que de la lista de lecturas –que priorizaba las matemáticas, la tecnología y la astronomía– estén ausentes textos interpretativos como el *Tetrabiblos* de Tolomeo es sintomático del interés de Herrera por las artes útiles, de donde quedaba excluida la mántica.

A continuación, lo que la *Institución* detalla del currículo de cosmógrafos y pilotos:

> La Cosmografia presupone la noticia de la spera, y de las Theoricas de planetas lo que trata de Eclypses, y como subalterna da a la Astrologia, ayudada de principios Geometricos y Arithmeticos. Podra quien della hiziere profession entender muy de rayz la Geographia de Ptolomeo que es a donde cumplidamente se trata todo lo que pertenece a esta materia, saber los usos del globo terrestre, y entender las cartas de marear y sabellas hazer, y todas las descripciones de provincias assi en general como particular.[74]

En ningún momento –es llamativo– dice que deban leerse Mela o Estrabón, parte esencial de la educación cosmográfica universitaria.

---

72. Cervera Vera ha señalado la importancia que tuvo para Herrera a la hora de concebir la Academia su filosofía luliana (introducción a Herrera, *Institución*, 50).
73. Herrera, *Institución*, 4v.
74. *Ibid.*, 13.

En cuanto a los alumnos de navegación, se esperaba que asimilasen la teoría de las esferas, que interpretasen cartas náuticas –sabiendo localizar territorios en ellas–, y que se hiciesen bien al astrolabio y a la ballestilla, así como que aprendiesen a fabricar brújulas y comprendiesen los efectos de la declinación magnética. Debían leer, además, "algunos capitulos de la Geographia de Ptolomeo, el modo de hazer descripciones universales y particulares, y cartas de marear y algunas cosas tocantes a la arte navegatoria",[75] aunque Herrera insistía en que también necesitaban adquirir "otras muchas cosas que con la experiencia el prudente Piloto alcanza, sin la qual no se le debe dar tal nombre ni dexar usar officio tan importante a la Republica".[76]

La *Institución* testimonia el interés de Herrera en crear un centro para la instrucción de los futuros agentes gubernamentales en los rudimentos de las artes técnicas. Resuelto a formar hombres útiles para el imperio en la tradición de los matemáticos prácticos (con, en la mira, no la especulación filosófica sino la resolución de problemas), ubicando la Academia en el contexto cortesano logró captar para el proyecto la autoridad y el entusiasmo del rey. Gozó, además, al situar la nueva institución docente fuera del ámbito universitario, de la flexibilidad que requería un proyecto educativo libre del excesivo apego humanístico a la autoridad clásica (y los estatutos encorsetados) que, según parece, a sus ojos caracterizaban a las universidades, y, si procuró que quienes allí se formasen para resolver los problemas del imperio perteneciesen a la clase hidalga tendente a la corte, lo hizo pensando que con ello sacaría partido del privilegio de nacimiento de la misma. Esta Academia de Herrera funcionó de forma ininterrumpida entre 1583 y 1604, y, tras un hiato de tres años, hasta 1625, año en que asumió su función educativa el Colegio Imperial de San Isidro, institución jesuítica.[77]

Hasta su estancia en Portugal, el interés de Herrera por la cosmografía parece que se restringía a la navegación y la medición de la longitud terrestre, pero dicha estancia le hizo cobrar conciencia de la relevancia política y administrativa de la disciplina, y, gracias a su estrecha colaboración con el monarca –y a la confianza del mismo en sus capacidades–, tuvo ocasión de concebir una serie de ambiciosos proyectos cosmográficos encaminados a dotar a la cosmografía

---

75. *Ibid.*, 13v-14.
76. *Ibid.*, 13v.
77. Mariano Esteban Piñeiro, "Los cosmógrafos del Rey", en *Madrid, ciencia y corte*, ed. Antonio Lafuente y Javier Moscoso (Madrid: CSIC, 1999), 128-133.

española de cimientos objetivos, de métodos definitorios de los hechos de cariz matemático y empírico.

A finales de 1582 –aún en Portugal–, Herrera puso también en marcha un proyecto cosmográfico que perseguía determinar definitivamente la extensión del imperio español y esclarecer de una vez por todas sus ambiguas fronteras. Eligió para ello a un joven matemático y astrónomo, Jaime Juan, al que se ordenó viajar de España a México (y, de allí, a Filipinas), e ir realizando observaciones astronómicas en función de las cuales fuese posible "fijar" espacialmente coordenadas clave de latitud y longitud.[78] Dichas observaciones y mediciones había de llevarlas a cabo –con instrumentos que había diseñado Herrera– según protocolos especificados en un exhaustivo dossier de instrucciones,[79] y el itinerario que le trazaron abarcaba en toda su amplitud el imperio ultramarino español: saldría de Sevilla con destino a Ciudad de México –en el trayecto haría observaciones tanto desde el mar, como en cuantos puertos atracasen– y, una vez en el continente americano, tomaría nota detallada de su posición en la costa este de México, en Ciudad de México, y en el puerto occidental mexicano de Navidad, tras lo cual proseguiría sus labores a lo largo del Pacífico hasta llegar a su destino final, Manila. Las directrices no permitían a Juan explorar otros territorios o seguir, en vez, ruta oriental, ni lo animaban a realizar observación alguna fuera de aquellas que aportasen coordenadas terrestres.

En cada recalada, primero de todo debía establecer –fijándose en el recorrido del Sol– la verdadera línea Norte-Sur ("la meridiana del lugar") y trazarla en una ancha laja a tal efecto dispuesta. Hecho lo cual, había de confrontar esta observación con la orientación de la aguja de la brújula: medir, con una regla especialmente diseñada para ello, el nordestear o noroestear de esta con respecto al recién

---

78. Se conserva escasa información sobre Juan. Ignoramos su fecha de nacimiento, pero sabemos que era de Valencia y estudió con Jerónimo Muñoz cuando este profesor estaba aún allí (María Luisa Rodríguez-Sala, *El eclipse de Luna: Misión científica de Felipe II en Nueva España* [Huelva: Universidad de Huelva, 1998], 61). Schäfer sugiere que Herrera se lo presentase a Felipe II cuando estaban en Portugal, pero no documenta su afirmación (Ernst Schäfer, "El cosmógrafo Jaime Juan", *Investigación y Progreso* 10 [1936]: 10).

79. Aunque las directrices del proyecto llevan la firma de López de Velasco, Vicente y Esteban creen que escribió el detalle de las instrucciones Herrera. AGS, GA-155, ff. 150-151v, "Relación y apuntamiento enviado al Consejo de Indias sobre lo que debe hacer el cosmógrafo Jaime Juan", 2 de diciembre de 1582. Publicado en Vicente Maroto y Esteban Piñeiro, *Aspectos de la ciencia*, 420-423.

establecido correcto eje Norte-Sur. Traducidas, por último, a grados y minutos –usando funciones trigonométricas de seno y coseno– estas mediciones lineales, tocaba anotar los resultados obtenidos, así como el lugar y fecha de las observaciones. Al día siguiente tenía que poner en la laja que indicaba el eje correcto Norte-Sur un artilugio que servía para determinar con precisión el meridiano, y, a mediodía, utilizarlo para medir la elevación del Sol –se trataba de determinar la coordenada de latitud, a cuyo efecto había de modificar la medición del aparato sumando o restando la declinación solar según las célebres reglas denominadas de regimiento del Sol–. Especificaban las instrucciones incluso los términos que al registrar los datos Juan debía emplear.

Además de realizar estas observaciones, se le pedía pusiese especial cuidado en especificar la ubicación de los lugares en que la aguja de la brújula no pareciese desviarse del auténtico Norte –luego debía calcular las distancias entre dichos puntos de "meridiano fijo de la aguja", y entre los mismos y el resto de puntos desde que realizaba observaciones–. Se le recordaba también dejar constancia, caso de haberlas, de grandes montañas cercanas que, con piedras magnéticas o minas de hierro, pudiesen incidir en la brújula.

Salvo por una breve descripción, apenas tenemos noticia del diseño y construcción de los instrumentos que Juan llevó para este viaje. Invención de Herrera parece que fueron concretamente dos. Uno se usaba "para poder por él saver en la mar y en tierra a qualquier ora del día la elevación del polo la hora que él, hallar la meridiana o lo que nordestea o noroestea la aguja"[80] –esto último sugiere que tuviese por función determinar coordenadas de longitud–. El otro estaba pensado para calcular coordenadas de longitud en el mar tomando como referencia la latitud y meridiano en que la aguja de la brújula estaba fija.[81] Sería de utilidad únicamente de responder su diseño a un modelo matemático que relacionase latitud, longitud y desviación de la brújula, pero, lamentablemente, las instrucciones de Herrera no discuten si tal era el algoritmo tras este artefacto.

---

80. AGS, GA-155, f. 151v. Publicado en Vicente Maroto y Esteban Piñeiro, *Aspectos de la ciencia*, 422.

81. "Un ynstrumento grande horizontal con el cual los pilotos y marineros puedan en la mar, después de aver hallado por el ynstrumento antes deste lo que el aguja nordestea o noroestea y la elevazión del polo, lo que están apartados del meridiano fixo del aguja y, por el consiguiente, del meridiano del lugar donde partieron", AGS, GA-155, f. 151v. Publicado en Vicente Maroto y Esteban Piñeiro, *Aspectos de la ciencia*, 422.

Lo complicado de lograr que los pilotos usasen (dándoles crédito) artilugios de navegación astronómica no escapaba a Herrera –después de todo, los cosmógrafos de la Casa de la Contratación llevaban décadas poniendo el grito en el cielo al respecto–. Recibió, pues, Juan el mandato de explicar a la tripulación con quien viajaba las ventajas de usar aquellos que Herrera había diseñado, y enseñarles a hacerlo cabalmente. Debía asimismo observar a los pilotos en faena para, tomando nota de qué instrumentos y métodos usaban, en la travesía misma ir haciéndoles ver sus errores y "poco a poco darles a entender la verdad de una cosa y otras". El pedagógico Herrera no podía dejar pasar la ocasión de inculcar a aquellos rudos marinos un mínimo de aprecio por los aspectos matemáticos del gobierno de una embarcación.

Dándose cuenta también de cuán arduo sería semejante viaje, tomó numerosas medidas para que, en sus ocho años de duración previstos, Juan estuviese cómodo. Sería su sueldo la importante suma de cuatrocientos ducados anuales, que iría cobrando a lo largo de la travesía y no, como era uso, al regreso–;[82] viajaría, con dos criados y un dibujante, en la nave insignia[83] y, en cada provincia donde recalase, el virrey habría recibido carta con orden de ocuparse de su bienestar y tratarle con la deferencia debida a un "criado del rey", así como de proporcionarle un número adecuado de porteadores para sus instrumentos.[84]

A pesar de gozar del real respaldo, el proyecto se envió para su examen al Consejo de Indias –típico esto del estilo administrativo de Felipe II–, y allí estuvo un año.[85] Como parte del proceso evaluador, Juan López de Velasco emitió un dictamen positivo sobre los objetivos propuestos donde añadía –no obstante– a la ya de suyo larga lista de tareas aún otras; a saber, que registrase también Jaime Juan en costas y

---

82. AGI, Filipinas-339, L.1, f. 229-229v, "Orden de pago para Jaime Juan", 5 de mayo de 1583.

83. AGI, Filipinas-339, L.1, f. 229, "Orden de acomodar a Jaime Juan en la flota de Nueva España", 5 de mayo de 1583, Aranjuez, y AGI, Filipinas-339, L.1, f. 228v., "Licencia de pasajero a Jaime Juan, cosmógrafo", 5 de mayo de 1583. Citado en Schäfer, "El cosmógrafo Jaime Juan", 11.

84. AGI, Filipinas-339, L.1, f. 227v, "Orden al virrey de México de ayudar a Jaime Juan, cosmógrafo", 5 de mayo de 1583, y AGI, Filipinas-339, L.1, f. 228r, "Orden a la Audiencia de Manila de ayudar a Jaime Juan", 5 de mayo de 1583.

85. AGS, GA-133, f. 230, "Carta de Antonio de Eraso al Licenciado Gasca sobre la misión del cosmógrafo Jaime Juan en las Indias", 2 de diciembre de 1582. Citado en Vicente Maroto y Esteban Piñeiro, *Aspectos de la ciencia*, 420.

puertos crecientes y reflujos de la mar, y que notificase al Consejo qué eclipses tenía intención de observar, "porque si no ay correspondencia no sera de ningun effecto pa[ra] el intento de a dilig[gencias] q[ue] se hiziese".[86] Con los instrumentos, en cambio, se mostraba satisfecho cien por cien: dice no ver necesario inspeccionarlos, habiéndolos hecho Juan de Herrera. Da la impresión, de todas formas, de que López de Velasco no conocía personalmente al candidato, pues recomienda se presente en Madrid para poder "examinarlo", y esta sugerencia figura en el informe final del Consejo al rey, así como la de que se reuniese con Francisco Domínguez de Ocampo –cosmógrafo real enviado con la expedición de Francisco Hernández para cartografiar México– y con Alonso Álvarez de Toledo –destinado, en vez, a una flota que patrullaba la costa de dicha región–,[87] y que, al llegar a Filipinas, recogiese los papeles que dejó a su muerte el misionero fray Martín de Rada –agustino que viajó largamente por China y famoso por sus destrezas astronómicas–.[88] El rey, que, cuando por fin recibió estas recomendaciones adicionales del Consejo, ya estaba harto de tanta demora –colmó su paciencia que pusieran en duda la capacidad del candidato–, respondió ordenando en una desabrida nota al margen que se incorporasen las observaciones de López de Velasco, que se arreglase

---

86. AGI, IG-740, N. 103 (2), "Informe del Cosmógrafo-Cronista Mayor de Indias Juan López de Velasco con instrucciónes sobre lo que debería hacer Jaime Juan", 2 de febrero de 1583.

87. AGS, GA-155, ff. 149-150, "Consulta del Consejo de Indias a Felipe II sobre la instrucción que se debe dar a Jaime Juan sobre la descripción de Nueva España y Filipinas", 5 de febrero de 1583. Citado en Vicente Maroto y Esteban Piñeiro, *Aspectos de la ciencia*, 424-425.

88. En 1565, fray Martín de Rada (1533-1578) acompañó a fray Andrés de Urdaneta en la expedición de Legazpi a Filipinas, y, para que pudiese realizar observaciones astronómicas, Urdaneta le proporcionó un instrumento de gran tamaño que servía para determinar longitudes. Rada efectuó cálculos sobre sus mediciones usando tanto tablas alfonsíes, como copernicanas (BAH, Colección Muñoz vol. 33, ff. 137v-318, "Parecer sobre la demarcación"). En 1574, el virrey de México remitió al rey una representación –probablemente un mapa– de las islas del Poniente (Filipinas) y una serie de escritos de Martín de Rada sobre la latitud y longitud de las mismas (AGI, México 19, N. 128, f. 5, "Carta del Virrey Conde de la Coruña, Martín Enriquez [...] informa sobre mapa de las islas del poniente y papeles de Martin de Rada", 24 de marzo de 1574). Posteriormente hubo un intento de reunir la documentación de Rada, que incluía numerosos documentos sobre observaciones y sobre la historia natural de las Filipinas. Según parece, el religioso había efectuado sus investigaciones en cumplimiento de una real orden que unos años antes redactara Juan Bautista Gesio (AGI, IG-740, N. 103, [4], "Orden al governador de Filipinas que recoja los papel de fray Martín de Rada y envien al Consejo de Indias", 24 de abril de 1580).

cualquier detalle pendiente relativo a la paga de aquel hombre, y que ambas cosas se hicieran rápido para que el cosmógrafo pudiese unirse a la flota que zarpaba en las semanas siguientes.[89] Pero, en vista de que (según parece) esta respuesta del soberano no logró desatascar el asunto, el 29 de abril Herrera escribió a Antonio de Eraso, secretario del mismo, con el ruego de "dar calor a ello" porque, de lo contrario, "ello poco se curaran essos señores de las longitudes ni latitudes"[90] –en esta ocasión el Consejo fue rápido: en una semana, todo el papeleo necesario estaba listo–.

Emprendió por fin Jaime Juan su expedición acabando el verano de 1583, no sin pasar antes encarcelado un tiempo por disputas monetarias con agentes de la Casa de la Contratación[91] –aquel año, por fortuna, la partida de la flota se retrasó hasta finales de octubre, que es cuando parece se incorporó él–. Aprovechó una parada en La Habana para medir y cartografiar su importante puerto,[92] y llegó a Ciudad de México a tiempo para observar y tomar notas del eclipse lunar de noviembre de 1584 –su viaje no había hecho sino comenzar–. A primeros de 1585, Pedro Moya de Contreras, arzobispo y virrey de México, quien también había observado dicho eclipse, tuvo noticia del registro paralelo del mismo por parte de Jaime Juan y otros como, por ejemplo, Francisco Domínguez, el recién mencionado cosmógrafo de la expedición de Hernández. Supo asimismo que dicho Juan, que estaba construyendo una serie de nuevos artilugios, se aprestaba a partir para Filipinas en flota capitaneada por Francisco Gali –viaje que incluiría la exploración de la costa de California al norte de Mendocino– y, temiendo que las observaciones sobre la declinación magnética que había ido acumulando pudiesen perderse en la azarosa travesía, le ordenó sacar copia en limpio que él se encargaría de enviar a España con la siguiente flota –en la carta

---

89. AGS, GA-155, f. 155, "Contestación de Felipe II a la consulta del Consejo de Indias sobre la instrucción de Jaime Juan", 24 de febrero de 1583. El rey convino en las sugerencias del Consejo sobre la observación de eclipses, pero no respondió a la de que Juan se entrevistase con Alonso Álvarez. Citado en Vicente Maroto y Esteban Piñeiro, *Aspectos de la ciencia*, 425.

90. AGS, GA-144, f. 111, Juan de Herrera, "Carta de Juan de Herrera a Antonio de Eraso sobre viaje de Jaime Juan", 29 de abril de 1583, Aranjuez.

91. AGI, IG-1956, L. 3, f. 200-200v, "Real Cédula al presidente y oficiales de la Casa de la Contratación para que suelten de la prisión a Jaime Juan", 2 de agosto de 1583, Madrid.

92. AGI, México 336B, R. 4, N. 179, Pedro de Moya y Contreras, "Carta del virrey Arzobispo Pedro de Moya y Contreras al rey", 8 de mayo de 1585, México.

original, una nota al margen indica que aquellos documentos se entregasen a Juan López de Velasco–.[93]

Jaime Juan zarpó, en efecto, para Filipinas en 1585, pero, antes de poder empezar con sus observaciones allí, murió de fiebres.[94] Excepción hecha de una copia del registro que hizo del eclipse de 1584 en Ciudad de México y envió al Consejo de Indias, ningún otro documento suyo sabemos dónde está, los relativos a la declinación magnética incluidos:[95] nos consta solo, por un informe que envió de Filipinas un agente gubernamental, que dejó dispuesto en codicilo a su testamento que se vendiesen sus libros y pertenencias, pero de sus manuscritos e instrumentos se hiciese entrega a agentes gubernamentales que los pusiesen a buen recaudo hasta que dispusiese qué hacer de ellos el rey.[96] Determinados indicios sugieren que, en 1597, Fernando de los Ríos Coronel, procurador de Filipinas, se sirvió de dichos manuscritos, y de diversa información que allí había dejado el arriba nombrado fray Martín de Rada, para una propuesta de expedición de descubrimiento del paso del Noroeste por el elusivo estrecho de Anián.[97]

---

93. "A Jaime Juan, cosmógrafo, he dicho que se apreste para pasar a las Islas Filipinas en el navío que saldrá por marzo a cumplir el orden y mandato que trae de vuestra majestad para lo cual está haciendo ciertos instrumentos que dice ser necesarios, y por el riesgo que podrían correr sus trabajos de las observaciones del nordestear y noroesterar de las islas y tierras firme que ha andado le he dicho que las saque en limpio porque las tiene en borrador, para que yo las envíe a vuestra majestad en la flota y así lo hará, de las cuales me dió una memoria que va con ésta", AGI, México 336B, R. 4, N. 176, Pedro de Moya y Contreras, "Carta del virrey Arzobispo Pedro de Moya y Contreras al rey [...] trata de tablas de Francisco Domínguez y eclipse", 22 de enero de 1585, México. Publicado en Paso y Troncoso, *Epistolario de Nueva España*, 12:136.

94. Santiago Vera, presidente de la Audiencia de Manila, informó al rey de que Jaime Juan había muerto de "calenturas" apenas si habiendo empezado con sus tareas en Filipinas. En su memorándum, Vera se cuidó de incluir también la fecha y hora del eclipse de Luna del 23 de marzo de 1587, que era el que habría correspondido registrar a Juan. AGI, Filipinas-18A, R. 5, N. 31, ff. 1-8, Santiago de Vera, "Carta de Santiago de Vera sobre la situación en Filipinas [...] anuncia muerte de Jaime Juan", 26 de junio de 1587.

95. La carta de Moya al rey del 8 de mayo de 1585 mencionaba también que, junto con las observaciones de Juan sobre la declinación, enviaba una serie de descripciones de China y el mapa y la descripción de Nuevo México y Cíbola de Francisco Domínguez, pero nada de esto ha llegado hasta nosotros.

96. AGI, Filipinas-18A, R. 6, N. 36, Gaspar de Ayala, "Carta del Licenciado Gaspar de Ayala, fiscal de la Audiencia de Manila [...] muerte y papeles de Jaime Juan", 20 de junio de 1588.

97. AGI, Filipinas-18B, R. 7, N. 68, Fernando de los Ríos Coronel, "Carta de Fernando de los Ríos Coronel dando cuenta del astrolabio que había inventado", 27 de

Pero la de Juan, ¿fue otro intento de Herrera de probar sus artilugios determinadores de coordenadas de longitud? Quizás: la documentación que conservamos no especifica el objetivo último de la empresa, ni las razones aducidas para justificarla, pero el llamativo énfasis de Herrera en reunir mediciones geodésicas precisas sugiere la finalidad de esclarecer definitivamente todos los problemas relativos a las fronteras del imperio, o, según expresión suya maliciosa, "curar al Consejo de sus latitudes y longitudes" –lo delata el itinerario trazado, que atravesaría el imperio de Este a Oeste en modo todo lo lineal que la navegación y la logística entonces permitían, y el hecho de que no se encomendase a Juan sino registrar coordenadas de latitud y longitud a lo largo del mismo–. Herrera estaba convencido de que, si se ponía en manos de individuos capaces los instrumentos apropiados (es decir: los suyos) y se minimizaban las dificultades del viaje, podían establecerse definitivamente coordenadas geográficas. A aquella empresa que diseñó para Jaime Juan cabe colgar, en efecto, la misma etiqueta con que la historiadora de la arquitectura Catherine Wilkinson-Zerner se refiere a su estilo constructivo: "utopismo pragmático" –dan el elemento utópico el orden y la simetría–.[98] En su visión pragmática, una expedición nítidamente programada, que siguiera un itinerario preciso y pusiera en manos de los hombres adecuados herramientas perfectas, cristalizaría de una vez por todas en resultados geodésicos definitivos. No puedo referirme a las tareas que como parte de su proyecto más amplio se encomendó a Jaime Juan sino como experimentos cosmográficos,[99] pues el estilo herreriano de práctica de la disciplina –de corte empírico, matemático y tecnológico– ilustra el comienzo del divorcio de dos corrientes intelectuales de la cosmografía renacentista: la descriptiva y la matemática.

No era, con todo, exclusiva de Herrera la preferencia por la investigación de primera mano: a finales de los años 60 del mismo siglo

---

junio de 1597, Manila. Ríos Coronel obtuvo el real apoyo para su plan en 1613. Véase AGI, Filipinas-329, L. 2, ff. 170-171v, "Propuesta de nueva ruta de Filipinas a Nueva España", 20 de junio de 1613.

98. Wilkinson-Zerner, *Juan de Herrera*, 164-165.

99. Califico las actividades de Herrera de experimentales deliberadamente, y en buena medida lo hago presuponiendo la definición de "experimento" de Dear: actividad "involving a specific question about nature which the experimental outcome is designed to answer" ("que implica una pregunta específica sobre la naturaleza, a la que el resultado obtenido se espera dé respuesta", traducción *ad hoc* de M. C.). Para más información sobre la dicotomía –no siempre clara– experiencia vs. experimento en la práctica científica de la Edad Moderna, véase Dear, *Discipline and Experience*, 11-31.

xvi, Francisco Hernández (c. 1515-1587) fue puesto al frente de un ambicioso proyecto de historia natural de México y Perú. Poco sabemos de la génesis del mismo, si bien el historiador Jesús Bustamante –que lo asocia a una serie de reformas habidas en el Consejo de Indias siendo su responsable Juan de Ovando– encuentra verosímil que en la definición de sus objetivos tuviese parte, precisamente, Herrera.[100] Sea como sea, los historiadores convienen en que constituye un ejemplo temprano de historia natural moderna. Principalmente, porque la obra de Hernández inicia la lenta erosión del pedestal estilístico y taxonómico en que hasta entonces se tenía a la *Historia natural* de Plinio, abriendo la veda, en su lugar, a un intento alternativo –sistemático– de clasificación de la historia natural del Nuevo Mundo.[101]

En enero de 1570, Felipe II ordenó a Hernández viajar a México y Perú para estudiar la historia natural de las Américas. Lo acompañaba Francisco Domínguez de Ocampo, cosmógrafo cuyo cometido consistía en ir recopilando las coordenadas de latitud y longitud de las principales provincias y poblaciones de Nueva España.[102]

---

100. Jesús Bustamante García, "De la naturaleza y los naturales americanos en el siglo xvi: Algunas cuestiones críticas sobre la obra de Francisco Hernández", *Revista de Indias* 52 (1992): 306.

101. El doctor Francisco Hernández se hizo acreedor de un puesto preeminente entre los historiadores naturales del siglo xvi. Para algunos ejemplos de estudios actuales, véanse Raquel Álvarez Peláez, "Etnografía e historia natural en los cuestionarios oficiales del siglo xvi", *Asclepio* 41, nº 2 (1989): 103-126, Raquel Álvarez Peláez, "La historia natural en los siglos xvi y xvii", ponencia presentada en las Jornadas sobre España y las Expediciones Científicas en América y Filipinas, Ateneo Científico, Literario y Artístico de Madrid, 1991, Jesús Bustamante García, "Francisco Hernández, Plinio del Nuevo Mundo: Tradición clásica, teoría nominal y sistema terminológico indígena en una obra renacentista", en *Entre dos mundos: Fronteras culturales y agentes mediadores*, ed. B. Ares Queija y S. Gruzinski (Sevilla: Escuela de Estudios Hispano-Americanos, 1997), 243-268, José María López Piñero y José Pardo Tomás, *La influencia de Francisco Hernández (1515-1587) en la constitución de la botánica y la materia médica modernas* (Valencia: Instituto de Estudios Documentales e Históricos sobre la Ciencia, Universitat de Valencia/CSIC, 1996), Pardo Tomás y López Terrada, *Primeras noticias*, Simon Varey, Rafael Chabrán y Dora B. Weiner, eds., *Searching for the Secrets of Nature: The Life and Works of Dr. Francisco Hernández* (Stanford: Stanford University Press, 2000), y Francisco Hernández, *The Mexican Treasury: The Writings of Dr. Francisco Hernández*, ed. Simon Varey (Stanford, Calif.: Stanford University Press, 2000).

102. Al término de la expedición de Hernández, Domínguez se quedó en México ganándose la vida como cosmógrafo y artífice de instrumentos náuticos. Aunque de su producción cosmográfica no conservamos sino la observación que hizo del eclipse de 1584, pasó años describiendo y cartografiando la zona de México, e

Hernández debía estudiar las plantas de México y, tras ello, hacer otro tanto en el Perú, para lo cual la real orden especificaba que había de consultar, donde quiera que fuese, a todos los doctores, curanderos, herboristas, indios y otras personas que supieran de estos asuntos de yerbas, árboles y plantas medicinales[103] –insistía mucho el documento en las plantas medicinales, y en que no se limitase a registrar de ellas lo que oyese decir, sino que realizase experimentos para determinar sus propiedades (era una expedición de trabajo de campo)–. Para el Consejo de Indias, que hablaba en nombre del rey, el objetivo último de la empresa era pragmático: establecer, de entre las aparentemente infinitas variedades vegetales del Nuevo Mundo, las que podían tener uso médico.

Las expectativas con que Hernández marchó a México eran, no obstante, muy otras: entendía aquello no como mera lista de material médico, sino como historia natural (serviría a su rey como a Alejandro Magno en otro tiempo Aristóteles).[104] Cuando, pasados siete años, regresó a España con su manuscrito e ilustraciones botánicas, encareció al monarca que no pospusiese su publicación. Preocupado por que otros pudiesen no entender la forma como había organizado el material, quería ser él quien editase el resultado, y que apareciese en latín, español y náhuatl. Tamaña empresa resultó, efectivamente, no caber en los moldes conceptuales eurocéntricos de que inicialmente intentó partir: una vez en México no pudo sino, depuestos en buena medida los esquemas clasificatorios de Dioscórides, crear una taxonomía alternativa basada, principalmente, en el sistema nahua de nombrar plantas (casi binario).[105] Pero sus ruegos no fueron atendidos, y, en 1580, la tarea de organizar y publicar un breve compendio de su trabajo (con únicamente plantas medicinales) se asignó al italiano Nardo Antonio Recchi, por medio de cuyo libro fue como los europeos supieron de la labor de Francisco Hernández.[106]

---

incluso escribió una descripción de China. Para un estudio biográfico, véase Rodríguez-Sala, *Eclipse de Luna*, 67-83. La principal fuente es su relación de méritos y servicios (AGI, P-262, R. 9, y AGI, P-22, R. 11).

103. Real cédula, 11 de enero de 1570. Publicado en Hernández, *Mexican Treasury*, 46.

104. Carta de Hernández a Felipe II, noviembre-diciembre de 1571. Publicado en Hernández, *Mexican Treasury*, 48-49.

105. Bustamante García, "Francisco Hernández, Plinio", 259-261.

106. José M. López Piñero y José Pardo Tomás, "The Contribution of Hernández to European botany and *materia medica*", en *Searching for the Secrets*, ed. Varey, Chabrán y Weiner, 124.

Al cual, viéndose inmerso –igual que su colega Nicolás Monardes– en la cultura utilitaria que embebía el programa imperial español, no quedaba otra sino hacer suya la preocupación por fines prácticos a que, escribiendo su obra cosmográfica, hubo de hacer frente ya Alonso de Santa Cruz. Era, en efecto –según Herrera lo planteó–, el proyecto de Hernández de finalidad puramente pragmática (una farmacopea del Nuevo Mundo: no la historia natural medio-pliniana que finalmente compuso), y, si lo acompañaba a Nueva España para cartografiar el territorio el cosmógrafo Francisco Domínguez, era para que, una vez identificadas las plantas medicinales, posteriormente pudiesen localizarse para su explotación. Que Hernández se viese a sí mismo, en vez de como el empirista que Herrera buscaba, como un Aristóteles o un Plinio, hace de este primer viaje moderno de exploración ejemplo fascinante de cómo la dinámica del imperio iba modelando, orientándola a fines utilitarios, la práctica de una disciplina científica.

Herrera, aunque obviamente se daba cuenta de que la historia natural y la cosmografía exigía una pericia al alcance solo de individuos con formación académica, al mismo tiempo veía que eran disciplinas de ejercicio óptimo sobre el terreno, lejos del relativo confort de un estudio en Madrid o Sevilla. Empleó, pues, a hombres que, como Hernández o Juan, compartían su visión y estaban dispuestos a asumir los retos del viaje trasatlántico de la Edad Moderna. La recopilación de información exacta –de historia natural o geodésica– entendían que requería de implicación personal y especialización, y las vicisitudes de la travesía, las muertes prematuras y lo impredecible del destino humano –factores que, a veces, daban al traste con los planes más concienzudamente trazados– eran simples obstáculos a superar en el camino de la comprensión del Nuevo Mundo.

La cosmografía en la Casa: pilotos y mapas

Los proyectos cosmográficos patrocinados por la corte no llegaban a la significación, calidad y entidad de los de la Casa de la Contratación y el Consejo de Indias. Con el establecimiento en Sevilla de la primera (1503), la ciudad del Guadalquivir pasó a ser en España la meca de la navegación y la exploración. Siendo su función decidir y garantizar el personal, las técnicas y las tecnologías que harían posible la navegación segura a las Indias, sus cosmógrafos y pilotos fueron probando durante prácticamente todo el siglo XVI diversos modos de recopilar y presentar esta clase de información cosmográfica en forma coherente y útil. El derrotero descriptivo, que con frecuencia se usaba paralelamente a los métodos náuticos matemáticos reivindicados en los manuales de navegación, siguió prestando su servicio a la hora de dar a conocer a los pilotos rutas marítimas y costas nuevas, pero, en la segunda mitad del siglo, la representación visual estándar de aquellas geografías hacía poco descubiertas pasaron a ser las cartas náuticas que los cosmógrafos de la institución producían en vena tolemaica.

La Casa era responsable de la gestión del tráfico marítimo y el comercio entre España y los nuevos territorios. Al poco de constituirse se dotó del cargo de piloto mayor, al que competía el mantenimiento del padrón real –derrotero oficial para la travesía hacia y desde América (denominada carrera de Indias)–, y en 1519 ya contaba con especialistas en la confección de instrumentos y mapas, al primero de los cuales se otorgó el título de cosmógrafo en 1523;[107] estos peritos compartían con el piloto mayor la responsabilidad de mantener actualizado el padrón real. A medida que el ritmo de exploración y colonización del Nuevo Mundo iba aumentando, otro tanto ocurría con la demanda de pilotos capaces de surcar con garantías el Atlántico y –más avanzado ya el siglo– el Pacífico, y así fue como, para 1552, la Casa tenía ya listo un programa para formar y examinar a pilotos destinados a las Indias –se encargaba de la enseñanza el cosmógrafo en jefe de la institución–.[108] Los responsables consideraron que la impartición de clases (y la navegación astronómica) reducían los años necesarios para aprender el oficio de pilotar naves.

En los años 80 del siglo xvi, la actividad cosmográfica de este centro giró en torno a la figura de Rodrigo Zamorano (1542-1620). De formación cosmográfica universitaria, a lo largo de los casi cuarenta años que pasó en él fue ocupando todos sus puestos cosmográficos. Sus intereses, lejos de limitarse a la navegación, incluían la astrología, la astronomía y la historia natural. En el jardín de su casa sevillana cultivaba plantas de América –intercambiaba especímenes botánicos con el naturalista

---

107. Pulido Rubio, *Piloto mayor*, 979-983. Para más información sobre el papel de los cosmógrafos en la Casa, véanse Pulido Rubio, 303-309, Lamb, *Cosmographers and Pilots*, 675-686, y Esteban Piñeiro, "Cosmógrafos del Rey".

108. Jerónimo de Chaves fue el primer profesor de navegación en la Casa de la Contratación (AGI, Contratación-5784, L.1, f. 95-95v, "Nombramiento de Jerónimo de Chaves como cosmógrafo y catedrático de Cosmografía de la Casa de la Contratación", 5 de diciembre de 1552, Monzón). Para ejemplos de los exámenes que debían superar los aspirantes a pilotos, véase "De la Cosmografía. Examen de pilotos. De las cartas de marear. Instrumentos para navegar y del piloto mayor", DIU, 25:278-294.

holandés Clusio (Charles de L'Écluse, 1526-1609)–,[109] y, aunque jamás publicó sobre historia natural, sí que escribió de astrología, matemáticas y navegación (publicó asimismo repetidas ediciones de una cronología-almanaque).

De su dilatada carrera no podemos ocuparnos en detalle aquí, pero un repaso sumario de las prácticas que llevó a cabo mientras trabajó en la Casa nos dará una idea de cómo se sirvió de los esquemas teóricos de la cosmografía renacentista.[110] No se contentaba Zamorano con enseñar navegación a los pilotos: trató activamente de tomar parte en una serie de proyectos cosmográficos del Consejo de Indias. En una carta de petición que dirigió al rey en 1582 explica que, en la Casa, aparte de dar clases de navegación asumió numerosos quehaceres cosmográficos inicialmente competencia del piloto mayor (someter, por ejemplo, instrumentos náuticos a prueba, o examinar a pilotos),[111] y describe sus actividades en esta institución –según era uso habitual en cartas concebidas para la obtención de favores del monarca– como complementarias a las realizadas desde otras: mencionaba su colaboración con Juan López de Velasco (el cosmógrafo-cronista del Consejo) en la observación de una serie de eclipses lunares para la determinación de coordenadas de longitud –a cuyo efecto, de hecho, se había encargado de confeccionar (él en persona y de su bolsillo) determinados instrumentos–, y recordaba al rey que acababa de escribir un manual de navegación que, además de reducir la navegación a principios generales y sencillos, incluía tablas nuevas de declinación solar (con diversos errores corregidos de las hasta entonces en uso).[112] Se presentaba, en resumen, en su

---

109. Josep Lluís Barona y Xavier Gómez i Font, eds., *La correspondencia de Carolus Clusius con los científicos españoles* (Valencia: Seminari d'Estudis sobre la Ciència, 1998), 76-78, 125-126.

110. La Biblioteca Colombina y Capitular (BCC) contiene casi cuanta documentación conservamos sobre la vida de Rodrigo Zamorano (BCC, vol. 38, ff. 290-316, "Papeles sobre Rodrigo Zamorano"). Para un estudio biográfico, véase Pulido Rubio, *Piloto mayor*, 369-711.

111. Zamorano quería que se le otorgase, además del que ya cobraba como profesor, el salario de cosmógrafo de la Casa de la Contratación. AGI, P-262, R. 11, ff. 1-3, "Rodrigo Zamorano cosmógrafo y catedrático de la Casa de la Contratación de Sevilla sobre se le acreciente el salario que tiene", 14 de mayo de 1582. Publicado en Mariano Esteban Piñeiro, "Los cosmógrafos al servicio de Felipe II", *Mare Liberum* 10 (1995): 529-530.

112. "[E]nmende las tablas de la declinacion del Sol y las demas cosas que en los Regimentos pasados andaban muy erradas, por causa del movimiento del Sol y octavo cielo", AGI, P-262, R. 11, f. 1v.

carta de petición como un científico y un cosmógrafo encantado de colaborar en proyectos que excediesen su ámbito de acción inicial, uno capacitado para las investigaciones que hacer avanzar el arte cosmográfico requería.

Aduce, además, en esta carta un ejemplo gráfico del método ideal de colaboración con navegantes por parte del cosmógrafo de la Casa de la Contratación. Describe, en efecto, a un cosmógrafo en faena, intentando añadir los últimos descubrimientos geográficos al corpus de conocimiento de la institución –no es sino él mismo, reunido para discutir la geografía del estrecho de Magallanes con el capitán Pedro Sarmiento de Gamboa, a quien, de hecho, ayudó a confeccionar los instrumentos y cartas náuticas a usar en la segunda expedición que, esta vez para su fortificación y colonización, en 1581-1583 haría al mismo–.[113]

La primera expedición de Sarmiento de Gamboa a la zona (1579-1580) fue respuesta a la incursión en el Pacífico de Francis Drake, y a sus ataques a asentamientos españoles a lo largo de la costa suramericana. Se trataba de interceptar al pirata inglés en el citado estrecho, pero este optó por regresar cruzando el Pacífico por la ruta occidental. La reunión de Zamorano con Sarmiento de Gamboa –y con Antonio Pablos, su piloto (juntos habían cartografiado la zona en la anterior expedición)– tuvo lugar tres años después, cuando Sarmiento de Gamboa se disponía a emprender con su flota la recién mencionada segunda expedición, y la idea era enmendar importantes errores en las longitudes del derrotero y las cartas náuticas que llevarían. Conservamos también la versión del capitán de aquella colaboración con Zamorano para la confección de nuevos mapas: examinaron juntos (afirma Sarmiento de Gamboa) "todas las cartas y padrones antigos y modernos de diferentes carteros cosmographos para examinar las longitudines de dos lugares fijos diferentes en longitud y por ellos situar despues las costas en su lugar, los quales dos lugares que tomamos por fixos son Sevilla y

---

113. Para más información sobre la expedición de Sarmiento de Gamboa de 1579-1580, véase Martín Fernández de Navarrete, *Colección de opúsculos del excmo. sr. d. Martín Fernández de Navarrete*, 2 vols. (Madrid: Impr. de la Viuda de Calero, 1848), 1:235-248. Estando en el estrecho de Magallanes, Sarmiento de Gamboa intentó calcular la longitud con el método de las distancias lunares, o "por la llena de la luna y nacimiento del sol". Pedro Sarmiento de Gamboa, *Derrotero al Estrecho de Magallanes (1580)*, ed. Juan Batista (Madrid: Historia 16, 1987), 177. Para más información sobre el trabajo de Zamorano con estos exploradores, véase Cerezo Martínez, *Cartografía náutica española*, 239-243.

Lima en el Piru".[114] Ambos habían registrado el eclipse lunar de 1578 –Sarmiento de Gamboa desde Lima, y Zamorano desde Sevilla–, y de sus observaciones concluyeron que la diferencia entre las longitudes de ambas ciudades era de 74° (anda, en verdad, por los 70°).[115] Los mapas que examinaron –dos de Diego Gutiérrez incluidos– situaban Lima o 7° demasiado al Oeste, o entre 3° y 4° más hacia Sevilla, o sea, demasiado al Este. El hecho es que, aunque el memorándum no aclara a cuál de los mapas de Gutiérrez alude, uno bien conocido –el *Americae sive quartae orbis nova et exactissima descriptio* (1562), publicado por Hieronymus Cock y, según se piensa, basado en el padrón real– sitúa Lima a 77° de Sevilla.

Tanto el capitán como el cosmógrafo se daban cuenta del carácter sensible de la información cosmográfica que habían reunido. Estaba sujeto, en efecto, Zamorano a las mismas restricciones de confidencialidad que el piloto mayor y el cosmógrafo del Consejo de Indias: la revisión del material cartográfico que usaría en su nueva expedición Sarmiento de Gamboa se llevó a cabo, sí, por orden expresa de Felipe II, pero este advirtió a los agentes del Consejo que se asegurasen de que las sesiones tuviesen lugar con "todo secreto y recato", y los nuevos mapas habían de depositarse en el "arca de tres llaves" de la Casa de la Contratación, donde se tenía a buen recaudo el padrón real.[116]

Lamentablemente, nada nos ha llegado de la actividad cartográfica de Zamorano, a pesar de haberla practicado tanto a título personal, como en calidad de cosmógrafo de dicha Casa.[117] Se dedicó también

---

114. AGI, P-33, N. 3, R 27, Pedro Sarmiento de Gamboa, "Relación de lo sucedido a la Armada Real de S. M. en el viaje al Estrecho de Magallanes [...] el año 1581 hasta 1583". Publicado en Martín Fernández de Navarrete, *Colección de documentos y manuscriptos compilados por Martín Fernández de Navarrete*, ed. Museo Naval, 32 vols. (Nendeln: Kraus-Thomson, 1971), 20.1:212v-214v.

115. Para un análisis detallado de sus cálculos, véase el capítulo sexto.

116. "Ya se os scrivio que embiasedes a los officiales de Sevilla la descripción y patron que traxo Sarmiento de las costas y navegacion del estrecho y assi lo hareis, preveniendoles para que con todo secreto y recato y en su presençia y de Diego Florez hagan que el cosmographo tome la razon de todo ello, y la ponga en las cartas aziendo solas aquellas que fueren necessarias para que esta armada las lleve, y sin quedarle ninguna otra se meta el patron en la arça de las tres llaues, y quando buelva esta armada se cobren las que lleuan y se guarden" (AGI, IG-739, N. 306, "Consulta del Consejo de Indias sobre expedición de Pedro Sarmiento de Gamboa al estrecho de Magallanes", 1 de marzo de 1581, Madrid).

117. A finales del siglo XVIII, Fernández de Navarrete citaba cartas náuticas que Zamorano habría publicado en cuarto con el título *Carta de marear* (Sevilla,

a la confección de artilugios: él construyó cuantos astrolabios, ballestillas, brújulas y cartas de navegación llevaría consigo la flota de Sarmiento de Gamboa. Además de la traducción de los *Elementos* de Euclides, que le valió (antes lo vimos) ser considerado para un puesto en la Universidad de Salamanca, escribió un manual de navegación –el *Compendio de la arte de navegar* (Sevilla, 1581; imagen 2.1.)– y una *Chronología* (Sevilla, 1585). En el manual seguía el formato ya bien establecido por las obras de Medina y Cortés, que tanta difusión tuvieron en España y en el resto de Europa. Su breve texto –que, en solo sesenta folios en cuarto, cubría el temario establecido en los estatutos con que, en 1552, se constituyó la cátedra de cosmografía de la Casa de la Contratación–, en los diez años siguientes a su publicación se reimprimió en Sevilla seis veces (la última, en 1591).[118]

A finales del siglo XVI, la práctica cosmográfica en la Casa pasó a ceñirse al molde estricto que el puesto de cada individuo en la institución determinaba: el catedrático enseñaba navegación a los pilotos, el cosmógrafo supervisaba los instrumentos empleados en la carrera de Indias y el piloto mayor actualizaba el derrotero oficial. El planteamiento era ahora definitivamente utilitario: escaso margen quedaba para el tipo de especulación astrológica y de filosofía natural a que en su *Chronología* se había dado Zamorano. El cual se ocupa, en efecto, en dicha obra de las consecuencias meteorológicas y astrológicas de la nova de 1572, manifestando su opinión sobre la naturaleza de tan discutido fenómeno celeste: los observadores del "cometa" –comenta– apreciaban una ausencia de paralaje que sugeriría se hubiese "generado" no en la esfera sublunar de fuego, que era la tesis de los filósofos naturales aristotélicos, sino más allá del octavo cielo. Citando a Jerónimo Cardano, explicaba "que para satisfacer a las aparencias, y razones físicas, no se pudo entender q[ue] estuviesse sino en el octavo cielo: o aviamos de conceder penetracion de cuerpos, y otras cosas que son mui agenas dela razon natural y matematica". Se sumaba, pues, al parecer controvertido de quienes, como Jerónimo Muñoz, estaban dispuestos a enfrentarse a la idea aristotélica de

---

1579 y 1588). Véase Martín Fernández de Navarrete, *Biblioteca marítima española*, 2 vols. (Madrid: Viuda de Calero, 1851; reimpresión, New York: Burt Franklin, 1968), 686.

118. Tras su primera edición de 1581, el *Compendio del arte de navegar* volvió a publicarse en 1582, 1585, 1586, 1588, y, por última vez, en 1591. Véase Navarro Brotóns, *Bibliographia Physico-Mathematica Hispanica (1475-1900)*. Edward Wright lo tradujo luego al inglés en *Certaine Errors in Navigation* (London: Felix Kingsto[n], 1610).

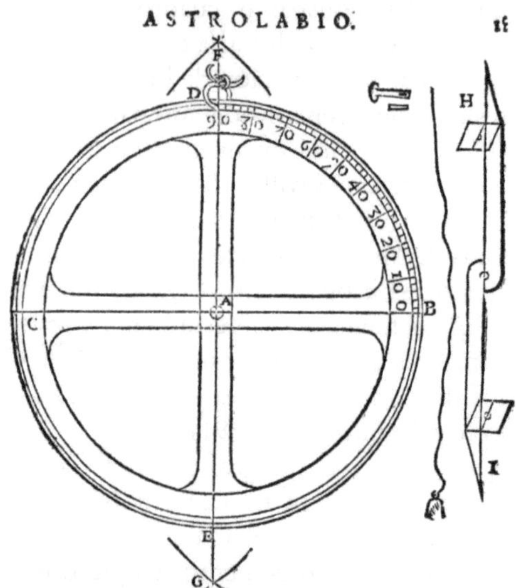

Imagen 2.1. Instrucciones para la confección de un astrolabio, del *Compendio del arte de navegar* de Rodrigo Zamorano (Sevilla: Juan de León, 1588). © The Huntington Library, San Marino, California.

que los cielos eran inmutables,[119] pero su trabajo en la Casa de la Contratación ofrecía escasa oportunidad –o recompensa– para que un hombre con su interés por realizar observaciones astronómicas, y al corriente de los últimos debates entre astrónomos de Europa, se diese a la investigación astronómica y astrológica; debió cultivarla, como hizo con sus inquietudes por las especies botánicas del Nuevo Mundo, al margen del cargo que ostentaba en aquella institución.

---

119. Rodrigo Zamorano, *Chronología y repertorio de la razón de los tiempos* (Sevilla: Imprenta de Francisco de Lyra, 1621), 203v.

Si –según señala Jesús Bustamante–[120] Santa Cruz, Herrera y Zamorano pertenecían a tres generaciones de cosmógrafos-humanistas españoles diferentes, tras la generación de Alonso de Santa Cruz cabe esperar que los problemas de representación (y los dilemas epistémicos) a que, en su día, este humanista hizo frente pasasen a percibirse y plantearse de forma distinta. Pues bien: Herrera y Zamorano abandonaron, en efecto, la epistemología libresca y la metodología característica del humanismo en favor de un enfoque empírico que exigía la implicación personal.

Vamos ahora a centrar nuestra atención en el Consejo de Indias, que, en las últimas décadas del siglo XVI, se convirtió en el epicentro de la actividad cosmográfica en España. El próximo capítulo estudia el intento de recopilación, organización y producción de información cosmográfica llevado a cabo desde dicha institución; en la cual, en respuesta a la (según sus miembros) deficiencia de la disciplina a la hora de generar información útil se adoptó un enfoque burocrático que dio lugar a nuevos métodos epistemológicos y modos de representación –en la corte, en cambio, la actividad cosmográfica dependía (en buena medida) de iniciativas de individuales–. Si quería seguir siendo herramienta descriptiva viable, ante la realidad del Nuevo Mundo la cosmografía renacentista había de someterse, sí, a una reorientación fundamental.

---

120. Bustamante García, "Círculos intelectuales y las empresas culturales de Felipe II", 44-45.

3
La cosmografía se codifica

El Consejo de Indias, que en seguida supo ver el carácter sensible de los relatos descriptivos del Nuevo Mundo –históricos, geográficos, etnográficos o de historia natural–, durante la mayor parte del siglo XVI tomó medidas para proteger dicha información de ávidos e implacables enemigos de la hegemonía política y espiritual de España sobre aquellas tierras. Los enemigos evidentes eran las naciones europeas ajenas a la influencia de la dinastía de los Habsburgo, especialmente Francia e Inglaterra. La piratería con respaldo estatal (los ataques de Francis Drake entre 1578 y 1579) y la creación de colonias protestantes (como la de hugonotes franceses al norte de Florida entre 1562 y 1565) eran recordatorios permanentes del peligro que corría la riqueza tanto material como espiritual de las Indias, pero también amenazaban la hegemonía católica enemigos internos. Había que cuidarse, en efecto, de judaizantes, supuestas células luteranas y cultos heréticos que mezclaban ritos nativos y católicos, por no hablar de conjuras de colonos españoles contra la Corona como las habidas en la década de los 40 del siglo XVI en el Perú, razón sobrada para tener en secreto los pormenores de la economía de cada región.

La cosmografía del Nuevo Mundo –con sus mapas, descripciones geográficas y relatos anejos sobre recursos naturales– tenía valor no solo porque hubiese que defender las fuentes de riqueza y las rutas comerciales, sino porque el Consejo de Indias había recibido de la Corona mandato expreso de administrar y explotar aquellas posesiones suyas. Operaban en la creencia de que, para poder atacar, el enemigo (ingleses, franceses y, posteriormente, holandeses) necesitaba primero ubicar los puertos estratégicos o las rutas de la flota de Indias y el galeón de Manila, habiéndose indicado, de hecho, ya en 1510 a la Casa de la Contratación poner mapas y derroteros a buen recaudo –en la década de los 50 recibió orden análoga el Consejo–.

Para proteger la información cosmográfica se usaban diversas técnicas, y consistía una en la imposición a autores, impresores y libreros de restricciones conducentes al control estatal sobre todo trabajo cartográfico, especialmente cartas náuticas. Llama la atención sobre esto Richard Kagan, quien explica que, en el siglo XVI, mientras que en el resto de Europa el trazado de mapas era actividad eminentemente privada, en España los Habsburgo buscaron su monopolio, disponiendo supervisasen y regulasen la producción cosmográfica directamente agentes de la Corona.[1] Otro mecanismo de control era limitar el acceso a las fuentes primarias de mapas y cosmografías: derroteros y cuadernos de bitácora de pilotos de la carrera de Indias. Felipe II en persona ordenó a menudo al Consejo recopilar y tener en secreto todo aquel material. En pleno proceso (por ejemplo) de deliberación sobre si establecer o no un asentamiento permanente en Filipinas, indicó a la institución "que avrian de hazer diligencia en buscar los papeles y cartas de marear que ay sobre esto y juntarlo todo y tenerlo en el Consejo a buen recado y aun los originales se abrian de poner en Simancas y traer copias autenticas en el Consejo"[2] –se refiere a la documentación de la expedición de Legazpi–.

Pero no solo trató el Consejo de Indias de someter a un control estricto la información cosmográfica que la Casa de la Contratación y él mismo generaban: hizo también por evitar que los particulares divulgasen tal género de información. Las primeras medidas apuntaban

---

1.   Richard L. Kagan, "Arcana Imperii: Mapas, sabiduría y poder en la corte de Felipe IV", en *El atlas de Rey Planeta: La descripción de España y de las costas y puertos de sus reinos de Pedro Texeira* (Madrid: Nerea, 2002), 60. Para más información sobre los vínculos entre economía, política y producción de mapas en la Edad Moderna en un contexto mercantil, véase Jerry Brotton, *Trading Territories: Mapping the Early Modern World* (Ithaca: Cornell University Press, 1998), 151-160.
2.   AGI, IG-738, N. 82, f. 1, "Consulta de Consejo de Indias sobre población de Filipinas", 5 de julio de 1566, Madrid.

a la restricción de material políticamente controvertido: si ya desde 1527 venía prohibiendo el Consejo (en la línea de la Inquisición) cuantos libros contuviesen relatos de la conquista y colonización que encontrase problemáticos y susceptibles de causar controversia política o religiosa,[3] en la década de los 50 pasó a directamente solicitar que toda obra relativa al Nuevo Mundo se le remitiese antes de su publicación para su estudio y (si procedía) aprobación. Adoptó, sí, la política de censurar relatos de índole incendiaria para aquellas tierras recientemente descubiertas (ya de suyo inflamables).

Otro tanto ocurrió con libros sobre el gobierno y la guía espiritual de los pueblos nativos. Se temía que, si vueltos públicos, la crítica o el debate de políticas imperiales –los derechos, por ejemplo, que reivindicaba la Corona de posesión de todo territorio descubierto o de asignación a colonos españoles de la mano de obra nativa (las denominadas encomiendas)– fomentasen el surgimiento de células de opinión disidentes. Se hizo patente, de hecho, la necesidad de censura sistemática sobre cuantos libros tratasen la "cuestión india" a raíz del debate Ginés de Sepúlveda vs. Bartolomé de Las Casas habido en Valladolid entre agosto de 1550 y abril de 1551, tras protestar Sepúlveda por ser calificado de teológicamente inconsistente su libro *Demócrates segundo o De las justas causas de la guerra contra los indios* y serle denegada, en consecuencia, licencia de publicación.[4] El episodio dejó claro al Consejo la importancia de tomar la iniciativa en la moderación de cualquier discurso relativo a las Indias.

Formalizó esta política censora (el 21 de septiembre de 1556) una real orden que prohibía la impresión y venta de libros "sobre cosas de las Indias" en tanto no los hubiese "visto y examinado" el Consejo de Indias,[5] al cual debían informar, además, sobre tales obras

---

3. En este primer caso, el libro vetado fue el relato de la conquista de México de Hernán Cortés. Para un estudio comparativo de estas disposiciones y las relativas a temas religiosos de la Inquisición, véase Fermín de los Reyes Gómez, *El libro en España y América: Legislación y censura (siglos XV-XVIII)* (Madrid: Arco/Libros, 2000), 178, 188-190.

4. Anthony Pagden señala que no se trató de un debate público, y que hoy es famoso únicamente porque los historiadores españoles lo han sacado a relucir contra las acusaciones de que a España no le importaba qué estuviese ocurriendo a los indios. Véase Anthony Pagden, introducción a Bartolomé de Las Casas, *A Short Account of the Destruction of the Indies* (London: Penguin Books, 1992), xxx.

5. AGI, IG-425, L. 23, ff. 247-248, "Real Cédula requiriendo que todos los libros que se imprimieran o vendieran, sin expresa licencia, sobre cosas de Indias y los envíen el Consejo", 21 de septiembre de 1556, Valladolid. Esta y otras disposiciones relacionadas aparecen en José Toribio Medina, *Historia de la imprenta en los antiguos*

las autoridades locales, que podían recibir orden de incautarse de sus ejemplares, debiendo exigir los impresores, por su parte, antes de emprender la publicación de un libro –so pena de importantes multas o, incluso, decomiso de la imprenta– al autor hoja de licencia expedida por la misma institución. Pero esta orden parece que (cosa esperable) no se cumplió todo lo a rajatabla que el Consejo hubiese querido, debiendo ser vuelta y vuelta a promulgar,[6] y llegando tarde, en cualquier caso, a la *Brevísima relación de la destrucción de las Indias* de Las Casas (Sevilla, 1552 y Amberes, 1579), de cuyo magro texto habría sido, por lo demás, imposible prever –pronto que se hubiese reaccionado– el efecto devastador en la reputación de España apenas comenzó a circular por los países protestantes tras su edición holandesa.

Con qué razones justificase el Consejo su censura dependía de la naturaleza del libro: solía cargar más las tintas contra obras religiosas que encontrase heréticas o –simplemente– inapropiadas para los recién convertidos, centrándose, en vez, ante obras históricas en si contenían versiones del descubrimiento y la conquista que, desviándose de la versión oficial –incierto, por su parte, en qué consistiera exactamente–, pudieran ser causa de ofensa o discordia.[7] Había, claro, quienes –como López de Gómara, o Girava– lograban burlar estas restricciones imprimiendo sus obras fuera del reino de Castilla o en el extranjero;[8] pero rara vez era este el caso de autores de América, especialmente si no podían permitirse viajar a España a intrigar por su obra en el Consejo.

---

dominios españoles de América y Oceanía, 2 vols. (Santiago de Chile: Fondo Histórico y Bibliográfico José Toribio Medina, 1958), 1:5-10.

6. Torre Revello ha hecho ver que, salvo quizás en el caso de libros que prohibiese la Inquisición, de las leyes de censura en las colonias se hacía caso omiso. Véase José Torre Revello, *El libro, la imprenta y el periodismo en América durante la dominación española* (Buenos Aires: Casa Jacobo Peuser, 1940), 243-245.

7. Juan Friede, "La censura española del siglo XVI y los libros de historia de América", *Revista de Historia de América* 47 (1959): 59.

8. Puesto que se publicaron en Milán y Venecia, los libros de Girava se sustrajeron al escrutinio de los censores castellanos. En cuanto a la *Historia de las Indias y la conquista de Mexico* de López de Gómara, en 1553 se prohibió debido, probablemente, a su controvertido relato de la conquista de México. Véase AGI, P-170, R.1, *Cédula*, 1554, citado en Schäfer, *Consejo de Indias*, 2:355, nota 247. Las primeras ediciones de la obra fueron Zaragoza (1552), Medina del Campo (1553) y –antes de promulgarse la prohibición (o tal vez ignorándola)– Zaragoza (1554). El mismo año de 1554, en Amberes, aparecieron cuatro ediciones, si bien en España no volvió a publicarse hasta el siglo XVIII. Para la historia de la publicación de López de Gómara, véase la introducción de José Luis de Rojas a Francisco López de Gómara, *La conquista de México*, Crónicas de América (Madrid: Dastin, 2000), 33.

También implicaba esta política de confidencialidad que numerosos trabajos cosmográficos quedasen inéditos por considerar la Corona su contenido importante, valioso y sensible desde el punto de vista estratégico. Fue un hito en este sentido el que, en 1563, Felipe II denegase a Alonso de Santa Cruz licencia para publicar sus descripciones de las Indias,[9] y, con la entrada en vigor (la década siguiente) de un código legal que institucionalizaba el ejercicio de la cosmografía en el Consejo –las *Ordenanzas de Indias* (1571)–, esta praxis censora y este ocultamiento de información histórica, geográfica y de historia natural sobre el Nuevo Mundo cobraron rango de ley. Supusieron al tiempo, sin embargo, dichas ordenanzas indiscutiblemente el programa de recopilación de información más ambicioso de todo el siglo XVI europeo, pues especificaban la metodología y criterios epistémicos con que escribir lo que se pretendía fuese (aunque secreta) la cosmografía definitiva de aquellas nuevas tierras.

Los miembros del Consejo entendieron, desde casi recién creado este, que la administración eficaz de las Indias pasaba por el *conocimiento* de las mismas y de sus moradores, siendo así que –especialmente tras la pacificación de México– la institución solicitaba regularmente, en nombre del rey, a las autoridades civiles y eclesiásticas de ultramar enviasen descripciones geográficas, etnográficas y de historia natural de los últimos territorios descubiertos y colonizados. Solían hacerlo aproximadamente cada diez años –cuando, puestos a resolver determinado problema o necesidad administrativa, veían que les faltaba información cosmográfica–,[10] pero, recibidos los datos, no disponían de mecanismo formal ninguno con que procesarlos: las relaciones que llegaban quedaban rápido obsoletas, debiéndose enviar casi de inmediato nuevas solicitudes de información.

En los años 50 del siglo XVI, los agentes del Consejo se veían obligados a recurrir para asesoría cosmográfica a Alonso de Santa Cruz, y lo desfasado de la información a que tenían acceso iba disgustándolos cada vez más; pero en la década siguiente la institución reaccionó, poniendo en marcha una serie de reformas tendentes a codificar y

---

9. AGS Estado-143, f. 84, citado en Vicente Maroto, "Alonso de Santa Cruz", 521, nota 1.

10. Para más información sobre estos primeros cuestionarios, véase Raquel Álvarez Peláez, *La conquista de la naturaleza Americana* (Madrid: CSIC, 1993), 152-183, y Jesús Bustamante García, "El conocimiento como necesidad de estado: Las encuestas oficiales sobre Nueva España durante el reinado de Carlos V", *Revista de Indias* 60, n° 218 (2000).

definir parámetros para la práctica de la cosmografía en su seno. Late tras tales medidas lo que, percibido entonces como falta recurrente de información sobre el Nuevo Mundo, era en verdad achacable –según después explicaré– a las carencias intrínsecas de los modos textuales de presentación tradicionales de la cosmografía de cara a la gestión de tal cantidad de información nueva. Se decantaron, en cualquier caso, queriendo hacer frente al problema por una forma de entender la disciplina diametralmente opuesta a la de Juan de Herrera –próxima, en cambio, a la de Alonso de Santa Cruz–: en vez de encargar a individuos altamente cualificados investigaciones cosmográficas sobre el terreno, optaron por incorporar directamente en el tejido burocrático estatal el ejercicio de la disciplina, pasando a revestir la obra asociada a la misma la forma de libros de descripciones.

Las directrices de Santa Cruz

La historia de la institucionalización del ejercicio de la cosmografía en el Consejo de Indias está inexorablemente ligada a Alonso de Santa Cruz en numerosos sentidos. Antes me ocupé de su labor como asesor cosmográfico oficioso de la institución, y de cómo se impidió que sus obras se publicasen. En este apartado iré repasando los enfoques metodológicos y epistemológicos que recomendó a exploradores y cosmógrafos para la composición de la cosmografía de las Indias.

En 1556 Santa Cruz enumeró los motivos por los que, a pesar de la reticencia de los miembros del Consejo, el rey debía plantearse incluir en plantilla en el mismo a alguien como él (cosmógrafo y cronista).[11] Se enfrentó resuelto a las objeciones de aquellos hombres –las despachó como salida necia de gente soberbia desconocedora de sus limitaciones–, y, para fortalecer su posición ante el monarca, se granjeó el apoyo de Luis Hurtado de Mendoza, marqués de Mondéjar, antiguo presidente de la institución. Observaba Hurtado en favor de su protegido –según relato de este– que "no habia cosa más necesaria en el Consejo que el tener conocimiento de las cosas que yo decía en mi petición; pero que tuviese por cierto que los juristas

---

11. Refiere Santa Cruz: "[Y] respondiéronme que en el Consejo no tenía necesidad de saber las tales cosas, ni menos que en él no se trataba de ellas, y que no hablase más sobre ello", AGS, Estado-121, f. 23. Publicado en Medina, *Sebastián Caboto*, 1:350.

no podían ver hombres de otras ciencias que ellos no supiesen, más ver al enemigo, porque no sintiese sus faltas, y porque pensase que con ser juristas se lo sabían todo".[12] Se iba posicionando Santa Cruz como la encarnación de esa nueva figura de experto cosmógrafo tan necesaria en aquel centro.

Santa Cruz insistía en que, a diferencia de la mayoría de los miembros del Consejo, él sí había estado en las Indias, y había hecho esfuerzos por aprender sobre el modo de vida de los indios y su relación con los cristianos de allá; llegado el caso –sostenía– de deber resolver el Consejo un desencuentro entre indios y cristianos, estaba en condiciones de entender las causas del conflicto, pues podía aportar opinión imparcial. Sacaría también la institución partido de su experiencia en el mar ante pleitos por posibles conductas negligentes de pilotos, siendo asimismo de ayuda su dominio de la cosmografía –y su colección cartográfica– para zanjar disputas relativas a concesiones de tierras, querellas jurisdiccionales o divisiones administrativas, pues –proponía– una vez nombrado integrante del centro solicitaría a virreyes y gobernadores de ultramar que hiciesen "perfecta geografía y pintura" de sus respectivos territorios, y le enviasen el resultado al Consejo, de modo que por fin dispusiera de los materiales que necesitaba para su labor[13] (la materia bruta se recopilaría según el set de directrices que, años atrás, él mismo había ya dado al recién mencionado marqués de Mondéjar). Tenía, aparte, la esperanza de que su presencia allí despertaría en otros miembros el interés por la astrología y la cosmografía, o les obligaría, al menos, a impostarlo, aunque fuera solo por evitar la vergüenza ("cada uno se tendría por de menos valer si no lo hiciese").

---

12. AGS, Estado-121, f. 23. Publicado en Medina, *Sebastián Caboto*, 1:351.

13. "Asimesmo estando en el Consejo podría tener especial cuidado de que Vuestra Alteza enviase sus cartas á los Visorreyes y gobernadores que en aquellas partes están para que cada uno en su provincia hiciese la perfecta geografía y pintura de ella, poniendo, si fuese posible, los lugares principales en sus alturas y los demás por sus derrotas y apartamientos de leguas y los montes, ríos y otras cosas notables, y poniendo por escrito las cosas notables de la tierra... por manera que viniendo las tales relaciones al dicho Consejo las podría tomar y precisar y poner en pintura las provincias de que yo no hobiese tenido relación, y lo que se enviase escripto guardallo para hacer lo que tocase á la historia, y como todos los visorreyes é Audiencias y corregidores supiesen que había persona en el Consejo que lo procuraba y que a Vuestra Alteza hacían servicio, todos se desvelarían en enviar lo que acerca de lo dicho conviniese y todos los pasajeros procurarían traer lo que de allá se hiciese", 14 de diciembre de 1556. Publicado en Medina, *Sebastián Caboto*, 1:348-349.

Sostenía, por otra parte, que el problema de la ignorancia cosmográfica no era exclusivo del Consejo, al cual la Casa de la Contratación remitía, en efecto, a menudo problemas relativos a nombramientos de cosmógrafos, instrumentos náuticos, pilotos y cartas de navegación, no estando, sin embargo, capacitado el Consejo para solventarlos, devolviendo, en consecuencia, pasado equis tiempo a Sevilla la patata caliente, y ocurriendo, en fin, que "como los Oficiales de la dicha Casa entienden menos que los del Consejo, toman las informaciones de personas marineros que á ellos les parece para que se efectúe lo que ellos quieren, y así se han dado salarios y hecho otras cosas harto en deservicio de Vuestra Majestad".[14] En el Consejo hacía falta, entendía, un cosmógrafo experimentado que resolviese estos problemas, que mostrase el camino. En esta carta no solicita la última palabra sobre temas cosmográficos en la Casa, pero, de ser nombrado miembro del Consejo, qué duda cabe que alguna influencia ejercería.

Lejos de limitarse sus aspiraciones a solventar las necesidades cosmográficas del Consejo de Indias, Santa Cruz se veía próximo al monarca, asesor suyo personal de cosmografía. Dejaba caer que quedaba a su disposición para cualquier consulta sobre la línea de demarcación de Tordesillas y las reivindicaciones territoriales portuguesas en Asia –o que, debiendo el rey decidir, por dar un caso, dónde situar asentamientos (o si necesitaba conocer la ubicación de minas de oro y plata, o las fronteras de sus dominios), él "podría poner á Vuestra Alteza delante la pintura de todo ello al propio y la escritura para saber otras particularidades sobre todo ello"–,[15] ofreciéndose, por último, a escribir una historia de las Indias que incluyese mapas de cada provincia "a la manera de Ptolomeo" –cosa la cual (añadía) sería para perpetuación y feliz memoria del rey–. En su intento de crearse un cargo en el Consejo, expuso de paso los parámetros a que, tres años tras su muerte, dicha institución se atendría al dotar oficialmente el puesto de cosmógrafo-cronista de la institución.

Pero fue mucho más allá este cosmógrafo en su aportación al ejercicio de la disciplina en el Consejo: dejando al margen esta carta de petición que remitió al monarca y centrándonos en el set de directrices que (hemos comentado) compuso para Hurtado de Mendoza presidiendo este la institución, cabe señalar que dicho escrito incluye –acompañada de sugerencias de cara al recabo informativo– lista de preguntas que

---

14. AGS, Estado-121, ff. 1-22. Publicado en Medina, *Sebastián Caboto*, 1:349.
15. *Ibid.*

sería deseable poder responder para escribir cosmografía del Nuevo Mundo. Traslucen, por lo demás, estas directrices (archivadas bajo el título de "Parecer sobre descubrimientos en las Indias")[16] un Santa Cruz ávido de datos cosmográficos de aquellas tierras, para el cual, en vez de limitarse a descubrir, aventurándose en parajes ignotos y pintarlos fielmente en un mapa, se abría, en cambio, con el descubrimiento todo un proceso de investigación geográfica y etnográfica vital para el tránsito definitivo de lo desconocido al mundo de lo familiar. Puesto que tal tránsito implicaba (para un cosmógrafo de la Edad Moderna) tanto la descripción cosmográfica de los nuevos territorios como su ubicación en un mapa, en este documento Santa Cruz trató de condensar en diecisiete puntos la información (a su juicio) a tal efecto imprescindible. Componiendo para la Corona y el Consejo sus informes, exploradores y colonos esperaba fuesen siguiendo los epígrafes de aquella lista ideal. Pretendía, en realidad, que –elevándolas a la categoría de real orden– el Consejo hiciese imperativa la observancia de sus directrices.

Estas se encabezaban con una recomendación administrativa. La de los nuevos descubrimientos no era, en su opinión, empresa que dejar en manos privadas: aparte de que rara vez contaban con bastantes fondos para organizar expediciones solventes, tenían más probabilidades de (en su búsqueda desesperada de beneficios) acabar abusando de los nativos. Era, por tanto, preferible que se hiciese cargo una flota del rey con agentes gubernamentales al mando, obligados a imponer las leyes expresamente promulgadas por este para salvaguarda de los indios y protección de los intereses de la Corona –esperaba también que encomendar la recopilación de información cosmográfica a dichos agentes fuese garantía de resultados–.

Por su parte, la lista de diecisiete puntos arrancaba describiendo la tripulación ideal de una flota de descubrimiento. El capitán, que debía conocer los "*principios* del arte de navegar" –la cursiva es suya–, no solo constituiría la máxima autoridad a bordo, sino que sería también de su incumbencia adónde se dirigiese la nave (sacó esta lección Santa Cruz de

---

16. AGI, P-18, N. 16, R. 3. El documento sobrevive solo como copia en borrador, sin fecha ni firma, pero con la caligrafía de Santa Cruz y con la reveladora anotación "Céspedes" en la cabecera –indica que formaba parte del set documental en poder del cosmógrafo del Consejo de Indias–. Publicado en Santa Cruz, *Obra cosmográfica*, 1:67-72. Sánchez Bella y Mata Carriazo sitúan este texto hacia 1557, pero Cuesta y Millán prefieren retrotraerlo a los años 40, que es cuando presidía la institución el marqués de Mondéjar (1546-1549).

aquella expedición fatídica con Sebastián Caboto),[17] habiendo de emplear en su ejercicio el piloto a las órdenes de tal capitán instrumentos náuticos, entre los cuales uno indicador del grado de desviación de la brújula respecto al Norte auténtico. Concluida la travesía, primero de todo había que determinar la ubicación del territorio descubierto, y llevaría esto a cabo el personal a cargo tanto astronómicamente (coordenadas de latitud), como en función de territorios cercanos, informándose también del nombre que los nativos diesen al lugar –sin dejar de indicar "cómo se llama entre nosotros"–, y realizando un reconocimiento geográfico del mismo tras el cual diesen cuenta de sus características naturales, haciendo constar el tipo de terreno –con la ubicación de sus principales accidentes geográficos (como montañas o ríos)– y su clima, especificando de este si lo tenían los aborígenes por saludable o no.

Pesquisas análogas requería la determinación de los recursos naturales de las nuevas tierras, a cuyo efecto Santa Cruz sugería a descubridores y colonos una serie de preguntas clave, por ejemplo si se extraían minerales en los alrededores o si había piedras preciosas o perlas. Prescribía asimismo "que procuren saber" qué animales vivían allí, si eran "los que en estas partes tenemos" o monstruosos, y que informasen sobre los tipos de plantas comestibles y sus tiempos de cosecha, recordando siempre dejar constancia de especies botánicas con posibles propiedades medicinales.

Insistía, no obstante, en que de cuantas tareas encomendadas lo fundamental era el registro más preciso posible de las ubicaciones geográficas; aludía con ello a las distancias entre las principales ciudades, los accidentes geográficos más importantes y las provincias vecinas, mediciones que habían de tomarse con sumo cuidado, pues (explicaba) "es la principal cosa que se ha de saber". Aconsejaba a los descubridores trazar también mapa "a manera de cartas de mareas", usando para el registro de coordenadas geográficas rosa de los vientos y escala,[18] pero, en sintonía con la tradición cosmográfica renacentista, consideraba la cartografía secundaria frente a la descripción textual.

Pasaba entonces a las directrices para describir los pueblos que allí habitasen. La primera pregunta era si se trataba de paganos o musulmanes, competiendo al descubridor, en el primer caso, informarse de "todas sus costumbres acerca de su ciencia o lo que sienten de la

---

17. Santa Cruz, *Obra cosmográfica*, 1:69.
18. "[S]e tomarán unas hojas de papel y se pondrán en ellas los ocho vientos principa-les a manera de carta de mareas [*sic*] y puédese hacer un padrón de leguas para que lo que se asentare en ellas sea cierto", *ibid.*, 1:70.

creación del mundo e del movimiento y hechura del cielo",[19] tras lo cual debía interesarse por sus ritos y creencias religiosas –a saber: si tenían noticia de Cristo y si creían en el paraíso para el bueno y el infierno para el malo, y en el alma inmortal– y por su "naturaleza" –esto es: por su carácter, si eran dados a la guerra, o a comerciar–. No quedaba, sin embargo, en religiosa su curiosidad por el contexto cultural de los pueblos nativos: quería saber, además, si tenían letras y ciencia, y si había entre ellos hombres consagrados al estudio –exhortaba también, puesto caso que hubiesen escrito crónicas, a traducirlas al español, aun si costaba dinero–. Había que indagar, del resto, en las costumbres aborígenes, léase: modo de vestir, comer y beber, usos matrimoniales y tácticas bélicas, así como en el rey de la zona y su familia, y, de ser posible, en la historia de gobernantes previos.

Pretendía, pues, Santa Cruz no tanto que los descubridores compusiesen cosmografías exhaustivas, sino dotar a sus relaciones sobre las nuevas tierras –haciéndoles reunir parte de la información que él encontraba esencial para una descripción cosmográfica– de cierto orden y consistencia. Los diecisiete puntos del documento, que cubrían tres áreas temáticas principales –dónde, qué y quién–, incluían también algunas indicaciones metodológicas: que recabasen los datos geodésicos únicamente agentes debidamente formados en navegación astronómica, que registrasen sus observaciones en mapas con escala y que hiciesen por indicar direcciones y distancias de regiones adyacentes. Lo que encontraba vital era el cálculo preciso de la ubicación del nuevo territorio y una exposición de sus características geográficas. Hecho lo cual, los exploradores debían describir la zona y sus recursos naturales, y ello debía incluir –como él hizo siempre en sus obras sobre el Nuevo Mundo– relato testimonial del descubrimiento, siendo la guinda de la descripción cosmográfica del territorio dado la de sus nativos y sus costumbres.

Solicitaba, por último, relatos históricos previos a la llegada de los españoles, así como un repaso de la situación política y dinástica de cuantos Estados fueran el caso en el lugar –esto debía ayudarle a solventar lo que (queda claro a la luz de este texto) consideraba carencia grave de su *Islario general*: empezar la historia del Nuevo Mundo (omitiendo todo lo anterior) con su descubrimiento europeo–. Impregna, de hecho, estas directrices su afán de encontrar nativos con el suficiente "estudio" para informar sobre dicha historia preeuropea

---

19. *Ibid.*, 1:70-71.

–instaba, sí, a los descubridores a reunir cuantos libros a la mano (incluso a hacer por llevar a España a alguna de aquellas personas eruditas la cual, aprendiendo español, esclareciese el contenido de los mismos)–.[20] Tenía muy claro que, tratándose de historia prehispánica, sobre relatos de segunda mano de exploradores españoles llevaban prelación fuentes autóctonas. Entendía asimismo que, exactamente igual que en su entorno europeo, la cosmología y la ciencia eran indicadores de la sofisticación de la cultura de un pueblo.

Obras cosmográficas de Santa Cruz como el *Islario general* o el *Epítome de la conquista del Nuevo Reino de Granada* nos dejan entrever que él mismo procuró seguir pauta temática similar a la que en las directrices de este "Parecer sobre descubrimientos en las Indias" propuso a los exploradores –la lista utópica de un cosmógrafo de salón que, a miles de kilómetros del Nuevo Mundo, se plantea de qué modo organizada es mejor que le manden a casa la información–, y dichas directrices podemos decir que anticipan el ambicioso proyecto que, en la década de los 70 del mismo siglo XVI, puso en marcha el Consejo para, recabando información con cuestionarios, componer cosmografía global de las Indias.[21] El estrecho vínculo de su autor con la institución y formar parte sus papeles del set documental en posesión del primer cosmógrafo-cronista de la misma, Juan López de Velasco, sugiere que este dossier sirviese acaso de modelo para cuestionarios posteriores. Hay que tener, sin embargo, presente también que, inicialmente, Santa Cruz escribió esta guía para el recabo de datos pensando en su uso personal, para el proyecto de geografía e historia general arriba mencionado. Las relaciones que pedía no pretendía que sirviesen al Consejo de Indias de fuente informativa sobre estas: buscaba nomás relatos suplementarios de la biblioteca de referencia de un cosmógrafo humanista. Cierra, de hecho, el documento con súplica al presidente del centro para que sancione sus directrices: "[H]ará mucho servicio a Dios y a su majestad y yo recibiré muy señaladas mercedes".[22]

---

20. "[S]i son hombres dados al estudio y pudieren haber algunos libros dellos los habrán e cuesten lo que costaren e trabajarán como traer alguno de la Tierra que sepa leerlos porque deprendiendo nuestra lengua los pueda declarar", *ibid.*, 1:71.

21. Aunque Marcos Jiménez de la Espada vio en este documento el precedente definitivo del cuestionario de las relaciones geográficas de Indias, Ismael Sánchez Bella y Raquel Álvarez Peláez sugieren que formular directrices en forma de preguntas ya se hacía antes de Santa Cruz. Véase Ismael Sánchez Bella, "El *Título de las descripciones* del código de Ovando", en *Dos estudios sobre el código de Ovando* (Pamplona: Universidad de Navarra, 1987), 115.

22. *Ibid.*, 1:72.

Pero la real orden soñada no vio el día: su áspero trato con el Consejo, y los cargos cosmográficos ambiguos que ostentaba, le privaron de base institucional desde donde lanzar su ambicioso proyecto –aparte de que (aunque en fase posterior de su vida aceptó el menester de respaldo oficial) él donde estaba cómodo era en el marco cosmográfico renacentista: recopilar relatos testimoniales, catalogarlos, ponerlos en relación con los relatos clásicos resolviendo problemas epistemológicos y componer, finalmente, cosmografía exhaustiva (todo, por supuesto, labor individual)–. Reconocía, de todas formas, que el sostén de una autoridad central permitía gestionar la empresa descubridora en modo que la recopilación de información fuese eficiente y fiable, cosa la cual, por su parte, requería repensar primero el Consejo a fondo su idea de praxis cosmográfica.

Una ley reguladora del ejercicio de la cosmografía

El Consejo hizo suyo el marco metodológico que Santa Cruz propuso para garantizar la información cosmográfica al poco de muerto este. Casi sesenta y cinco años tras el descubrimiento del Nuevo Mundo –diecisiete después de recordar a la Corona Las Casas (en aquel célebre debate que entretuvo con Ginés de Sepúlveda) su deber de velar por la población nativa–, el rey seguía recibiendo nuevas de abusos y de gestión mezquina de virreyes, y, preocupado por ello –y por una administración imperial cada vez más costosa–, en 1569 dispuso se realizase una visita (es decir: una auditoría) del Consejo[23] para conducir la cual –que acabaría durante cuatro años– escogió a Juan de Ovando y Godoy, sacerdote jurista que había medrado al servicio del cardenal Espinosa, inquisidor general. Ovando constituye ejemplo perfecto del tipo de hombre que para administrar su imperio en expansión buscaba Felipe II, en cuyo reinado abundaron, en efecto, los cargos de relieve que, reservados hasta entonces para gentilhombres de alta cuna, pasaron a ocupar quienes entonces recibían el calificativo de letrados. Natural de Cáceres, se educó en el colegio salmantino de San Bartolomé, donde estudió derecho y fue después profesor. Fue también consejero de la Inquisición y visitador (es decir: auditor) de la Universidad de Alcalá.[24]

---

23. Schäfer, *Consejo de Indias*, 1:136-139.
24. Stafford Poole, *Juan de Ovando: Governing the Spanish Empire in the Reign of Philip II* (Norman: University of Oklahoma Press, 2004), 97, 197-199.

Lejos de dedicar esta visita que el rey le había encomendado a depurar responsabilidades, trató de aislar las causas de lo que percibía como una mala gestión sistemática del gobierno espiritual, económico y político de las Indias. Llevó a cabo incontables entrevistas con miembros de la Iglesia, hombres de negocios y colonos de ultramar, así como con miembros de la burocracia, obteniendo por lo general respuestas sorprendentemente francas.[25] Envió también –a menudo en forma de largas listas de preguntas– repetidas solicitudes de información, requiriendo informes relativos desde a la geografía de una zona específica, hasta a la jurisdicción eclesiástica o la organización administrativa.[26]

Al término de su misión identificó dos puntos que, a su juicio, estaban en la base de muchos de los problemas que infestaban la administración del Nuevo Mundo: la falta de leyes debidamente codificadas y el desconocimiento de aquellas tierras reinante en España. Esta última carencia –señalaba– era característica precisamente de los agentes gubernamentales encargados de administrar los nuevos territorios, es decir: los miembros del Consejo de Indias. La información –explicaba– les llegaba en forma aleatoria, conque apenas si podían tomar decisiones con conocimiento de causa. Su opinión era que no sabían lo bastante sobre el Nuevo Mundo para legislar eficazmente.

Respaldado por la Corona, puso en marcha un proyecto de gran escala que, encaminado a recopilar, organizar y poner a disposición de los miembros del Consejo la información necesaria para una administración de las posesiones ultramarinas de España eficiente –corpus que incluiría descripción cosmográfica del Nuevo Mundo–, comprendía también una parte (la denominada *Recopilación de leyes de Indias*) consistente en reunir, revisar y volver a promulgar cuantas leyes, reales órdenes y edictos constasen desde el descubrimiento. Cabe recordar que en 1614 Francis Bacon (1561-1626) propuso una reforma legal análoga (la corrección del registro escrito del derecho anglosajón) que los historiadores han relacionado con su interés posterior en reformar la filosofía natural.[27]

Al llegar Ovando al Consejo, la labor de recopilación de leyes de Indias ya estaba en marcha –entre 1563 y 1565 había estado buscando en los archivos material jurídico (resumiendo sus hallazgos en una serie de libros cuyo conjunto pasó a denominarse *Copulata*) un joven asistente llamado Juan López de Velasco–, y dichos libros sirvieron

---

25. BL Add. 33983.
26. Sánchez Bella, *"Título de las descripciones"*, 117-119.
27. Julian Martin, *Francis Bacon, the State, and the Reform of Natural Philosophy* (Cambridge: Cambridge University Press, 1992), 72, 108-109.

al visitador real de paso intermedio en el camino hacia un nuevo código de Indias:[28] partiendo de las disposiciones en ellos reunidas, y añadiendo otras a raíz de sugerencias del informe de su visita, diseñó una estrategia que, además de proporcionar al Nuevo Mundo un corpus legislativo unitario y coherente, establecía protocolos de cara a su gobierno –parte significativa de tal macroproyecto era de índole cosmográfica–. Este programa reformador, la idea era que cristalizase, al cabo, en un código legal dividido en siete libros, cada uno de los cuales cubriese un aspecto específico de la administración colonial: gobierno eclesiástico y espiritual, gobierno temporal, justicia, gobierno de los españoles, de los indios, del tesoro real y, por último, de la navegación y el comercio (cuadro 3.1.).[29] Recopiladas, reformuladas y registradas en tales libros, las viejas leyes se remitirían para su examen y enmienda al Consejo de Indias, y, una vez aprobadas por el mismo, pasarían para su aprobación definitiva a manos del rey, y, en algunos casos, del papa.

Cuadro 3.1. Reformas jurídicas de Juan de Ovando en el Consejo de Indias

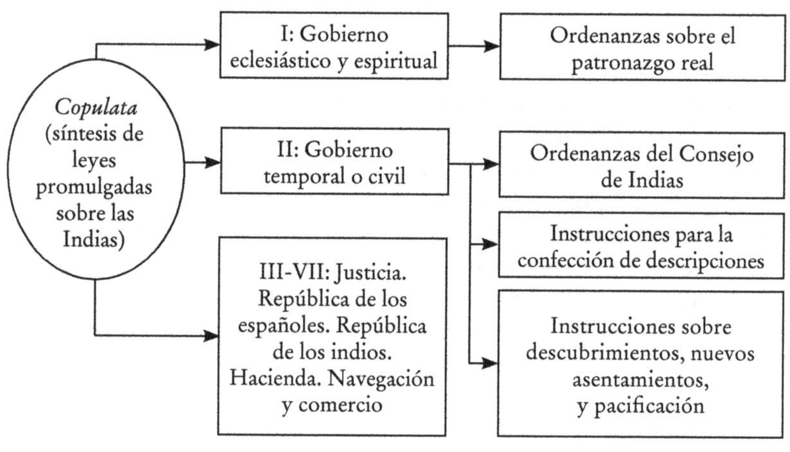

28. Bajo supervisión de Ovando, los materiales jurídicos que López de Velasco había recopilado los años anteriores se dispusieron en un mismo libro. No conservamos sino una copia, que Peña Cámara rebautizó como *Copulata de leyes de Indias*. Se encuentra en la BAH, códice 93 y se publicó en DIU, vols. 20-25, bajo el equívoco título de *Gobernación espiritual y temporal de las Indias*. Véase José de la Peña Cámara, "La Copulata de leyes de Indias y las ordenanzas ovandinas", *Revista de Indias* 6 (1941): 129.

29. Juan Manzano Manzano, "La visita de Ovando al Real Consejo de las Indias y el Código Ovandino", en *El Consejo de las Indias en el siglo XVI* (Valladolid: Universidad de Valladolid, 1970), 119-121.

Para 1571 el proyecto había ya pasado la fase de compilación –completado, debatido en el Consejo y enviado al rey había sido todavía, no obstante, solo el libro primero (*De la gobernación espiritual*)–,[30] y aquel año mismo se nombró a Ovando presidente de dicho Consejo. Sus nuevos deberes cabe suponer que dificultasen su implicación personal en la labor reformadora, y cambió, en efecto, su estrategia: en vez de esperar la conclusión de cada libro, seleccionó partes ya acabadas sobre los aspectos en su opinión más necesitados de reforma y fue guiándolas por el proceso sancionador. Del citado libro primero parece que no se promulgó –el 1 de junio de 1574– sino la sección titulada *Ordenanzas del patronazgo real*, que establecía el derecho de patronato del monarca sobre la Iglesia; del libro segundo (*De la gobernación temporal*) llegaron a completarse y enviarse al Consejo nomás tres secciones: una relativa al funcionamiento cotidiano de esta institución (*Ordenanzas del Consejo de Indias*),[31] otra sobre cómo era debido recopilar la información cosmográfica de las Indias (*Instrucciones para hacer las descripciones* o *Título de las descripciones*)[32] y una serie de directrices para el descubrimiento, colonización y pacificación de los nuevos territorios (*Ordenanzas de descubrimientos, nuevas poblaciones y pacificaciones*).[33] Del resto de libros inicialmente proyectados nos ha llegado únicamente –de puño y letra de Ovando– un primer esbozo del cuarto (*De la república de los Españoles*)[34] y breves fragmentos del

---

30. En su forma originaria, el libro primero nunca recibió el visto bueno del rey, como tampoco dio su aprobación el papa a algunas leyes para las que era necesaria. *Ibid.*, 122.

31. La sección llamada *Título del Consejo* recibió la real aprobación en 1571, y en 1585 apareció impresa bajo el título *Ordenanzas del Consejo*. Véase Consejo de Indias, *Ordenanzas reales del Consejo de Indias: Gobernación y estado temporal* (Madrid: Casa de Francisco Sánchez, 1585). Disponible también en Antonio Muro Orejón, "Las ordenanzas de 1571 del Real y Supremo Consejo de las Indias: Reproducción facsimilar", *Anuario de Estudios Americanos* 14 (1957).

32. Es verosímil que las provisiones recogidas en el *Título de las descripciones* se escribiesen y recibiesen el visto bueno del Consejo en 1571, y fuesen aprobadas por el rey el 3 de julio de 1573. Véase Juan Manzano Manzano, *Historia de las recopilaciones de Indias*, 2 vols. (Madrid: Ediciones Cultura Hispánica, 1950), 224-226. Se transcribieron en el registro general del Consejo en AGI, IG-427, L. 29, ff. 5v-66, "Ordenanzas para la formación del libro de las descripciones de Indias, 1573". Hay también copias manuscritas en BN, MS. 3017 y 3045. Sánchez Bella editó y publicó el texto en "*Título de las descripciones*", 140-211.

33. AGI, IG-427, L. 29, ff. 67-93v. Esta sección se aprobó también en 1573, y se publicó en DIA, 8:484-537 y 16:142-187.

34. Peña Cámara, "Copulata de leyes de Indias", 141.

quinto (*De la república de los Indios*).[35] Murió, pues –en 1575–, el artífice de esta reforma jurídica no habiendo visto ultimadas sino tres partes de la misma: la relativa al gobierno espiritual de las Indias y sus aborígenes, las normas para una actuación ordenada y responsable del Consejo y las directrices para la recopilación de información cosmográfica e histórica de aquellos territorios.

Aunque sus aspectos legales, su escala y su complejidad trajeron muchos años al Consejo por la calle de la amargura, este proyecto tendente a solventar el desconocimiento por parte de la institución de pueblos, geografía y recursos naturales del Nuevo Mundo fue, en verdad, cosa única. Consciente Ovando de que su éxito pasaba por el despliegue de una estructura conceptual que organizase eficazmente la información –velando (aún más importante) por mantenerla exacta y actual–, estableció para la clasificación de la misma dos categorías: moral y natural. Cabían en la primera aspectos "temporales" o mutables de la zona descrita, producto de la acción del hombre –gobierno, religión, leyes, poblaciones, etc.–; en la segunda, aspectos "perpetuos" –territorio, mar, plantas y animales–.

Para orden interno de esta última categoría de lo "natural" –que, según uso del género histórico de entonces, incluía la descripción de las "naturalezas y calidades" de los moradores nativos–,[36] Ovando recurrió a la taxonomía exhaustiva (y al modo narrativo ya maduro de presentación de información) de la cosmografía renacentista; disciplina esta que, prometiendo incluso el establecimiento de ubicaciones geográficas según cartografía de precisión matemática, en un punto crítico –no obstante– fallaba: su logro más alto consistía en un *magnum opus*, es decir, una exposición universal, enciclopédica, de cuanto en un momento dado se sabía del mundo natural (tal el modelo de la inacabada geografía e historia general a cuya confección Alonso de Santa Cruz dedicó su vida), pero, tras tres cuartos de siglo de descubrimientos y revelaciones sobre el mundo prácticamente incesantes, semejante obra estaba claro que había de quedarse rápido obsoleta.

La información cosmográfica del corpus a que aspiraba Ovando había de ser actual y llegar a tiempo –las necesidades administrativas del imperio no podían quedarse esperando en tanto un individuo concluía una obra que podía durar cuanto su vida–. Concibió a tal

---

35. Manzano Manzano, "Visita de Ovando", 122.
36. Ponce Leiva, ed., *Relaciones histórico-geográficas*, xxi.

efecto un mecanismo de actualización constante (incluso automática) de la información cosmográfica el cual no era, en realidad, sino una función más de la máquina imperial de registro informativo. Recurrió al derecho –cosa esperable (en él se había formado)– para instituir un sistema de recopilación, organización y puesta a disposición de los miembros del Consejo de información cosmográfica sobre las Indias.

Aprobada por el rey (1571) la mencionada sección del libro segundo titulada *Ordenanzas del Consejo de Indias*,[37] las leyes que regulaban el ejercicio del cosmógrafo-cronista mayor de la institución constituían ya cuerpo de directrices coherente –siguieron en vigor, de hecho, hasta bien entrado el siglo XVII–.[38] Especificaban tales *Ordenanzas* los principales deberes del titular del cargo; las también mencionadas *Instrucciones para hacer las descripciones* (o *Título de las descripciones*) detallaban, por su parte, la metodología a que el mismo debía atenerse al recabar y catalogar información sobre el Nuevo Mundo. Ambas (*Ordenanzas* e *Instrucciones*) se entendía que se complementaban mutuamente. Describían, en cualquier caso, con un detalle sin precedentes en la historia intelectual de la cosmografía renacentista el enfoque epistémico y las metodologías que conformaban el ejercicio de la disciplina, y ello supuso la ruptura definitiva del vínculo de esta con el humanismo.

Ovando abría las *Ordenanzas* recordando a los miembros del Consejo la responsabilidad que por voluntad divina les correspondía de gobernar con sapiencia y ecuanimidad aquellas nuevas tierras que Dios había encomendado al rey, quien, por su parte, había tenido a bien delegar en ellos. Insistía –de cara a un adecuado desempeño de tan alta misión– en que, para comprender o gestionar algo, en primer lugar es necesario conocerlo bien,[39] y proponía presentar la información en

---

37. En adelante usaré simplemente *Ordenanzas* para referirme a las *Ordenanzas del Consejo de Indias* aprobadas en 1571 y publicadas en 1585.

38. Manzano Manzano, *Historia de las recopilaciones de Indias*, 1:175.

39. El artículo 3 reza: "Y porque ninguna cosa puede ser entendida, ni tratada, como deve, cuyo sujeto no fuere primero sabido delas personas que della, oubieren de conocer, y determinar. Ordenamos y mandamos que en los nuestros consejos dela Indias, con particular estudio y cuydado, procuren siempre tener hecha descripcion y averiguación cumplida y cierta de todas las cosas del estado de las Indias, así dela tierra como dela mar, naturales y morales, perpetuas y temporales, ecclesiasticas y seglares, passadas y presente, y que por tiempo seran sobre que puede caer governacion, o disposicion de ley, segun la orden y forma del titulo de las descripciones, haziendolas executar continuamente con mucha diligencia y cuidado" (Consejo de Indias, *Ordenanzas*, 2).

descripciones de cuanto cayese en el ámbito de acción del Consejo –es decir, cuanto tuviese que ver con tierra y mar, ya fuese natural o moral, perpetuo o contingente, eclesiástico o laico, o pasado o presente–, correspondiendo al cosmógrafo-cronista mayor ir catalogando los aspectos de índole natural de dicha información.

Los cinco últimos artículos de estas *Ordenanzas* –del 117 al 122– enumeran en detalle las responsabilidades de dicho cargo (reunir e ir actualizando los libros del Consejo sobre cosmografía, historia natural e historia moral de las Indias), y le ordenan preparar el material de modo que los miembros de la institución pudiesen consultarlo fácilmente. Tampoco pretendían, sin embargo, estos cinco artículos ser exhaustivos, pues complementaba en cada caso las *Ordenanzas* la real orden de nombramiento –remitiendo esta, sí, a lo dispuesto en aquellas, pero pudiendo añadir cuantas labores y responsabilidades el rey estimase oportuno (el titular del puesto era ante todo, como el resto de agentes del Consejo, siervo de su majestad, dueña siempre de encomendarle otras tareas)–.

Pero este cosmógrafo-cronista no operaba solo: tenía a su disposición a un escribano responsable de identificar y facilitarle el material necesario para el cumplimiento de sus deberes al cual el punto 75 de las *Ordenanzas* prescribía, por lo demás, hacerse cargo de los libros de descripciones –en ellos había de ir registrando cuantas fuesen haciéndose (así como las escritas según directrices de las *Instrucciones*)–, y transmitir al cosmógrafo-cronista cuanto llegase de las Indias relativo a historia y cosmografía,[40] de forma que este pudiese organizar, corregir y verificar el material –mapas anejos a dichos libros de descripciones incluidos–. Este escribano ("de cámara y gobernación del Consejo", reza el nombre completo de su cargo) hacía, en cierto modo, de bibliotecario del cosmógrafo, manteniendo actualizado el registro de descripciones de cara a futuras consultas y teniendo a su superior al corriente de cualquier nueva información que llegase de las Indias –su labor ininterrumpida garantizaba el acceso por parte de este a la última información cosmográfica e histórica recibida–. Se

---

40. "El escrivano de camara y governacion del Consejo de Indias, tenga a su cargo el libro de las descripciones que ha de aver en el consejo, en el qual se asiente y ordene todo lo que se fuere descriviendo de nuevo, e se oubiere de añadir en el, por la orden y forma que tenemos dada en el titulo de las dichas descripciones, e asei mesmo tenga cuydado de dar al chronista cosmógrapho todo lo que viniere de Indias tocante a historia y cosmographia, para que lo ordene, ponga en forma, corrija y verifique las tablas del dicho libro" (*ibid.*, 14).

le recordaba, en consecuencia, la discreción y confidencialidad sumas que su cargo exigía –después de todo, estaría al tanto de cualquier intercambio habido entre el rey, el Consejo y las colonias–, y las *Ordenanzas* disponían mantuviese todo material sensible –lo que comprendía descripciones cosmográficas procedentes del Nuevo Mundo (o escritas por el cosmógrafo-cronista)– a buen recaudo en el archivo secreto del Consejo.[41]

La especificación de los deberes del cosmógrafo-cronista empieza –en el artículo 117 de las *Ordenanzas* (según arriba dijimos)– con el mandato de que "haga y ordene tablas de la cosmografía de las Indias" poniendo cuidado en el registro de coordenadas de latitud y longitud "segun el arte de geographia" –especificando también las distancias en leguas–,[42] y dejando constancia de los elementos geográficos –"provincias, mares, islas, ríos y montes"– tanto en descripciones escritas como en mapas esquemáticos ("en designo y pintura"). Obtenía la información de las descripciones generales y particulares procedentes de las Indias, así como de las "relaciones y apuntamientos" que el mencionado escribano le proporcionase, y –según constaba en las *Instrucciones*– debía registrarla en los libros generales de descripciones.

El siguiente artículo –el 118– detallaba los métodos que había de emplear puesto a recabar coordenadas geográficas para sus descripciones generales. En el caso de las de longitud, le tocaba coordinar la observación de eclipses lunares en las Indias,[43] notificando en cada caso a las autoridades provinciales la fecha y hora en que ocurriría el fenómeno –amén de proporcionarles las instrucciones (e instrumental) necesarios–, e introduciendo los datos obtenidos en los mencionados libros de descripciones.

---

41. *Ibid.*, 13.
42. *Tablas* denotaba tanto mapas como información escrita dispuesta en columnas y filas. El artículo 117 reza: "El cosmographo Chronista que ha de aver entre los demas oficiales del consejo de las Indias, haga y ordene las tablas de la cosmographia de las Indias, assentando en ellas por su longitud, y latitud, y numero de leguas, segun el arte de geographia, las provincias, mares, islas, ríos, y montes, y otros lugares que se ayan de poder en designo y pintura segun las descripciones generales y particulares que de aquellas partes se le entregaren, y las relaciones y apuntamientos que se le dieren por los escrivanos de cámara de goeernacion del dicho consejo, conforme a lo qual, y a lo que tenemos mandado en el titulo de las descripciones, prosiga lo que fuere a su cargo de hazer en el libro general de descripciones que ha de aver en el consejo" (*ibid.*, 21).
43. *Ibid.*, 21v.

Aparte de recopilar descripciones de las nuevas tierras –y establecer su correcta ubicación en el orbe–, debía dar cuenta también de la presencia humana (nativa o española) en cada territorio, y el artículo 119 le ordenaba describir en detalle costumbres, ritos, antigüedades y acontecimientos memorables, extrayendo la información de informes de distinta índole que habían de llegar al Consejo. Del cual se le advertía, por lo demás, que el texto que escribiese no podía salir. Es decir, que no solo constituía secreto de Estado la descripción cosmográfica de las Indias: también su historia.[44]

Debía asimismo componer historia natural de aquellas tierras, pero el artículo 120 no era exhaustivo al respecto: le sugería, antes bien, ir llevando registro de "yervas, plantas, animales, aves, y pescados, y otras cosas dignas de saberse, que en las provincias, islas, y mares, y los ríos de las Indias oviere".[45] Le prescribía, por último, el artículo 121 compilar derroteros que, mostrando las rutas de navegación hacia (y dentro de) las Indias, se basasen en relatos de viajes y cuadernos de bitácora de pilotos y marinos.[46] En esto último, uno de entrada tiende a ver duplicación de información innecesaria –los derroteros que se ordenaba componer al cosmógrafo-cronista del Consejo de Indias, ya estaba obligado a ir actualizándolos el piloto mayor de la Casa de la Contratación–, pero tal era, en efecto, la intención del Consejo: cobrando acceso su cosmógrafo-cronista a las mismas fuentes de que el piloto mayor disponía para la confección del padrón real, el centro adquiría control sobre este aspecto vital de la navegación ultramarina;

---

44. "Y porque la memoria de los hechos memorables y señalados que ha avido y uviere en las Indias se conserve el chronista cosmographo de Indias, vaya siempre escribiendo la historia general de ellas con la mayor precisión y verdad que ser pueda, de las costumbres, ritos, antiguedades, hechos y acontescimientos que se entendieren por las descripciones, historias, y otras relaciones, y averiguaciones que se enbiaren a nos en el consejo: la qual historia este en el, sin que de ella se pueda publicar ni dexar leer, mas de aquello que a los del consejo pareciere que sea publico" (*ibid.*, 21v).

45. "Assi mesmo, porque las cosas naturales de las Indias sean sabidas y conoscidas. El chronista cosmographo de Indias, recopile, y vaya siempre coligiendo la historia natural de las yervas, plantas, animales, aves, y pescados, y otras cosas dignas de saberse, que en las provincias, islas, y mares, y los ríos de las Indias oviere, segun que lo pudiere hazer, por las descripciones y avisos que se enbiaren de aquellas partes, y por las mas diligencias que con autoridad nuestra, y orden de consejo se podran hazer" (*ibid.*).

46. "Otrosí, el dicho cosmographo colija y recopile en libro, todas las derrotas, navegaciones, y viages que ay destos reynos a las partes de Indias, y en ellas de unas partes a otras, segun le pudiere colegir de los derroteros y relaciones que los pilotos y marineros que navegan a las Indias, truxeren de los viages que hizieren, como tenemos mandado" (*ibid.*, 21v-22).

no sería, de hecho, mucho después que desde el mismo Consejo se protestase sobre la negligencia de los cosmógrafos de la Casa de cara a la actualización del padrón y a su mantenimiento en secreto.

En cuanto al artículo 122 –el último sobre los deberes del cosmógrafo-cronista–, aparte de ocuparse de aspectos domésticos, especifica las medidas de seguridad a adoptar para salvaguarda de la producción del titular de dicho cargo: retrotrayéndose al artículo 75, vuelve a ordenar que el escribano de cámara y gobernación proporcione al mismo cuanta documentación necesite en el desempeño de sus funciones, repitiendo que dicha documentación y las descripciones que a partir de ella el cosmógrafo-cronista compusiese, habían de recibir trato confidencial ("sin las comunicar, ni dexar ver a nadie",[47] y pudiendo ser vistas por persona ajena al Consejo únicamente previa autorización de este). Tras lo cual se decreta en apéndice que, a modo de aval del cumplimiento de su deber, antes del cobro del último tercio de su salario dicho escribano deposite cada año en el los archivos secretos de la institución toda descripción de las Indias acabada.[48] El espíritu de las directrices de confidencialidad contenidas en estas *Ordenanzas* no es –como puede verse– nada nuevo, por más que la especificación de indicaciones al respecto quizás sí lo fuere. Hacen explícitas, sencillamente, políticas restrictivas de información geográfica que se remontan a los comienzos del descubrimiento.

Comparando las funciones atribuidas al cosmógrafo-cronista en estas *Ordenanzas* de Ovando con las que en 1556 enumerara Santa Cruz –en aquella carta de petición con que aspiraba a convertirse en

---

47. "Y porque mejor pueda cumplir con lo que es su cargo el chronista cosmographo de Indias, mandamos a los escrivanos de camara de governación del consejo que le entreguen los papeles y escripturas que oviere menester, dexando conocimiento del recibo de ellos, y bolviendolos a quien se los entregare, quando se los pidan: los quales, y las descripciones que fuere ordenando: guarde y tenga con secreto, sin las comunicar, ni dexar ver a nadie, sino solo a quien por el consejo se le mandare, y como las fuere acabando, las vaya poniendo en el archivo del secreto, cada año, antes que se le pague el ultimo tercio del salario quevuiere de aver" (*ibid.*, 22).

48. Por un inventario de 1766 sabemos que la obra del cosmógrafo se tenía, efectivamente, en un archivo secreto, pues incluye una sección titulada "Lista de papeles reservados juntos con los que suele remitir anualmente el cosmógrafo del consejo". BAH, 9/4855, f. 567-580, "Lista de los libros que existen en los armarios del archivo secreto del Consejo (de Indias) para su uso", 29 de agosto de 1766. Para un estudio bibliométrico del archivo secreto según constaba a principios del siglo xix, véase Margarita Gómez Gómez e Isabel González Ferrín, "El archivo secreto del Consejo de Indias y sus fondos bibliográficos", *Historia, Instituciones, Documentos* 19 (1992): 193-212.

miembro del Consejo de Indias–, se hace evidente que ambos hombres pensaban parecido en lo que a la necesidad de información cosmográfica en la institución respectaba; en las *Ordenanzas*, sin embargo, en vez de encomendarse dichas funciones a alguien que fuese ya miembro del centro, se instituía para su asunción el cargo nuevo de cosmógrafo-cronista. No se especificaban requisitos para el puesto, pero –aparte de quedar implícito que había de cubrirlo individuo capaz de seguir en su ejercicio las reglas del arte cosmográfica– el hecho de establecerse esta figura por medio de una ley no solo garantizaba cierta permanencia y continuidad, sino que –quizás más importante–, subsumiendo en el puesto (con su correspondiente canon epistemológico y metodológico) las prácticas cosmográficas, estaba profesionalizándose, además, la disciplina.

Aunque, por regla general, de aspectos metodológicos de la cosmografía se ocupaba un documento aparte –las ya varias veces mencionadas *Instrucciones*–, en ocasiones estas *Ordenanzas* también se aventuran en ellos, concretamente al señalar que para el cálculo de coordenadas de longitud debían observarse los eclipses lunares, y que el cosmógrafo-cronista había de confeccionar un derrotero oficial basándose en testimonios de pilotos. El texto no explica por qué menciona estas dos prácticas, pero a mí se me ocurre que quizás lo haga porque, aun si incorporadas indirectamente –al hilo de años de contacto con Santa Cruz–, significaban tal innovación comparado con la que hasta entonces venía siendo la función del Consejo, que Ovando vio preferible, en vez de relegarlas a las *Instrucciones*, hacerlas formar parte de las leyes mismas por que la institución se regía.

Si las *Ordenanzas* especificaban las responsabilidades del cosmógrafo-cronista, las *Instrucciones* –o *Título de las descripciones*– explicaban los mecanismos de recopilación, organización y composición de la cosmografía e hidrografía general de las Indias, y de descripciones geográficas más específicas, historias naturales y crónicas históricas.[49] Conviene tener presente que el programa de

---

49. Conservamos una copia del documento. Es una lista de 135 artículos o capítulos, y de las inconsistencias en la numeración de las referencias internas a artículos previos parece deducirse que, en algún punto entre la redacción primera del texto y su traslado a los libros de registro del Consejo (a los cuales pertenece la copia conservada), la jerarquía de artículos subordinados y principales se confundió, poniéndose todos por error simplemente en secuencia. Véase AGI, IG-427, L. 29, f. sv-66v y BN MS 3017, si bien yo cito el documento según Sánchez Bella, *"Título de las descripciones"*, 140-211. Ha publicado también el *Título* Francisco de Solano, ed., *Cuestionarios para la formación de las relaciones geográficas de Indias, siglos XVI-XIX* (Madrid: CSIC, 1988), 16-74.

documentación que proponían trascendía con mucho la compilación de este género de material: la mayoría de sus disposiciones establecía directrices de cara al registro, catálogo y actualización de información administrativa, eclesiástica, judicial y económica por parte del Consejo y de las diversas instancias gubernamentales de allá –desde virreinatos, hasta parroquias–. Apuntaba, en efecto, este texto legal a la creación de un vasto sistema de registro de datos organizado en torno a una serie de libros donde fuese quedando constancia del "estado" de las Indias: sus 135 artículos iban desde indicaciones a los curas párrocos para el mantenimiento de un "padrón general de ánimas" dividido en "barrios, calles y casas" –lo que sería un censo anual–, hasta especificaciones sobre cómo habían de ir llevando los erarios provinciales el registro de la recaudación de impuestos. Dichos libros de registro –insistían una y otra vez estas *Instrucciones*– no habían de compilarse sino una vez realizadas "averiguaciones, descriptiones y relaciones de todo el Estado de las Indias".[50] La idea no era, de hecho, componerlos de un tirón y dejarlos así, sino ir actualizándolos "perpetua y sucesivamente" por medio de informes remitidos anualmente al Consejo, que, por su parte, con tales materiales confeccionaría e iría actualizando también sus propios libros de descripciones, incluyendo los dedicados a la cosmografía, hidrografía, geografía, historia natural e historia moral de las Indias.

Las *Instrucciones* reflejan la convicción de Ovando de que, para una administración colonial eficiente, era esencial un sistema de recopilación y catalogación de datos debidamente organizado. Este programa suyo, aunque en buena parte apuntaba a cimentar el control político de España sobre aquellas tierras remotas, perseguía al tiempo servir a la gobernanza local, pues, amén de establecer máquina compiladora de información geográfica al servicio del Consejo de Indias, instaba también a los representantes locales civiles y eclesiásticos a preparar y mantener descripciones geográficas y mapas de sus correspondientes zonas para su propio uso.[51] Se veía, pues, un importante apoyo administrativo en la información geográfica *local*, pero la *general* era ya otro cantar. Las *Instrucciones* no aluden, en efecto, a la posibilidad de facilitar a las autoridades locales las descripciones y mapas generales una vez compilados

---

50. Artículo 1.
51. Artículo 88.

por la autoridad provincial correspondiente o, en último término, por el Consejo de Indias. El flujo informativo (aclara el texto recurrentemente) era estrictamente unidireccional. Se animaba a cada instancia administrativa a "conocer" sus asuntos y su territorio, pero asomarse al todo le estaba vetado.

Se organizan estas *Instrucciones* en tres secciones principales, cada una más específica que la anterior –cuadro 3.2.–: la primera (artículos 2-13) enumera a los agentes responsables del cumplimiento de aquellas disposiciones, la segunda (artículos 14-40) especifica el material de que dichos agentes han de dar cuenta, y la tercera (artículos 41-132) trata el formato a seguir para la confección de los informes y las descripciones solicitadas –en ocasiones, esta última sección enmienda la lista de materiales a recopilar que detalla la segunda–. En las tres partes, los artículos se agrupan en tres áreas principales –administración civil ("temporal"), administración eclesiástica ("espiritual") y descripción cosmográfica e histórica de las Indias–, y se demanda, en general, a todas las instancias de la administración civil y eclesiástica reunir una amplia gama de información que, debidamente certificada –y archivada a nivel local–, fuese pasando de inferior a superior hasta llegar, por último, a España –al Consejo de Indias–. Estipulaba el texto contribución al proyecto documentativo de casi todos los agentes gubernamentales y miembros del clero. Había de remitir su informe anual (y preparar libros de descripciones) lo mismo un cura párroco que un arzobispo provincial, y otro tanto caciques locales, virreyes y agentes del Consejo.

Lejos, no obstante, de limitarse a cargos oficiales, hacía el texto un llamamiento general al conjunto de los súbditos, instándoles a contribuir también ellos con sus descripciones –el rey, se aclaraba, vería en tales informes servicio valioso (recompensaría, pues, a los autores con "gratificación y merced")–;[52] incluso la población nativa tenía que contribuir a las descripciones "por los quipos o pinturas o por la forma que ellos tienen para dar a entender cosas semejantes".[53] Era, se mire como se mire, un proyecto de registro informativo de escala imponente: generaba desde inventarios de inmuebles de archidiócesis locales hasta registros de cargos administrativos civiles con sus correspondientes titulares y salarios –llegando hasta el más

---

52. Artículo 13.
53. Artículo 51.

Cuadro 3.2. Artículos sobre el puesto de cosmógrafo-cronista del Consejo de Indias, 1571

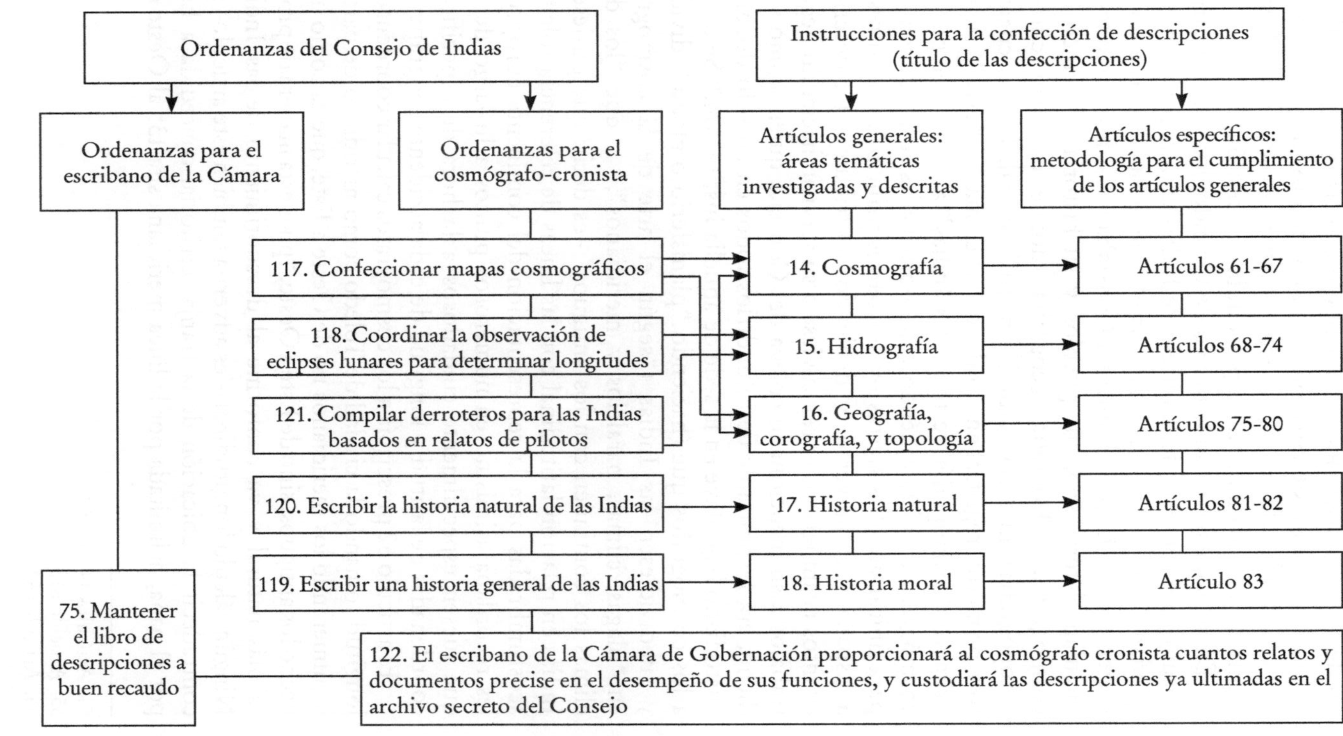

modesto funcionario local–, pasando por registros de nacimientos y defunciones tanto de españoles como de indios (incluso libros que, responsabilidad de curas párrocos, dejaban constancia del "estatus" espiritual de cada indio de la parroquia en cuestión).

En el esquema documentativo de Ovando, los libros a cargo del cosmógrafo-cronista del Consejo de Indias eran registro en que iba quedando constancia del mundo visible –de cuanto de perpetuo y contingente en cada zona hubiese–. Constaban sus descripciones –que incluían el territorio, sus pueblos y su historia– de cinco libros: cosmografía, hidrografía, geografía (donde entraban corografía y topografía), historia natural e historia moral. De los cuales, los tres primeros registraban "todo el orbe, mar y tierra", siendo el primero "cosmografía de todas las Indias" a componer por dicho cosmógrafo-cronista valiéndose de coordenadas de latitud y longitud para ubicar aquellas tierras –y sus partes principales– con respecto a España y al universo, y debiendo contribuir a tal descripción cuantos cosmógrafos el rey tuviese a su servicio haciendo llegar sus trabajos a su mencionado colega del Consejo, quien, como ya está dicho, era responsable de refundirlos todos en un solo documento custodiado bajo llave en la sede de aquella institución.[54] Se pedía, sí, a los cosmógrafos que (haciendo "planisferio o globo") dividiesen y subdividiesen las Indias ("según el arte de la cosmografía") en "plagas, climas, paralelos y meridianos",[55] y que "los dichos climas los continúen con los antiguos" –es decir: que pusiesen las Indias en relación latitudinal con las líneas de referencia tolemaicas acostumbradas para la representación del continente europeo–. Se les recordaba asimismo en numerosos puntos a lo largo del texto que fuesen especialmente cuidadosos a la hora de especificar las coordenadas de latitud y longitud de cada accidente geográfico.

El artículo 62 prescribía a los cosmógrafos calcular coordenadas de longitud tomando la ciudad de Toledo como meridiano de partida, e ir numerando los meridianos no de Oeste a Este, que es como habían hecho los antiguos, sino de Este a Oeste, "pues esta manera de proceder es más natural y va conforme al descubrimiento de las Indias".[56] Ningún cálculo longitudinal –les advertía también este artículo– podía contradecir la ubicación de la franja territorial concedida a España por el papa, delimitada por la línea meridiana sita 13° al Oeste de las

---

54. Artículos 14 y 61-67.
55. Artículo 61.
56. Artículos 62.

islas Canarias y 23° al Oeste de Toledo, y por la que, sita 29° al Oeste
de las Canarias y 39° al Oeste de Toledo, señalaba el comienzo de la
franja portuguesa.[57] Exigía, pues, el monarca español que cuantos mapas
trazasen los cosmógrafos a su servicio se ajustasen a estas controvertidas
coordenadas longitudinales llenas de implicaciones políticas.

Por su parte, el artículo 63 establecía que, una vez descritas las Indias
–o, más concretamente, "la parte de todo el orbe que se comprende en
nuestra demarcación"– en cosmografía general, fuese a su vez "divida
y subdivida" toda la extensión "en tanto número de tablas cuantas
son las partes principales de mar y tierra". Estos mapas, que debían
especificar latitudes y longitudes de cuantos territorios descubiertos,
con cada novedad habían de ir actualizándose, y, para evitar erratas,
los valores de las coordenadas habían de expresarse no ya con dígitos,
sino con palabras.[58] Se detallaba, por lo demás, incluso el orden a seguir
en el texto escrito –descripción de los territorios en sentido contrario
a las agujas del reloj: empezando en el extremo oriental, avanzando
hacia el Norte y el Oeste, y terminado con las regiones meridionales–,
y se pedía de cada territorio una segunda descripción, esta vez no
según coordenadas geográficas sino en arreglo a sus lindes naturales
más evidentes, es decir, ríos, montañas y demás accidentes geográficos
por el estilo. Poco dejaba al azar esta ley.[59]

La cual, a continuación pasa a detallar cómo debían calcularse
coordenadas de longitud y latitud. El responsable mayor de cada
zona administrativa, tras encargarse de que persona debidamente
cualificada midiese la "altura" –es decir: la latitud– de los principales
enclaves de su territorio, debía custodiar los resultados en el archivo
local y expedir copia de los mismos que, pasando de "los inferiores a
los superiores", llegase, al cabo, al Consejo de Indias. En cuanto a la

---

57. "[E] otrosí, haciendo escala en el meridiano de la línea de la concesión que por Su
    Santidad nos está hecha de las Indias que es a doscientas y treinta e una leguas que
    hacen trece grados del meridiano de las Canarias y a veinte y tres grados del me-
    ridiano de Toledo. E otrosí, haciendo escala y parada en el meridiano de la línea
    de la demarcación e asiento e concordia que tenemos tomada con el serenísimo
    Rey de Portugal, que es quince grados, que son 266 leguas del de la concesión, y a
    veintinueve grados, que son 570 leguas de las Canarias, y a treinta y nueve grados
    que son 682 leguas del meridiano de Toledo" (*ibid.*). Estas distancias presuponen
    unas 17,7 leguas por grado de longitud. La distancia de 570 leguas entre las Ca-
    narias y la línea de demarcación, que se calcula a 19,65 leguas el grado, quizás sea
    un error de copia.
58. "[P]or grados de longitud y latitud por escrito extensamente y no por suma, por la
    facilidad con que se causa error en los números" (artículo 63).
59. Artículos 64-65.

longitud, se ordena observar con diligencia los eclipses lunares "por el orden que nuestro cosmógrafo mayor les enviare o por la que dieren los cosmógrafos que se hallaren en cada provincia". Correspondía a todos los cosmógrafos reales prever las fechas de dichos fenómenos –así como ponerlas en conocimiento de las correspondientes autoridades locales–, y, llevada a cabo la toma de datos coordinada desde distintos puntos del imperio, los resultados habían de enviarse (de nuevo) al Consejo, cuyo cosmógrafo los usaría para deducir las coordenadas de longitud necesarias, incorporándolas acto seguido a la "descripción general". El ejercicio había de seguir realizándose "hasta que esté tomada la longitude de todas las partes de las Indias".[60]

El libro segundo de esta trilogía legal de orbe, tierra y mar era –dijimos antes– la hidrografía de las Indias. Aparte de –como en el libro anterior– cuantos cosmógrafos el rey tenía a su servicio, recibían aquí orden expresa de aportar información también el piloto mayor de la Casa de la Contratación y todo piloto y capitán de barco partidos rumbo a las Indias, de cuyas masas de agua esta hidrografía general pretendía ser descripción y guía de navegación exhaustiva, océanos, costas y ríos incluidos. Se pide en el texto descripciones de mareas, corrientes y otros accidentes del mar, así como de condiciones atmosféricas predominantes y cambios estacionales, y de la potencial incidencia de los mismos en la navegación. Debía contener, en resumidas cuentas, la hidrografía resultante cartas náuticas y de cuantos secretos se tuviese noticia relativos a la navegación del mar y la carrera de Indias.[61]

Esta sección de hidrografía es especialmente enfática, insistiendo en lo necesario de actualizar continuamente descripciones y derroteros, y advirtiendo que de estos accidentes geográficos del mar no basta con dejar constancia en el derrotero anejo al padrón de la carta general, "pues en ella no se pueden poner los accidentes más necesario que se deben saber, como se podrán poner por escrito en el libro".[62] Se sugiere, por lo demás, la conveniencia de mantener muchos de estos detalles en secreto, registrándolos solo en dicho libro y omitiéndolos en derroteros o cartas de navegación oficiales. Es evidente que, conocedora de la divulgación ilegal de cartas marítimas de la Casa de la Contratación, la Corona entendía que, algunos secretos, lo mejor era ponerlos a buen recaudo en las cámaras de seguridad del Consejo.

---

60. Todas las citas son de los artículos 66-67.
61. Artículo 15.
62. Artículo 68.

Estas *Instrucciones* reafirmaban leyes vigentes por cuya virtud los agentes de dicha Casa habían de confeccionar e ir actualizando el derrotero y la carta náutica general de las Indias, pero las enmendaba en el sentido de que ahora debían remitir copia de la documentación al Consejo[63] –cuyo cosmógrafo-cronista, al hilo de nuevos descubrimientos e investigaciones tenía que confeccionar y corregir todas las cartas náuticas que llevaban los pilotos de la carrera de Indias, cosa que debía realizar en visitas (auditorías) periódicas a la Casa, y tras entrevistas con cosmógrafos y pilotos de esta–.[64]

A los cuales se pedía detallar por escrito los derroteros de todas sus travesías a las Indias, y, vueltos a Sevilla, entregar copia certificada de su cuaderno de bitácora al cosmógrafo y piloto mayor de la Casa de la Contratación –esta documentación sería luego remitida al Consejo–.[65] Se recuerda, del resto, a pilotos y maestres que han de ir cumplimentando en cada viaje tablas de distancia y rumbo "por observaciones celestes y por otros instrumentos".[66] Los pilotos tenían que jurar, además, que, en dejando su oficio (o el mundo), depositarían su derrotero y libro de descripción originales en la Casa o en el Consejo –antes de ser autorizados para ejercer en la carrera de Indias ya habían prestado juramento de no revelar "los secretos de la navegación a ningún extranjero"–.[67]

Mientras que los libros de cosmografía e hidrografía que el cosmógrafo-cronista del Consejo confeccionaba en Madrid se concebían como descripciones de conjunto –"generales", reza el texto de esta ley–, la descripción geográfica específica de cada territorio competía a la unidad administrativa correspondiente, significando esto componer una "Geografía que trata de la descripción de toda la tierra de las Indias, y de la Corografía, que trata de cada región

---

63. Artículo 69.
64. *Ibid.* Esta sección sentaba las bases legales para la reforma del padrón real, que, sin embargo, los cosmógrafos de la institución no efectuaron hasta 1596.
65. Artículo 71. En el artículo 73 se ordenaba a los pilotos que, si no volvían a Sevilla, dejasen una copia del derrotero con el gobernador local, que se encargaría de hacerla llegar al Consejo de Indias.
66. "[O]trosí, vayan tomando la longitud de cada rumbo y derrota que llevaren por la singladura y por observaciones celestes y por otros instrumentos que para ello supieren y lo vayan todo poniendo muy precisamente en su libro y derrotero" (artículo 72). En su *Libro de Longitudes*, Alonso de Santa Cruz define la navegación por singladuras como el método de deducir la distancia que una nave ha surcado en una hora del registro del rumbo, el tipo de embarcación y la intensidad del viento (Santa Cruz, *Obra cosmográfica*, 143-144).
67. Artículo 74.

y provincia, y de la Topografía, que trata de la descripción de cada logar particular".[68] La idea era que escribiesen dichas geografías, corografías y topografías testigos presenciales –y que fuesen de uso local–,[69] pero, al igual que el resto de los informes, también debían enviarse cada año al cosmógrafo-cronista, quien compondría con ellas descripción geográfica general consistente en un "libro en que ponga las tablas en demostración y por escrito, de manera que en la primera tabla ponga toda la descripción de la tierra firme y continente con las islas adyacentes, la cual subdivida en tantas tablas cuantas fueren las regiones principales".[70] No se especifica cómo habían de confeccionarse estos mapas –libre el cosmógrafo de hacerlo "conforme a las reglas de su arte"–,[71] pero se advierte a las autoridades locales que, si no disponían de cosmógrafo que cartografiase su región, aun así tenían la obligación de aportar coordenadas de latitud y longitud de todos los accidentes geográficos. Podían codificar distancias en leguas solo para especificar ubicaciones en descripciones topográficas, y cada descripción escrita había de llevar dibujo topográfico anejo ("padrón de demostración o pintura de su provincia") con copia enviada al Consejo de Indias.[72]

El esquema jerárquico que –especialmente en las secciones geográficas– adoptan estas *Instrucciones* es claramente dependiente del patrón organizativo y la metodología que, en su *Geografía*, propugna y usa Tolomeo: se recababa primero información geográfica local (a ser posible, de testigos directos) y, luego, el cosmógrafo (en este caso, el cosmógrafo-cronista del Consejo) iba ordenando e interrelacionando los datos –procedía el geógrafo, componiendo la cosmografía general y los mapas, paso a paso de lo específico a lo global, hasta finalmente generar una visión completa del mundo–. Retomaba este texto legal otro punto que Tolomeo señala en la *Geografía* (el problema de las inconsistencias inherentes a los relatos testimoniales), y, para remediarlo, marcaba pautas concretas sobre qué material incluir, cómo recabar y organizar la información sobre el terreno y a quién competía hacer tal. Dichas pautas resolvían algunos de los problemas con que –en sus directrices sobre la naturaleza de las relaciones a enviar al cosmógrafo– trató de lidiar Santa Cruz: nítidamente definidos

---

68. Artículo 75.
69. "[L]os que tuvieren noticia della por vista de ojos" (artículo 76).
70. Artículo 75).
71. Artículo 77.
72. Artículo 80.

criterios unitarios para la recopilación de información y la elaboración de informes, estos serían, por fin, consistentes, y resultaría más sencillo interrelacionar los datos llegado el momento de componer una cosmografía general.

Los dos últimos libros competencia del cosmógrafo-cronista (la historia natural, y la historia moral) constituían, básicamente, inventarios –la primera, de recursos naturales; la segunda, de sucesos relevantes en la historia de cada región–. La historia natural debía ser "describir las cosas naturales que en las Indias se hallan que tienen perpetuidad y no reciben variación o muy raras veces se mudan de que conviene tener noticia los que gobiernan";[73] insistían las *Instrucciones* en la necesidad de ir describiendo al pormenor –haciendo siempre constar sus usos prácticos (efectivos o potenciales)– animales, plantas y recursos minerales de las nuevas tierras; solicitaban, asimismo, descripción de los pueblos nativos –"las naciones de hombres que hay y las naturalezas y calidades de ellos"–. Tocaba escribir esta historia natural, en cada territorio, a quien cobrase como cronista del mismo, en cuyo defecto, correspondía la labor al médico de mayor rango destinado allí (el denominado protomédico), y, si no había ni cronista ni médico, quedaba a cargo el escribano del gobierno local. En cuanto a "orden y forma", había de ser libro dividido en capítulos temáticos,[74] en cada uno de los cuales escribir de lo que hasta el momento se tuviese noticia, dejándolo abierto para ir añadiendo cuanto de nuevo fuese descubriéndose.[75]

Que el quinto y último libro –titulado *Historia moral contingente y variable*–[76] no se encomendase (aun si lo había) al cronista local sino al escribano del consejo provincial correspondiente –y, en Madrid, al escribano de cámara y gobernación del Consejo de Indias–, quizás no deba extrañarnos, dado lo poco amiga que esta institución era del libre circular de relatos históricos del Nuevo Mundo.[77] Dichos escribanos reales –que se presuponía eran "personas fieles y legales y suficientes"– tenían autorización, en cualquier caso, para ir recopilando de archivos locales material sobre el descubrimiento y la conquista de cada región –la historia de cuyos antiguos reinos indios

---

73. Artículo 81.
74. El artículo 17 incluye lista exhaustiva.
75. Artículo 82.
76. Artículo 18.
77. Artículo 83. Recuérdese que, según el artículo 75 de las *Ordenanzas*, a cargo de la crónica quedaba el escribano de cámara y gobernación.

y habitantes nativos debía incluir, por su parte, relatos pormenorizados de costumbres, ritos y tipos de gobierno[78] (amén de especificar cómo incidiera en los aborígenes la presencia española y si les había sido nociva)–. Se pedía, por último, detallar la actividad de los colonos desde el día de su llegada al territorio en cuestión –una vez más, había que custodiar el producto con celo y expedirlo al Consejo de Indias–.[79] De todas las *Instrucciones*, esta es la única sección donde se dice que, de no encontrarse material suficiente en los archivos, se consulte a "personas fidedignas".

Este proyecto de Ovando adoptaba algunos aspectos metodológicos y epistémicos de Tolomeo, pero su alcance dejaba en evidencia cuanto el geógrafo griego –o los humanistas que pusieron los cimientos de la disciplina cosmográfica– concibieran. No era un intento de síntesis de erudición libresca: era una empresa ingente que, con respaldo estatal, exigía toda una máquina administrativa; esfuerzo consciente por establecer protocolos de recopilación y organización de datos al servicio de fines prácticos el cual perseguía, además –como más adelante en este mismo capítulo veremos–, que el corpus de conocimiento a que diese lugar se cimentase en "hechos" o (según las propias *Instrucciones*) cosas "sabidas y entendidas". Constituye, como tal, un ejemplo pionero de los sistemas clasificatorios de información útil que, conocidos sobre todo por la obra de Francis Bacon –*El avance del saber* (1605), *La nueva Atlántida* (1627) y *Novum organum* o *Indicaciones relativas a la interpretación de la naturaleza* (1620)–, desempeñarían un papel decisivo en el desarrollo de la ciencia moderna.

El esquema esbozado en las *Instrucciones*, no es de extrañar que resultase al cabo demasiado ambicioso para ponerse en práctica entero en tierras lejanas. La información llegaba, y había voluntad de cumplir las directrices, pero los informes eran heterogéneos e inconsistentes. En el caso de la ciudad de Quito –según ha descubierto Sánchez Bella–, las disposiciones, que se habían promulgado en 1573, se leyeron ante el consejo local solo en agosto o septiembre de 1574, y de allí no se enviaron a las instancias administrativas inferiores (significativamente abreviadas) hasta transcurridos aún casi dos años más –el informe final estuvo listo para enviar a España el último día de 1576–.[80]

---

78. Artículo 18.
79. Artículo 83.
80. Sánchez Bella, *"Título de las descripciones"*, 124-129.

Ese mismo año, el arzobispo Pedro Moya de Contreras, a la sazón virrey de México, se quejaba al Consejo de Indias de que seguir las directrices de aquel texto era "laborioso negocio especialmente en hacer tantos libros a su costa";[81] algunos clérigos de allí –añadía– ya habían preparado sus informes a su manera, y hacía saber al rey que seguiría recogiéndolos en la esperanza de sacar una versión más pulida, pero asegurándose de no transgredir un plazo razonable. No tenía mucha fe en que los clérigos locales compusiesen historias morales de la población nativa; se temía que aportarían "lo menos de lo necesario", y (debido a la diversidad de etnias, idiomas y costumbres) "por tal término que será peor entender lo que scribieren",[82] y, si bien prometía continuar buscando quien preparase los materiales, se quejaba de "que inclina poco esta [gente] a semejantes ejercicios". Para agilizar la consecución de los objetivos propuestos, plateaba traducir y enviar una obra histórica que había compuesto un franciscano destinado allá –se refería el arzobispo a Bernardino de Sahagún–.

Estas críticas apuntan a algunos problemas de planteamiento del proyecto de Ovando. En las *Instrucciones* se daba por hecho que, para preparar el material solicitado, habría disponibles –y estarían dispuestas– personas con la debida formación y experiencia, pero, como señalaba el virrey, semejantes expectativas chocaban con la cruda realidad del Nuevo Mundo, ya que, a pesar del esmero con que se definía en qué debían consistir exactamente la "historia moral" y la cosmografía, todo iba envuelto en un lenguaje que (presuponiendo familiaridad con la estructura, las convenciones y los métodos de un género literario accesible solo a una élite de humanistas) para una parte significativa de los colonos españoles debía de ser, básicamente, incomprensible –contribuyeron también al abandono del proyecto lo poco entusiasta de la respuesta habida (y los muchos años que costó que se produjera)–. Cuando, a finales de 1576, algunos de los informes llegaron por fin a Madrid, el cosmógrafo-cronista ya había suprimido la metodología de recopilación de datos que las *Instrucciones* prescribían, optando, en vez, por los cuestionarios.

---

81. Carta del arzobispo de México al rey, 28 de marzo de 1576. Publicado en Francisco del Paso y Troncoso, *Epistolario de Nueva España, 1505-1818*, 16 vols. (México: Antigua Librería Robredo, 1939-42), 12:12-13.
82. En Paso y Troncoso, *Epistolario*, 12:13.

Cultura jurídica y metodología cosmográfica

Las *Instrucciones* de Ovando establecían, pues, un inmenso sistema de documentación por medio del cual ir llevando registro de la realidad del Nuevo Mundo, según concebía dicha realidad un jurista que (con un punto ingenuo) estaba convencido de que, con acceso a información precisa y actualizada sobre aquellas zonas remotas del imperio, era posible establecer para las mismas leyes justas y adecuadas desde España. Texto legal como eran, las *Instrucciones* no escapan a la influencia enorme que, en la sociedad de la España de finales del siglo XVI, ejercían la jurisprudencia y toda su parafernalia. Ovando concibió sus reformas, en efecto, en el contexto de la "cultura jurídica" que, según los historiadores, impregnaba aquella sociedad y se caracterizaba por que de cualquier cosa quedase constancia en documentos y archivos.[83] Las obras cosmográficas no recibían, entonces, consideración distinta que informes fiscales de contables o registros parroquiales de almas. Eran también herramienta útil de cara a la gestión del imperio y no podían, por tanto, ser dejadas al margen de la ley.

El modo como enfoca la cosmografía este texto legal no tiene precedentes: en vez de simplemente especificar el sistema de registro de datos a seguir, entraba en el ámbito del ejercicio de la disciplina y trataba de codificar las metodologías de esta –el proceso de codificación, por su propia naturaleza requería situar en el marco del lenguaje jurídico los procederes cosmográficos, y ello implicaba definición previa de los mismos: delimitar con claridad las lindes de la actividad en cuestión–. A la vez, sin embargo, Ovando pretendía seguir fiel a las prácticas tradicionales asociadas a la cosmografía, y, en las *Instrucciones*, respetó la metodología tolemaica de ir de lo específico a lo general en las descripciones geográficas y mapas –se habría sentido igualmente ufano el astrónomo de ver con qué fervor propugnaba el uso de coordenadas de latitud y longitud–.

También entraba, no obstante, en aspectos prácticos que quizás era mejor dejar decidir a cada cosmógrafo, como algunas veces que, pretendiendo resolver con la letra de la ley problemas epistemológicos relacionados con la cosmografía, establece el fundamento de qué es un hecho cosmográfico –recuérdese, a modo de ejemplo, el mandato de

---

83. Richard L. Kagan, *Lawsuits and Litigants in Castile, 1500-1700* (Chapel Hill: University of North Carolina Press, 1981), 137-150.

tomar como referencia para la determinación de coordenadas de longitud la observación de eclipses, no usando los derroteros en que en sus viajes los pilotos iban registrando rumbos y distancias salvo de no estar disponible la primera opción–. Los cimientos epistemológicos últimos del proyecto seguían residiendo, en cualquier caso, en la credibilidad implícita de relatos de primera mano ("por vista de ojos") que, estructurados como libros de descripciones geográficas, etnográficas y de historia natural, competía confeccionar e ir actualizando a agentes del gobierno local, sacerdotes u otras personas instruidas familiarizadas con la zona que fuera el caso –se trataba de garantizar la credibilidad del testimonio–. Donde no se especificaba metodología determinativa de hechos concreta, se recurría al criterio general de que en tales libros de descripciones no habían de incluirse sino "cosas sabidas y averiguadas"[84] –tal la frase recurrentemente repetida a lo largo de las *Instrucciones* para indicar que algo había cobrado estatus "fáctico"–.

En las últimas décadas, los historiadores vienen estudiado la influencia de las técnicas jurídicas de cara al establecimiento del moderno concepto de "hecho" en la Europa de la Edad Moderna –especialmente en Inglaterra–,[85] y, en opinión de Barbara Shapiro y Julian Martin, la filosofía epistemológica de Francis Bacon –con su énfasis en el relato testimonial (de primera mano) como medio de determinar dicha condición "factual"– se derivaba, en gran medida,

---

84. Artículos 63, 82, y 83 de las *Instrucciones*.

85. El significado de la voz "hecho" –que, a menudo escrita en el siglo XVI "fecho", viene del latín *factum*–, los historiadores han señalado que, en sus equivalentes de las lenguas inglesa y francesa, en el siglo XVII fue alejándose de su acepción tradicional de "acontecimiento" (que se usaba, sobre todo, en relación a acciones humanas), y pasó a denotar fenómenos naturales. En la obra de Ovando y López de Velasco, "hecho" conservaba su definición consuetudinaria y, para aludir a que algo pasaba a considerarse que tenía estatus fáctico (que era "cosa sabida y averiguada"), no parece haberse acuñado término específico. Para más información sobre el concepto de "hecho" en la Europa de la Edad Moderna, véanse Lorraine Daston, "Baconian Facts, Academic Civility, and the Prehistory of Objectivity", *Annals of Scholarship* 8 (1991): 337-363, Lorraine Daston, "Strange Facts, Plain Facts, and the Texture of Scientific Experience in the Enlightenment", en *Proof and Persuasion: Essays on Authority, Objectivity, and Evidence*, eds. Suzanne Marchand y Elizabeth Lunbeck (Turnhout: Brepols, 1996), 42-59, Martin, *Francis Bacon, the State, and the Reform of Natural Philosophy*, 72-80, y Barbara J. Shapiro, *A Culture of Fact: England 1550-1720* (Ithaca: Cornell University Press, 2000). Sobre el papel de las convenciones sociales en la Inglaterra del siglo XVII de cara a la determinación de la credibilidad de los testigos en la idea de afirmar la certeza de algo, véase Steven Shapin, *A Social History of Truth: Civility and Science in Seventeenth-Century England* (Chicago: University of Chicago Press, 1994).

de la formación jurídica de su autor.[86] Pero es evidente que lo mismo sucedía –casi cuarenta años antes– con estas *Instrucciones* que nos ocupan de Juan de Ovando.

El cual, para organizar la información, proponía, igual que Bacon, un esquema basado en el testimonio y la declaración certificada –si bien en su caso semejante esquema se ayuntó con la cosmografía renacentista, la ley y la burocracia imperial–. No ponía el acento, sin embargo, en el establecimiento de la metodología a seguir para determinar cuándo algo pasaba a considerarse "sabido" o cómo había de "investigarse" –se mantenía en esto firmemente empírico, cómodamente apoltronado en el sistema de la filosofía natural aristotélica–. Su interés residía en sacar de aspectos jurídicos protocolarios (la recopilación de pruebas, la determinación de la credibilidad de los testigos o la toma de declaraciones) una metodología conducente al corpus deseado de saber cosmográfico, histórico y de historia natural.

Definiendo el proceso epistémico y metodológico de determinación de hechos, Bacon iría un paso más allá; respondería a las preguntas cruciales que –salvo casos aislados– Ovando dejó sin contestar: cuál era el modo de "saber" las "cosas" y cómo debían "investigarse". Lo cierto es que, aunque ambos estadistas estaban convencidos de lo valioso de la información de cara al gobierno de un imperio, tenían ante sí realidades bien distintas: al inglés era dado especular con un tiempo y un lugar futuros donde –nueva Atlántida– una nueva filosofía natural podría dar lugar a un saber útil para un imperio en ciernes; el español, abrumado, tenía ya delante más de lo que sus ojos podían abarcar. La naturaleza y pueblos del Nuevo Mundo a que debieron enfrentarse hombres como Ovando o Alonso de Santa Cruz constituía una realidad a tal punto compleja, desmesurada y enigmática, que ya solo pretender catalogar el conjunto era ambición suficiente.

El proyecto de Ovando refleja el papel fundamental –y cada vez mayor– de la documentación en el proceso expansivo del imperio español en el siglo XVI, así como el puesto prominente de los "letrados" en la administración del mismo. En el reinado de Felipe II, el volumen de consultas escritas por parte de instancias administrativas o

---

86. Shapiro aclara que no está segura del caso español, y se pregunta si, en su compilación de hechos, el cosmógrafo-cronista del Consejo de Indias no aplicaría las mismas técnicas legales entonces al uso en Inglaterra para la determinación jurídica de hechos (Shapiro, *Culture of Fact*, 36, 106-107). En el capítulo sexto veremos que tal era, en efecto, el caso.

individuos que necesitaban conocer el parecer del rey sobre cualquier género de asunto aumentó, en efecto, vertiginosamente, y, aunque tal fenómeno se debía (en buena parte) a la extensión del imperio, reflejaba también la preferencia del monarca por el registro escrito de las comunicaciones, y por ser él quien respondiese en persona[87] –baste mencionar el consejo de sus secretarios a los peticionarios de dejar libres en sus solicitudes amplios márgenes donde él pudiese escribir–.

Pues bien: igual que cuanta documentación así se originaba iba almacenándose en registro o archivo histórico que, organizado para facilitar la consulta, podríamos calificar de memoria institucional – especie de biblioteca de referencia que podía servir a numerosos fines–,[88] en las reformas de Ovando la cosmografía era esquema clasificatorio en función del cual organizar los archivos que daban cuenta del componente humano y natural del Nuevo Mundo. Las *Instrucciones* creaban –al tiempo que dotaban al Consejo de Indias de un registro exhaustivo de relatos presenciales sobre las mismas que fungía (como decimos) de memoria escrita de la institución– una imagen del Nuevo Mundo conformada por dichos textos descriptivos de primera mano. Y, para un jurista como Ovando, aquello suponía lo más cercano a la verdad –y más alejado de la imaginación– a que era posible aspirar.

Ovando diseñó aquella ley en la idea de dar lugar a productos específicos que informasen al Consejo sobre el Nuevo Mundo: pide al cosmógrafo descripción y mapa de las Indias a almacenar bajo el formato de un nuevo tipo de obra cosmográfica –el libro de descripciones– la compilación y actualización de cuyos contenidos se insertaría (encomendada a burócratas debidamente formados) en la máquina administrativa imperial, y define la práctica cosmográfica en función de métodos tendentes, como es lógico, a dicho modo de representación del saber cosmográfico –implícitamente está reconociendo que el género literario asociado a la cosmografía renacentista no había estado a la altura de las exigencias de gobernar un imperio en constante expansión–. Ahora el Consejo tendría en sus archivos acceso a aquella información que tanta falta le hacía: en vez de requerir la confección de una obra cosmográfica global lo que parecía –y a veces era– toda una vida, los nuevos libros de descripciones contendrían (nítidamente catalogado por jurisdicciones

---

87. Bouza, *Corre manuscrito*, 261-266.
88. Bouza nos recuerda que, en su papel de custodio de documentos, un archivo es todo menos "inocente", y que tras la decisión de incluir o no determinado material late todo un entramado de intenciones y circunstancias (Bouza, *Corre manuscrito*, 286).

y resumido cada año por el cosmógrafo-cronista) todo un corpus de datos sobre el mundo natural, la geografía y los pueblos de las Indias constantemente actualizado.

Ni Ovando ni el Consejo advirtieron, sin embargo, un grave peligro: aquellas *Instrucciones* –que, interpretadas con amplitud de miras (con tal contaba, sin duda, su hacedor), proporcionarían al cosmógrafo-cronista un mecanismo eficaz de recopilación y catalogación de información cosmográfica actualizada–, si no se enfocaban debidamente podían convertirse en una inútil formalidad burocrática.

Cuando –producto de las reformas legales recién vistas de Juan de Ovando– tomó posesión el primer cosmógrafo-cronista mayor del Consejo de Indias, la cosmografía española entró en una fase institucional que, al tiempo que consolidaba la autoridad de la profesión, cuestionaba sus procedimientos tradicionales. Este cosmógrafo-cronista debía por fuerza limitarse en su ejercicio a un ámbito intelectual estrictamente codificado, constreñido como estaba por los protocolos y métodos que las *Instrucciones* detallaban –no tiene precedente en la tradición cosmográfica renacentista, dicha codificación de la labor a realizar–. Ahora bien: semejante intento de definición, ¿daría realmente lugar a un marco teórico capaz de describir la realidad del Nuevo Mundo, o –enfoque obtuso, restrictivo– sería al cabo contraproducente? Los próximos capítulos, que analizan la trayectoria del primer cosmógrafo-cronista del Consejo, intentan responder a la pregunta.

4
El cosmógrafo-cronista del Consejo de Indias

Cuando, en 1571, entraron en vigor las nuevas ordenanzas del Consejo de Indias, la tarea de gestionar la información cosmográfica que estipulaban recayó en Juan López de Velasco, quien –guardián de la Corona durante casi veinte años del saber cosmográfico sobre el Nuevo Mundo– sería autor de la primera cosmografía oficial (aunque secreta) del mismo en el imperio español. Para garantizar que aquella información vital sobre las Indias llegase, mantuvo un hábil equilibrio entre autoridad burocrática y economía de permuta de favores al uso, situándose en el núcleo de toda una infraestructura dedicada a generar, organizar y compilar información. Burócrata consumado –persona dedicada al "oficio de papeles"–, mientras estuvo en activo hizo cuanto pudo por compatibilizar los aspectos científicos y confidenciales de su cargo con su sensibilidad humanística, y, como primer cosmógrafo oficial de las Indias, su quehacer definió (sin él buscarlo) lo que en el ámbito institucional del Consejo supondría el ejercicio de la cosmografía –circunstancia esta que puso su obra en el punto de mira de cultores de la disciplina cuyo concepto de la misma entraba en conflicto con el esbozado en las *Instrucciones y Ordenanzas*–. Sus circunstancias vitales y sociales –que, indisociables del intrincado sistema de patronazgo en que operó, fueron para su sensibilidad intelectual filtro tanto perceptivo como de expresión– son introducción esencial a su producción cosmográfica.

El imperio, el patronazgo, y el humanista: Juan López de Velasco entre 1571 y 1590

Juan López de Velasco (c. 1530-1598) nació en Vinuesa, Soria, y era hijo de Juan López Carrasco y Catalina Velasco.[1] Tuvo dos hermanos, Pedro y Francisco, y dos hermanas, Catalina y otra que murió antes que él. Ambos hermanos emigraron al Nuevo Mundo. Pedro, clérigo, marchó a Quito en los años 60 del siglo xvi. Francisco murió en Nueva Granada antes de 1598.[2]

Ignoramos a qué universidad fue –nada garantiza, de hecho, que fuese a la universidad–. En vista del magro patrimonio de su familia, los historiadores tienden a asumir que debió de ir alguna cercana a su lugar natal, pero las indagaciones habidas en los archivos de la Universidad de Alcalá –y en los del Colegio-Universidad de Sigüenza– han sido en vano. Podría ser una pista su correspondencia con Francisco Cervantes de Salazar, profesor en la Universidad de Osuna entre 1547 y 1550[3] –lo trata de "maestro", y en una carta se disculpa por no haber seguido estudiando latín–, pero, lamentablemente, el registro de alumnos de los primeros años de dicha universidad no se conserva.

En 1563 lo vemos trabajando en el Consejo de Indias preparando resúmenes de legislación –la *Copulata* que antes vimos–, y, en 1569,

---

1. Los siguientes estudios reconstruyen diversos aspectos de la vida de López de Velasco: José Antonio Pérez-Rioja, "Un insigne visontino del siglo xvi: Juan López de Velasco", *Celtiberia* 8, nº 15 (1958), Manuel Miguélez, *Catálogo de los códices españoles de la Biblioteca del Escorial*, 2 vols. (Madrid: Imprenta Helénica, 1917), y la introducción a López de Velasco, *Geografía y descripción*, v-xlviii. El resto de la información está sacado de su correspondencia personal con agentes gubernamentales, que se conserva en BL, IVDJ y ZAB. Su testamento –que publicó Pérez-Rioja– se custodia en AHPM, Gonzalo Fernández, tomo 1638, ff. 15-24, "Testamento de Juan López de Velasco", 1 de mayo de 1598.
2. AGI, Quito-24, N. 9, y AGI, Quito-1, f. 43, "Sobre hacer merced a Pedro López de Velasco [...]", 3 de junio de 1595. Francisco marchó a Nueva Granada en 1574 como asistente del juez de allá. AGI, Pasajeros, L.5, E. 3383, 25 de octubre de 1574.
3. Francisco Cervantes de Salazar (c. 1514-1575), autor de la *Crónica de Nueva España*, era de Toledo, estudió en la Universidad de Salamanca y posteriormente enseñó en la de Osuna. Fundó el Colegio de las Vizcaínas en Ciudad de México, y durante muchos años fue profesor de derecho canónico y retórica en la Universidad de México. Hombre ambicioso, muchas de las cartas de este corpus tienen que ver con sus esfuerzos por obtener cargos. Véase Francisco Cervantes de Salazar, *Crónica de la Nueva España*, ed. Agustín Millares Carlo, Biblioteca de Autores Españoles 44 (Madrid: Atlas, 1971), 13-23, 92-95.

junto a Juan de Ovando –quien, luego presidente del centro, andaba entonces refundiendo (recuérdese) en código legal unificado cientos de leyes y disposiciones promulgadas desde el descubrimiento de América–.[4] López de Velasco figura entre a quienes Ovando tomó declaración para la auditoría que se le había encomendado (lleva la suya fecha de 1567): afirma llevar vinculado al Consejo más de cuatro años –secretario, durante sus respectivos ejercicios, de los presidentes Juan Sarmiento y Francisco Tello de Sandoval–,[5] deja ver su preocupación por la manera improvisada de administrar las Indias de la institución, y deplora el demasiado tiempo invertido por sus miembros en la resolución de pleitos y en entrevistas con hombres de negocios probablemente dedicadas a arreglar empresas mercantiles ultramarinas; se muestra partidario, además, el joven secretario de exigir haber residido en las Indias para entrar en el Consejo –de otra forma (argumenta) es imposible adquirir la experiencia que el correcto ejercicio del cargo requiere–; reconoce, pues (como años antes Alonso de Santa Cruz), la importancia enorme del conocimiento directo para cualquiera que aspirase a legislar sobre aquellas tierras remotas, si bien no nos consta que hubiese estado en ellas él. Es complicado discernir si esta declaración suya incidió de algún modo en las *Instrucciones*. Sabemos, sí, que tomó parte en la junta magna que deliberó sobre los resultados de aquella visita (auditoría) de Ovando, pero no en calidad de qué.[6]

Como asistente de Ovando empezó a recopilar descripciones geográficas del Nuevo Mundo –a menudo relaciones en respuesta a solicitudes de información de su superior para la auditoría–, y algunos de estos documentos han llegado hasta nosotros –los distingue (con su característica caligrafía) la anotación "relaciones del tiempo de la

---

4. AGI, IG-425, L. 24, f. 157, "Pago de 200 reales a Juan López de Velasco por trasladar un libro de las cosas del oficio del Consejo", 15 de septiembre de 1563. IG-425, L. 24, f. 195, "400 reales por trabajo de sacar resumen de ciertas cosas contenidas en los libros de Indias", 1564. En 1565, recibió otros 40.000 maravedíes por "lo que ha trabajado [...] en provisiones y cédulas que se han despachado desde el descubrimiento" (IG-425, L. 24, f. 241). En diciembre de 1569, 300 ducados por los servicios prestados durante la auditoría de Juan de Ovando en el Consejo de Indias (IG-426, L. 25, f. 39-39v).

5. Las declaraciones de López de Velasco ante Ovando (1567-1568) se conservan en BL, Add 33983, ff. 294-295, Juan López de Velasco. Juan Sarmiento presidió la institución desde enero de 1563 a marzo de 1564. Don Francisco Tello, de abril de 1565 a 1567. Véase Schäfer, *Consejo de Indias*, 1:334.

6. Poole, *Juan de Ovando*, 131.

visita" en el margen superior izquierdo–.[7] Valga de ejemplo, junto a la recién parafraseada que él mismo prestó, la declaración del explorador y conquistador ("adelantado") Pedro Menéndez de Avilés sobre su reciente expedición a Florida para limpiar la zona de colonos hugonotes y pacificar a la población nativa:[8] la contextualizaba –para garantizar su cabal comprensión en el Consejo– con una breve exposición de los antecedentes históricos de la relación entre los indios de Florida y los españoles.[9]

Ovando, por su parte, viendo cómo manejaba su asistente aquel género de material, pasó a considerarlo candidato apto para el puesto de cosmógrafo-cronista mayor, y, en algún momento entre 1570 y 1571 –estando ya claro que aquellas nuevas directrices que había compuesto para el centro iban a hacerse efectivas–, lo propuso formalmente. Conservamos la carta. Es una escueta misiva sin fecha probablemente dirigida al cardenal Diego de Espinosa, presidente entonces del Consejo de Castilla y principal ministro de Felipe II: que López de Velasco lleva un tiempo recopilando material cosmográfico y que, si se le concediera el puesto, "lo sabra hazer".[10] No se trata –salta a la vista– de una declaración de fe rotunda en las capacidades del joven secretario, la omisión de cuyas destrezas cosmográficas induce, de hecho, a pensar no ya que no fuese especialista en la materia, sino, directamente, que dichas destrezas no fuesen para Ovando cosa esencial, dada la forma como quedaba todo detallado en las *Ordenanzas*.

---

7. El primero en llamar la atención sobre la relevancia de aquella nota fue Marcos Jiménez de la Espada, *Relaciones geográficas de Indias. Perú* (Madrid: Real Academia Española, 1881-1897), reimpresión, Biblioteca de autores españoles 183-185 (Madrid: Ediciones Atlas, 1965), 183:48.
8. La declaración que Pedro Menéndez de Avilés prestó sobre las Indias –especialmente Florida y Terranova– en Madrid el 28 de marzo de 1568, más otra ampliatoria fechada el 14 de abril de 1568, se conservan en BL, Add 33983, f. 324.
9. AGI, P-19, R. 23, "Relación que da Juan de Velasco cosmógrafo mayor de S. M. de lo sucedido desde el descubrimiento a la Florida desde el año de 14 hasta el de 65". Está escrito de puño y letra de López de Velasco y, teniendo en cuenta que discute sucesos que se prolongan hasta 1568, su descripción del catálogo recién transcrita es incorrecta.
10. "Suplico V[uestra] S[eñoria] Ill[ustrísima] sea servido q[ue] el oficio de cosmógrafo y coronista de las cosas de Indias se provea en Ju[an] de Velasco porq[ue]lo sabrá bien hazer y tiene hecho mucho en estar también en los papeles de indias que es necesario q[u]e ponga luego en execución". IVDJ, Envío 25, n. 528, Juan de Ovando, "Carta de Juan de Ovando pidiendo puesto de cosmógrafo para Juan López de Velasco", c. 1571. Publicado en Jean-Pierre Berthe, "Juan López de Velasco (ca. 1530-1598), cronista y cosmógrafo mayor del Consejo de Indias: Su personalidad y su obra geográfica", *Relaciones* 19, nº 75 (1998): 150.

La orden de nombramiento de López de Velasco se registró el 20 de octubre de 1571.[11] Otorgándole el título de "Chronista y cosmógrapho mayor de los stados y reynos de las Yndias, yslas y tierra firme del mar océano" –con cuantos honores, recompensas e inmunidades comportaba–, básicamente reiteraba las funciones del cargo según las definían las *Ordenanzas* y las *Instrucciones*: le encomendaba, concretamente, "hazer y recopilar" la historia general (moral y particular) de hechos memorables de las Indias (pretéritos y presentes), y dejar constancia de la historia natural de los territorios –se incluía también la directriz de que "examinéis las que ya otras personas hizieren" (en relación a las cuales, si bien no se emplea el término "censor", se da a entender que debía examinarlas y determinar si su publicación podía suponer algún mal)–; en cuanto a cosmografía, había de "ordenar, poner en forma y ejercicio" la de aquellas tierras "así como lo hazen, deven y pueden hazer" otros cronistas y cosmógrafos del reino. Jurar el cargo entrañaba –junto al compromiso habitual de cumplir con las funciones asignadas– el deber de, cuando se le indicase, "guardéis secreto" de ciertos asuntos que se le confiaran, y, prestado el juramento, se le haría entrega de cuantas historias, relaciones, comunicaciones, memorándums, cartas y otros libros y documentos hubiera relativos a sus funciones.

Asumió el cargo de primer cosmógrafo-cronista del Consejo con salario de 100.000 maravedíes anuales –por dar una referencia, como profesor de cosmografía en la Casa de la Contratación Rodrigo Zamorano ganaba 60.000–, y en 1572 vio incrementado dicho estipendio en un 50% –o sea: 50.000 maravedíes (o 266 ducados) adicionales–.[12] La estrella ascendente de este joven no pasó inadvertida: tenemos noticia –en fugaz vislumbre a su vida privada– de que Francisco Cervantes de Salazar (su antiguo profesor) animó a su hermana (Catalina de Sotomayor) a acercarse a él como posible marido para una de sus dos hijas, si bien doña Catalina (por lo demás sin duda partidaria de la unión) tuvo que explicar a su hermano que tratar con López de Velasco semejantes temas requeriría siete u ocho mil ducados –"así por ser poco inclinado a cassarse, como por estar

---

11. AGI, IG-874, "Provisión de Felipe II nombrando a Juan López de Velasco cronista-cosmógrafo mayor de las Indias. Juramento de este y toma de posesión de su oficio. Asiento de título en los libros de la contaduría de la Hacienda de Indias", 20 de octubre de 1571. Publicado en Vicente Maroto y Esteban Piñeiro, *Aspectos de la ciencia*, 415-417.
12. AGI, IG-426, L.25, f. 169-169v, 24 de marzo de 1572.

ya tan bien puesto y con tantas pretensiones"–.[13] Nunca se casó, pero mantuvo amistad con las hijas de doña Catalina mientras vivió. Legó, de hecho, en su testamento a doña María de Peralta y doña María de Espinosa ciertas joyas e imágenes religiosas en agradecimiento por lo bien que se habían portado con él y por sus oraciones.[14]

Aunque ocupaba uno de los pocos cargos públicos con sueldo a que un hombre de ciencia podía optar en España, hay otro caso a cuyo lado a él parece que le hubiera tocado la negra. Para la visita (auditoría) que llevó a cabo en la Universidad de Alcalá entre 1562 y 1565, Juan de Ovando tomó de secretario a un joven sevillano, Mateo Vázquez, pero en este caso logró para su protegido puesto de lejos más jugoso: secretario personal del antes mencionado cardenal Diego de Espinosa, presidente del Consejo de Castilla e inquisidor general. Tras la muerte del cardenal (1572), Vázquez empezó a asumir una posición dominante en el círculo restringidísimo de los secretarios reales –se ganó, en efecto, la confianza del monarca, de quien fue mano derecha durante más de veinte años–,[15] y, secretario de la Cámara de Castilla (principal dispensador del patronazgo real), desempeñaría un papel considerable en el futuro profesional de Juan López de Velasco.

El cual, como era habitual entre los titulares de cargos públicos, durante los veinte años siguientes trató de aumentar sus ingresos solicitando a la Corona mercedes, ayudas de costa y otros beneficios tales como alojamiento y ascensos, y, en su búsqueda de estos favores, optó por un ataque desde múltiples flancos: mientras pedía al Consejo de Indias recompensas en calidad de cosmógrafo, paralelamente hacía lo propio por otros proyectos –a través de Mateo Vázquez– ante el Consejo de Cámara y el Consejo de Castilla. Pero, en la España de la Edad Moderna, aquellas mercedes no se limitaban al peticionario: podían pedirse también para la red de deudores y amigos.

López de Velasco sabía moverse en este mundo de intercambio de favores. En una ocasión se trataba del ya mencionado Cervantes de Salazar –que, en 1570, intentaba desde México hacerse un hueco en la

---

13. Carta de Catalina de Sotomayor a Cervantes de Salazar, Toledo, 24 de abril de 1572. En Agustín Millares Carlo, ed., *Cartas recibidas de España para Francisco Cervantes de Salazar (1569-1575)* (México: Antigua Librería Robredo, 1946), 82.

14. AHPM, Gonzalo Fernández, tomo 1638, ff. 15-24, "Testamento de Juan López de Velasco", 1 de mayo de 1598, Madrid.

15. A. W. Lovett, "Felipe II y Mateo Vázquez de Leca: The Government of Spain (1572-1592)" (Genève: Librairie Droz, 1977), 13-15, y Antonio Feros, "El viejo monarca y los nuevos favoritos: Los discursos sobre la privanza en el reinado de Felipe II", *Studia Historica: Historia Moderna* 17 (1997).

sucursal del Santo Oficio recién establecida allí–, y él, miembro en aquel momento de una comisión inquisitorial compuesta para expurgar el *Lazarillo de Tormes* –lo que le daba acceso a Pedro Moya de Contreras (nuevo inquisidor general allá)–, escribió al arzobispo recomendando a dicho Cervantes de Salazar para el puesto de "consultor"[16], ocupándose, además, de la consabida probanza de limpieza de sangre.[17] Volvió a tomar cartas a favor de este hombre en otra ocasión posterior, cuando aspiraba al cargo de maestrescuela –responsable de la autoridad judicial en la Universidad de México–.

Pero no era ésta relación unidireccional, pues en 1573 era él quien escribía a Cervantes de Salazar (cronista oficial de Ciudad de México desde 1558) agradeciéndole efusivamente su oferta de proporcionarle determinado material histórico: "Vm. me offresce de papeles y cosas concernientes a historia –decía–, de que aora, como novel en el officio, yo ando avaro desta materia, que qualquiera parte della y de quienquiera que sea no dexaré d'estimar mucho, quanto más lo que fuere de mano de Vm.",[18] y prometía, en pago, mostrar los libros de Cervantes de Salazar (que, amén de historiador, era latinista) a las "personas de letras desta Corte" –enumera, en efecto, a los principales humanistas de la época: Antonio Gracián, Zurita, Ceriolán, Covarrubias y, por supuesto, el máximo exponente el humanismo español: Benito Arias Montano–. Retuvo, por cierto, el material histórico que Cervantes de Salazar le confiara –probablemente el único manuscrito existente de su *Crónica de la Nueva España*– hasta 1575, en que una infatigable doña Catalina lo convenció para que lo devolviera.[19]

La primera recompensa de entidad le llegó tras completar su primer trabajo como cosmógrafo del Consejo –la *Geografía y descripción universal de las Indias*–. Consistía el premio en 400 ducados, más una carta que describía la obra como "grande y señalada", y declaraba que, en ella, la geografía y descripción de las Indias quedaba organizada

---

16. Carta de López de Velasco a Moya de Contreras, 30 de agosto de 1570, Madrid. En Millares Carlo, ed., *Cartas de España*, 57.

17. Carta de López de Velasco a Cervantes de Salazar, 24 de junio de 1571, Madrid. *Ibid.*, 72-73.

18. Carta de López de Velasco a Cervantes de Salazar, 10 de junio de 1573, Madrid. *Ibid.*, 107-108.

19. Carta de Catalina de Sotomayor a Cervantes de Salazar, 14 de abril de 1575, Toledo. *Ibid.*, 125-126. En 1597, las hijas de doña Catalina vendieron el manuscrito al Consejo de Indias por 40 ducados (Cervantes de Salazar, *Crónica de la Nueva España*, 93).

debidamente[20] –hablaba el Consejo, de hecho, de composición notable que fácilmente podía haberse dividido en numerosos libros (pedía, eso sí, que operase el autor algunas modificaciones, y señalaba que, preparando aquella nueva geografía, se había basado en documentos recuperados de los herederos de Alonso de Santa Cruz); llevaba implícita, por lo demás, la recompensa el visto bueno del monarca a su trabajo–. Pero él no quedó completamente satisfecho: se quejó a Vázquez de que "aunque el dinero a sido harto menos de lo que yo y aun otros pensarian con que la aprobacion que hizo de el segun lo que me han dicho, quedo consolado y honrado y muy contento con que Vm se halla hallado el decretarlo por la confianza que tengo de que en cualquiera ocasion me ha de hazer".[21]

A pesar de lo relativamente magro de la recompensa económica comparado con la importancia del trabajo, el real reconocimiento por su labor como cosmógrafo de Indias conllevaba otros beneficios de índole intangible –en aquella sociedad, la proximidad y el acceso al rey eran un honor–, y así fue como, algunos meses después, aprovechando la buena opinión de sí que percibía en el soberano, solicitó a Vázquez transmitiese al mismo petición de nombramiento de tutor del príncipe[22] –señalaba en ella que llevaba muchos años dedicado al estudio de la lengua española (había dedicado incluso libro a la materia),[23] y añadía que estaría encantado de hacer aquello sin paga económica, obteniendo solo el privilegio y honor inmensos de instruir en el idioma al heredero–; pero parece que este intento no prosperó, y, en misivas posteriores del mismo año, empezó a quejarse al secretario de dificultades de alojamiento y económicas.[24] Trató también de que el favor del rey se materializase en dos solicitudes de cariz más personal: por una parte, asistencia monetaria para la hermana de Antonio Gracián, quien, muerto este (que había sido

---

20. AGI, IG-738, R. 17, f. 249, "Informe favorable del Consejo de Indias para que se concedan 400 ducados a López de Velasco por el libro de 'La geografía y descripción de las Indias'", 7 de diciembre de 1576. Se le pagó un mes después, según consta en IG-426, L.26, ff. 22v-23, "Orden de pago de 400 ducados a Juan López de Velasco", 11 de enero de 1577.

21. IVDJ, Envío 100, f. 311, Juan López de Velasco, "Carta a Mateo Vázquez sobre San Isidoro y por gratificación a su libro", 14 de octubre de 1576, Madrid.

22. IVDJ, Envío 100, f. 309, Juan López de Velasco, "Carta a Mateo Vázquez pidiendo plaza de maestro del Principe", 8 de febrero de 1577, Madrid.

23. Lo publicó cinco años después. Juan López de Velasco, *Orthographía y pronunciación castellana* (Burgos: Felipe de Junta, 1582).

24. IVDJ, Envío 100, f. 310, Juan López de Velasco, "Resumen de dos memoriales de López de Velasco a Mateo Vázquez", 28 de junio de 1577, Madrid.

secretario del monarca) se encontraba en apuros[25] –esta demanda fue bien recibida por Felipe II, quien concedió a la mujer la generosa suma de más de 2.000 ducados–;[26] por otra, solicitó puesto en la corte para un joven (hijo de Juan de Medrano) ducho en lengua latina[27] –de nuevo obtuvo recepción favorable–.[28] Cómo se resolviesen finalmente sus problemas de alojamiento en el precario mercado inmobiliario del Madrid de entonces, desconocemos los detalles –sabemos solo que, en agosto de 1577, agradecía a Vázquez al respecto–.[29]

La rueda burocrática de la fortuna siguió girando para López de Velasco en el Consejo de Indias. Tras recibir –el mismo año de 1577– sello y registro de la recién creada Audiencia del Nuevo Reino de Granada[30] (cargos que prometían incrementar sus honorarios en 300 ducados anuales), el flujo de privilegios *ad hoc* en la institución continuó: en 1579 se le concedió –unos 200 ducados– la mitad de los ingresos derivados del regimiento de la ciudad de Santa Fe, en Nueva Granada,[31] y, en 1581, un cuarto del salario del cargo de

---

25. IVDJ, Envío 100, ff. 307-308v, Juan López de Velasco, "Carta de López de Velasco a Mateo Vázquez", 14 de junio de 1577, Madrid.

26. IVDJ, Envío 100, ff. 299-300v, Juan López de Velasco, "Carta de López de Velasco a Mateo Vázquez agradeciendole merced [...]", 12 de julio de 1577. El dinero se sacó de fondos confiscados al doctor Cuesta. La mitad de los 4.310 ducados fueron para el licenciado Benito López de Gamboa –miembro del Consejo de Indias que había sido presidente en funciones tras la muerte de Ovando–, y el resto para la hermana de Gracián, que había quedado al cuidado de su padre.

27. IVDJ, Envío 100, f. 297, Juan López de Velasco, "Carta a Mateo Vázquez sobre varias cédulas incluyendo una de Indias y la descripción de España", 16 de julio de 1577, Madrid.

28. IVDJ, Envío 100, f. 222, Juan López de Velasco, "Carta de López de Velasco a Mateo Vázquez sobre cédulas a enviar a los monasterios pidiendo libros de San Isidoro [...]", 28 de octubre de 1577. Vázquez respondió que se tomase a Medrano de paje, y el joven escribió a López de Velasco una nota de agradecimiento en latín. IVDJ, Envío 100, f. 221, "Ilustri Ioanni de Belasco a García de Medras gratiarum actio", 10 de noviembre de 1577.

29. IVDJ, Envío 100, ff. 292-293, Juan López de Velasco, "Carta a Mateo Vázquez sobre aposento, favores, libros de Don Jorge de Beteta dona al Escorial", 21 de agosto de 1577, Madrid.

30. AGI, Santa Fé-1, f. 10, "Si se podría dar el sello y registro de la audiencia del Nuevo Reino de Granada a Juan López de Velasco, cronista", 8 de agosto de 1577. Antes de acceder, el rey preguntó por qué estaban los cargos vacantes, qué suma conllevaban y si no sería mejor mantenerlos separados. El nombramiento se confirmó el 3 de noviembre de 1578, según consta en AGI, Santa Fé-145, N. 11.

31. AGI, Santa Fe-1, N. 23, "Merced a Juan López de Zubizarreta y a Juan López de Velasco de un regimiento de la ciudad de Santa Fé en el Nuevo Reino", 30 de marzo de 1579. En una comunicación posterior, el Consejo valoró el cargo en 200 ducados.

procurador de la Audiencia de la Ciudad de Los Reyes, es decir, Lima –unos 100 ducados–.[32]

Estas cantidades que el Consejo le asignaba iban menguando a ojos vistas, pero él logró complementar sus ingresos con dotaciones de otros consejos reales: tomó parte, en efecto –aparte de su trabajo de cosmógrafo-cronista–, en una serie de proyectos que, habidos en la corte, le permitieron solicitar acceso al círculo de criados del rey o continos reales, a cuyo efecto remitió petición en 1578 –sin duda en la estela de Alonso de Santa Cruz, a quien (recordemos) en los años 30 del mismo siglo XVI había nombrado contino Carlos V–. Vázquez resumió el contenido de su solicitud explicando que aspiraba al puesto para poder contratar un asistente que lo ayudase en el proyecto de compilar sus descripciones, y en la tarea que, tras la muerte intempestiva de Antonio Gracián, había asumido en la biblioteca de El Escorial, pero el rey respondió, en anotación al margen del documento mismo, que "lo del assiento de contino no conviene pero si se offreciere otra cosa se me podra acordar"[33] –aquel título comportaba compromiso vitalicio por parte de la Corona, y Felipe II, que, mientras reinó, hubo de declarar a la misma insolvente en tres ocasiones, se mostró siempre reacio a otorgarlo (era carísimo)–. Poco después, sin embargo, el Consejo de Cámara le concedió las rentas derivadas del registro de la guarda mayor de los montes de Madrid, Escalona y Guadalajara, si bien él, comprendiendo en seguida que la remuneración no sería gran cosa, en 1581 presentó al Consejo de Cámara una nueva petición: solicitaba esta vez la escribanía mayor de rentas, que, según parece, se le concedió.[34]

Siguió, con todo, aspirando a mejorar su acceso al ámbito más restringido de la corte, y, en agosto del mismo año de 1581, pidió a Mateo Vázquez que volviese a trasmitir al rey su deseo de enseñar al príncipe a leer y escribir en español. Recordaba al secretario, antes que nada, que era "christiano viejo y limpio [...] de edad competente y buena salud y sanidad", y acto seguido reiteraba los mismos argumentos que

---

32. AGI, IG-740, N. 91, f. 1, "Memorial del Consejo de Indias desaconsejando la concesión de nuevas gratificaciones a López de Velasco por su libro", 28 de septiembre de 1582.

33. AHN, Cámara de Castilla, Consultas de Gracia, 4408, f. 14, "Consulta sobre petición de Juan López de Velasco de contino por trabajo en la librería de El Escorial", 28 de febrero de 1578.

34. El reverso de la carta indica que el Consejo accedió. AGS, Cámara de Castilla-499, f. 507, "Petición de Juan López de Velasco para la plaza de escribanía mayor de rentas", 4 de mayo de 1581.

adujera en 1577 –ahora ya estaba publicada, eso sí, su *Orthographía*, a la que remitía como prueba de su condición de lingüista del español (basaba su enfoque pedagógico, daba a entender, "mas en la imitación y ejemplo de él que enseña que en los conceptos del arte")–.[35] Ofrecía, además, de nuevo desempeñar la labor gratuitamente, pero el rey volvió a desestimar su petición.[36]

El año siguiente (1582) le infligió nuevo revés al negarse a concederle el Consejo de Indias recompensa adicional por su segunda obra cosmográfica –el *Sumario* o *Demarcación y división de las Indias*–. La institución, que (según decimos) se mostró contraria a aquella nueva demanda, hizo llegar al rey una lista de cuantas mercedes ya se le habían concedido como cosmógrafo-cronista, y el rey respondió lacónico –de su puño y letra– que "se le puede responder que se contente con lo que se ha hecho con el".[37] Él, por supuesto, se disgustó, y su relación con el Consejo se resintió. Para lo cual era, por cierto, imposible elegir ocasión peor, vistos los importantes proyectos cosmográficos entonces en marcha –en 1583, bajo los auspicios de Juan de Herrera, Jaime Juan ultimaba su expedición al Nuevo Mundo, y las respuestas a los cuestionarios de Indias, que iban empezando a dar su fruto, llegaban a manos de un López de Velasco desilusionado–.

Su insatisfacción con su cargo de cosmógrafo-cronista llegó al colmo en 1584, y, una vez más, recurrió a Vázquez en busca de alivio. En carta fechada el 25 de abril de 1584, le pedía lo ayudara a encontrar ocupación que le reportase honor y beneficio mayores. Empezaba recordándole su trayectoria primera como secretario de tres presidentes del Consejo de Indias, y que "a veinte años o mas que tracto papeles del servicio

---

35. IVDJ, Envío 99, f. 316, Juan López de Velasco, "Carta de López de Velasco a Mateo Vázquez donde se ofrece a ser maestro del Príncipe", 12 de agosto de 1581. Una misiva similar se conserva en BL, Add 28342, f. 384, Juan López de Velasco, "Carta de López de Velasco a Mateo Vázquez sobre su ortografía y a proposito de la enseñanza del príncipe", 12 de agosto de 1581.

36. Quedando claro en 1583 que el dinero de aquellas recompensas iniciales del Consejo de Cámara del rey era cosa de poco, López de Velasco Velasco elevó una nueva solicitud en la que mencionaba también que había gestionado los bienes de Diego Hurtado de Mendoza a instancias de la Corona. AHN, Cámara de Castilla, Consultas de Gracia, 4409, f. 2, "Gratificación a Juan López de Velasco por trabajo en la librería de El Escorial y administración de bienes de Diego Hurtado de Mendoza", 1 de enero de 1583.

37. AGI, IG-740, N. 91, "Memorial del Consejo de Indias desaconsejando la concesión de nuevas gratificaciones a López de Velasco por su libro. Contestación al margen de Felipe II sobre que se recojan los libros y se pongan en lugar seguro", 28 de septiembre de 1582. Se conserva copia del documento en AGS, GA-137, f. 256.

de S. M. desde que el licenciado Castro yendose al Peru comenzo la recopilacion de las leyes de Indias".[38] Vázquez sin duda tendría presente –continuaba– que, durante la auditoría de Juan de Ovando en el Consejo, él en persona se encargó de organizar y escribir los informes sobre cuantos temas generales de la misma resultaron, y que aquellos informes los firmó el rey. Consciente de que su oficio era el burocrático ("ejercicio de papeles"), explicaba al secretario que durante años venía estudiando con empeño idiomas –y ciencias susceptibles de practicarse fuera de las universidades– no por su beneficio personal, sino para poder manejar con solvencia la documentación que se le encomendaba.[39] Ovando le había dado, de hecho, el cargo de cosmógrafo-cronista únicamente por no haber otro más adecuado disponible entonces –"mas por entretenimiento para esperar otro cargo que por justa ocupacion"–,[40] a pesar de lo cual él afirmaba que "por cumplir con la conciencia he hecho en el lo que se ha podido y más que todos mis predecesores",[41] pero ahora se encontraba muy desanimado con aquel puesto y sus perspectivas de futuro ("se me ha gratificado mal [...] me tiene en desgana [...] el officio no es conforme a mi inclinacion ni al fin a que encaminan[?] mis estudios");[42] esperaba, pues, que Vázquez pudiese encontrarle "alguna ocupacion de buen nombre" que le permitiese "casarme bien y pasar la vida mejor y con mas facultades para servir a S. M.".[43] Reacio a sugerir puesto concreto –o a deber justificar el hecho de haber escrito aquella carta–, pedía al secretario que consultase los particulares de su situación con Juan de Herrera, quien le proporcionaría las explicaciones adicionales necesarias, y sería su intermediario si decidía elevar su solicitud al rey. Afirmaba, por último, que era en virtud del "razonable concepto" en que este sentía lo tenía por lo que daba el paso de exponer su situación a Vázquez.

El cual, desconocemos cómo gestionó su última petición, que, según parece, no se produjo hasta casi dos años después, y cuyo

---

38. BL, Add 28345, f. 67, Juan López de Velasco, "Carta de López de Velasco a Mateo Vázquez sobre petición de otro oficio", 25 de abril de 1584. Lope García de Castro estuvo en Perú entre 1564 y 1572.

39. "[C]on fin y deseo de ocuparme en algun exercisio de papeles attendiendo siempre el estudio de lenguas y ciencias que fuera de universidades se pueden profesar no tanto por valerme de ellas como por hallarme con mas suficiencia para lo que de papeles se me encargase" (*ibid.*).

40. *Ibid.*

41. *Ibid.*

42. *Ibid.*

43. *Ibid.*

objeto esta vez sí era un cargo específico: el de secretario del monarca –conservamos, en efecto, un memorándum sobre ciertos puestos de secretario real vacantes remitido al mismo por Vázquez, quien escribe: "Juan López de Velasco el cosmógrafo ha pedido título de s[ecretario], y es bien sufficiente de noticia de lo de Indias, pero en el stilo, y manera de decir en despachos de V. M., haven[?] menester aprender más"–.[44] Una vez más, no sabemos en qué quedó la cosa –en su respuesta, el rey no hace alusión–, pero, en carta fechada tres meses después, vemos un López de Velasco mucho más contento, significativamente aliviado. Había tenido noticia de "la m[erced] muy grande quel Padre Mariano me a certificado" –probablemente se refiera al jesuita Juan de Mariana, influyente historiador y autor de polémicos libros sobre economía y política (1536-1623)–, y añade cortés que "la virtud de su animo y nobleza de condicion" le obligaban a su servicio más "que todos los interesses del mundo".[45] Agradece efusivamente a Vázquez asimismo por la atención habida con la madre de Antonio Gracián, al tiempo que le recuerda –incapaz de puntada sin hilo, viendo bien predispuesto a su patrono– que el otro hermano del mismo Gracián necesitaba apoyo también.

Aquella recompensa (probablemente un nombramiento en el Consejo de Hacienda) no le impidió poner a prueba la generosidad del de Indias aún una vez más (solicitó se le asignase la contaduría del centro), pero era 1588, y el cumplimiento de sus deberes allí estaba ya resintiéndose por las funciones adicionales que, según acabamos de decir, había asumido en el erario; se le contestó, pues, que, si no cumplía con el puesto que ya tenía, difícilmente podía pretender se le añadiese otro –optó, de hecho, la institución por informar de esta desavenencia al rey (cayendo el asunto en manos del omnipresente Vázquez, y sugiriendo este en respuesta que propusiesen nuevos candidatos para el cargo de cosmógrafo-cronista, pero que a López de Velasco era menester darle oportunidad de explicar su gestión),[46] y, al

---

44. ZAB, Altamira, 142, D. 140, "Consulta al rey sobre petición de Juan López de Velasco", 19 de marzo de 1586, Aranjuez.

45. IVDJ, Envío 37, n. 46, Juan López de Velasco, "Carta de López de Velasco a Mateo Vázquez", 16 de junio de 1586.

46. "Sera bien que me propongan personas de que resultara ver lo que convendria en lo de la ayuda de costa se oiga a Juan Lopez de Velasco que muestre como ha cumplido la qualidad con que se le señalo porque no es justo condenarle sin oirle". Nota al margen de puño y letra de Vázquez y firmada con sus iniciales. IVDJ, Envío 23, caja 1, leg. 144, Hernando de la Vega y Fonseca, "Carta de Consejo de Indias al Rey en lo del oficio de cronista y cosmógrafo de las Indias", septiembre de 1588, Madrid.

saber él (por medio de Vázquez) de la queja del Consejo, se lamentó amargamente diciendo que, si había solicitado aquello, lo había hecho por razones estrictamente económicas–.[47] Vázquez –o, mejor dicho, el monarca– en esta ocasión no lo defraudaron: en 1588 recibió su nombramiento de secretario real –concretamente, secretario del Consejo de Hacienda, con salario de 200.000 maravedíes (es decir, el doble de lo que cobraba en el Consejo de Indias)–,[48] y ostentó el cargo hasta su muerte, que se produjo el 3 de mayo de 1598.

Paralelamente a sus importantes deberes en el Consejo de Indias, y a lo que en ocasiones suponía ocupación a tiempo completo –tal su género de ocupación favorita– adicional, por su propia iniciativa López de Velasco emprendió, además, una serie de proyectos acordes con sus inclinaciones humanísticas. Lo descubrimos, en efecto, envuelto en labores lingüísticas, y encantado de juntarse con un círculo de funcionarios igualmente propensos al humanismo como el historiador Ambrosio de Morales, Antonio Gracián –secretario personal del rey– o Benito Arias Montano. Colaboraba con ellos –cosa obviamente de su agrado, y que respondía a su interés por la lengua castellana– reuniendo libros en español para la nueva biblioteca del rey en El Escorial (emblema del Renacimiento y el humanismo españoles), tomando parte también en la recopilación para dicha biblioteca de instrumentos científicos, y manuscritos.[49]

En 1571, a instancias de Arias Montano –residente entonces en Amberes– el Santo Oficio empezó a trabajar en un nuevo índice tendente a rescatar (con juicioso uso del lápiz rojo) determinadas

---

47. "Vm. me pregunto el otro dia, si avia de dexar lo que tengo, en caso de que se me diesse otra cosa. Y lo que busco y pretendo es tener con que passar la vida con retencion de lo que tengo no sin ello porque lo passo mal con solo lo que tengo. Y assi e pedido el sello de ordenes, porque con lo que vale y tengo, quedaria por lo menos sin necessidad de cansar los amigos, o buscando el sustento por medios indevidos, y de socupado con entrambos officios para servirlo, y servir en lo que mas se me mandare" (IVDJ, Envío 25, f. 585, Juan López de Velasco, "Carta de López de Velasco a Mateo Vázquez [?] sobre petición", 5 de enero de 1588, Madrid).

48. AGS, Escribanía Mayor de Rentas, leg. 27, ff. 785-853, "Nombramiento de Juan López de Velasco como secretario de S. M.", 14 de septiembre de 1588.

49. En 1577 señaló que un tal doctor Aguilera quería dar a la biblioteca un cuadrante de dimensiones llamativamente grandes que había realizado un diestro artífice. IVDJ, Envío 100, f. 297, Juan López de Velasco, "Carta a Mateo Vázquez sobre varias cédulas incluyendo una de Indias y la descripción de España", 16 de julio de 1577, Madrid.

obras literarias incluidas en el de 1559. Su mencionado interés por la lengua española –y su vínculo estrecho con Juan de Ovando, que había servido en el Consejo de la Inquisición– hacían de López de Velasco candidato idóneo para semejante proyecto, conque se le encomendó expurgar tres importantes textos que estaban en el índice (en buena parte) por alusiones anticlericales: la *Propalladia* de Torres Naharro, las obras de Cristóbal de Castillejo y la primera novela picaresca: el *Lazarillo de Tormes*.[50] Resultó ser censor benévolo, dada su admiración por los autores y lo que él calificaba como respeto de los mismos por la pureza de la lengua española –lo que lamentaba era que tan importantes obras, o bien circulasen en copias manuscritas descuidadas, o bien se publicasen fuera de España, negándose el acceso a ellas a los lectores del reino–. Su misión consistía en retocar cuanto la Inquisición encontraba inconveniente, pero conservando elegancia y gracia;[51] sacaba, pues, los fragmentos donde los autores entraban en temas de dogma y atenuaba muchas de las referencias sexuales y palabras vulgares.[52] Aunque las en ocasiones explosivas referencias anticlericales se suprimían, él blandía el lápiz de censor con buen sentido y, según han señalado los estudiosos, en su edición del *Lazarillo* supo diferenciar si se trataba de defectos personales de clérigos o de ataques al clero y a la autoridad en general –si eliminaba lo segundo, la conducta escandalosa de los abigarrados sacerdotes queda tal cual–.[53]

---

50. *Propalladia de Bartolomé de Torres Naharro y Lazarillo de Tormes, todo corregido y emendado, por mandato del Consejo de la Santa y General Inquisición* (Madrid: Pierres Cosín, 1573), y *Obras de Christóbal de Castillejo corregidas y emendadas por mandato del Consejo de la Sancta y General Inquisición* (Madrid: Pierres Cosín, 1573). Fueron su recompensa los derechos de publicación de las obras durante ocho años para los reinos de Castilla y Aragón.

51. Prólogo a Bartolomé de Torres Naharro, *Propalladia and Other Works of Bartolomé de Torres Naharro*, ed. Joseph E. Gillet, 4 vols. (Menasha: George Banta, 1943), 1:59-60.

52. Juicio de Menéndez Pelayo citado en Pérez-Rioja, "Insigne visontino", 36. Según Gillet, en la *Propalladia* Velasco efectuó "suppressions and changes are made in such a manner as to leave the context intelligible and the pattern unbroken" ("supresiones y cambios tales que permiten colegir el contexto, y no suponen ruptura de formato", traducción *ad hoc* de M. C.). Para algunos ejemplos gráficos, véase Torres Naharro, *Propalladia and Other Works*, 69-71. No todos los críticos literarios son de este parecer, sin embargo, para Gonzalo Santoja, la menor alteración del original ya está de más. Véase su introducción a Anónimo, *Vida del Lazarillo de Tormes castigado*, ed. Gonzalo Santoja (Madrid: Sociedad Estatal España Nuevo Milenio, 2000).

53. Augustín Redondo, "Censura, literatura y transgresión en época de Felipe II: El 'Lazarillo castigado' de 1573", *Edad de Oro* 18 (1999): 144.

Su única obra publicada fue la gramática española que esgrimió tratando de que lo nombraran tutor del príncipe. Con dicha *Orthographía* (que dedicó a Felipe II) perseguía mejorar y ennoblecer la lengua castellana. En el prólogo exalta, en efecto, la importancia de escribir y pronunciar cualquier idioma debidamente, "porque (explica) quien mal escrive, mal pronuncia: y quien pronuncia mal, mal habla: y quien no habla bien, parece que no entiende".[54] Agraciado él mismo con una elegante caligrafía cursiva humanística (alivio enorme para el pobre historiador víctima del tortuoso escribir a mano propio del siglo xvi), insistía en la relevancia del arte de formar palabras y dibujar las letras, y trataba de estandarizar la ortografía de una serie de vocablos españoles ya sistemáticamente escritos mal, ya de grafía oscilante –aspiraba a proponer ortografía y gramática que, capaces de reconciliar uso común y estudio etimológico razonado, no restringiesen la flexibilidad del idioma–. Según va avanzando por el abecedario, introduce para cada letra palabras problemáticas, y expone los motivos etimológicos para deber escribirlas de determinada forma –explicaciones etimológicas de las cuales cabe conjeturar que supiese latín, más probablemente algo de griego y hebreo (su familiaridad con el italiano oral salta a la vista)–. Explica asimismo el modo adecuado de dividir en partes palabras y frases, así como el uso de la puntuación, y cierra el libro un índice de vocablos usuales con dificultades ortográficas.[55]

En el epílogo da a conocer incluso una propuesta de reforma de la educación elemental en Castilla[56] –la clave estaba en reclutar maestros que, aparte de entender bien la ortografía, pronunciasen también debidamente los vocablos (cosa, a su ver, esencial para aprender los niños el idioma en condiciones)–, y, en 1587, el Consejo de Castilla

---

54. López de Velasco, *Orthographía*, prólogo. Para un análisis de la teoría gramatical de López de Velasco, véase José María Pozuelo Yvancos, *López de Velasco en la teoría gramatical del siglo XVI* (Murcia: Universidad de Murcia, 1981). La obra recibió licencia de impresión de diez años para Castilla (1578), Aragón (1578) y Portugal (1581).

55. En la biblioteca de El Escorial se conserva un grupo de documentación personal de López de Velasco relativa sobre todo a sus intereses lingüísticos. Estos documentos, que incluyen una serie de borradores y cartas con comentarios sobre la *Orthographía*, los archivó su autor –junto con otros– bajo la etiqueta "Papeles de curiosidad" con la indicación de que, a su muerte, se presentasen al rey. La mayoría se encuentra en BME, L-I-13 y K-III-8. Véase Miguélez, *Catálogo de códices españoles*, 2:191, 247-249.

56. "Epílogo e instrucción para enseñar bien a leer y escribir", en López de Velasco, *Orthographía*, f. 309.

le reconoció este interés por la pedagogía invitándolo a emitir dictamen sobre una propuesta presentada al centro de requerimiento de certificación profesional a los maestros de educación primaria. Él, lejos de limitarse al dictamen solicitado, evaluó el lamentable estado de dicha instrucción básica en Madrid y propuso un amplio proyecto de reforma educativa en Castilla.[57]

También aquí insistía en la capacitación de los profesores (proponía, si bien hubiera preferido que fuesen a la corte a tal efecto, los examinasen y autorizasen las autoridades locales), y planteaba, entre otros puntos, establecer (pagando a los docentes salario razonable en proporción) un mínimo de horas lectivas, y limitar el número de alumnos por aula; en cuanto al currículo, recomendaba enmendar el texto entonces al uso –que incluía solo lectura y catecismo (con el acento en lo segundo)– de modo que se enseñase además a escribir; y, para estandarizar la ortografía, que cuanto se imprimiese en el reino fuese conforme a las directrices estipuladas en el nuevo texto educativo. Ignoramos si el proyecto trascendió su mera consideración por parte del Consejo de Castilla.

Su implicación en la biblioteca de El Escorial le permitió asimismo participar en el proyecto de recopilación, edición y publicación del enciclopedista San Isidoro de Sevilla (c. 560-636)[58] –quien, amén de escribir las *Etimologías* (la obra de referencia de mayor difusión en el Medievo), fue lingüista y dedicó escritos a ciencias naturales, cosmología, e historia–, y no sería descabellado suponer que dicha obra de San Isidoro le brindase inspiración para el enfoque etimológico de su *Orthographía* recién comentada. Dirigió la toma de contacto inicial con bibliotecas privadas y eclesiásticas de toda España Antonio Gracián, encargándose Ambrosio de

---

57. Para un estudio detallado de la propuesta de López de Velasco en tanto que "arbitrista", véase Augustín Redondo, "Exaltación de España y preocupaciones pedagógicas alrededor de 1580: Las reformas preconizadas por Juan López de Velasco, cronista y cosmógrafo de Felipe II", en *Felipe II, Europa y la monarquía católica*, ed. José Martínez Millán (Madrid: Parteluz, 1998). Un borrador de la propuesta se conserva en BME, L-I-13, ff. 249-267, "Instrucción para examinar a los Maestros de Escuela de la lengua castellana y enseñar a leer y escribir a los niños", julio de 1588.

58. A instancias de Álvar Gómez de Castro (1515-1580), Felipe II mandó recopilar, editar y publicar las obras de San Isidoro de Sevilla. Véase Gregorio de Andrés, "Viaje del humanista Álvar Gómez de Castro a Plasencia en busca de códices de obras de S. Isidoro para Felipe II (1572)", en *Homenaje a Don Agustín Millares Carlo* (Las Palmas: Caja Insular de Ahorros de Gran Canaria, 1975), 609.

Morales –cronista real– de desplazarse para verificar, copiar y reunir los documentos visigóticos, pero, muerto Gracián (1576), la tarea de localizar y recopilar de catedrales y monasterios los manuscritos relevantes recayó sobre López de Velasco,[59] que, el verano de 1577, envió a conventos y monasterios del país una serie de órdenes indicándoles notificasen (y entregasen) cuantas obras de San Isidoro poseyesen[60] –no se limitó, de hecho, a recopilar los códices (dispuso también que se corrigiesen),[61] y posteriormente hizo de bibliotecario del material recabado–.[62]

Parece ser que él en persona se encargó de editar al menos una de las obras de San Isidoro –el *De ecclesiasticis officiis*, temprana descripción de la liturgia, ritos sacramentales y fiestas católicas–, y se mostró en ello metódico como de costumbre, haciéndose, antes que nada, con materiales de consulta en que apoyarse para la interpretación –solicitó de la Biblioteca Real el *Albeldense* (códice de derecho canónico), y los más antiguos misales y breviarios en la misma disponibles–.[63] Le sobrevino la muerte cuando, tras veinte años de trabajo, el proyecto se acercaba a su fin –en 1598, año (precisamente) de la canonización

---

59. IVDJ, Envío 100, f. 311, Juan López de Velasco, "Carta a Mateo Vázquez sobre San Isidoro y por gratificación a su libro", 14 de octubre de 1576, Madrid. Manuel Miguélez fue el primero en dejar constancia de la participación de López de Velasco en el proyecto, si bien su juicio, que refleja su afán por rehabilitar a López de Velasco como humanista, exagera la importancia de su contribución. Véase Manuel Miguélez, "Sobre el verdadero autor del 'Diálogo de las lenguas'", *La Ciudad de Dios* 117 (1919).

60. IVDJ, Envío 100, ff. 297 y 222.

61. López de Velasco sugirió que se encargase fray Luis de León. Véase IVDJ, Envío 100, ff. 245, 246 y 263.

62. IVDJ, Envío 100, f. 18, Juan López de Velasco, "Carta de López de Velasco a Mateo Vázquez sobre que le devuelvan unos libros de la Librería Real", 23 de octubre de 1584, Madrid. López de Velasco, preocupado porque algunos de los libros de San Isidoro de la Biblioteca Real –en Madrid– se habían enviado a San Lorenzo de El Escorial –a Bartolomé de Santoyo–, pidió que el monarca interviniese para garantizar que se devolvieran.

63. El *Albeldense* está en BME, D-I-2. López de Velasco describe el resto de códices como "un misal y brevario Mozabes [mozárabe], los mas antiguos que en la librería hubiere" (AGS, CSR-281, f. 354, Juan López de Velasco, "Juan López de Velasco pide libros a la biblioteca de El Escorial para trabajo de San Isidoro", 12 de noviembre de 1586). Lawson sostiene que la fuente original de la edición de Grial del *Ecclesiasticis officiis* fue el códice de El Escorial D-I-1 (*Gothicus Codex*). Véase su estudio en Isidoro de Sevilla, *De ecclesiasticis officiis*, ed. Christopher M. Lawson (Turnhout: Brepols, 1989), 116-117. Por este trabajo, López de Velasco cobró. Véase APR, Registros, Cédulas, Tomo 7, "Carta de pago a Juan López de Velasco por corregir el tratado de San Isidoro 'Officiis Ecclesiasticis'", 1587.

de San Isidoro–, y uno antes había sido nombrado editor del proyecto Juan Pérez y Grial, que fue quien finalmente preparó el material para su publicación, pero la versión del *De ecclesiasticis officiis* que dio a la prensa desconocemos si fue o no la que corrigiera López de Velasco.

El historiador reacio

En esta versión inspirada de López de Velasco –dado a sus labores en la espléndida biblioteca de El Escorial y encantado de tener que ver con los más eminentes humanistas de la corte de Felipe II– parece que fuese hombre distinto del adusto y expeditivo cosmógrafo-cronista del Consejo de Indias, cargo en cuyo desempeño –que a menudo lo enredó en el ámbito riesgoso de la política de época– queda patentísimo su pragmatismo. Poco después de su nombramiento –y en arreglo a las competencias que la orden del mismo y las *Ordenanzas* le atribuían–, el Consejo le solicitó, en efecto, dictamen sobre si la *Historia del Perú* que Diego Fernández de Palencia recientemente publicara efectivamente contenía –como sostenían algunos– pasajes falsos, inexactos u ofensivos, y el escrito en respuesta de López de Velasco –que conservamos– es revelador de su visión de la censura histórica, así como característico de en qué vena asumió sus funciones.[64]

Fernando Santillán –una de las personas mencionadas en la obra– entendía que lo que de él allí se decía (especialmente sobre su participación en la revuelta que, en 1546, Gonzalo Pizarro lideró contra la Corona española) tergiversaba la realidad y era afrentoso –complicando todo el haber escrito el libro Fernández de Palencia bajo el patrocinio de Francisco Tello de Sandoval, quien, entonces presidente del Consejo de Indias, le había dado acceso a documentos oficiales–. Pero López de Velasco optó por no pronunciarse sobre si los hechos se habían tergiversado o no: ninguna de ambas partes –explicaba– estaba en condiciones de documentar su tesis sin lugar a dudas, y aconsejaba al Consejo, si quería llegar al fondo del asunto, llevar a cabo una investigación que implicaría consultar archivos e interrogar a personas de allí que pudiesen guardar memoria del suceso –acto seguido se preguntaba si tal sería buena idea:

---

64. AGI, P-171, N. 1, R. 19, Juan López de Velasco, "Parecer que dio Juan López de Velasco, cronista mayor de Indias, sobre la 'Historia del Perú' que escribió Diego Fernández, vecino de Palencia. Respuesta de Fernández a las objeciones y reparos que puso el licenciado Hernando de Santillana a dicha Historia", 16 de mayo de 1572.

quizás no era prudente volver a indagar en aquel episodio polémico que (recordaba) había sido dirimido ya en los tribunales–. Sugería, eso sí, que, en tanto que el libro se examinaba, las 1.500 copias ya impresas fuesen confiscadas de modo que ninguna llegase a ultramar, y así hizo el Consejo: en vez de reabrir aquel momento turbio de la historia colonial, retiró la obra de la circulación.

Ante la veleidosa actitud de la institución para con la historia, López de Velasco se volvió reacio a desempeñar sus funciones en dicho ámbito, y nos brinda una de las escasas ocasiones que tenemos de asomarnos a su modo de pensar una de sus cartas a Francisco Cervantes de Salazar. Le confiaba en ella su recelo sobre los criterios históricos del Consejo –poniendo en duda que el interés del rey en una historia de las Indias fuese auténtico–, y, tras agradecerle haberle hecho llegar determinado material histórico, añadía:

> Lo que este cuydado mío prestará no lo sé, pero parézeme que en duda, mientras no valiere para más, devo procurar con diligencia lo necessario para la historia, que aunque no sé si Su Magestad se servirá que se scriva ni publique ninguna por los sucessos, no sé de qué manera, que an tenido las que hasta hora se an visto para le Consejo y ministros del, tiénese por conveniente que aya la más cumplida noticia que se pueda de las cosas pasadas en Yndias y de las presentes, por la luz que dan para sospechar o prevenir las venideras.[65]

Sabía que –aun si lograse documentar cuantas afirmaciones hiciese– el Consejo sometería cualquier trabajo histórico que escribiera a un escrutinio atentísimo del que podría resultar tifón político. Había visto a qué controversias podían dar lugar las historias de las Indias –Las Casas, López de Gómara, Fernández de Palencia–, y quería anticiparse en dos sentidos: en primer lugar, procuró reunir cuantos escritos ajenos posibles, y, debiendo ofrecer al Consejo perspectiva histórica de algún asunto, se remitía siempre a testimonios de primera mano prestados bajo juramento; en segundo lugar, sencillamente evitó escribir una historia global, limitando sus escritos históricos a relatos de descubrimiento e insertándolos siempre en alguna obra cosmográfica. Esto último, técnicamente constituía una violación de su orden de nombramiento, según la cual debía componer una historia general de las Indias, pero desconocemos qué argumentos esgrimiese

---

65. Carta de López de Velasco a Cervantes de Salazar, 10 de junio de 1573, Madrid. Publicada en Millares Carlo, ed., *Cartas de España*, 108.

para eludir la tarea, o si llegó, de hecho, a presionársele en el sentido de que compusiera semejante obra.

Tendió, pues –en respuesta (quizás) a la amenaza latente que en la escritura histórica entreveía–, al anonimato que el enfoque colectivo posibilitaba, y ello donde más claro se aprecia es en un memorándum que dirigió a Felipe II instándole a disponer se escribiera biografía suya oficial –"Que su Majestad debe mandar a escribir su historia", rezaba el título–.[66] Es documento sin fecha que (de su puño y letra) conservamos en corpus de papeles propiedad en otro tiempo de Mateo Vázquez, y afirmaba en él el cosmógrafo-cronista que dejar constancia de la historia del reinado del monarca era tarea de cierta urgencia –no hacerlo (explicaba) supondría grave injusticia para con el mismo: significaría dejar su memoria a merced del "juicio temerario del vulgo inclinado siempre a juzgar lo peor", y de extranjeros prontos a dar crédito a rumores y mentiras–.[67] Se daba cuenta –añadía– de que, poco propensa como era (por su natural humilde) a lo que algunos podrían considerar afán de gloria terrena –o no queriendo que pudiese el texto ofender a nadie–, su majestad seguramente fuese reacia al proyecto, pero –explicaba–, elucidando la verdad (y el celo cristiano que motivaba las acciones del soberano), aquella historia podía resultar instructiva; la posteridad –decía al rey– le daría el nombre de Felipe el Prudente. Sabía –aparte– que la primera regla de la historia es no difamar, pero hacía ver que (como la situación justificaba) también podía usarse en vena propagandística o para distorsionar los hechos: "[Y] en effecto ay cosas que la historia haziendo lo que deve puede y deve callar y por esto es medio convenible para desacreditar y deshazer los rumores falsos manifestando la verdad y para dissimular los que no convengan saberse dexandolos de scrivir".[68]

Parece que era consciente de que, en cierta medida, las reservas del monarca hacia la historia podían deberse a lo que él llamaba "inoportunidad y nunca acabar de los historiadores"; neutralizaba, sin embargo, tales objeciones sugiriéndole ordenar que aquella se

---

66. ZAB, Altamira, 159, D.107, f. 1-4, Juan López de Velasco, "Informe de Juan López de Velasco a Felipe II dando razones de lo conveniente de que el rey mande a escribir su historia" (sin fecha). Para un estudio que sitúa este documento en el contexto de la labor de los cronistas de los Habsburgo, véase Richard L. Kagan, "Clio and the Crown: Writing History in Habsburg Spain", en *Spain, Europe, and the Atlantic World: Essays in Honor of John H. Elliott*, eds. Richard L. Kagan y Geoffrey Parker (Cambridge: Cambridge University Press, 1995), 78.
67. ZAB, Altamira, 159, D. 107, f. 2.
68. *Ibid.*, f. 2v.

escribiese rápido, y que él en persona se encargase de supervisarla. En cuanto a las razones que veía para lo urgente de la empresa, eran dos: la primera, que "el tiempo es breve y la materia larga" –era menester recopilar una copiosa documentación, y testimonios de personas que en cualquier momento podían morirse–; la segunda, que, una vez llegase al público, el anuncio de la historia del monarca disuadiría a quienquiera que estuviese componiendo obra análoga de hacerlo "antes de llegar a publicar los errores q[ue] de fuerza escriviran". Sugería incluso que, si decidía al cabo que no se escribiera su historia, podía, ordenando tal en secreto, "con muestras públicas" dar a entender lo contrario –que la obra estaba componiéndose–. Observaba, eso sí –no sin un toque de aflicción–, que, de optar el rey por esta solución, "se passará el tiempo y se acabaran las personas y memorias y acabada esta edad no se podra despues bolver aello con fundamento de verdad y assi se olvidará".[69]

No era, del resto, en opinión de López de Velasco la escritura de esta historia del reinado de Felipe II asumible por persona aislada, sino tarea de asignar a un comité –"son tantas las calidades que se piden en un perfecto historiador que de concurrir sino raras vezes en un hombre"–.[70] Podían empezar el proceso recopilando cuanta documentación relevante existiera, organizándola para facilitar su consulta y redactando resúmenes. Hecho lo cual, se encargaría de ir repasando el material, decidiendo qué episodios debían incluirse, un grupo compuesto por ministros de confianza (estadistas sabedores de las razones tras los principales acontecimientos), letrados duchos en leyes y militares capaces de echar luz sobre asuntos bélicos. Habrían de ser todos hombres con formación filosófica y humanística, capaces de seleccionar los hechos más importantes (así como de calificarlos y presentarlos de la manera mejor), y cuya altura intelectual eximiese al historiador de posibles reproches. Se sometería, por último, la lista de acontecimientos seleccionados a la aprobación del rey, y, caso de dar este el visto bueno, se iniciaría la fase de redacción, que llevarían a cabo (en español y con estilo "grave y llano") dos escritores que trabajarían por separado, y la disposición, lenguaje y exactitud de cuyos textos refundiría, corregiría y evaluaría el mencionado comité. Sugería también –para evitar futuras traducciones que tergiversasen el relato original– encargar versión latina del mismo a "el hombre mas docto y de mejor estylo que se hallare natural o estrangero".

---

69. ZAB, Altamira, 159, D.107, f. 2v.
70. ZAB, Altamira, 159, D.107, f. 4.

Terminaba insistiendo en que aquello no tenía por qué costar mucho dinero. Los ministros a quienes se solicitase examinar el material –que ya cobraban del erario–, en tomar parte en tal proyecto no verían sino honor adicional, y los escribientes a quienes se encomendasen los resúmenes, en el año o poco más que él calculaba tardarían no podían salir tan caros. "[N]o será tanto –añadía– como lo que se da por toda su vida a un coronista que se muere sin dexar escripta letra".[71]

Si viese López de Velasco papel o no para sí mismo en esta empresa no queda claro en el memorándum –insistía digno en que no pretendía sino poner al socaire de la posteridad veleidosa el honor y la gloria de su majestad–, pero a formar parte del grupo de ministros del rey encargados de seleccionar el material a incluir en ningún caso habría aspirado; la confección de los resúmenes era, por su parte, paso intermedio más adecuado para secretarios contratados *ad hoc* (buena oportunidad para un joven que empezase, como él mismo tuvo con Juan de Ovando), y, en cuanto a la redacción –bajo atento escrutinio– de las versiones finales española o latina, tampoco da la impresión de que le interesara.

Lo más probable es que tuviese en mente un papel semejante al que desempeñó en la edición de las obras de San Isidoro: coordinador. No alude a ello abiertamente, pero el modo como organizaba el proyecto requería de alguien que guiase la labor de recopilación de las fuentes primarias –a menudo información confidencial–, diese orden a las deliberaciones de los ministros, supervisase la confección de los resúmenes por parte de los secretarios y diese seguimiento a las versiones española y latina. La propuesta data, además, de la década de los 80 del siglo xvi, y él para entonces ya tenía acreditada su capacidad para desempeñar semejante misión –la mayoría de sus funciones como cosmógrafo-cronista del Consejo de Indias implicaban, precisamente, estas labores que probablemente vislumbrase para sí en este proyecto de historia del monarca: recopilar, catalogar y organizar información–. Proponía, en resumidas cuentas, el esquema prefecto para un historiador a su pesar –uno obviamente reacio a dejar que se oiga demasiado nítida voz suya personal–: supervisaría el proyecto, pero en modo que ello no lo convirtiese en responsable –o culpable– del contenido.

---

71. ZAB, Altamira, 159, D.107, f. 4.

El cosmógrafo como censor

López de Velasco enfocó su labor de cosmógrafo de forma análoga a como acabamos de ver imaginó actuaría en el proyecto de historia del reinado de Felipe II. Una cosmografía debía componerse a partir de hechos descritos en documentos que había que recopilar, evaluar y sintetizar –no era, por tanto, de extrañar que, durante sus primeros años en el cargo, su principal actividad consistiese en reunir y organizar dicha documentación–, y, tratando de lograr que los informantes le proporcionasen material cosmográfico, recurrió a una serie de estrategias, pues, aunque algunos había (por ejemplo Cervantes de Salazar) que, apenas el nuevo cosmógrafo mayor se las solicitaba, de buena gana le hacían entrega de importantes obras, otros no soltaban el material sino constreñidos legalmente –muchos nunca volvieron a ver sus obras una vez cayeron en sus manos–. Pero esta diligencia de López de Velasco puesto a recopilar –y custodiar en el ámbito estricto del Consejo– información sobre la historia y la realidad física del Nuevo Mundo, que ha parecido a veces a los historiadores la típica conducta de agente de monarca oscurantista que quiere ejercer censura y control en sus posesiones de ultramar, hay que decir, en justicia, que era consecuencia natural del ambicioso proyecto cosmográfico de Ovando, donde el papel de la censura era secundario.

La asunción del cargo de cosmógrafo-cronista mayor lo situó en situación peliaguda. En primer lugar, aunque su orden de nombramiento prescribía compusiese –amén de historia natural y moral– cosmografía de las Indias, el set de directrices complementario que las *Instrucciones* detallaban aún no tenía el visto bueno del rey, que hasta 1573 no lo firmaría. Por otra parte, estas *Instrucciones* prometían –según en el capítulo anterior se vio– flujo constante de materiales geográficos, etnográficos e históricos cuidadosamente recabados a partir de los cuales compusiese él la descripción oficial del Nuevo Mundo, pero a los funcionarios destinados en el mismo no había llegado noticia de nada.

Pasó, pues, 1571 y 1572 recopilando materiales cosmográficos sobre las Indias. Solicitó, en efecto, se recogiese y enviase al Consejo la documentación de Alonso de Santa Cruz y Cristóbal Colón conservada en la catedral de Sevilla,[72] y siguió pugnando por la importante colección

---

72. "Cosmografía. Una cedula de su mag[estad] para q[ue] se agan recoger los papeles y descripciones de la cosmografía que tenía el cosmógrafo Alonso de Santa Cruz y asi mesmo todos los q[ue] hay en la Iglesia mayor de aquella ciudad de los que tenia el Almirante Colón". AGI, IG-1505, f. 307, "Libro de despachos de oficio del Consejo de Indias", 31 de octubre de 1571, Madrid.

cosmográfica de Santa Cruz, cuya posesión le fue concedida en 1572.[73] Anduvo, aparte, tras los papeles que dejó a su muerte Francisco López de Gómara, autor de una de las descripciones cosmográficas del Nuevo Mundo de mayor difusión –fuente, de hecho, de la de Gemma el Frisio–: remitió a las autoridades de Soria –su ciudad natal– le enviasen una "persona de confianza el cual informe, inventaríe y traiga al Consejo de Indias todos los papeles, libros y escrituras sobre historias de las Indias que escribió Francisco López de Gómara y que estan en poder de sus herederos", haciéndole entrega de todo a él.[74]

Pero, a pesar de estos esfuerzos, el material necesario para el cumplimiento de las funciones de su nuevo cargo era consciente de que se encontraba allende el océano, y, a instancias suyas, en agosto de 1572 el Consejo promulgó una serie de reales órdenes disponiendo que desde los diversos distritos administrativos de las Indias se enviasen materiales históricos.[75] Se solicitaba, concretamente, localizar a personas que, "sean laicas o religiosas", pudiesen haber escrito o recopilado –o estuviesen en posesión de– cualquier género de historia, comentario o relato del descubrimiento y la conquista de la zona en cuestión, así como de las guerras habidas en la misma desde el descubrimiento hasta entonces. También se pedía se buscaran descripciones de religión, formas de gobierno, ritos y costumbres de los nativos –más escritos sobre "tierra, naturales y calidades de las cosas"–, reuniéndose con "diligencia y cuidado" cuanto material se recabara y enviándose al Consejo.

En 1573, López de Velasco estaba absorto en la composición de la que sería su principal obra cosmográfica: la *Geografía y descripción universal de las Indias*. Las páginas de la agenda de Antonio Gracián –el secretario real– nos lo describen, sí, recopilando ávido información sobre aquellas tierras –especialmente la documentación otrora en

---

73. AGI, P-171, N. 1, "Inventario de documentos de Santa Cruz que pasaron a manos de J. López de Velasco", octubre de 1572, Madrid.

74. AGI, IG-427, L. 29, f. 1, "Cédula ordenando se recojan los papeles de López de Gómara", 16 de septiembre de 1572, Madrid.

75. AGI, IG-427, L.30, ff. 233v-234v, "Cédula a Martín Enríquez, virrey, gobernador y Capitán general de Nueva España y presidente de la Audiencia de México, encargándole que se informe sobre las descripciones e historias de los Indios que existen en el distrito de su jurisdicción y los envíe en original o en copia en los primeros navíos que vayan a los reinos, donde se hará una recopilación de las mismas", 17 de agosto de 1572, El Escorial. Se enviaron órdenes similares a Charcas, Chile, Guadalajara, Guatemala, Panamá, Quito, Santa Fe y Santo Domingo. También en BN, MS2932, #188, f. 273-274v, y publicado en DIE, 1:361-362.

posesión de Juan Páez de Castro (quien fuera cronista del rey)–,[76] pero también se hizo en esta época con obras sobre el Nuevo Mundo de Bartolomé de Las Casas que (escritas tanto en español como en latín) se conservaban en el Colegio de San Gregorio de Valladolid, entre las cuales se hallaba el manuscrito de la *Historia general de las Indias*. Años después, una real orden le recordaba el deber que su cargo comportaba de custodiar tan controvertido documento: "tengais muy a recaudo [...] y no la entregueis a persona ninguna".[77]

Para 1577, el papel de punto de confluencia de relaciones geográficas, históricas y de historia natural sobre las Indias del cosmógrafo-cronista mayor del Consejo (en Madrid) era ya de todos aceptado, tanto en la corte, como en el resto de reales consejos; hasta el extremo de que, leyendo en un informe que había llegado con la flota de Indias "descripción y pintura [...] de aquella tierra" de Diego de Frías Trejo, Felipe II escribió al margen: "[Y] se de la descripcion a Ju[an] de Velasco para las que el haze".[78] Contribuía a esto el haber dispuesto el Consejo que ninguna obra relativa al Nuevo Mundo obtuviese licencia de publicación sin que él la examinase primero, por lo que capitanes de barco, cronistas oficiales y autores particulares le remitían obedientes sus obras para su censura y –si había suerte– autorización.

---

76. IVDJ, Envío 58, f. 93, Antonio Gracián, "Nota de Gracián al Rey", 3 de febrero de 1573. El documento, que se corresponde con las entradas de la agenda (o "diurnal") del secretario, es una lista de diversos materiales que este consultaba con el rey. "Tambien me pide Juan López de Velasco chronista de Indias los papeles de la florida que tengo entre los del doctor Juan Paez que se me entregaron por mandato de V. Mag. por esa memoria que me ha dado ver a V. Mag. el efecto para que los quiere. Su Majestad es servido darle estos y algunas otras relaciones y copias simples de cosas de Indias que tengo apartados de los otros papeles". El rey respondió al margen: "bien se los pueden dar sabiendolo el presidente para q[ue] se lleven recatados". Hay una entrada complementaria en la agenda de Gracián, el 4 de febrero de 1573: Antonio Gracián, "Diurnal de Antonio Gracián, secretario de Felipe II", en *Documentos para la historia del monasterio de San Lorenzo el Real de El Escorial*, ed. Gregorio de Andrés (El Escorial: Imprenta del Real Monasterio, 1962), 5:75.

77. AGI, IG-426, L. 26, f. 178, "Cédula ordenado a Juan López de Velasco para que tenga en su poder las obras del Obispo de Chiapas que se trajeron de Valladolid", 24 de julio de 1579. En 1597 esta documentación pasó a Antonio de Herrera, nuevo cronista real. Véase AGI, IG-427, L. 31, f. 29, "Instrucción del rey a Juan López de Velasco que le entregue los libros y papeles del Obispo de Chiapas a Antonio de Herrera", 4 de septiembre de 1597.

78. AGI, IG-739, N. 108, "Consulta del Consejo de Indias informando al rey de la llegada de la flota [...] que trae descripciones de Perú", 9 de septiembre de 1578.

Él, sin embargo, no cejó en su búsqueda de fuentes informativas. Es posible, incluso, que, en su celo, se extralimitara y se ganase enemistades en la reducida comunidad de cronistas y cosmógrafos que aspiraban a sacar beneficio de sus obras en el mercado, pues, en ocasiones, incumplió su parte en la cultura de intercambio de favores presupuesta cuando un autor entregaba materiales de buen grado –por ejemplo la *Crónica del Perú* que (en espera de sus comentarios) confiara un día al recién mencionado cronista Juan Páez de Castro Pedro Cieza de León (su autor) y, años tras la muerte de este, Rodrigo de Cieza (su hermano) acusó a López de Velasco de retener "por sus fines particulares", solicitando, de hecho, fuesen a recuperarla alguaciles–.[79]

Usó con frecuencia, de hecho, la potestad de su cargo para quedarse con materiales que, aunque hubiese censurado, hallaba quizás valiosos de cara a su consulta, y tal parece que fue el caso del *Itinerario de la navegación de los mares y tierras occidentales* del capitán Juan Escalante de Mendoza,[80] extraordinario manuscrito en el que su autor, hombre con años y años de experiencia en la carrera de Indias, describía al pormenor las rutas náuticas de ida y regreso a América incluyendo (cosa utilísima para pilotos) dibujos panorámicos detallados de los principales puertos y costas de allá. En 1579 Escalante de Mendoza buscaba, en efecto, licencia para publicar la obra, pero –a instancias de López de Velasco– el Consejo decretó que esta contenía información sensible, perjudicial de caer en manos extranjeras. El autor respondió que, estando dichas manos ya más hechas que nadie a aquellas rutas, el libro podía ser de ayuda, en cambio, a marinos de España,[81] y alegaba tras ello que López de Velasco tenía intereses espurios, personales, solicitando examinasen la obra –en Sevilla– hombres con la debida experiencia.

El Consejo quitó el asunto de las manos a López de Velasco y lo remitió a Juan Bautista Gesio –cosmógrafo próximo a la institución en

---

79. AGI, IG-1086, f. 30, "Petición de Rodrigo de Cieza sobre libros de la historia del Perú en posesión de Juan López de Velasco", 29 de enero de 1578. Relató el primero el episodio completo Jiménez de la Espada. Para una versión más reciente, véase Pedro de Cieza de León, *Obras completas*, ed. Carmelo Sáenz de Santa María, 3 vols. (Madrid: CSIC, 1985), 3:51-53.

80. El manuscrito sin ilustraciones se conserva en BN, y lo publicó Juan de Escalante de Mendoza, *Itinerario de navegación de los mares y tierras occidentales, 1575* (Madrid: Museo Naval, 1985).

81. AGI, IG-1086, L. 7, 288v, "Petición del capitán Escalante de Mendoza de que examinen su libro otras personas además de López de Velasco", 2 de diciembre de 1579.

el que López de Velasco hallaría la horma de su zapato–, pero pasaban años y Escalante de Mendoza seguía sin recibir licencia. Finalmente, López de Velasco vio redimida su conducta al emitir veredicto sobre el tema el rey: "Bien sera que se le tome este libro y que se ponga vno donde dezis para que se guarde con recato y otro me embiareis para que le mande poner donde me pareciere y mirareis en que recompensa se le podra dar y a donde y en que y auisarmeeis dello".[82] Concedió el Consejo al capitán 500 ducados de recompensa por su libro. Jamás le permitió publicarlo.[83]

En otra ocasión trató de proteger una valiosa fuente de información de historia natural. Al hacerse evidente (en 1577) que Francisco Hernández no llevaría a término su plan originario de escribir la historia natural del virreinato de Perú, él, que no quería que el proyecto perdiese fuelle, propuso lo continuase Antonio Sánchez de Renedo, protomédico de Perú –informaba al Consejo, en petición previamente remitida a Mateo Vázquez,[84] de que dicho Sánchez de Renedo, a quien calificaba de hombre de gran cultura y buena posición, ya había compuesto, de hecho, buena parte de la obra (y de su propio bolsillo, pues entendía que entraba en las funciones de su cargo), tras lo cual solicitaba le ordenasen enviar lo ya escrito, y proseguir en la labor (cosas ambas que Sánchez de Renedo, aseguraba, "holgará de hazer")–.[85] Pero el asunto parece que no avanzaba, y, transcurrido un año, volvió a sacarlo a relucir; no sugería ahora, sin embargo, a Sánchez de Renedo como candidato para retomar el proyecto de Hernández, sino que directamente mencionaba su libro sobre "la historia general de las yervas y plantas y cosas notables de aquellas partes", para acto seguido pedir que el virrey se informase sobre el

---

82. AGI, IG-740, N. 78, "Consulta sobre la licencia que pide Juan de Escalante para imprimir su obra intitulada *Itinerario de navegación de los mares y tierras occidentales*", 14 de julio de 1582, Madrid. A pesar de la preocupación del Consejo, el documento circuló como manuscrito, y en 1593 la institución emitió real orden para que dejase de hacerlo. Véase AGI, IG-426, L. 28.

83. AGI, IG-740, N. 85. "Consulta del Consejo de Indias sobre si se podría hacer merced al capitán Juan de Escalante de Mendoza por su libro *Itinerario de navegación de los mares y tierras occidentales*", Madrid, 18 de agosto de 1582.

84. "Para lo del doctor Antonio Sánchez de Renedo va el memorial que Su M[ajestad] manda y la revision al que podra ser si pareciera a Vm. con orden que se informe de mi en aquel negocio". IVDJ, Envío 100, f. 297, Juan López de Velasco, "Carta a Mateo Vázquez sobre varias cédulas incluyendo una de Indias y la descripción de España", 16 de julio de 1577, Madrid.

85. AGI, IG-1387, "Petición sobre Dr. Sánchez de Renedo para proseguir el trabajo del Dr. Hernández en el Perú donde reside", 28 de julio de 1577.

mismo –y cuáles partes suyas estaría dispuesto a enviar al Consejo el médico–, y sugerir que aquel hombre recibiera recompensa adecuada que lo animase a continuar.[86] El documento original sugiere el visto bueno del Consejo ("hágase así"). Yo, sin embargo, con esta historia natural de Sánchez de Renedo no he logrado saber qué pasó.

Es, con todo, quizás la relativa a las obras de Bernardino de Sahagún la actuación de López de Velasco en la red de información cosmográfica e histórica de la España del siglo XVI la que más duramente han juzgado los historiadores y menos han comprendido en sus justos términos. En el capítulo anterior ya mencionamos la carta de 1576 donde –para satisfacer las necesidades del proyecto de los libros de descripciones– el arzobispo Pedro Moya de Contreras ponía a disposición del Consejo la obra de este franciscano,[87] y ahora es momento de añadir que de dicha carta resultó la famosa real orden de 1577 de recoger y enviar a Madrid la producción completa del mismo.[88] Pues bien: si historiadores como Joaquín García Icazbalceta o Georges Baudot han querido ridiculizar esta orden (que algunos han denominado "infausta cédula") como testimonio del supuesto afán de la monarquía de, secuestrando y enterrando en el Consejo de Indias los estudios etnográficos y lingüísticos nahuas de Sahagún, borrar las identidades amerindias,[89] en opinión de otros el religioso fue víctima de miembros de su orden envidiosos de su erudición, o padeció, sencillamente, la indiferencia inhumana de una burocracia de largo alcance.[90] No es exclusivo, de hecho, de estudiosos modernos el juicio severo de esta iniciativa de López de Velasco: fray Gerónimo de Mendieta –contemporáneo de Sahagún–, en su *Historia eclesiástica indiana* (c. 1596) acusaba a cierto cronista (cuyo nombre se cuida de no mencionar) de servirse de mentiras y subterfugios para arrebatar a su autor estos documentos.[91]

---

86. AGI, IG-1388, López de Velasco, Juan, "Petición sobre historia natural del Perú", 28 de mayo de 1578. Quedó registrado también en el libro de peticiones del Consejo, IG-1086, L.6, f. 200v.
87. Carta del arzobispo de México al rey, 28 de marzo de 1576. Publicada en Paso y Troncoso, *Epistolario*, 12:12-13.
88. AGI, P-275, R. 79, "Cédula real sobre recogida de ejemplares: Obra de Fray Bernardino de Sahagún", 22 de abril de 1577.
89. Georges Baudot, *Utopia and History in Mexico*, 493-504.
90. Respectivamente, Luis Nicolau d'Olwer, *Fray Bernardino de Sahagún*, 72, y Walden Browne, *Sahagún and the Transition to Modernity* (Norman: University of Oklahoma Press, 2000), 34.
91. Citado en d'Olwer, *Fray Bernardino de Sahagún*, 77.

Pero hay otra explicación posible. El diligentísimo primer cosmógrafo-cronista, al tener noticia de que Sahagún (a quien ya Ovando admiraba) había llevado a cabo una importante labor histórica, puso en marcha la maquinaria estatal para recopilarla en la idea de alimentar con ella la que él debía escribir, y así fue como, en 1577, se dio la mencionada real orden, a la que en 1578 siguió recordatorio –superfluo, visto que el manuscrito conocido como *Códice florentino* (actualmente conservado en la Biblioteca Medicea Laurenciana) estaba ya de camino–.[92] Llegado el envío a Madrid, se sacó copia esmerada de la parte en español y se depositó en el Consejo de Indias (*Códice de Tolosa*, RAH 9/4812); momento en el cual, en lo que a nuestro pragmático López de Velasco respecta el manuscrito del franciscano había cumplido su función, estando ya en su archivo cuanta información contenía. Cuando, finalmente, Felipe II envió a Florencia el fastuoso original –con aquellos intrigantes pictogramas y dibujos de la cultura nahua– como regalo de bodas para Francisco I de Médici,[93] no era ya tanto vehículo de información como, sencillamente, valioso y atento detalle de un gobernante para con otro cuya afición a la historia natural era de todos sabida –servía, al tiempo, de muestra tangible del cuán bien conocía (y dominaba) su patrimonio e imperio el rey de España–.

Comparada con la de otros cosmógrafos de la Edad Moderna, la posición de López de Velasco era a la vez envidiable y complicada. Disponía, sí, de todos los recursos y el respaldo institucional necesarios –así como de acceso a una red que iba proporcionándole la más reciente información–, pero sus intereses y expectativas personales lo empujaban en sentido opuesto al que su cargo de cosmógrafo-cronista del Consejo de Indias demandaba. Él aspiraba, en efecto, a incorporarse al círculo de humanistas que Felipe II había reunido en El Escorial –integrarse en sus proyectos histórico-lingüísticos–; la confidencialidad aneja a su puesto, sin embargo, en seguida entendió que limitaba sus perspectivas de obtener el género de reconocimiento que el acceso a dicho círculo

---

92. Han estudiado la trayectoria del manuscrito, y la documentación relativa, Giovanni Marchetti, "Hacia la edición crítica de la *Historia* de Sahagún", *Cuadernos Hispanoamericanos* 396 (1983): 24-26, y Jesús Bustamante García, *La obra etnográfica y lingüística de Fray Bernardino de Sahagún* (Madrid: Universidad Complutense de Madrid, 1989), 340-353.
93. Marchetti, "Hacia la edición crítica", 27.

le habría proporcionado, pues cuanto en el Consejo hacía iba a parar al archivo secreto, y, para contrarrestar esto, procuró tomar parte en una serie de empresas secundarias –especialmente si podían conllevar reconocimiento por parte del Consejo de Castilla (el más importante y opulento de los reales consejos)–. En aquel sistema de patronazgo, donde la buena situación guardaba proporción directa con la cercanía al monarca –y con el nivel de reconocimiento de la labor prestada–, invertirlo todo en la composición de cosmografías secretas realmente no parecía la idea mejor. Pero ello no significó que descuidase sus deberes para con el Consejo de Indias –fue eficientísimo–: sencillamente, que aquel trabajo no le reportaba la debida satisfacción.

En cierto modo, la trayectoria de López de Velasco fue producto de cómo concibiera el ejercicio cosmográfico en el Consejo de Indias Juan de Ovando, quien, en las *Instrucciones*, había propuesto una rígida estructura institucional y conceptual que, al tiempo que posibilitaba la recopilación y organización de datos sobre el mundo natural a una escala sin precedentes, limitaba el ámbito intelectual de la disciplina –lo condicionaba a la obtención de información útil para la administración del imperio–. Así entendida, la práctica cosmográfica habida en aquel centro fue separándose cada vez más de sus orígenes de género humanístico y pasó a constituir –con el escaso prestigio a tal asociado igual entonces que hoy– protocolo burocrático. En el próximo capítulo veremos, no obstante, que, durante sus primeros años de cosmógrafo-cronista –sentado a escribir su primera cosmografía–, López de Velasco intentó reconciliar las condiciones de humanista y burócrata.

5
El taller del cosmógrafo

Juan López de Velasco escribió la *Geografía y descripción universal de las Indias* –su primera obra y la más extensa de cuantas compuso– en su época inicial como cosmógrafo-cronista mayor del Consejo. Elaborada entre 1571 y 1574, constituye –en palabras de su autor– "[una] relacion cumplida, quanto sea podido haver de lo que son las yndias generalmente y particular de cada tierra y provincia de lo descubierto y poblado, con los pueblos y las otras cosas necesarias en materia de governacion".[1] La escribió usando los materiales que tanto empeño había puesto en recopilar: declaraciones –y respuestas a cuestionarios enviados a clérigos– de cuando la visita (auditoría) de Ovando, viejos documentos disponibles en los archivos del Consejo, los que confeccionara Santa Cruz, los resultantes de la solicitud de información que en 1572 él mismo remitiera a las Indias y una serie de obras que había conseguido de particulares.[2] Cristalizó su esfuerzo en texto de 674 folios –307 páginas en la edición más reciente– que daba cuenta de pueblos, tierras y mares del Nuevo Mundo.

Dado, sin embargo, que –según directrices recurrentes y clarísimas de Felipe II durante sus 40 años en el trono– sus descripciones geográficas e hidrográficas y mapas se entendía que constituían secreto de Estado, en vida de su autor aquella *Geografía* sustanciosa y pormenorizada encontró poco más que una docena de lectores. Se mantuvo en los confines del Consejo de Indias, y no se hizo de ella

---

1. Carta dedicatoria de López de Velasco al rey. Publicada en Juan López de Velasco, *Geografía y descripción universal de las Indias*, ed. Justo Zaragoza (Madrid: Real Academia de Historia, 1894), vii.
2. Para ejemplos de estas solicitudes, véase Solano, *Cuestionarios*, 11-15.

sino una copia para el rey, y –como mucho– una para cada uno de los ocho o nueve miembros de dicha institución.

El libro seguía –pasados por el filtro burocrático de las *Instrucciones de 1573*– los principios organizativos que, en la *Geografía* suya, Tolomeo postulaba. La primera sección presentaba el material geográfico a grandes rasgos –ofrecía visión panorámica de la totalidad de las zonas descritas, dejando la descripción más específica de cada una para después–, y llevaba por título "Descripción universal de las Indias y demarcación de los Reyes de Castilla". Podría parecer que funge de resumen de lo expuesto en las secciones ulteriores, pero es en ella, en realidad, donde López de Velasco ofrece la descripción cosmográfica del Nuevo Mundo que el artículo 14 de las *Instrucciones* le encargaba. Cubre, en efecto, esta sección inicial los principales puntos en dicho texto legal esbozados: cosmografía, historia del descubrimiento y descripción general del clima y de la historia natural –donde quedaban incluidos, con sus naciones y costumbres, los indios–. Añadía el cosmógrafo-cronista, de hecho –aunque en las *Instrucciones* no se le exigía–, breve descripción de las jurisdicciones y competencias de las distintas instancias administrativas, eclesiásticas y financieras encargadas del gobierno allá.

Esta cosmografía general identificaba la parte del globo terráqueo de que López de Velasco pretendía ocuparse en el libro: "la tierra y mares comprendidos en un hemisferio ó mitad del mundo de 180 grados de latitud [...] comenzada a contar de 39 ó 40 grados al occidente del meridiano de Toledo".[3] Tras añadir rotundo –y poco realista– que en tal área "todo está descubierto y navegado", pasaba a discutir el origen de los habitantes de aquellas tierras: rechazaba, calificándolas de "conjeturas flacas", teorías según las cuales procedían de la Atlántida de Platón, de los cartagineses o de las antiguas tribus de Israel, viendo, en cambio, posible haberse poblado las Indias "en los años del mundo" a través de Terranova o Tierra de los Bacallaos –gentes que zarpasen de zonas nórdicas como Irlanda–, si bien la explicación que entre todas prefería era que quizás hubiera –o hubiese habido– franja de tierra que conectase Asia y América. Hacía entonces breve relato del descubrimiento, sugiriendo que Colón supo del Nuevo Mundo por dos españoles cuyo barco fue arrastrado por el viento.

Especificada la extensión del territorio –y cómo se pobló–, saltaba al tema candente de la línea de demarcación. Efectuaba análisis

---

3. López de Velasco, *Geografía y descripción*, 1.

documentado y objetivo de los múltiples factores que hacían que trazarla con precisión en un mapa no fuese tan fácil, y discutía los problemas relativos a las fronteras de Brasil y a la ubicación de las Molucas y Filipinas. Repetía la afirmación que años atrás ya hiciera Alonso de Santa Cruz de que, mientras los portugueses alteraban sus mapas en arreglo a sus pretensiones "sin autoridad ni fundamento", los españoles, que calculaban la ubicación de la línea oriental de demarcación navegando hacia el Oeste desde España, encontraban que pasaba por Bengala, lo que, según su concepto de la geografía asiática, situaba las islas Trapobane (Sri Lanka), Sumatra y Molucas 30° –como mínimo– de su lado; era consciente, eso sí, de la dificultad intrínseca de calcular coordenadas de longitud –la obra incluía una sección titulada "De la longitud que se sigue en este libro"–, y, cumplidor de lo estipulado en las *Instrucciones*, se basaba –siempre que las hubiese– en observaciones de eclipses,[4] concediendo papel fundamental a la realizada en México –en 1544– por Juanoto (o Juanote) Durán, según el cual Ciudad de México se encontraría 103° al Oeste de Toledo.[5] Admitía, en cualquier caso, lo controvertido de esta medición, pues, si el padrón real fijaba la distancia longitudinal entre ambas poblaciones en 91°, había observaciones "de particulares" que la reducían en 4° o 5° (la distancia real es de 95° 11'). Asumía, en resumen, tres puntos de referencia para sus mapas: distancia de 103° entre Toledo y Ciudad de México, línea de demarcación oriental en el cabo de Humos –costa septentrional de Brasil (39° o 40° al Oeste de Toledo)–, y línea de demarcación occidental en Bengala –49° o 50° al Este de las islas Canarias–. En estos puntos críticos se ceñía obediente a las *Instrucciones*.

En la descripción general de clima, territorio, ríos y recursos naturales del Nuevo Mundo pintaba tierra de munificencia y fertilidad inefables –especialmente la franja entre los trópicos–, refiriendo entusiasta las plantas nativas y las perspectivas de cultivo rentable de especies llevadas desde España: los nativos (explicaba) cultivaban maíz nomás, y no domesticaban animales –extremo este último al que se había puesto remedio llevando de España caballos, reses, ovejas y cerdos (animales que, al no encontrar en aquel entorno natural depredadores, andaban ahora por ahí asilvestrados)–. Trasmitía, pues,

---

4. *Ibid.*, 5.

5. Durán cartografió el obispado de Nueva España entre 1535 y 1544. Véase UTX JGI-XXII-8, "Demarcación de los límites de los Obispados de la Nueva España". Publicado en Luis García Pimentel, *Descripción del arzobispado de México hecha en 1570* (México: J. J. Terrazas, 1897), 23-24.

la idea de una abundancia prácticamente ilimitada, con volumen y fertilidad de plantas y animales siempre mayor que en España, pero, aunque a veces se lo ve arrobado ante aquellos recursos, no exagera ni dice nada que pudiese tomarse por fantasioso o estrambótico. En absoluto infla, por ejemplo, el panorama de la riqueza mineral: oro –señalaba– de los ríos ya prácticamente no se extraía (estaba ahora prohibido usar a indios en las minas y los esclavos negros eran pocos y salían caros), y la plata se restringía –pues se sacaba solo de donde se sabía había ricos filones– a Nueva España, Charcas y Potosí.

No se ruborizaba López de Velasco relatando los estragos que los primeros años de conquista habían causado en la población nativa –menguó drásticamente por culpa de guerras, migraciones forzosas, enfermedades traídas por los españoles y malos tratos y explotación a que la sometieran los mismos–, pero añadía que ya empezaban a recuperarse, que –según todo indicaba– seguirían haciéndolo (sacrificar personas habían comprendido que estaba feo), y que por fin estaban libres de dominio tiránico. Ahora –insistía–, lejos de abusar de ellos nadie, los protegían leyes creadas para garantizar su bienestar, y, por su propio beneficio, se los había trasladado a pequeñas poblaciones donde podían vivir con más "orden", se les enseñaba religión y se proporcionaba a los hijos de familias distinguidas una educación apropiada –en la esperanza de que, con su ejemplo, el resto tuviese a bien abandonar sus costumbres nativas–; observaba, de hecho, que muchos ya "andan vestidos y calzados, y con alguna cobertura en la cabeza". Excepto en zonas concretas del Perú, a los líderes nativos se les permitía seguir siendo tales –no portar armas (eso sí), ni montar caballos–.

En lo general no reconocía que tuviesen gobiernos organizados –exceptuaba, sí, los reinos de Moctezuma y los incas, pero atribuía a ambos crueldad y maltrato implacables para con sus súbditos–, y los modos de culto, aunque admitía que a lo largo del continente variaban, como teoría proponía que los indios al Norte del ecuador adoraban al demonio y los del reino de Perú, al Sol. Los propios aborígenes decía que, en su mayoría, eran serviles y carecían de virtudes, lo que no le impedía mostrarse igualmente duro con los colonos españoles, entre los cuales –explicaba– ni siquiera las actuales restricciones habían impedido continuasen contándose "hombres enemigos del trabajo, y de ánimos y espíritus levantados, y con codicia más de enriquecerse brevemente que de perpetuarse en la tierra".[6]

---

6. López de Velasco, *Geografía y descripción*, 19-20.

La parte restante de la cosmografía general –que exponía la estructura (y jurisdicciones respectivas) de los órganos de gobierno administrativo, eclesiástico, judicial y económico del Nuevo Mundo– inicialmente puede parecer fuera de lugar, ya que cuanto precede viene ciñéndose a las exigencias de la descripción cosmográfica tradicional, pero es un útil recordatorio de lo que esta obra aspiraba a ser: no simple geografía descriptiva e historia natural del Nuevo Mundo, sino herramienta expresamente diseñada para las necesidades administrativas del Consejo de Indias. Es, en efecto, retrato conciso de cómo la máquina burocrática imperial gobernaba aquellos territorios, y de los intrincados arreglos económicos entre monarca, Iglesia y autoridades locales, pues, tal como López de Velasco veía el mundo, estas estructuras también formaban parte del que él estaba describiendo –para cuyo gobierno era igual de necesaria, por supuesto, la información sobre la disposición del terreno, los pueblos nativos y los recursos naturales–.

El segundo capítulo del libro –"Hidrografía general de la Indias y declaraciones de la carta de marear precedente"– era, en efecto, una descripción hidrográfica general del Nuevo Mundo, y se atenía aquí el cosmógrafo-cronista a las directrices de los artículos 15, 68 y 69 de las *Instrucciones*, incluyendo la sección –según de nuevo su título sugiere– carta náutica que probablemente especificase las latitudes y longitudes en el artículo 15 requeridas, y que se basaba, sin duda, principalmente en el padrón real de la Casa de la Contratación, pero se han perdido tanto este, como cuantos mapas el conjunto de la *Geografía y descripción* en su día contuviese. Serían 23, y no sabemos de ellos sino por las partes del texto que fungían de leyendas suyas, y por la crítica exhaustiva a que sometería esta obra de López de Velasco Juan Bautista Gesio –crítica de la que nos ocuparemos más adelante en el presente capítulo–.

Como esta sección de hidrografía era para leer en cotejo con la carta náutica perdida, los comentarios se limitan a los nombres –y situaciones respectivas– de las principales masas de agua. Hay, aparte, sendos epígrafes sobre mareas, vientos y tempestades, y corrientes característicos de los mares en torno a los continentes americanos los cuales, aunque están bien organizados y son coherentes, tienen un aire coloquial del que cabe inferir que, en su confección, López de Velasco se basara en relatos de primera mano –da cuenta en ellos, en cualquier caso, de los meses más propicios para la navegación en las distintas zonas y de los vientos que era probable encontrar; además de lo cual, explicaba cuándo y dónde cabía esperar (con su intensidad feroz) huracanes–. Tras estos epígrafes exponía las condiciones de navegación del estrecho de Magallanes, pasando a ocuparse acto seguido –incluyendo lo que se sabía de la travesía oriental por el Pacífico desde el puerto mexicano de Navidad (ruta hasta entonces poco frecuentada)– de las derrotas habituales hacia y desde las Indias, que describe en términos algo generales, si bien indica las latitudes clave para encontrar vientos favorables y los puntos de referencia y distancias básicas. Cierra el capítulo un conciso relato de la función y deberes de la Casa de la Contratación, así como de su papel coordinador y supervisor de todo comercio y navegación relativos a las Indias.

Realizada descripción general de tierra y mar, iniciaba un tratamiento sistemático y más detallado de las regiones específicas –iba, según había aprendido de Tolomeo, de lo global (*geographia*) a lo particular (*chorographia*)–, y de las descripciones textuales subsidiarias de los mapas cabe conjeturar que la obra incluyese, amén de la ya citada carta náutica –que (mapa universal) debía de extenderse, como mínimo, desde la Península Ibérica hasta las Molucas–, otros dos mapas generales (de los continentes norte y suramericano),[7] y otros 20 mapas regionales que mostrasen la distribución espacial de las diversas jurisdicciones administrativas, provincias e islas que definían el espacio americano a finales del siglo xvi.[8]

Determinaban, en efecto, mayoritariamente el contenido de aquellos mapas regionales las particiones administrativas en vigor al componerlos López de Velasco (1574). Encontramos, en primer lugar, un mapa dedicado a cada una de las nueve audiencias –La Española, Nueva España (México), Nueva Galicia (Jalisco), Guatemala, Panamá, Nuevo Reino de Granada (Colombia), Quito, Los Reyes (Lima) y Charcas (Bolivia)–, siendo asimismo objeto de

---

7. El del Norte probablemente cubriese desde 8° o 9° N –es decir: Panamá y la costa de Venezuela–, hasta Quivira (actual Nuevo México); el del Sur, desde 8° N, hasta el estrecho de Magallanes. Cada uno llevaría anejo un breve texto sobre la extensión del territorio y sus divisiones administrativas y eclesiásticas, tras lo que seguiría un resumen de la situación de la población española, un relato sintético del descubrimiento y una concisa historia natural –categoría que incluía indefectiblemente descripción de la población nativa–. Para el texto sobre la zona norte, véase *ibid.*, 47-49, 169-170.

8. Para un estudio de las jurisdicciones administrativas y eclesiásticas que usaba López de Velasco, véase Ricardo Beltrán y Rózpide, "América en el tiempo de Felipe II según el cosmógrafo cronista Juan López de Velasco", *Publicación de la Real Sociedad Geográfica*, 1927.

mapa en exclusiva tres vastas provincias subsidiarias o gobernaciones –Cartagena, Yucatán y Chile–, y recibiendo también su propio mapa cuatro islas o archipiélagos –La Española, Cuba, las islas Salomón y las de las Especias–, y determinados territorios que, o no entraban en jurisdicción ninguna, o gozaban por algún motivo de significación especial –Terranova, el estrecho de Magallanes, Brasil y la costa de China–. Fueron, como vemos, estos mapas hoy perdidos el primer atlas político del Nuevo Mundo.

Las descripciones geográficas e hidrográficas generales no suponen sino un 15% del libro; conforma el resto la descripción sistemática de las diversas audiencias, principales provincias y territorios más relevantes. Para cada audiencia sigue formato similar: primero, geografía general –determinación de límites en términos de coordenadas de latitud y longitud, y de fronteras geográficas–, y, tras ello, breve descripción hidrográfica, sumario del descubrimiento y resumen de historia natural.[9] Responden también a estructura análoga las secciones dedicadas a gobernaciones subordinadas, siendo descrita cada una –con sus principales poblaciones españolas– en lo que López de Velasco llamaba "corografía" o "descripción particular", y sus ciudades portuarias más importantes, en secciones aparte tituladas "topografía". Estas descripciones particulares detallan los confines de la región en cuestión, ofrecen una breve historia de la fundación de su ciudad, dan cuenta de su población y edificios en aquel entonces y enumeran los recursos naturales de la zona aclarando su potencial y los principales modos de sustento y comercio practicados. De las poblaciones indias de cada gobernación se limita a dar el nombre, el número de tributarios y la orden religiosa responsable, incluyendo número de miembros suyos allí enviados.

Esta *Geografía* era un ejercicio de síntesis de información estrictamente empírica –llegado a puntos en que habría convenido explicación de filosofía natural (ocupándose, por dar un caso, de los climas), el autor miraba a otra parte y se limitaba a describir los fenómenos atestiguados. Su enfoque, que en sentido geográfico era de índole global, en ámbito conceptual y temático se ceñía, en efecto, a las restricciones que el cargo de cosmógrafo-cronista del Consejo de Indias y las *Ins-*

---

9. En la versión publicada de la *Geografía y descripción*, este esquema organizativo no resulta patente: seleccionando títulos de capítulos y encabezamientos de secciones, el editor se mostró en ocasiones arbitrario.

trucciones comportaban: no incluir sino hechos respaldados por testimonios de primera mano y de los que hubiera constancia documental. Pero la pregunta es ahora: ¿cómo usó López de Velasco para componer su cosmografía dicha documentación?

Citó sus fuentes en algunos casos nomás, por ejemplo las obras de Alonso de Santa Cruz y del misionero Martín de Rada, o la cartografía de un cosmógrafo de la Casa de la Contratación apellidado Chaves –si se refiere al padre (Alonso) o al hijo (Jerónimo), no nos lo aclara–; parece razonable, sin embargo, atribuir los detalles de las derrotas que describe de la carrera de Indias o a Santa Cruz o al padrón real, a pesar de que para determinadas descripciones locales (y para cifras de población) se basara en las respuestas a la solicitud de información que en 1569 enviara a los arzobispados Ovando[10] –algunas llevan, como antes dijimos, la reveladora anotación "papeles del tiempo de la visita" del puño y letra de López de Velasco–.[11] Sobre cuya manera de entender la cosmografía, ¿qué está diciéndonos, en cualquier caso, este examen epistémico de testimonios?

El documento original (que conservamos) de uno de los relatos que usó –"Descripción del arzobispado de Antequera de la Nueva España" (c. 1570)–[12] lleva en los márgenes anotaciones cuya cali-

---

10. Véase el meticuloso repaso que hace Gerhard de los resultados de las solicitudes de Ovando entre 1569 y 1571. Muchos de los originales se conservan en AGI, IG-1529, y AGI, México 336 (Peter Gerhard, *A Guide to the Historical Geography of New Spain*, Cambridge Latin American Studies 14 [Cambridge: Cambridge University Press, 1972], 31). Otro grupo de documentos producto de esta solicitud se encuentran en la Icazbalceta Collection de la University of Texas. Algunos aparecen en García Pimentel, *Descripción del arzobispado de México*, y Luis García Pimentel, ed., *Relación de los obispados de Tlaxcala, Michoacán, Oaxaca y otros lugares en el siglo XVI: Manuscrito de la colección del señor don Joaquín García Icazbalceta*, 2 vols., Documentos históricos de Méjico (México, 1904).

11. Véase, por ejemplo, UTX, JGI-23-1, y JGI-23-7. El historiador fray Miguel Miguélez identificó otra colección de documentos de trabajo de López de Velasco en la biblioteca de El Escorial. Contiene, entre más cosas, un resumen del *Libro de los tres elementos* de Tomas López Medel que lleva escrito en el friso "de las relaciones del tiempo de la visita", de donde cabe deducir que López de Velasco se hiciese con la obra de López Medel cuando trabajaba para Ovando. Resumió los capítulos, pero una extensa lista de nombres de lugar la copió íntegra. Véase BME, L-1-12, ff. 152-156v, Juan López de Velasco, "Sumario del *Epítome breve suma del tratado de los tres elementos* (de Tomas Medel)". Miguélez, *Catálogo de los códices españoles*, 2:73-76.

12. UTX, JGI-XXIII-7, "Descripción del arzobispado de Antequera de la Nueva España hecha por el obispo del dicho obispado", Antequera, c. 1570. Entonces era allí obispo Bernardo de Albuquerque, O. P. Publicada en García Pimentel, ed., *Relación de los obispados de Tlaxcala, Michoacán, Oaxaca*, 59-68.

grafía es, a mi juicio, la suya; pero, si nos tomamos la molestia de ir confrontando tales anotaciones con la sección correspondiente de la *Geografía*, entonces la intuición se confirma y henos aquí –inopinadamente– espiando al cosmógrafo manos a la obra en su mismísimo taller. En su mayoría, estas notas al margen sirven para señalar fragmentos del texto con información geográfica, es decir, coordenadas, distancias o confines –está marcado, por ejemplo, "Antequera en 18 grados", o (más adelante) "corre este obispado de mar a mar y Tlascala tambien"–, y es, de hecho, de la descripción (bastante detallada) que el documento efectúa de la extensión del territorio de aquella diócesis de donde extrajo López de Velasco los datos sobre las lindes de la región, pero ello supuso manipular el relato original en modo que satisficiese el formato empleado a lo largo de la *Geografía*. Sacó, en efecto, de la descripción de la comarca distancias y demarcaciones, y asignó coordenadas de latitud y longitud –además de a Antequera (18° N, 100° O)– a Ciutla como extremo suroccidental (16° N, 102° O), y a Guacaqualco como extremo nororiental (18° N, 96° O), tras lo cual definió el perímetro de la zona en distancias y según los límites de la diócesis.[13] No intentó, sin embargo, hacer casar tales coordenadas con los valores perimetrales que en secciones previas citara: redondea, antes bien, con manga ancha sus cifras. Si –a modo de ejemplo– según el documento del obispo la localidad de Santo Ildefonso estaba "veinte leguas de aquí hácia el Nordeste", según López de Velasco se encontraba a "veinte leguas de

---

13. El obispo informó de los límites del territorio como sigue: "Tiene de largo este Obispado de una mar á otra, por los confines del obispado de Tlaxcala, ciento y veinte leguas, poco más ó menos, y vase poco á poco estrechándose la tierra, y metiéndose la mar en ella hasta el fin del Obispado, que es el parage de *Teguantepec* al Sur y *Guazacualco* al Norte, donde tiene toda la tierra de travesía sesenta lenguas poco más ó menos, y de allí adelante se torna á agrandar la tierra, metiéndose en la mar, ansi hácia el Norte, por donde corre el Obispado de *Yucatán*, como tambien hácia el Sur, donde está el de *Guatimala*, dejando al de *Chiapa* en medio. Tiene de travesia este Obispado, por medio de tierra, desde los confines del Obispado de *Tlaxcala* hasta los del Obispado de i, ochenta leguas, poco más ó menos, y por la costa del Sur cient [*sic*] leguas, poco más ó menos, y la costa del Norte cincuenta leguas, poco más ó menos" (en García Pimentel, ed., *Relación de los obispados de Tlaxcala, Michoacán, Oaxaca*, 60-61). La síntesis de López de Velasco fue: "[D]e manera, que de la una mar á la otra, por los confines de Tlaxcala tendrá ciento veinte leguas poco más ó menos, y por la costa del norte como cincuenta leguas, y sesenta desde la mar del Norte á la del Sur por los confines de Chiapa, y ciento por la costa del sur desde la provincia de Soconusco hasta Ciutla". Véase López de Velasco, *Geografía y descripción*, 116.

Antequera hacia el norte, en 99° y medio de longitud y 18° y un cuarto de altura".[14]

Parafraseaba también del relato del obispo la descripción topográfica de la región cercana a Antequera ("esta ciudad entre tres valles..."), así como cuanta información aportaba sobre los recursos naturales de la comarca, y cabe señalar que su versión respeta –sin pretender volverlo ni lisonjero ni sombrío– el tono original. Ejerce, por así decir, de epitomista: interviene poco en calidad de autor y llega a mostrarse –en ocasiones– seriamente descuidado a la hora de integrar el relato en la correspondiente cartografía.

Las cifras de indios tributarios del obispo las copia literalmente, constituyendo el caso de la provincia de la Mixeca –para la que, hablando la fuente de más de 47.000, él aduce 2.000– probablemente errata. Ahora bien: en ejercicio similar al recién aquí efectuado (orientado, en cambio, a validar algunos de los datos demográficos de López de Velasco), Jean-Pierre Berthe ha comparado la descripción de la *Geografía* del distrito de Michoacán con dos relatos que –escritos entre 1571 y 1572– probablemente fuesen su fuente,[15] y ha encontrado varios ejemplos en que el cosmógrafo-cronista pasa por alto información, lee mal las cifras y comete errores de cálculo –llega a reducir el volumen de población nativa en un 25%–. Cuestiona, pues, lógicamente este estudioso la fiabilidad de las cifras demográficas de la obra, y, siendo ello así, sobre el componente geográfico de la misma es inevitable que se cierna duda análoga.

Otro grupo de documentos en que López de Velasco se basó para esta *Geografía* está en la Real Academia de la Historia, en Madrid.[16]

---

14. García Pimentel, ed., *Relación de los obispados de Tlaxcala, Michoacán, Oaxaca*, 61, y López de Velasco, *Geografía y descripción*, 118. Anteriormente, López de Velasco había afirmado que Antequera estaba "poco más ó menos" 18° N, 100° O. Pues bien: tomando esto como punto de partida, debería haber ubicado la ciudad no 18,25° N, 99,5° O, sino veinte leguas justo al norte (es decir, 19,14° N, 100° O) o, tomando en cuenta la indicación nororiental del obispo, 18,8° N, 99,19° O.

15. El informe del obispo sobre el número de sacerdotes y feligreses se encuentra en AGI, IG-856, "Relación de los clérigos que hay en este obispado". Publicado en García Pimentel, ed., *Relación de los obispados de Tlaxcala, Michoacán, Oaxaca*, 30-59. Según Berthe, la fuente fue el obispo Antonio Ruiz de Morales de Molina. Véase Berthe, "Juan López de Velasco", 161-163.

16. Una serie de documentos originales de puño y letra de López de Velasco que llevan en el friso la reveladora anotación "cespedes" están en el volumen 71 (9/4661) de la Colección Muñoz en la BAH. Como hizo ver Jiménez de la Espada, se trata de borradores escritos en sobres reutilizados de cartas casi siempre dirigidas a López de Velasco.

De uno de ellos (esbozo anónimo de descripción de Cartagena)[17] reproduce frases completas –las descripciones de los indios y de los árboles autóctonos van casi al pie de la letra–; organiza, eso sí, el material en modo diverso, y, por motivos obvios de coherencia, corrige las coordenadas de longitud –si el autor anónimo las calculaba equivaliendo a un grado 15,5 leguas, él en su libro equipara siempre a un grado (sin consideración de latitud) 17,5–. El texto de este documento sugiere que, en su día, lo acompañasen mapas, pero, lamentablemente, hoy se han perdido –igual que cuantos de ellos sacase el cosmógrafo-cronista–.

Hay también en esta colección de la Real Academia de la Historia una versión previa de su propia descripción de la región de La Plata,[18] que, encomendada por la Corona al adelantado Juan Ortiz de Zárate, tenía aún pendiente de determinar claramente su límite septentrional –se había decretado nada más que no invadiese los territorios previamente asignados a los colonizadores Pedro de Silva, y Diego Hernández de Serpa–. Pues bien: si, al tratar el ámbito geográfico de la zona, en este borrador López de Velasco especifica latitudes para sus fronteras norte y sur, en la versión definitiva de la *Geografía* omite tales coordenadas, como tampoco menciona la posible invasión de jurisdicciones adyacentes por parte de esta nueva; abre, en cambio, el capítulo explicando que "los demás límites de estas provincias son indeterminados según la longitud y latitud, por ser en tierras no bien descubiertas ni andadas", tras lo cual refiere que, según exploraciones de gobernadores de regiones aledañas, la de La Plata debía de cubrir 500 leguas de Este a Oeste, 500 o 700 desde el río de La Plata hacia el Norte, y 400 desde el mismo río hacia el Sur –añade, eso sí (consciente, tal vez, de lo desproporcionadamente vasto de semejante extensión) que, debido a "el trabajo, rodeos y embarazos de los caminos", estas distancias solían tomarse por mayores de lo que en verdad eran, siendo quizás, por lo tanto, menester reducirlas al menos un tercio–.[19] Surge, entonces, una pregunta: si tenía orden de especificar los límites de cada territorio en términos de latitud y longitud, ¿por qué no lo hizo?

---

17. Jiménez de la Espada opina que López de Velasco usó este documento como simple borrador de cómo debía presentarse la información en los libros de descripciones. BAH, 9/4661, publicado en Jiménez de la Espada, *Relaciones geográficas*, 183:65-69.
18. BAH, 9/4851, f. 158-168v, Juan López de Velasco, "Historia y sucesos del Rio de la Plata", c. 1574.
19. López de Velasco, *Geografía y descripción*, 279.

En este caso no disponía más que de una observación de latitud –la del río de La Plata (36° N)–, y eso significaba que no podía establecer las coordenadas de los límites septentrional y meridional sino calculando, donde iba implícito riesgo de, vulnerando jurisdicción vecina, crear lid; recurrió, pues, a las directrices epistémicas a que, en rigor, estaba sujeto: se remitió a las distancias mencionadas en documentos legales que describían la región. A mi entender, en lo que a límites territoriales respecta, otra fuente esencial debieron de ser para él las capitulaciones que el rey concedía al primer gobernador de cada zona –o las que definían los territorios de las diócesis–. Aquellos documentos en ningún caso eran estáticos –los iban conformando años de pleitos y disputas–, y él, sabedor de estos cambios y enmiendas, iba tomándolos en cuenta en sus descripciones (testigo el caso recién visto de la región de La Plata). Su jerarquía epistémica le exigía, puesto a solventar contradicciones geográficas, tomar de referente edictos jurisdiccionales administrativos o eclesiásticos. Tenían prelación incluso frente a documentos expresamente preparados para proporcionar descripciones geográficas.

Habría sido, por tanto, bien complicado –si no imposible– para López de Velasco escribir con las fuentes de que disponía una cosmografía cumplidora con los requisitos de coherencia matemática de la cartografía tolemaica. Si era consciente él o no de qué limitaciones le imponía depender de tales documentos, no lo sabemos –otros se encargarían de señalarlo, veremos en la próxima sección–. Encontró en él, en cualquier caso, el Consejo de Indias un cosmógrafo que hablaba el idioma de los entonces llamados "letrados" –uno consciente de que, para audiencia íntegramente compuesta por miembros de aquella institución, lo fundamental no era poder ubicar pueblos y lugares en función de retícula matemática absoluta de latitud y longitud, sino en jurisdicciones políticas y eclesiásticas definidas–.

Si, en su exhaustividad y organización, la *Geografía* imitaba las cosmografías renacentistas, se distinguía al tiempo de ellas en aspectos esenciales. Carece el texto de las anécdotas que, reales o ficticias, dotaban a la cosmografía de ese poder de epatar que tan sabiamente habían administrado los autores para capturar y transmitir el carácter de una región y su pueblo. El enfoque expositivo sinóptico de López de Velasco desempeñaba, en vez, función didáctica, restringida a ofrecer módulos autocontenidos de información contrastada. Era consecuencia directa de los criterios epistémicos establecidos por ley sobre los que hubo de edificar su cosmografía.

El censor censurado: Juan Bautista Gesio

Cuando, en 1574, López de Velasco completó aquella *Geografía*, el Consejo de Indias la sometió a escrutinio en la idea de censurar cuanta información controvertida contuviese. Objetó, en efecto, la institución a ciertos puntos que trataba delicados, y llegó a solicitar la supresión de una serie de párrafos argumentando que "algunas de substancia que no hay para que estén escritas por nosotros en libro nuestro contra nuestra pretención y otras que tocan a la graduación y demostración",[20] pero, ¿en qué consistieron exactamente las modificaciones? Cuando, a finales del siglo xix, la obra por fin se publicó, afortunadamente aún constaban dos versiones: borrador previo a las enmiendas y copia "limpia" –con los cambios ya incorporados– para los aposentos del rey. Es fácil, pues, aislar los pasajes en cuestión.[21]

No cuestionaba el Consejo dónde había ubicado su cosmógrafo la línea de demarcación, pero le pidió suprimiese toda alusión a la legalidad de las reivindicaciones territoriales de España en Filipinas y Brasil –abría el apartado sobre el establecimiento español en dichas islas admitiendo que quedaban del lado que el "empeño" de 1529 concedía a Portugal (se ceñía, en esencia, a la conclusión de la junta cosmográfica de 1566 y a determinados mapas de Martín de Rada)–.[22] Le pidieron también sacar una frase que atribuía Brasil al rey de Portugal,[23] las referencias a incursiones y asentamientos de ingleses y franceses en Labrador, y –en la descripción de Tucumán (al noroeste de Argentina)– el nombre de la localidad de Nueva Londres, en cuyo lugar puso el topónimo indígena.[24]

---

20. Justo de Zaragoza publica esta carta sin fechar que el Consejo de Indias dirigió (cabe suponer) a Mateo Vázquez en su introducción a López de Velasco, *Geografía y descripción*, ed. Zaragoza, vii.

21. La edición de Zaragoza indica los puntos donde se tacharon párrafos de la versión original, y, según Berthe, los dos manuscritos del siglo xvi con que esta edición se confeccionó, desde entonces están perdidos. Véase Berthe, "Juan López de Velasco", 151-153.

22. López de Velasco, *Geografía y descripción*, 5, 289, 292, 295-296. El nombre de fray Martín de Rada también fue víctima del lápiz del censor. Rada había enviado sus observaciones en 1574. Véase AGI, México 19, N. 128, f. 5, "Carta del Virrey Conde de la Coruña, Martín Enriquez [...] informa sobre mapa de las islas del poniente y papeles de Martín de Rada", 24 de marzo de 1574.

23. López de Velasco, *Geografía y descripción*, 286.

24. *Ibid.*, 89, 259.

El otro bloque de enmiendas de entidad tenía que ver con jurisdicciones territoriales, especialmente allí donde eran materia de disputa o inciertas. La sección (por dar un caso) en que describía la composición y jurisdicción administrativa y legal del Consejo mismo se suprimió, y otro tanto la que especificaba las áreas de responsabilidad de ambos virreyes y las nueve audiencias[25] –según López de Velasco, el poder político de estos administradores iguales en rango no era, sin embargo, equiparable, variando, de hecho, la autoridad de cada virrey según la jurisdicción (diferencia susceptible de dar lugar a envidias y descontentos)–. Desaparecieron igualmente de la versión final el relato de indulgencias especiales del papa –y concesiones del rey– a órdenes monásticas en el Nuevo Mundo, la apreciación de que algunas se habían aprovechado de tales privilegios y la descripción de la Inquisición allá,[26] encontrando problemáticos también el Consejo algunos puntos relativos a los lábiles confines entre las jurisdicciones asignadas a una serie de conquistadores como Hernández de Serpa –Nueva Andalucía (Guyana)– y Pedro de Silva –El Dorado–.[27] Se eliminó asimismo un pasaje que reconocía haberse concedido Jamaica al almirante de las Indias (Cristóbal Colón),[28] y, no viendo necesario insistir en cada detalle sórdido de la conquista, tacharon igual las referencias al tiránico Lope de Aguirre, a la represión brutal de la revuelta de Pánuco de Gonzalo de Sandoval y a los indios zacatecas calificados de gentes brutales, indómitas y fieras.[29]

Optó también la institución por prescindir de toda una sección titulada "De los españoles nacidos en las Indias". Venía a decir que, tras vivir en las Indias muchos años, los españoles experimentaban "alguna diferencia en la color y calidad de su personas",[30] cosa que atribuía a los "la mutación del cielo y del temperamento de las regiones", pero aún más alarmante que este determinismo astrológico y ambiental resultaba, quizás, el aserto de que también los hijos de padres españoles se veían distintos: más grandes, y con "la color algo baja declinando á la disposición de la tierra" –algunos creían (explicaba) que, aun no mezclándose jamás con la aborigen la población española, sus rasgos físicos acabarían pareciéndose de todas formas a los de los indios; llegaba

---

25. *Ibid.*, 20.
26. *Ibid.*, 25.
27. *Ibid.*, 78.
28. *Ibid.*, 62.
29. *Ibid.*, 74, 102, y 134.
30. *Ibid.*, 19-20.

a afirmar que, en América, la manera de ser de un español cambiaba, y achacaba esto a ir cuerpo y carácter interconectados (el carácter seguía a la transformación recién descrita del cuerpo)–. No hay que concluir, sin embargo, que tuviese López de Velasco nada en contra de establecerse en el Nuevo Mundo: se hacía eco, simplemente, de la creencia común entre los españoles peninsulares de que el medio ambiente determinaba la psicología.[31] No solo habían emigrado –recuérdese– sus dos hermanos: en su testamento, incluso animaba a sus sobrinos a buscar una vida mejor en las Indias.

No menos significativo que lo censurado es lo dejado intacto. El cosmógrafo-cronista aludía, en efecto, reiteradamente a la crítica mengua de la población nativa que los abusos de la conquista habían conllevado. En La Española y Cuba (refería), la mayor parte de los aborígenes había caído en guerras, se había suicidado o había muerto de viruela, y el campo estaba invadido de reses, cerdos y perros salvajes –a lo que había que sumar la pérdida de la mitad de su población española por parte de la ciudad de Santo Domingo desde que, debido a la escasez de nativos, la extracción de oro prácticamente había cesado y no recalaban más en ella los barcos a comerciar–.[32] Señalaba, no obstante, que la tendencia parecía ir ya invirtiéndose, con muchos ejemplos de población nativa estable o –incluso– en alza.

Testimonia, por lo demás, que encontrase el Consejo tan poco que reprobar más la capacidad autocensora de López de Velasco que no la exactitud de sus relatos sobre la conquista, y del silencio sobre descripciones geográficas, hidrográficas y etnográficas, lo que cabe inferir es desconocimiento del territorio cuya supervisión se les habían encomendado por parte de los miembros de la institución. Los cuales, de hecho, probablemente fuese al cobrar conciencia de su falta de preparación para juzgar los méritos cosmográficos de la obra como pidieron dictamen en ese sentido a Juan Bautista Gesio, cosmógrafo colaborador de la corte real en cuyo informe basaron sus objeciones sobre la "escala y demonstración" –o (mejor dicho) ausencia de tales– de los mapas de López de Velasco.

El italiano Gesio –que, calificado en ocasiones de espía, había trabajado muchos años en Portugal–, desde 1559 venía poniéndose

---

31. Para enfoques contendientes del determinismo ambiental en el Nuevo Mundo his-pánico, véase Jorge Cañizares-Esguerra, "New World, New Stars: Patriotic Astro-logy and the Invention of Indian and Creole Bodies in Colonial Spanish America, 1600-1650", *American Historical Review* 104, nº 1 (1999).
32. López de Velasco, *Geografía y descripción*, 51-52, 58.

al servicio de España.[33] Todavía hoy siguen encontrándose los investigadores a menudo –desperdigadas entre otros documentos conservados de la burocracia imperial– con cartas suyas a Felipe II, lo que da fe de su labor asesora del monarca en temas cosmográficos (y geopolíticos) delicados.[34]

Hizo su entrada en la escena española cuando, en agosto de 1573, Juan de Borja (embajador entonces en Portugal) lo envió a Madrid con una serie de mapas lusos de incalculable valor –mostraban que las Molucas quedaban del lado de España y que el reino vecino amañaba a sabiendas sus representaciones cartográficas–.[35] Borja le había encargado, en efecto, confeccionar dos juegos de cartas náuticas –uno como se exigía trazar sus mapas a los portugueses "so pena de la vida", y otro "conforme a la verdad con que ellos entienden se deben hacer"–, y resultaba diferencia de unos 14° a favor de Portugal; sostenía, por tanto, el embajador –cuya opinión compartía Gesio– que las cartas correctas hacían acreedor al monarca español de las tierras opulentas de Japón y China, a lo que el monarca español respondió –satisfecho con los esfuerzos de su legado– que aquello era en verdad "conveniente". Lleva esta correspondencia, de todas formas, voluntad de evitar cualquier conflicto abierto con Portugal sobre la línea de demarcación –todas estas "averiguaciones" habían de realizarse discretamente–, y esto quizás guardase relación con la posibilidad de matrimonio entonces abierta entre el rey portugués y la princesa Isabel –hija de Felipe II–.[36]

A su llegada a Madrid, Gesio llevaba estudiando el asunto en Lisboa por cuenta de Borja ya tres años. Se encargaron de examinar el material cartográfico que trajo consigo (en la corte real) Antonio Gracián, Juan de Herrera y el conde de Chinchón, y el relato del primero de

---

33. Gregorio de Andrés, "Juan Bautista Gesio, cosmógrafo de Felipe II y portador de documentos geográficos desde Lisboa para la Biblioteca de El Escorial en 1573", *Publicaciones de la Real Sociedad Geográfica*, ser. B, 478 (1967): 1-12.

34. Sus cartas están –por dar algunos ejemplos– en BME, AGI, IVDJ, ZAB, BN, y BL. Carecemos de biografía suya exhaustiva. Para algunos estudios, véase Fernández de Navarrete, *Biblioteca marítima española*, 1:234-235, Jiménez de la Espada, *Relaciones geográficas*, 184:137-166; Vicente Maroto y Esteban Piñeiro, *Aspectos de la ciencia*, 71-72, 111-115, y Lamb, "Nautical Scientists and Their Clients in Iberia (1508-1624)", en *Cosmographers and Pilots*, 9:49-61.

35. Juan de Borja, "Carta al rey donde trata de cartas de marear que adquirio en Portugal", 1573, Lisboa. Publicado en Fernández de Navarrete, *Colección Fernández de Navarrete*, 18:35-36.

36. AGS, Estado-387, f. 24, Juan de Borja, "Carta del embajador de Portugal, Juan de Borja, al rey que trata sobre demarcación", 1 de agosto de 1570.

su encuentro con él sugiere que, si se le retuvo en Madrid, ello fue debido no necesariamente a su talento de cosmógrafo –escribía, sí, a Juan de Ovando Gracián: "Quanto a la persona de Ju[an] Bap[tista] dize S[u] M[ajestad] que assi por estar este ya instructo en este negocio como que no pueda irse a otra parte que sea de algun incoveniente, sera bien darsele algun estretenimiento y ocupale aca en algo que V[uestra] S[eñoria] vea lo que se podra hacer con el"–.[37] Siendo, pues, Gesio depositario de información confidencial, y considerando el rey lo más prudente mantener vigilado a aquel italiano, portugués de adopción, Ovando le asignó, si no título, sí módico salario,[38] y López de Velasco preparó (mayo de 1574) un inventario de cuantos mapas y libros trajera de Portugal en el que, además de recomendar copiar y guardar en la biblioteca de El Escorial parte de tales materiales –cosa la cual (parece ser) no se llevó a efecto, permaneciendo la documentación en el Consejo de Indias–, encarecía se le solicitase formular sus teorías sobre la línea de demarcación con la debida claridad –para, si resultasen revestir verdadera importancia, ponerlas a buen recaudo en el Consejo, y recompensar en consonancia a su autor–.[39] Pero el plan perfecto para tener al hombre ocupado se presentó a Ovando en septiembre del mismo año, al concluir López de Velasco su *Geografía y descripción*.

Vertebra los comentarios de Gesio a la obra de López de Velasco la crítica de uno de sus mapas generales perdidos –la carta náutica de la sección de hidrografía que cubría 210° de la esfera terrestre–.[40]

---

37. Gracián narró su encuentro con Gesio en una carta fascinante que envió a Juan de Ovando. BL, Eg 2047, f. 325v, Antonio Gracián, "Copia de una carta de Gracián al Presidente del Consejo de Indias", 23 de diciembre de 1573, San Lorenzo. Publicado en Andrés, "Juan Bautista Gesio", 9-10.
38. AGI, P-261, R. 2, "Cédula de Felipe II dirigida al Receptor del Consejo de Indias ordenando el pago de un salario de 10 ducados al mes y una ayuda de costa de 30 ducados a Juan Bautista Gesio", 19 de enero de 1574.
39. El inventario y el dictamen de López de Velasco se conservan en ZAB, Altamira, 217, D. 258. Juan López de Velasco, "Informe de Juan López de Velasco de los libros que trajo Juan Bautista Gesio", 3 de mayo de 1574 (publicado en Andrés, "Juan Bautista Gesio", 10-12). Para un estudio de los argumentos de Gesio sobre la línea de demarcación, véase David C. Goodman, *Power and Penury: Government, Technology, and Science in Philip II's Spain* (Cambridge: Cambridge University Press, 1988), 61-65.
40. La crítica de Gesio de la *Geografía* (c. 1575) se publicó en Jiménez de la Espada, *Relaciones geográficas*, 184:142-162. El editor afirma que transcribió un original sin firma de ZAB, con las iniciales Benito Pérez de Gamboa, agente del Consejo. Dado, sin embargo, que actualmente los estudiosos no logran ubicar dicho documento, este estudio fía en la transcripción de Jiménez de la Espada.

Con los mapas regionales ni se molestó porque, careciendo (explica implacable) de "división ni graduación en longitud y latitud ni escala de leguas y distancias" –violando, en consecuencia, los principios de la geografía y la corografía–, "son más comentarios y descripciones de provincias que tablas de Geografía"[41] (a lo que añádase el alargamiento de los territorios cercanos a los polos que el uso de paralelos y meridianos equidistantes conllevaba), pero las deficiencias más graves las encontró en el uso de derroteros y cartas náuticas como fuentes de información geográfica. Señalaba Gesio, en efecto, que, al emplear para determinar distancias terrestres distancias náuticas, López de Velasco daba en sus mapas valores longitudinales excesivos, y que aquellas cifras erróneas de cartas náuticas que reproducía se obtenían, a su vez, en navegaciones efectuadas con brújula y distancia recorrida estimada, más recalibre periódico de la derrota con observaciones de altura –soliendo incrementar, de hecho, en sus registros los pilotos la distancia cubierta cada día para compensar la distorsión que en línea recta aparente causaba en realidad la curvatura del globo–. Recomendaba, pues, que corrigiese el cosmógrafo-cronista sus mapas regionales dotándolos de coordenadas y enmendando las distancias aplicando "triangulos esféricos" (trigonometría esférica) cada 10 leguas.

La crítica cartográfica de Gesio, aunque por momentos confusa, en último término planteaba dos modificaciones fundamentales de la línea de demarcación: socavaba las pretensiones de Portugal sobre Brasil y eximía a España de sus obligaciones contractuales en relación a las Molucas –franqueándole, además, la colonización de China, Japón y (por supuesto) Filipinas–; es decir, exactamente la misma canción que le había valido su visado a España y su sueldito del erario real –se la tenía ya aprendidísima–.

A grandes rasgos, lo que este italiano hacía era aumentar la anchura del Atlántico y reducir la del Pacífico. Entendiendo que la línea de demarcación oriental dependía de la distancia entre el extremo occidental de África (Cabo Verde o Dakar) y el oriental de Brasil (Cabo de San Agustín o Cabo Blanco), proponía sustituir los 20° que para tal distancia postulaba López de Velasco por 34° –son, en verdad, 17°–, de donde resultaba caer dicha línea demarcadora claramente al Este de la costa brasileña, y quedar sin base las pretensiones portuguesas sobre esta parte del continente suramericano. Para el Pacífico, en cambio, no proponía mover la línea de demarcación, sino hacer lo propio –hacia

---

41. Jiménez de la Espada, *Relaciones geográficas*, 184:151.

el Este– con la mayor parte de la costa asiática. Calculó, en efecto, entre el Perú y las islas Salomón distancia suficiente para asegurar que China, Japón y Filipinas quedasen fuera de lo concedido en 1529 a Portugal y, por lo tanto, en la semiesfera española.

Para justificar estos dos cambios recurría (combinando datos de ambas fuentes) a relatos tempranos de descubrimiento y a cartas náuticas portuguesas, llamando asimismo la atención sobre un importante error de López de Velasco; el cual –parece ser–, aunque para calcular distancias en el Pacífico se basó en derroteros que usaban leguas no portuguesas (de 4.000 pasos) sino castellanas (de 3.000), siguió convirtiendo a grados leguas a 17,5 leguas el grado; Gesio sostenía, sin embargo, que, usando el estándar castellano, las leguas a computar por cada grado eran 23 (salía con ello el Pacífico entre 20° y 24° menos ancho), y se ensañaba diciendo: "[E]l castellano que escribe las crónicas de Castilla debe usar los términos, los vocablos y posición de las cosas según el [*sic*] costumbre de su tierra".[42] Se mostraba partidario, por lo demás, de –depuestas las 17,5 leguas por grado de longitud comúnmente aceptadas para la latitud ecuatorial desde mediado el siglo (López de Velasco no era excepción)– volver a las 15,5 que Tolomeo postulaba,[43] si bien no explica por qué.

Critica, aparte, el trazado que hace de la costa brasileña, la longitud en que sitúa el acceso atlántico al estrecho de Magallanes y la ubicación, disposición y dimensiones que atribuye a China y Japón, basando sus tesis sobre Brasil y el estrecho en derroteros de Américo Vespucio y (sobre todo) Andrés de San Martín, piloto de la expedición de Magallanes-Elcano.[44] Manifiesta aprecio por estos autores cuanto (a pesar de ser más recientes) desdén por las fuentes de López de Velasco para ubicar México y describir el estrecho de Magallanes –el registro de eclipse lunar de Juanote Durán y el relato (basado en el de Ladrillero) de Santa Cruz, respectivamente–, pero, aunque negaba fiabilidad a los datos de Durán porque "no tenemos hipotesis dellas ni sabemos como las observo ni con que proposiciones

---

42. *Ibid.*, 184:145.

43. 17,5 leguas por grado de longitud supone un perímetro terrestre más cercano a los aproximadamente 40.000 kilómetros reales, equivaliendo una legua náutica a unos 5,5 kilómetros.

44. Es verosímil que Gesio tuviese acceso al derrotero de Andrés de San Martín, que había caído en manos portuguesas al desembarcar la expedición en territorio luso. João de Barros (1496-1570) usó este material en sus *Décadas*, que Gesio también cita. Véase João de Barros, *Décadas*, ed. António Baiao, 4 vols., Colecção de Clássicos Sá da Costa (Lisboa: Livraria Sá da Costa, 1945-1946), 4.

las demostró ni sabemos el tiempo del medio eclipse ni del principio ni del fin ni la cuantidad dello ni la *mora in tenebris* ni los digitos eclipticos ni altura de estrella ni posición ninguna con que se pueda hacer demostración",[45] tan acerba crítica no le impedía abogar por la observación de eclipses lunares para definir coordenadas clave de longitud aún inciertas. Estas objeciones emanaban, en parte, del planteamiento de López de Velasco, que establecía el extremo oriental de Brasil, en vez de con cuadernos de bitácora de barcos que navegasen hasta allí desde Portugal, en función de la ubicación de Ciudad de México.

Desdeñaba también las observaciones –de fray Martín de Rada– en que se basaba para ubicar los territorios del Lejano Oriente,[46] y llamaba la atención sobre su grave error de que el río Cantón –en la costa china– se llamaba antes Ganges. Podía ser causa –hacía ver– de gran confusión: el Ganges se sabía desde tiempo inmemorial que estaba al este de la India; quedaba, por tanto, en territorio portugués.

Negaba asimismo validez (por simplista) a parte de su filosofía natural, especialmente en relación a mareas y corrientes. Atribuía, en efecto, el cosmógrafo-cronista las segundas al viento, a la interposición de masas de tierra y a la topografía costera, diciendo, por su parte, del flujo y reflujo diarios que, aunque eran mucho menores en el Atlántico que en el Pacífico, crecían todos, en cualquier caso, acercándose la Luna a oposición o conjunción con el Sol –partía de la base de que la esfera de tierra y agua era perfectamente circular–.[47] Gesio, en cambio, para "salvar todas las apariencias"[48] prefería asumir que la "esfera" de agua tenía en realidad forma oval: la masa líquida (explicaba) estaba sujeta a dos movimientos naturales –uno lineal (o semejante a la respiración), y otro circular–,[49] y este último era, a su vez, de dos tipos: el del "primer

---

45. Jiménez de la Espada, *Relaciones geográficas*, 184:147.

46. Gesio tenía, con todo, gran curiosidad por la obra del agustino, y pidió al Consejo que se trajesen sus papeles de Filipinas. Véase AGI, IG-740, N. 103 (4), "Orden al gobernador de Filipinas que recoja los papeles de Fray Martín de Rada y envíen al Consejo de Indias", 24 de abril de 1580. Recuérdese que en 1584 se ordenó también a Jaime Juan hacerse con aquella documentación en su viaje a aquellas islas.

47. López de Velasco, *Geografía y descripción*, 30.

48. Para el sentido de esta expresión en la ciencia clásica y de la Edad Moderna, véase G. E. R. Lloyd, "Saving the Appearances", *Classical Quarterly* 28, nº 1 (1978).

49. Merece la pena reproducir íntegro el pasaje, titulado "Del fluxo y refluxo de la mar": "Para salvar todas las apariencias de la mar es menester darle otra forma al agua que no es redonda y que una parte tenga en igual distancia de la otra del centro del mundo; la forma que debe tener es oval o de la cesión [*sic*] cónica o

móvile", y –opuesto a éste– el que seguía el orden de los signos.[50] Su referencia al efecto de los movimientos celestes sobre las mareas es congruente con la teoría astrológico-lunar al respecto entonces en boga, según la cual las propiedades ocultas de la Luna incidían en el agua.[51] Advertía –eso sí– que, para que estas evoluciones circulares "salvasen todas las apariencias" del movimiento de los mares, la Tierra tenía que estar en movimiento.

En la frase siguiente se apresuraba a añadir que aquellas especulaciones sobre que la Tierra se moviese eran, al cabo, elucubraciones gratuitas nomás –la explicación satisfactoria de todas las "apariencias" de las aguas (argumentaba) estaba aún por aducir–, pero yo no termino de entender a qué se refiera exactamente con que para que esta teoría dé cuenta de cuantos movimientos de las aguas conocidos sea necesario presuponer el movimiento terrestre. Si está realmente aceptando la posibilidad de dicho movimiento para explicar las mareas, se adelantó a Galileo en más de 42 años,

---

cilíndrica que se dice elipse, y alguna vez forma lenticular y porque el agua tiene dos especies de movimientos uno de por si y propio por línea recta que es de sulevación o tumor y depresión que es como respiración que hace el hombre en alzarse y bajarse a manera de fuelles; este movimiento es de diversas maneras; tiene otros movimientos circulares por accidente según el movimiento del primer móvile y otro al contrario según el orden de los signos; con las dos especies de movimientos susodichas se salvan todas las apariencias del agua, mas es menester *dar movimiento a la Tierra*; puede ser [puédese] dar razón y causa porque la alta marea es del Nordeste Subdeste y la baja Norueste Sudeste y porque las aguas más altas y más bajas son en el tercero después de la conjunción y oposición del Sol y de la Luna. Este material es de gran placer y contento placer platicarlas y dar las razones las cuales se dejan de decir acá porque hasta el día de hoy no se ha hallado hombre que haya podido dar las razones de todas las apariencias de la mar y la causa porque en unas partes hay flujo y reflujo y en otras no" (en Jiménez de la Espada, *Relaciones geográficas*, 184:148; no está claro si la cursiva es original o de Jiménez de la Espada).

50. Con el *primum mobile* probablemente estuviese refiriéndose a la décima esfera (la de las estrellas fijas), que en las interpretaciones medievales de la cosmología aristotélica era responsable del movimiento diario Este-Oeste de los astros, e imponía su movimiento al resto de las esferas celestes. El otro movimiento circular que describe –el que, contrario a este del *primum mobile* y, por tanto, Oeste-Este, atribuye al orden de los signos, cabe suponer que fuese una referencia al segundo movimiento principal de los cielos, es decir, el de la eclíptica del sol. Véase Edward Grant, *The Foundations of Modern Science in the Middle Ages* (Cambridge: Cambridge University Press, 1996), 108.

51. Rodrigo Zamorano da una explicación llamativamente sucinta en *Compendio del arte de navegar, Colección primeras ediciones* (Sevilla: Alonso de Barrera, 1581; reimpresión, Madrid: Instituto Bibliográfico Hispánico, 1973), 48v-49.

y se pregunta una si no tomasen quizás ambos italianos la teoría de alguna fuente hoy perdida.[52]

Objetaba, por último, al aserto de que había en la Tierra dos puntos donde la brújula no oscilaba –uno en el hemisferio norte (en el meridiano de las Azores), y el otro en el sur (algo más al este de dicho meridiano)–: sostenía que, en caso de presentar realmente el artilugio aquella oscilación ("dado que haga mutación"), ambos puntos fijos estarían en el mismo meridiano (en relación de 180°),[53] y, aunque no aduce razón física alguna, la indicación de la brújula afirma que debía ser simétrica a lo largo del eje terráqueo. La descripción del comportamiento de este instrumento –que a López de Velasco bastaba se ajustase a los testimonios escritos disponibles de marinos–, para Gesio tenía que casar (fenómeno natural que era) no ya con tales testimonios sino con la filosofía natural. Cabe inferir, en efecto, de sus argumentos que pertenecía a una tradición cosmográfica donde las explicaciones filosófico-naturales eran componente esencial, y debió de quedarse con la boca abierta ante el empirismo restringido de López de Velasco.

Al cual, toda esta crítica aceda no debió de cogerlo de improviso –había tenido ocasión de examinar la documentación de Gesio, y sabía de su afán por proponer interpretación nueva de la línea de demarcación–, pero los motivos del italiano es evidente que iban más allá de estrictamente coordenadas geodésicas: durante más de 20 años anduvo tratando de obtener –sin éxito– nombramiento del rey, y procuró siempre sacar a relucir sus capacidades frente a las del cosmógrafo oficial. Excepción hecha, pues, de errores de copia, la fecha equivocada del Tratado de Tordesillas y una coordenada de longitud claramente incorrecta (34° vs. 54°), en su versión revisada de la *Geografía y descripción* López de Velasco ignoró toda esta batería de objeciones –el Consejo de Indias, por su parte, tampoco le ordenó incluirlas en la copia en limpio destinada al rey–.[54]

---

52. En su *De revolutionibus orbium coelestium* (1543), Copérnico no hace mención de las mareas, como tampoco Rético en su *Narratio prima* (1540). La primera teoría que relaciona la rotación de la Tierra y las mareas se atribuye sin ambages a Galileo, que la dio a conocer en su *Discurso del flujo y reflujo del mar* (1616), es decir, más de cuarenta años tras los comentarios de Gesio, si bien hay que decir que en 1597 hizo alguna insinuación sobre Kepler en este sentido. Para un estudio de la teoría de las mareas de Galileo, véase Ron Naylor, "Galileo's Tidal Theory", *Isis* 98 (2007): 1-22. Véase también Galileo Galilei, "Discourse on the Tides (1616)".
53. Jiménez de la Espada, *Relaciones geográficas*, 184:149.
54. *Ibid.*, 184:162-163.

No disponemos, de todos modos, de evidencia histórica de cómo respondiese el cosmógrafo-cronista a la crítica. ¿Saldría al paso con materiales suyos a que no tuviese acceso el italiano? ¿Diría que todo aquello se basaba en información que, casi siempre de dominio público (Vespucio, Caboto, Magallanes), tenía –aparte– a lo menos cincuenta años ya? El hecho es que, sin perjuicio del informe de Gesio –y de la censura del Consejo–, dos años después esta misma institución calificó la obra de "muy buena y conveniente", concediendo por ella a López de Velasco (como antes vimos) una gratificación de 400 ducados.[55]

El *Sumario*

La segunda obra cosmográfica de López de Velasco (que, versión abreviada de la *Geografía y descripción universal*, se conoce como *Sumario* o *Demarcación y división de las Indias*) no pretendía ser cosmografía renacentista, sino servir para instrucción de una nueva hornada de miembros del Consejo –cinco que llegaron habiéndose copiado y distribuido ya la obra anterior–; constituía, en efecto, introducción general a la geografía física y administrativa del Nuevo Mundo: libro de consulta sobre dicha materia para los recién llegados a la institución. Conservamos dos versiones manuscritas sin fechar con ligeras variantes –una en la Biblioteca Nacional de España (Madrid), otra en la John Carter Brown Library (Providence, Rhode Island)–,[56] y los 14 mapas manuscritos de la segunda posiblemente constituyan los únicos productos cartográficos conservados atribuibles a López de Velasco. Aunque –como decimos– ambas copias carecen de fecha, la obra es probable que date de 1580. Se escribió, por tanto, efectuadas ya las observaciones de los eclipses lunares de 1577 y 1578, pero *antes* de llegar a España el grueso de respuestas al cuestionario de 1577 –proyectos ambos puestos en marcha por el propio López de Velasco, como en próximo capítulo veremos–.[57]

---

55. AGI, IG-738, R. 17, f. 249, "Informe favorable del Consejo de Indias para que se concedan 400 ducados a López de Velasco por el libro de 'La geografía y descripción de las Indias'", 7 de diciembre de 1576.

56. BN, MS 2825, Juan López de Velasco, "Demarcación", publicado con el título *Demarcación y división de las Indias* en DIA, 15:409-572. La versión con mapas se conserva en JCB, Cod. Spa. 7, "Demarcación y división de las Yndias".

57. De 1578-1579 no datan sino doce relaciones. Véase Howard F. Cline, "The *relaciones geográficas* of the Spanish Indies, 1577-1586", *Hispanic American Historical Review* 44, n° 3 (1964): 351.

En este *Sumario* –que omitía las secciones sobre habitantes nativos, historia natural y accidentes geográficos menores–, López de Velasco operaba algunos cambios sobre el texto previo de la *Geografía*, principalmente en respuesta a las críticas de Gesio años antes: usaba ahora leguas castellanas (unidad de longitud tras explicar diligente cuya equivalencia con 3.000 pasos de cinco pies cada uno añadía chusco, en alusión clara a su detractor, que valía por "sesenta millas ytalianas"), y, para convertir leguas a grados de longitud, sustituía por 20 las 17,5 leguas que, habitualmente postuladas para cada grado, él mismo adoptara en la *Geografía*, si bien de esta nueva convención, para cuya asunción no aducía motivo ninguno, en realidad ni siquiera hacía uso consistente –la ubicación (ejemplo flagrante) de la línea demarcadora de Brasil seguía calculándola equivaliendo un grado a 17,5 leguas–. El único añadido de entidad era una breve sección donde describía las rutas náuticas entre Honduras y Guatemala,[58] y las secciones de la *Geografía* que aprovechaba, las simplificaba. Eliminó, en efecto, numerosas coordenadas de longitud, y optó por no meterse en demarcaciones jurisdiccionales problemáticas. De la región de La Plata –por ejemplo–, frente a la discusión matizadísima sobre sus lindes de la obra anterior, se limitaba ahora a afirmar que se extendía, hacia el Note, hasta un punto del continente suramericano tangente con la línea de demarcación con Portugal, y, hacia el Sur, hasta la desembocadura del río que le daba nombre. La ciudad de Asunción (otro caso) carece de coordenada de longitud, quedando en el documento espacio en blanco –para las ciudades de Santo Domingo, Panamá, y Santiago de Chile, modificó, en cambio, en el *Sumario* las longitudes de la obra anterior–.[59]

Fuese por dar la razón a Gesio o –más probablemente– por la actualidad que el asunto cobrara recién, sobre la hidrografía del estrecho de Magallanes reconoce que se sabía aún muy poco, y, en vez de parafrasear –como en la *Geografía*– la descripción del mismo de Ladrillero, dice abiertamente que las expediciones de exploración no habían logrado determinar si eran uno o varios los canales que allí cruzaban del Pacífico al Atlántico.

---

58. Para esta sección, López de Velasco puede que usara el manuscrito de Escalante de Mendoza. Véase Escalante de Mendoza, *Itinerario de navegación*, 146-149.

59. López de Velasco modificó las longitudes como sigue: Santo Domingo, de entre 75° y 78°, a 70°; Panamá, de 82° a 89° y Santiago de Chile, de 77° a 73°. No está claro si efectuó estos ajustes de resultas de las observaciones de 1577 y 1578, ya que no conservamos documentación relativa a las mismas para las zonas mencionadas.

Aunque España atribuía a este estrecho –puerta al Lejano Oriente– todo su valor estratégico, precisaba ahora de defensa urgente ante incursiones foráneas, pues, meses antes de ultimar López de Velasco este *Sumario*, el Consejo de Indias tuvo noticia de los saqueos a que había sometido asentamientos españoles de la costa pacífica Francis Drake. Zarpó, en efecto, el pirata inglés desde Plymouth –con cuatro naves– en noviembre de 1577, y, sometidas a pillaje las costas de Brasil y La Plata, pasó el estrecho de Magallanes, arribó a Chile en noviembre de 1578, y continuó saqueando puertos españoles –el Callao en febrero de 1579 y Guatalco (en México) en abril–. Asustado de pensar que estuviesen esperándolo en el mencionado estrecho –no en otra idea (arriba vimos) se había enviado al mismo al capitán Sarmiento de Gamboa–, prefirió seguir navegando a lo largo de la costa norteamericana. Era su esperanza encontrar el legendario paso del Noroeste, pero, no hallándolo, enfiló por el Pacífico hacia las Molucas, y, doblado en travesía lacerante el cabo de Buena Esperanza, llegó por fin (para su gloria y fortuna) de vuelta a Plymouth casi tres años después de partir. Protestó España, pero Isabel I de Inglaterra celebró su retorno y lo nombró caballero.[60]

Aquellas noticias llenaron de estupor y alarma al Consejo de Indias –que había considerado siempre la costa pacífica americana inmune a ataques del género–, y hubo llamamientos a la fortificación del estrecho de Magallanes, pero pronto quedó claro cuán poco se sabía de su geografía a ciencia cierta. Esto cambió, sin embargo, con el regreso a España –acabando la década de los 80 del siglo xvi– del recién nombrado Pedro Sarmiento de Gamboa, quien trajo consigo nuevos mapas y derroteros de la zona que había preparado mientras esperaba a Drake en sus aguas hostiles de los confines de la Tierra.[61]

López de Velasco se daba buena cuenta de que –quizás ahora más que nunca, vista la determinación del enemigo de enfrentarse a España en su frontera occidental– la contenida en el *Sumario* era información reservada, sensible; se sintió, pues, alarmado cuando –antes de escribirse en su cubierta la advertencia debida– empezaron a circular copias del

---

60. Henry R. Wagner, *Sir Francis Drake's Voyage around the World* (San Francisco: John Howell, 1926).
61. Fernández de Navarrete, *Biblioteca marítima española*, 2:618. López de Velasco no recibió, no tenía conocimiento de, o sencillamente ignoró, la observación de Sarmiento de Gamboa del eclipse de 1578, que, según su autor, fue certificado y enviado a España. En el *Sumario*, Velasco mantuvo la longitud de Lima en 82° (como en la *Geografía*).

manuscrito, y escribió a Mateo Vázquez pidiéndole se asegurara de que se pusiese en su ejemplar: "Conviene al servicio de Su Majestad no se pierda ni traslade sin licensia del Consejo Real de las Indias" (la versión de la Edad Moderna de la actual marca roja de *top secret*).[62] Mucho más drásticas fueron las medidas que, al tener noticia de la existencia de la obra, tomó para garantizar su confidencialidad el rey: preocupado por que pudiese acabar en muchas manos, y no viendo razón de autorizar a consultar su contenido sino a funcionarios en activo en el Consejo de Indias, ordenó al mismo que, recogidas cuantas copias existentes, las custodiase bajo llave en una de sus cámaras, gozando de acceso solamente sus miembros.[63]

Los catorce mapas que acompañan el *Sumario* son subconjunto de los veintitrés que López de Velasco había preparado para la *Geografía*.[64]

---

62. "Alvarado me embio a dezir que ha embiado a V. m. el libro de Yndias en que quisiera en la primera hoja baxo del Título come se pondra en los que se hazen para los del consejo se pusiera estas palabras 'Conviene al servicio de su m g no se pierda ni traslade sin lisencia del Cons[ejo] Real de las Indias' a V. m. suplico que si ya no le tiene Su Mag[estad] y aunque le tenga a si se puede hazer las mande a escrivir de buena letra porque aunque es compendio del libro de otro grande que yo hize, de aquel mesmo argumento describiendose en el tan particularmente todos los pueblos y cosas de Yndias que no conviene que se publique en la forma que esta y si biniesse en manos de estrangeros al punto le imprimieran porque creo que les seria buen acepto y vm me mande avisar de lo que le ha parecido del" (IVDJ, Envío 25, n. 561, Juan López de Velasco, "Carta de López de Velasco a Matheo Vázquez sobre libro de Descripción de Yndias", 21 de noviembre de 1580, Madrid).

63. Respondió el rey: "Y hauiendo antes de agora pensado en estos libros de la descripcion de todas las Indias, me ha parescido que por ser de la calidad que son y por el inconueniente que se podria seguir si anduuiessen en muchas manos como podria ser faltando alguno de los que los tienen o mudandose de esse consejo pues para solos los del son a proposito seria bien que todos se regogiessen en el Consejo y se pusiessen en algun caxon cerrado a donde quando se offresciesse necessidad los pudiessen tomar para ser con el espaçio que conueniesse lo que quisiessen, boluiendolos despues a su lugar que seria tenerlos como en sus casas y se remediaria que faltando alguno no se perdiessen o trasladassen y assi pareciendoos que esto esta bien como a mi me lo paresce lo ordenareis recogiendo todos los dichos libros en la parte que digo y auisandome como se hiziere" (AGI, IG-740, N. 91, "Memorial del Consejo de Indias desaconsejando la concesión de nuevas gratificaciones a López de Velasco por su libro. Contestación al margen de Felipe II sobre que se recojan los libros y se pongan en lugar seguro", 28 de septiembre de 1582).

64. La autoría de los mapas que acompañan el manuscrito JCB entraña algunos problemas. Se derivan, en parte, de inconsistencias que presentan con la crítica de Gesio de 1580 del *Sumario* de López de Velasco, pues, aunque Gesio dice que López de Velasco trazó su mapa universal con un tipo de proyección donde el espacio comprendido entre paralelos iba aumentando hacia los polos llegando casi a doblar en proporción la longitud –y este juicio es verosímil que lo emita tras intentar

Seleccionó tres generales –el mapa del mundo que tituló "Carta de Marear" (lámina 5) y uno para cada subcontinente americano (lámina 6)–, y once de regiones –las nueve audiencias, Chile y las entonces llamadas islas de Poniente (láminas 7 y 8)–, descartando, en cambio, los específicos de La Española, Cuba, Terranova, Yucatán, Cartagena, el estrecho de Magallanes, Brasil, China y las islas Salomón. Eran, de nuevo, mapas concebidos como complemento del texto: representación gráfica de la descripción verbal. No convenció, pues, al cosmógrafo-cronista para sustituir por auténtica cartografía matemática sus mapas-esquema la crítica de seis años atrás de Juan Bautista Gesio.

El Consejo de Indias volvió a pedir Gesio que evaluara la obra que acababa de completar López de Velasco.[65] Desde la vez anterior, Gesio no había estado ocioso: había tenido comunicación frecuente –Mateo Vázquez mediante– sobre numerosos temas con el rey,[66] advirtiéndole en varias ocasiones de movimientos en el extranjero peligrosos para los intereses de España. Le informó, por ejemplo, de que, en la idea de enviarla –vía estrecho de Magallanes– hacia las islas de las Especias, Francia aprestaba en Bretaña, bajo la guía de "una Breton llamado la Rochia [*sic*]", una armada de veinte naves y 2.500 hombres,[67] si bien en este caso su información hay que decir que no era muy exacta: había, sí, un bretón (Troilus de Mesgouez, marqués de La Roche) que, en la

---

reducir el mapa a escala en función de los paralelos tropicales que aparecen en los manuscritos–, sin embargo, es complicado determinar con certeza la proyección del mapa universal del manuscrito JCB, puesto que carece de meridianos y paralelos, y la finalidad de la tenue retícula que se aprecia no debió de ser sino facilitar la copia. De todos modos, otros de los mapas de la JCB sí que contienen rasgos que critica Gesio, especialmente los titulados "Tabla universal de las Indias de Norte", "Tabla de la Audiencia de la Española" y "Tabla de las Islas de Poniente".

65. La crítica de la *Demarcación* o *Sumario* data de 1580, año de la muerte de Gesio. Una copia del siglo XVI de mano distinta de la del autor, y sin firmar por este, se conserva en AGI, Patronato-259, R.79, "Parecer del matemático Juan Bautista Gesio sobre un libro titulado *Sumario de las Indias* tocantes a las ciencias de geografía", 11 de abril de 1580. Conservamos también una copia del siglo XVIII en BAH, Colección Muñoz, vol. 24, ff. 8-31v.

66. Gesio trataba mayoritariamente temas políticos, como queda patente examinando su correspondencia conservada en el BL Add 28359-60, en la que asesora al rey en asuntos que van desde predicciones astrológicas hasta el reino de Nápoles, la empresa de África del rey Sebastián I de Portugal, y, por supuesto, las pretensiones portuguesas en el Pacífico.

67. AGI, P-24, R. 43, "Parecer de Juan Bautista Gesio sobre importancia de tener las islas Filipinas", 14 de abril de 1578.

primavera de 1578, equipaba bajo los auspicios del rey de Francia una "armada", pero esta no se dirigía al Lejano Oriente sino a Terranova, y, sobre todo, al cabo resultó que la integraba un solo barco el cual cayó, además, en manos inglesas nada más dejar el litoral galo.

Así pues, cuando, en 1579, el Consejo buscaba la fórmula óptima contra el avance inglés en el Pacífico, el italiano expresó su parecer –quizás a instancias del monarca– sobre el modo mejor de defender el estrecho de Magallanes.[68] Se mostraba de acuerdo con la opinión dominante de que había que fortificarlo y poblarlo, pero advertía –basándose en las descripciones a que tenía acceso– que no estaba claro si allí comunicaba ambos océanos un canal único o varios: según algunas descripciones (explicaba), las tierras meridionales del estrecho eran en realidad una isla –en cuyo caso, un baluarte defendiendo el canal principal no serviría de nada: deberían construir los españoles, en cambio, un vasto alcázar en el acceso occidental, y, desde dicho acceso hasta México, una ringlera de torres de señales para transmitir noticias sobre naves enemigas–; nada de lo cual (añadía) tendría sentido emprender, de todas formas, sin cartografiar primero el propio estrecho "palmo a palmo". Su dictamen –que incluía descripción topográfica detallada de la zona a partir de los relatos de Magallanes, Andrés de San Martín y Antonio Pigaffeta (quien creía que Tierra del Fuego era una isla)–, vaticinaba que, debidamente defendido, aquel paso se convertiría en la principal ruta desde España al Pacífico, y para el transporte de bienes hasta España desde el Perú.

Pero sus opiniones político-cosmográficas le valieron algunas dificultades con el Consejo de Indias. En una ocasión, aunque este le prohibió remitir al rey la conclusión a que había llegado (tras estudiar las "escrituras del empeño" que, en 1529, dieran en usufructo a Portugal las Molucas) de que Japón correspondía en justicia a España –para cuya explotación comercial, evangelización e (incluso) conquista entendía que quedaba, por tanto, disponible (y, con Japón, China)–, él no hizo caso del veto de la institución, envió su tesis al soberano igual,[69] y siguió insistiendo en que España disponía de sólidos argumentos cosmográficos contra las pretensiones portuguesas tanto

---

68. AGI, P-33, N. 2, R. 7, "Parecer de Juan Bautista Gesio sobre la navegación al Estrecho de Magallanes (expediente sobre Sarmiento de Gamboa)", 27 de agosto de 1579.
69. BL, Add 28359, f. 239-239v, carta anónima para Mateo Vázquez sobre Japón y China, sin fecha. Se reconoce fácil la caligrafía de Gesio, que trató el tema con Vázquez a comienzos de 1576.

en el Lejano Oriente,[70] como en Brasil[71] –acompañaba sus detalladas argumentaciones de descripciones geográficas y mapas que, o se han perdido, o (de conservarse) no se le atribuyen–. Dándose cuenta, sin embargo, de que estas dislocaciones suyas con aquel centro le enturbiaban la perspectiva económica, en 1578 escribió a Vázquez –quién si no– pidiendo lo nombrasen criado del rey, y le permitiesen trabajar independiente. Se quejaba, entre otras cosas, de cuán reacio a desautorizar a López de Velasco era el Consejo.[72] En el encargo del mismo de examinar el *Sumario* de su cosmógrafo-cronista vio, por tanto, ocasión de –objetando por sistema a la visión del mundo oficial de López de Velasco (y, por extensión, del propio Consejo)– hacer campaña por sus posiciones.

Por una serie de solicitudes que en el libro de peticiones del Consejo de Indias consta realizó a comienzos del recién mencionado 1578, en los años previos a examinar el *Sumario* Gesio sabemos que había ganado acceso a parte del material cosmográfico de López de Velasco.[73] Pedía en aquellas solicitudes poder consultar los derroteros para travesías desde el estrecho de Magallanes y México al Lejano Oriente –concretamente, los de las expediciones de Villalobos, Juan Gaetano, Loaysa y Juan de Ladrillero–, y que el cosmógrafo-cronista le facilitase los resultados (hacía poco llegados desde México) de las observaciones de determinado eclipse –probablemente se trate (pues es la demanda del mes de febrero del año dicho de 1578) del habido en septiembre de 1577, que aportó coordenadas de longitud para la Ciudad de los Ángeles (Puebla) y San Juan de Ulúa (fuerte de

---

70. Gesio menciona que preparó una evaluación geográfica detallada de la situación. ZAB, Altamira, 243, GD. 20, ff. 170-172, "Informe de Juan Bautista Gesio sobre presencia de portugueses en Oriente", c. 1579. Publicado en Fernández de Navarrete, *Colección Fernández de Navarrete*, 18:103-104, 207-210.

71. AGI, P-29, R. 32, "Descripción geográfica del Brasil de Juan Bautista Gesio", 24 de noviembre de 1579.

72. "[E] abasciaare e disfare Juan de Velasco cosmógrafo che han fatto maggiore de le Indies, et per la amicicia tengono con il detto et per ser io forastero mirano a sustentarlo in honore e credito, et non mirano al servicio di vm." ("Y degradar y destituir a Juan de Velasco, cosmógrafo que han hecho mayor de las Indias, y por la amistad que tienen con él, y por ser yo forastero, se cuidan de sustentarlo en honor y crédito, y no del servicio de su majestad", traducción *ad hoc* de M. C.), BL, Add 28341, ff. 148-149, "Carta de Juan Bautista Gesio pidiendo otro trabajo", 9 de agosto de 1578.

73. AGI, IG-1086, L.6, ff. 54v-55, 61, "Petición de Juan Bautista Gesio sobre papeles que tiene Juan López de Velasco", 18 y 25 de febrero de 1578. Algunas entradas están publicadas en Jiménez de la Espada, *Relaciones geográficas*, 183:281-282.

Veracruz)–. López de Velasco no parece que se mostrase muy solícito: el día 25 del mismo mes, Gesio hubo de pedir al Consejo que fijase una cita en su casa.

Siempre en febrero, tuvo noticia también el italiano de que había llegado a la corte –en procura de licencia de impresión– el autor de una importante descripción geográfica de Nueva España. Él, en su carta, que a continuación citamos, no lo aclara, pero es verosímil que se tratase de la obra (hoy perdida) que Francisco Domínguez de Ocampo compuso como parte de la historia natural de Francisco Hernández.[74] La calificaba, en efecto, de "Geographia y descripcion universal y particular de toda aquella tierra [Nueva España], con sus tablas graduadas en longitud y latitud"[75] –basándose dichas coordenadas en observaciones de eclipses llevadas a cabo por cosmógrafos en México–, y advertía de que la licencia de publicación debía posponerse en tanto no examinase el material geográfico y los mapas del libro –confirmando que "las observaciones de la longitud en dichas tablas y descripcion han sido bien echas y demostradas"– "persona muy inteligente en esta profesion". Insistía, de hecho, en que debería analizarse atentamente antes de autorizar su publicación no ya esta obra, "mas qualquiera otras tablas, historias y relaciones que se hiziessen por lo venidero y toccasen en cosas de distancias y longitud". Temía que, si se imprimía algún trabajo que (de autor español y autorizado por Castilla) contuviese material controvertido sobre el asunto de las longitudes, Portugal lo usara para socavar las reivindicaciones españolas –es decir: justo la estrategia que en sentido inverso había puesto en práctica él–.

---

74. Hernández llegó a España en 1577, y se afanó por ver su obra publicada. Tenemos una declaración de Domínguez de 1581 en la que explica que, a su regreso, Hernández se había llevado un borrador de su descripción y mapas, y que, aunque él ya había terminado la obra, el virrey quiso quedársela. "Carta del geógrafo Francisco Domínguez sobre S. M. mande al Virrey D. Martín Enríquez remita la descripción de Nueva España que trabajó", México, 30 de diciembre de 1581, publicado en DIE, 1:379-385. Sabemos también que la obra geográfica de Domínguez (sea la versión que Hernández llevó consigo a su vuelta o la posterior) se conocía en España. En su bibliografía de 1629, León Pinelo incluyó la siguiente entrada: "Francisco Domínquez. *Descripcion de Nueva-España*. Passo a hazerla, por orden del Real Consejo de Indias, el año de 1570. i la hizo i embio amplissima, con la de la China i otras provincias. M[anus] S[cripto]". Véase Antonio de León Pinelo, *El epítome de Pinelo, primera bibliografía del Nuevo Mundo*, ed. Agustín Millares Carlo, facsímil de la edición de 1629 (Washington, D.C.: Unión Panamericana, 1958), 176.

75. AGI, P-259, R.72, "Carta de Juan Bautista Gesio sobre que no se imprima tablas y obra de geografía de Nueva España sin ser vista antes", 18 de febrero de 1578.

Cabe señalar, de todas formas, que estas preocupaciones por la difusión de información geográfica, ni las inauguraba Gesio, ni le eran exclusivas. Meses atrás había llamado la atención sobre el carácter sensible de la misma obra Martín Enríquez –virrey de México–, si bien por razones distintas: transmitió al monarca en una carta su preocupación por la precisión y claridad de aquellas descripciones de las costas del Caribe y del mar de Campeche –tales, que (de publicarse el libro) podía ser causa de inconveniencias, pues frecuentaban la zona piratas–.[76]

Es, pues, de suponer que Gesio esperase que, en su nueva obra, López de Velasco tuviese en cuenta todo el nuevo material geográfico que, desde la *Geografía* de 1574, había llegado al Consejo de Indias, pero no fue ese el caso, y, cuando la institución le pidió examinar el *Sumario* (en 1580), el cosmógrafo italiano se embarcó en una larga serie de *castigationes* del mismo.[77] Tras explicar que se le había pedido examinar un libro intitulado *Sumario de las Indias tocantes a las sciencias de geografía*, y determinar si era o no conforme a los "principios y términos" de la geografía, y si había en él algo nocivo o provechoso,[78] dejaba su opinión perfectamente clara –sin mencionar, eso sí, el nombre del autor–: "Yo haviendo visto y revisto con mucha diligencia, y muy vien considerado este libro segun la Sciencia con los principios, y terminos Matematicos, he hallado que no está compuesto según los preceptos de la Geografia, y contemen casi nada de esta Sciencia, y por esto no ser libro Geografico, solo ser una abrebiación de Historia y Comentarios".[79]

Veía, en efecto, en aquel *Sumario* de López de Velasco mero recopilar de "historia y comentarios" –desde su perspectiva, para poder hablar de geografía tenía que haber cartografía matemática–, y

---

76. AGI, Mexico-69, R.5, N.90, Martín Enríquez, "Carta del Virrey de México", 6 de diciembre de 1577.

77. Es posible que Gesio quisiera emular la crítica de Plinio y Mela de Ermolao Barbaro (1454-1593), que el humanista italiano tituló *Castigationes* (1492). El enfoque de Barbaro era casi exclusivamente filológico, pero la obra estaba estructurada como planteamiento y resolución sistemáticos de cada punto de la obra de los autores clásicos.

78. Gesio cobró por este trabajo 50 ducados. Véase AGI, P-426, L. 26, f. 211, "Carta de pago a Juan Bautista Gesio por 50 ducados por lo que ha servido y sirve al consejo en cosas de cosmografía", 27 de junio de 1580. El italiano venía recibiendo del Consejo importes exiguos y esporádicos. En 1577, por dar un caso, le pagaron 150 ducados por determinado trabajo que le había asignado el Consejo. Véase AGI, P-426, L. 26, ff. 32v, 63v-64.

79. BAH, Colección Muñoz, v. 24, f. 8.

su larga lista de pegas puede resumirse en tres puntos básicos: que los mapas no estaban trazados según lo que él llamaba los preceptos de la ciencia –no respondían a ningún sistema de proyección establecido–, que las distancias estaban calculadas mal, y que texto y mapas a menudo entraban en contradicción. Recomendaba, concretamente, usar proyección cartográfica o de tipo oval,[80] o basada en círculos máximos pero guardando la superficie la graduación adecuada en términos de latitud y longitud, y aquellos mapas deploraba que estuviesen hechos sin consideración ninguna de graduación, y sin escala ("a caso y suerte"). Los comparaba, de hecho, a cuadro que pintase de batalla naval "pintor solo práctico" –que no captura sino la memoria del suceso–, y a ello contraponía la creación del pintor "scientífico práctico" –que reproduce según la "figura, orden y circumstancias que huvo"–.

Pretendiendo, quizás, cerrar con nota positiva aquella crítica severa, sugería que, si ordenaba el monarca alguna vez componer "Geografía precisa y limada" de su reino, el *Sumario* serviría para establecer los verdaderos límites del mismo: insistía, consciente de que sus comentarios afectarían directamente a la suerte de López de Velasco, en que, a pesar de los fallos, el Consejo debía recompensar al autor por "el mucho trabajo en componer las tablas, recopilar las longitudenes y distancias de tantas Relaciones, y despues la buena voluntad que tuvo, y que á echo lo que á podido y sabido, que si mas supiera, mejor lo hiciera";[81] argumentaba, incluso, que, recompensándolo, animaría a otros a dedicarse a aquella ciencia. En 1580 Gesio ya sabía, sin embargo, que muchos considerarían que formulaba aquella crítica "de voluntad mias, y sin razon, mobido solo de embidia", y, en previsión de tal, demostró los errores del libro en una serie de pruebas matemáticas.

Aparte de la falta de escala en los mapas, repetía su queja sobre las coordenadas de longitud de la *Geografía* –que de lo que los pilotos anotaban en sus bitácoras no se restaba ("segun es costumbre de los Geografos") un tercio o un cuarto en la idea de, con ello, convertir "el camino estimativo y tortuoso en derecho"–, y, para ilustrar las múltiples inconsistencias entre texto y mapas, explicaba que, tras trazar escala para cada mapa según las coordenadas del texto, fue intentando establecer correlación entre las distancias que los capítulos decían y las que se veía en los mapas, pero nada casaba. Las longitudes –añadía–

---

80. "[Con] los paralelos y meridianos tengan por proporcion al otro y entre si, yendo-se anchando por un cabo, y por el otro, restringiendo segun la latitud procediendo de Austro a Septentrion". BAH, Colección Muñoz, v. 24, f. 8.
81. BAH, Colección Muñoz, v. 24, f. 10.

a menudo eran incorrectas simplemente porque "son estimativas, y sacadas de las navegaciones, y angulos aparentes", si bien la de México –obtenida por observación de eclipse lunar– sí le parecía que era digna de "algun credito", y podría usarse para corregir la ubicación de provincias colindantes.[82]

Tampoco estaba de acuerdo con el método de cálculo empleado para establecer "distancias derechas" –no se correspondía, protestaba, con ninguno de los modos conocidos y aceptados de calcular la distancia ortodrómica entre dos puntos de la superficie de una esfera (la longitud del arco que ambos delimitan del círculo máximo correspondiente)–, pero aquí la crítica es injusta, porque el análisis matemático de las distancias que computa López de Velasco revela un sistema que, aunque en detalle se nos escapa, es de una precisión equivalente a la ecuación trigonométrica empleada para el cálculo de longitudes de arcos de círculos máximos de esferas –tabla 5.1.–.[83]

Tabla 5.1. Comparación de las distancias ortodrómicas en leguas que calculó López de Velasco en el *Sumario*, y las calculadas con la ecuación de la ortodrómica

	Toledo 39° N, 0° O	Santo Domingo 19,5° N, 70° O	Santa Marta 10° N, 74° O	Ciudad de México 19,5° N, 103° O	Lima 12,5° S, 82° O
Sumario		1240	1420	1740	1820
Cálculo con la ecuación de la ortodrómica		1251	1426	1748	1835

Para dicho cálculo, más adelante en su texto expone Gesio tres métodos alternativos. Lo hace en latín –"porque mui mal se pueden exprimir los terminos y vocablos matematicos en Romance"–,[84] y consistía el primero ("segun el comun uso de los Geografos introducida

---

82. *Ibid.*, f. 9.
83. Todas las latitudes y longitudes reflejan las del *Sumario* de López de Velasco. Uso para la comparación la ecuación de la ortodrómica: cos (dist.) = sen (lat.1) * sen (lat.2) + cos (lat.1) * cos (lat.2) * cos (long. 1 - long. 2).
84. BAH, Colección Muñoz, v. 24, f. 18v.

por Tolomeo") en reducir el triángulo esférico en cuestión a un paralelogramo de ángulos rectos –simétrico sobre el eje de la latitud media– donde la diagonal del paralelo representaba la distancia entre los dos puntos dados. El segundo método –que afirmaba haber inventado él– reducía el problema a triángulos cuyos lados determinaba la cuerda que venía dada, a su vez, por la diferencia en paralelos y meridianos. El último llegaba a solución usando triángulos esféricos.

Antes de descender a aspectos específicos de los mapas de López de Velasco, dedicaba dos secciones a cuestionar los fundamentos teóricos de su cartografía –en ellos residía, a su juicio, el problema básico de la obra–. Discutía primero el valor correcto de la longitud del meridiano en latitud ecuatorial. En el *Sumario* –antes lo vimos–, el cosmógrafo-cronista se desviaba de las 17,5 leguas por grado que castellanos y portugueses solían emplear; contaba, en vez, por cada grado 20 leguas. Gesio insistía –lo dijo ya al criticar la *Geografía*– en que, no computando los españoles por legua el número debido de pasos, cuantas distancias sacasen de cuadernos de bitácora de pilotos eran esencialmente incorrectas.[85]

El otro gran problema de la obra era para el italiano dónde ubicaba la línea de demarcación –en relación, principalmente, a la costa brasileña–. Lo primero que aconsejaba era manejar –puestos a interpretar la bula papal al respecto, y el acuerdo subsiguiente entre los reyes de España y Portugal– leguas no castellanas (de 3.000 pasos) sino portuguesas (de 4.000), y aducía el motivo de que había sido el monarca portugués quien había solicitado se enmendase la bula primera. En segundo lugar, veía evidente que –según la ciencia geográfica– las distancias a lo

---

85. Gesio consideró necesario explicar los orígenes históricos de este valor y los problemas que se generaban cuando los castellanos lo usaban sin comprenderlos. Empieza comparando los valores que usaban Eratóstenes y Teodosio ($29\frac{1}{3}$ leguas u 87.500 pasos el grado) con los de Tolomeo y Marino de Tiro ($20\frac{5}{6}$ leguas o 62.500 pasos el grado). Los geógrafos modernos –continuaba–, para facilitar la aritmética hexadecimal redondeaban las cifras de Tolomeo a 60.000 pasos y 20 leguas el grado, y esto –añadía– era el uso común de "cosmografos de Europa, de los de Ytalia, Francia, Alemania y otras partes". Los portugueses, por su parte, seguían manejando el valor de 17,5 no porque "ubiesen echo experiencia y observacion dello" sino a modo de compromiso entre los valores de Eratóstenes y los de Tolomeo, y, puesto que los castellanos tendían a copiar a Colón y Colón había aprendido, a su vez, de los portugueses, la conclusión era que las longitudes de cartas náuticas castellanas basadas en cuadernos de bitácora de pilotos eran todas incorrectas. En el pasado reconocía que había propugnado valores diferentes para el grado de meridiano, pero para la obra que ahora criticaba señalaba que usaba el valor de 20 leguas por grado que había elegido el autor.

largo de un paralelo debían calcularse en arreglo al valor asignado al grado de longitud para ese paralelo concreto, y que, por tanto, el grado por meridiano tenía que corresponderse con Cabo Verde, a latitud de 14° S, o 19,4 leguas el grado. El tercer punto era si el meridiano de origen debía establecerse –como España pretendía– en Cabo Verde propiamente dicho (el punto más occidental del continente africano), o en las *islas* de Cabo Verde –que era lo que pretendía Portugal–, pero él dejaba esto para quienes tuviesen acceso a los términos precisos de la bula, limitándose a calcular las distancias desde ambos puntos.

La corrección más grave la hace, sin embargo, al pronunciarse sobre la cuarta y última cuestión: cuántos grados se corresponden con cada una de las dos interpretaciones de la ubicación de la línea demarcadora, que, según Portugal, se encontraba a 527 leguas del Cabo Verde continental –y a 470 de San Antonio (isla del archipiélago homónimo)–, y, según Castilla, a 470 leguas del Cabo Verde continental. Castigaba aquí Gesio a López de Velasco en dos respectos: porque seguía –cosa incomprensible en un castellano– la interpretación portuguesa recién dicha que, al contar desde el archipiélago de Cabo Verde, situaba la línea de demarcación a 527 leguas del Cabo Verde continental, y porque, a pesar de afirmar que todas las coordenadas geográficas del *Sumario* tomaban como unidad de medida la legua castellana, no había sido capaz de recalcular la ubicación en consonancia, perjudicando de nuevo a España.

Él situaba la línea de demarcación –frente a los 39° de López de Velasco– a 47,5° o 43° de Toledo, lo cual –admitía– en sí mismo supondría más territorio de Brasil bajo dominio portugués, pero es que –explicaba– según sus cálculos López de Velasco había situado el extremo oriental del continente suramericano casi 13° más al Este de lo debido,[86] y para sustentar tal tesis remitía a su propia descripción de Brasil,[87] si bien con algunas convenientes modificaciones. No solo mencionaba ahora, en efecto, únicamente a João de Barros, Sebastián Caboto y Vespucio –todos los cuales, afirmaba, coincidían en que el punto más oriental de Brasil distaba del extremo occidental de África 30° (o 26,25°, si se asumían 17,5 leguas por grado)–, sino que se tomaba, además, bastantes libertades para lograr que estos tres relatos casaran, pues, si en su recién citada descripción de Brasil afirmaba que Barros establecía entre ambos continentes 400 leguas de distancia, aquí decía

---

86. BAH, Colección Muñoz, v. 24, f. 16.
87. AGI, P-29, R. 32, "Descripción geográfica del Brasil de Juan Bautista Gesio", 24 de noviembre de 1579.

que era 450 la cifra que el mismo autor daba, y, habiendo dicho en la misma obra que la bahía sita en latitud 5° S en que recaló Vespucio estaba 150 leguas al Oeste del extremo oriental de Brasil, ahora situaba la misma bahía a nomás 2° –40 leguas– del mismo punto.[88] Con semejantes cálculos, no correspondía a Portugal sino entre 1° y 5,5° de territorio brasileño.

Este conceder a Portugal "no mas de 5° o 100 leguas" de territorio brasileño, nótese la moderación que supone de la postura inicial del italiano –que dicho territorio quedaba entero del lado español–, y a ello es verosímil que contribuyese la anexión inminente de Portugal el mismo año: no tratándose ya de a quién correspondían en justicia las tierras disputadas, pasaba a estar dispuesto a –por lo menos– considerar las razones que el vecino daba para mover la línea de demarcación al Oeste.

Pero, en esta crítica al *Sumario*, por mucho que tendiese a "ajustar" relatos de descubrimiento en función de sus intereses, Gesio se inclina de buen grado ante cualquier coordenada geográfica obtenida de observaciones astronómicas, y, si en su día criticó a López de Velasco por usar en la *Geografía* los datos de Durán del eclipse de 1544, para 1580 ya había hecho los deberes que le faltaban sobre las circunstancias de aquella observación. Había estudiado, en efecto, las tomas de datos que del mismo fenómeno hicieron en España Alonso de Santa Cruz y Jerónimo de Chaves, y había visto que sus conclusiones diferían de la de Durán porque este –apuntaba Santa Cruz– había efectuado su observación no en Ciudad de México, sino en Guadalajara, y como Guadalajara estaba –entendían– 4,5° más al Oeste que Ciudad de México, entre Toledo y Ciudad de México habría 97,5° (la distancia real es de 95° 11'). El error de López de Velasco –explicaba Gesio– infestaba toda la obra, pues usaba esta coordenada de longitud como clave en base a la cual calcular todas las distancias del continente americano –situaba Panamá (por ejemplo) a 89°, y el resto de longitudes de Suramérica iban equivocadas por defecto–. Visiblemente exasperado, renunciaba a comentar mapa otro ninguno de aquellos territorios.[89]

---

88. Para confundir más las cosas, Gesio tomó los cálculos de coordenadas de longitud de Vespucio de falsificaciones de las cartas del piloto mayor publicadas como *Los cuatro viajes*. Véase Pohl Frederick J. Pohl, *Amerigo Vespucci, Pilot Major* (New York: Columbia University Press, 1945), 147-167.

89. Gesio pasó por alto un error flagrante tanto de la *Geografía* como del *Sumario*: la longitud de 79,33° de Coros (Caracas), sin duda error de copia sobre 69,33°, si tenemos en cuenta que López de Velasco dice abiertamente que Santa Marta está al oeste de Coros, a 74° de longitud, y lo refleja en el mapa.

Había seguido también la pista a unos agustinos que –habiendo observado con Martín de Rada un eclipse lunar en Filipinas– afirmaban que Toledo y Cebú distaban 216°, y, así las cosas, no le quedó sino concluir que las Molucas caían en zona española por solamente 13°. Esto –reconocía– era inconsistente con su opinión anterior, pero aducía en su descarga que en aquella ocasión había establecido la distancia "segun la probabilidad y Relacion de Pilotos, y marineros, y agora aca se estima según las observaciones hechas".[90]

Comparando los dos manuscritos conservados del *Sumario*, podemos ver que López de Velasco supo de la crítica de Gesio y corrigió algunos valores, por ejemplo uno que sin duda era error de copia: 1.240 leguas como extensión Norte-Sur del total de territorio descubierto en vez de 2.240 –el manuscrito de la JCB tiene, de hecho, inserta a modo de superíndice la palabra "dos"–. Renunció también López de Velasco a los 89° de longitud de Panamá, restaurando los 82° de la *Geografía*,[91] pero ni en la distancia de México ni en la de las Molucas dio su brazo a torcer.

Concluido el *Sumario*, López de Velasco volvió a solicitar al Consejo de Indias recompensa aparte de su sueldo, pero esta vez la institución vio que en la obra había poco nuevo, y, como antes vimos, escribió al rey recomendando no hiciese al autor merced extra –"los nuevos libros que alli dize no tuvo mas trabajo de trasladar el primero y poner en punto menor las tablas de ellos y aun estas no estan graduadas" (conclusiones incisivas y veraces en igual medida)–.[92] Si, en 1580, el cosmógrafo-cronista alimentaba aún esperanzas de que una cosmografía del Nuevo Mundo le fuese causa de recompensa y medre, la actitud del centro en que ejercía hacia aquella última selló el destino de cualquier otra futura de materia análoga. Ostentó su cargo hasta 1588, pero no volvió a componer cosmografía.

---

90. BAH, Colección Muñoz, v. 24, f. 30.
91. Ambos manuscritos dan ahora 82° de Toledo a Panamá, pero una incoherencia en el JCB sugiere que para Panamá López de Velasco usara inicialmente 89°: no corrigió a 1.570 las 1.670 leguas de distancia ortodrómica.
92. AGI, IG-740, N. 91, con una copia en AGS, GA-137, f. 256, "Memorial del Consejo de Indias desaconsejando la concesión de nuevas gratificaciones a López de Velasco por su libro", 28 de septiembre de 1582.

La *Geografía* y –en cierta medida– el *Sumario* son muestras de la tradición cosmográfica renacentista que vimos en el primer capítulo, pero adaptada a las necesidades políticas (especificadas en las *Ordenanzas* y las *Instrucciones*) del Consejo de Indias: dicha tradición intelectual aparece, en efecto, en ambos trabajos reconvertida en herramienta administrativa imperial; su modo de representación característico –con su objetivo de abarcarlo todo (tierra, mar, pueblos) y presentarlo como conjunto acordado– mutó debido a la exigencias del aparato burocrático de poner en buen orden y cuantificar el Nuevo Mundo. Sobre este rumbo divergente de la *Geografía* con respecto a los modelos clásicos ha llamado la atención Walter Mignolo, quien habla de "modelos forjados por las necesidades del caso: recoger y ordenar la información de nuevas tierras conquistadas".[93] Karl Butzer señala, por su parte, la diferencia de esta misma obra de López de Velasco con la de otros cosmógrafos de su tiempo, por ejemplo Sebastian Münster. "La modernidad de la síntesis laica y empírica [de López de Velasco] –dice este estudioso– [...] contrasta con el uso continuado, en la Europa central de finales de siglo, de un formato tolemaico y unos esquemas teológicos obsoletos para presentar nueva información cosmográfica".[94]

Insistiendo en lo "moderno" de la obra de López de Velasco, estas valoraciones subestiman, sin embargo, lo mucho que la *Geografía y descripción* debe a la tradición cosmográfica humanística. Como cosmógrafo-cronista, él no tenía obligación de componer semejante obra global; su deber consistía en preparar (con los materiales que en respuesta a las *Instrucciones* de 1573 llegasen de las Indias) compendios anuales que fuesen conformando los libros de descripciones. Pero, en tanto que humanista, aprovechó la ocasión de aquel primer nombramiento real para componer obra holística a la altura de las cosmografías renacentistas precedentes –en que él veía sin duda modelo–. Sus inclinaciones personales –y su trayectoria– fueron llevándole, no obstante, a sentirse más cómodo entre las palabras que no entre los números, de suerte que, en la *Geografía*, desplegó su talento para el peinado de archivos, la extracción de enormes cantidades de información de miles de documentos de registro legal y la organización coherente de los materiales (en esta ocasión, no en forma de sumario jurídico sino según el estilo y la estructura del género cosmográfico); las tablas o mapas no constituían, por su parte,

---

93. Mignolo, "Cartas, crónicas y relaciones", 75.
94. Karl W. Butzer, "From Columbus to Acosta: Science, Geography, and the New World", *Annals of the Association of American Geographers* 82, n° 3 (1992): 554.

cosa de estudiar con compás y regla –ofrecían al lector, sencillamente, apoyo visual para orientarse en las relaciones espaciales entre las unidades gubernamentales del Nuevo Mundo–. Para un cultor de la ciencia cosmográfica que, como Gesio, entendía que el fundamento de la misma estaba en la matematización del espacio, semejante obra estaba, pues, viciada desde los cimientos.

López de Velasco, en cualquier caso, ¿qué reacción tuvo ante las críticas de que su *Geografía* fue objeto? Inició una serie de proyectos tendentes a garantizar que el cosmógrafo-cronista mayor del Consejo de Indias dispusiera de la información más actualizada y precisa. En vez de seguir insistiendo en que las distintas jurisdicciones le enviasen datos de archivo y copias de descripciones locales, se aprestó a recopilar material fresco –no él en persona: a través del aparato burocrático ya desplegado sobre el terreno–, y fueron fruto de sus esfuerzos dos de los programas científicos más ambiciosos de aquel tiempo: los cuestionarios de las denominadas relaciones geográficas de Indias y el proyecto de determinar la ubicación de los territorios españoles con la observación sistemática de eclipses lunares.

6
La construcción de una epistemología cosmográfica

En su *Geografía y descripción universal de las Indias*, Juan López de Velasco trató de describir con precisión el Nuevo Mundo en una cosmografía exhaustiva que reconciliase la herencia intelectual y literaria de la disciplina en el Renacimiento con las exigencias burocráticas de su cargo de cosmógrafo-cronista mayor del Consejo de Indias. Resultó ser objetivo frustrante: aparte del sentimiento de que el rey y la institución habían recompensado su esfuerzo pobremente, las críticas de la segunda debieron de dolerle en el alma, pues la afirmación de que se basaba en materiales de Alonso de Santa Cruz implicaba que la *Geografía* era cosa anticuada, y la valoración negativa de Juan Bautista Gesio sobre su metodología, cartografía y uso de los datos disponibles, aunque era evidente que escondía intereses espurios, implícitamente cuestionaba su solvencia. En vista de lo cual –y de que, para comienzos de 1577, la respuesta al proyecto de libros de descripciones de las *Instrucciones* de Juan de Ovando había sido (en el mejor de los casos) poco entusiasta–, decidió alterar radicalmente los métodos de recopilación de información cosmográfica.

Muerto en 1575 dicho Ovando, la presidencia del Consejo quedó vacante hasta 1579, y, sin el empuje y guía del presidente difunto, desde aquel centro poco a poco fue dejándose de instar a los administradores coloniales a enviar sus libros descriptivos en cumplimiento de las *Instrucciones*. Ello fue debido, quizás, a la porfía de López de Velasco, quien, en lugar del proyecto del que fuera su mentor, puso en marcha lo que probablemente constituya el programa de recopilación de información geográfica, etnográfica, natural e histórica sobre el Nuevo

Mundo más ambicioso y fructífero de toda la Edad Moderna. Recurrió, en efecto –en vez de organizar el recabo de datos en función de aquellos aparatosos libros de descripciones–, a solicitudes frecuentes, breves y directas que, estructuradas como cuestionarios –y como instrucciones específicas para llevar a cabo observaciones astronómicas con que determinar coordenadas geográficas– marcan una ruptura con la epistemología y la metodología de la cosmografía renacentista, al tiempo que inauguran un nuevo concepto de hecho cosmográfico. El cambio que supone semejante énfasis en hechos autocontenidos –respuestas a preguntas concretas u observaciones de eclipses aislados– nace de un replanteo sustantivo habido en la España del siglo XVI de las prácticas asociadas a la disciplina.

Los cuestionarios y las relaciones geográficas de Indias

Usando cuestionarios para recabar información, López de Velasco se desmarcó significativamente de los métodos tradicionalmente empleados para componer cosmografías. Durante décadas, los cosmógrafos españoles venían basándose en relatos de descubrimiento y relaciones que –especialmente obra de observadores expertos– se presuponían testimonio directo, pero dichas fuentes tenían sus desventajas: no eran exhaustivas y carecían de visión de conjunto y formato expositivo común. Esto implicaba una serie de dificultades epistémicas a las que el cosmógrafo humanista podía, sí, quitar hierro de cara a su obra personal –caso paradigmático es el *Islario general* de Santa Cruz–, pero, debiendo aportar la disciplina información útil al Consejo de Indias, y habiendo sido sancionado por ley el criterio epistémico de no valer sino relatos de primera mano, López de Velasco se encontraba ante un grave problema.

En España ya se habían usado en numerosas ocasiones cuestionarios para recopilar información sobre el Nuevo Mundo: las directrices de Santa Cruz reproducían tal formato, y Ovando –que, en su auditoría del Consejo de Indias, a menudo estructuró sus solicitudes de información como dilatadas listas de puntos a responder– adoptó un esquema similar para tomar declaración a las personas llegadas de América, según se desprende de una serie de testimonios prestados en el centro a comienzos de 1571, pues los dicentes es obvio que respondían todos a la misma lista de doscientas preguntas.[1] Este cuestionario, semejante al que seguían en los interrogatorios los escribanos, era para uso interno de la institución nomás: no fue enviado a ultramar. Comparados, sin embargo, con la magnitud (y los resultados) del proyecto de López de Velasco, estos precedentes de recopilación de información cosmográfica sobre las Indias con cuestionarios son nada.

A comienzos de su carrera –en su lid ya por obtener del Nuevo Mundo información cosmográfica–, llamaron su atención las respuestas a un cuestionario que, en 1574, se envió a localidades de Castilla para recabar sobre las mismas información geográfica e histórica.[2] Quién fuese el impulsor de aquellas relaciones topográficas (que así las decían), no lo sabemos: ciertos historiadores opinan que el cronista real Ambrosio de Morales, quien se habría basado, a su vez, en un extenso cuestionario que, concebido para su envío a ciudades de España –en la idea de componer geografía del reino–, se encontraba entre los papeles de Juan Páez de Castro (cronista real de Carlos V);[3] según otros, tras la iniciativa estarían Juan de Ovando, Antonio Gracián y el propio Juan López de Velasco.[4] Una carta (creo) hasta la fecha inédita revela, en cualquier caso, que fue sobre este último sobre quien –muertos (ambos en 1575) Gracián y Ovando– recayó íntegra la responsabilidad de preparar las reales órdenes a adjuntar a una versión revisada del mencionado cuestionario para su envío a las localidades de Castilla en 1578.[5] Luego se convirtió, de hecho, en gestor supremo del proyecto, y en 1583 lo vemos instando al rey a, impresos cuestionarios equivalentes, enviarlos a Aragón y Portugal: "Avbiéndose juntado en su majestad el primero todos los Reynos de España no se podría hazer en su tiempo obra más honrada en letras o para todos ellos ni más conveniente para guiar el Gobierno que una

---

1. El primero en estudiar esto desde una perspectiva histórica fue Jiménez de la Espa-da. Véanse sus *Relaciones geográficas*, 183:48-50.
2. Una breve bibliografía de estas relaciones debe incluir Miguélez, *Catálogo de códices españoles*, Juan Ortega Rubio, *Relaciones topográficas de los pueblos de España* (Madrid: Sociedad Española de Artes Gráficas, 1918), Kagan, "Philip II and the Geographers", y Alfredo Alvar Ezquerra, María Elena García Guerra y María de los Ángeles Vicioso Rodríguez, eds., *Relaciones topográficas de Felipe II: Madrid*, 4 vols. (Madrid: CSIC, 1993).
3. Álvar Ezquerra, García Guerra y Vicioso Rodríguez, *Relaciones topográficas*, 1:31-32.
4. López de Velasco, *Geografía y descripción*, xxvi-xxviii.
5. IVDJ, Envío 100, f. 297, Juan López de Velasco, "Carta a Mateo Vázquez sobre varias cédulas incluyendo una de Indias y la descripción de España", 16 de julio de 1577, Madrid.

buena descripción que por pintura muestre los lugares de los pueblos y por escrito dé relación de lo que ay notable en ellos".[6]

Tomando, pues, por modelo aquellos cuestionarios de Castilla, formuló uno análogo para el Nuevo Mundo, y en semejante decisión qué duda cabe que influirían su formación jurídica, y su idea de la documentación de hechos históricos. El testimonio presencial, en el tercer capítulo vimos, en efecto, que –en forma de declaración jurada– era un procedimiento legal aceptado de cara a la determinación de hechos, y López de Velasco, por su parte, en repetidas ocasiones afirmó que no cabía considerar fuente histórica fiable sino relatos de primera mano. Pues bien: extrapolando al ámbito cosmográfico tal razonamiento, aquella respuesta concreta a que aspiraba (aquel relato testimonial firmado) encontró que la prometían –con el beneficio extra de ser la información que producían actual– los cuestionarios. De ahí que, impreso aquel (cincuenta preguntas de índole cosmográfica, etnográfica y de historia natural), lo enviase a todas las instancias administrativas de España en el Nuevo Mundo en 1577 y (prácticamente sin cambios) en 1584,[7] debiendo compilar diligentes los destinatarios cuanta información él –cosmógrafo mayor del Consejo de Indias– había recibido mandato de recopilar, colegir y poner en buen orden.

De las respuestas a estos cuestionarios resultó el corpus de relaciones geográficas de Indias –aspecto bien estudiado del interés de España por el Nuevo Mundo–.[8] Las casi doscientas llegadas

---

6. Madrid. BAH, Leg. 4409, 26 de octubre de 1583. Publicado en Alvar Ezquerra, García Guerra, y Vicioso Rodríguez, *Relaciones topográficas*, 1:38.

7. Conservamos, en uno de esos casos curiosos en que los archivos ofrecen mucho más de lo que el historiador necesita, la orden de pago. Véase AGI, IG-426, L. 26, f. 37v, "Orden de pago de 330 ducados a Juan López de Velasco por impresión que ha hecho hacer por orden de este consejo de ciertas instrucciones para la Descripción de las Indias u otras para averiguar la hora en que habrá en ellas dos eclipses de la luna este presente año y el venidero de setenta y ocho", 8 de junio de 1577.

8. Hay una vasta bibliografía sobre las relaciones geográficas de Indias. Desde los estudios iniciales de Jiménez de la Espada en el siglo XIX, regularmente vienen haciéndose esfuerzos por reunir y publicar las relaciones conservadas, y aparte de las *Relaciones geográficas* de este historiador decimonónico, entre las principales recopilaciones se encuentran: René Acuña, ed., *Relaciones geográficas del siglo XVI*, 10 vols. (México: UNAM, 1982), Ponce Leiva, ed., *Relaciones histórico-geográficas de la Audiencia de Quito*, Mercedes de la Garza, ed., *Relaciones histórico-geográficas de la gobernación de Yucatán* (México: UNAM, 1983), Antonio Arellano Moreno, ed., *Relaciones geográficas de Venezuela: Recopilación, estudio preliminar y notas de Antonio Arellano Moreno* (Caracas: Academia Nacional de la Historia, 1964), y Francisco del Paso y Troncoso, ed., *Relaciones geográficas de la Diócesis de Michoacán, 1579-1580*, 2 vols. (Guadalajara: s. e., 1958). Un inventario de respuestas

hasta nosotros –que (filón de información etnográfica, económica y administrativa de aquellos territorios, y único relato etnográfico conservado de numerosos pueblos nativos)[9] nos proporcionan unos datos preciosos sobre las demografías aborigen y española (así como sobre sus respectivas ciudades, pueblos y recursos naturales) tras cincuenta años de colonización–, en muchos casos traen anejos mapas (por lo general de fuerte influencia amerindia) y descripciones del mundo natural (plantas medicinales incluidas). Es forzosamente a pesar suyo si el historiador consigue, dada la espalda a tan fascinantes testimonios, reducirse al estudio de este proyecto de los cuestionarios en su vertiente metodológica y epistémica.

Los pliegos impresos de aquellos cuestionarios –cuyo encabezamiento aclaraba (imagen 6.1.) que aquella era solicitud del rey "para el buen gobierno y ennoblecimiento" de las Indias– se remitieron a los agentes gubernamentales de las diversas jurisdicciones con la indicación de distribuirlos tanto en cuantas localidades habitadas por españoles su distrito comprendiese, como en las de indios (solo al virreinato de Perú sabemos que se enviaron seiscientos ejemplares).[10] Se pedía a

---

se publicó en Howard F. Cline, "The *relaciones geográficas* of the Spanish Indies, 1577-1648", en *Handbook of Middle American Indians: Guide to Historical Sources* (Austin: University of Texas Press, 1964): 234-237, y se actualizó en Howard F. Cline, "*Relaciones geográficas:* Revised and Augmented Census of *relaciones geográficas* of New Spain, 1579-1585", en *Handbook of Middle American Indians* (Washington, D.C.: Library of Congress, 1966).

9. A lo largo de los años, los historiadores han ido enfatizando diversos aspectos de los cuestionarios de 1577 y 1584. Jiménez de la Espada, que fue quien rescató el proyecto de su dilatado hibernar, vio en el cuestionario una manifestación más de una arraigada tradición española de solicitar información de sus dominios de ultramar. Recientemente, Álvarez Peláez lo ha estudiado como culminación de las reformas del Consejo de Indias que inició Juan de Ovando, y, más en general, como producto de una atmósfera de indagación científica que había introducido en la institución López de Velasco. Aparte de los estudios de las recopilaciones anteriormente mencionadas, el análisis de los estudiosos modernos va desde el escrutinio de Mundy de los mapas anejos a muchas de las relaciones, hasta la insistencia de Álvarez Peláez en aspectos médicos e histórico naturales de los documentos, pasando por la visión de Barrera-Osorio, para quien los cuestionarios son ejemplos de procederes empíricos que España desarrolló para comprender el Nuevo Mundo. Véase Barbara M. Mundy, *The Mapping of New Spain: Indigenous Cartography and the Maps of the relaciones geográficas* (Chicago: University of Chicago Press, 1996), Álvarez Peláez, *Conquista de la naturaleza*, y Antonio Barrera-Osorio, "Empire and Knowledge: Reporting from the New World", *Colonial Latin American Review* 15, nº 1 (2006): 50.

10. AGI, Lima-30, cuaderno 3, ff. 28-36v, Francisco de Toledo, "Carta del virrey del Perú a Su Majestad", 18 de abril de 1578.

los destinatarios leer la lista de preguntas con cuidado, no contestar sino a las que en su caso encontrasen relevantes, y, una vez listo el documento de respuesta, fecharlo, dejar constancia del nombre de la persona o personas que lo habían preparado, y hacerlo llegar, junto con el cuestionario original, a la autoridad local correspondiente, que, a su vez, transmitiría todo al Consejo de Indias.

Imagen 6.1.
Cuestionario de Indias, 1584.
España. Ministerio de Educación, Cultura y Deporte.
Archivo General de Indias.
Patronato, 18 N. 16, R. 2.

La estructura interna del cuestionario, a primera vista un punto repetitiva, cobra sentido si se toma en cuenta que responde a la función de recabar información (según decreto de las *Instrucciones*) primero "general" y, tras ella, "particular".[11] Cubren las preguntas, en

---

11. Álvarez Peláez también ha señalado que la estructura del cuestionario, con algunas preguntas aparentemente repetidas, propiciaba que se malinterpretase. Véase Álvarez Peláez, "Relaciones de Indias", 300. Para una lectura similar –esta vez relativa a la lengua empleada en el documento–, véase Sylvia Vilar, "La trajectoire des curiosités Espagnoles sur les Indes", *Mélanges du Casa de Velázquez* 6 (1970): 247-308.

efecto, los puntos en dicho texto legal enumerados, y siguen la misma estructura temática que en su *Geografía* López de Velasco: a las diez primeras (de aspectos geográficos generales) seguían cuarenta sobre temas específicos ("particulares") del ámbito espacial en cuestión.

La primera pregunta del primer bloque –el general– es el nombre de la provincia o región, y qué quiere decir en la lengua indígena; la segunda, quién descubrió y conquistó el territorio; la tercera, cuál es su clima; la cuarta, cuál su paisaje. La pregunta quinta tiene que ver con la población india: si había experimentado cambios –en cuyo caso, debido a qué–, si vivían en localidades estables, y cómo eran en cuanto a "el talle y suerte de sus entendimientos, inclinaciones, y manera de vivir". La sexta pedía la latitud de la ciudad principal, pero su lenguaje resultó ser fuente de malentendidos –especialmente con destinatarios legos en cosmografía–. Solicitaba, concretamente:

> 6. El altura o elevacion del polo en que estan los dichos pueblos de Españoles, si estuviere tomada, y si se supiere, o uviere quien la sepa tomar, o en que dias del año el sol no hecha sombra ninguna al punto del medio dia.[12]

Es construcción alambicada. La comprensión de sus cuatro frases presupone, de entrada, la de que con "altura o elevacion del Polo" se está haciendo referencia a la latitud de la localidad. Pero, además, un lector a quien esto escapase, difícilmente entendería que "punto del medio dia" era tecnicismo con que los manuales de navegación solían aludir al punto álgido del recorrido diario del Sol; que estaban preguntándole –por tanto– en qué fecha no proyectaba sombra en dicho punto álgido de su trayecto el dicho astro rey, y que tal hacían porque, habiendo –en efecto– en las regiones situadas entre los trópicos –entre los equinoccios de marzo y septiembre– dos días en que –en lo más alto de su trayectoria– el Sol incidía completamente cenital, sabiendo sus fechas era posible calcular –apoyándose en tablas de declinación solar– la correspondiente coordenada de latitud.[13]

Reconocimiento táctico, quizás, de que pocos destinatarios de aquel cuestionario estarían en condiciones de efectuar mediciones técnicas, las dos preguntas siguientes eran también sobre la ubicación de la localidad en cuestión, pero en términos de distancia entre la misma y la sede del gobierno, y otras localidades cercanas –indicando

---

12. BN MS 3035, f. 42v, "Instrucción y memoria de las relaciones...", 1577.
13. Zamorano, *Compendio del arte de navegar*, 13v-14v, 25.

siempre si los caminos eran rectos o tortuosos–. La pregunta novena pedía, por su parte, inventario de cuantas poblaciones en la provincia hubiese –con breve relato de la fundación de cada una y número actual de habitantes–, y, en el cuestionario de 1577, la décima era la "traza" de la ubicación de la ciudad:

> 10. El sitio y asiento donde dichos pueblos estuvieren, si es alto, o en baxo, o llano, con la traza y designo en pintura de las calles, y plazas, y otros lugares señalados d[e] monasterios como quiera que se pueda rascuñar fácilmente en un papel, en que le declare, que parte del pueblo mira al medio dia o al norte.[14]

Si la información hasta aquí solicitada era para una cosmografía "general" –coordenadas geográficas, mapas de zonas y descripciones sumarias de cada provincia y sus pueblos (láminas 9 y 10)–, las cinco preguntas subsiguientes eran de generalidades de las ciudades indias: nombres, ubicaciones (distancias solo: López de Velasco está claro que no esperaba que los nativos fueran duchos en el manejo de astrolabios), y significado de los nombres en el idioma autóctono. El interés en aspectos culturales de los aborígenes incluía modos de gobierno pasados y actuales, idioma, costumbres, ritos buenos o malos, atuendo y si habían gozado anteriormente de mejor salud –aduciendo, en cuyo caso, posibles explicaciones que ellos mismos dieran–.

Las preguntas 16-30 tenían que ver con la geografía y la historia natural "particulares" de cada población –española o india–: accidentes geográficos cercanos como montañas, lagos, volcanes y ríos –especificando de los últimos si eran navegables o se prestaban al regadío–, alimentos disponibles –árboles y cereales autóctonos, y estado del cultivo de árboles y plantas llevados desde España, a saber: trigo, cebada, uva y aceituna (pilares de la dieta española)–, plantas medicinales, animales nativos y domesticados y minerales –oro, plata, y piedras preciosas–. Tras estos epígrafes (que se hacían eco del artículo 17 de las *Instrucciones*, con su énfasis en las aplicaciones prácticas de los recursos naturales), el cuestionario pasaba a preguntar por la arquitectura –civil o defensiva– de las ciudades, así como por su comercio, ocupándose entonces los puntos 34-37 de su relación con la Iglesia y pidiendo lista de templos, monasterios y conventos.

Las diez preguntas siguientes –sobre ciudades litorales y la hidrografía de las correspondientes regiones– requerían, de nuevo,

---

14. BN MS 3035, f. 42v.

información tendente a completar la descripción hidrográfica de las costas que las *Instrucciones* pedían: si eran de playa o escarpadas, si ocultaban arrecifes u otros peligros para la navegación, qué intervalos y alturas tenían sus mareas, cómo se llamaban –y cómo eran– sus principales promontorios, dónde estaban sus puertos y puntos adecuados para recalar, y qué dimensiones, capacidad, orientación y profundidad estos mismos tenían. Para terminar se invitaba a añadir cualquier otra información relevante sobre zonas deshabitadas, "con todas las otras cosas notables y admirables en naturaleza".

Con este cuestionario, López de Velasco pretendía recabar *únicamente* datos cosmográficos, geográficos, etnográficos y sobre recursos naturales –no demandaba, en efecto, aquí información histórica (excepción hecha de unas pinceladas mínimas sobre el descubrimiento de cada zona o la fundación de cada ciudad): se dirigía para ello, en empresa difícilmente comparable, directamente a las autoridades correspondientes, que eran el canal de comunicación que, a tal fin, el artículo 83 de las *Instrucciones* especificaba–. Ateniéndose, pues, a las disposiciones en materia de confidencialidad del Consejo de Indias –esto es: que, siendo las fuentes para una historia del Nuevo Mundo material políticamente sensible, cabía confiarlas a prudentes agentes gubernamentales nomás–, elevó solicitud a dicha institución, y al mes obtuvo real orden por cuya virtud los funcionarios de cada zona debían rescatar de sus archivos cualquier historia, comentario o relato concerniente al descubrimiento y gobierno de la misma, remitiendo, si era posible, los propios documentos originales al Consejo de Indias a la atención de él, Juan López de Velasco, quien –indicaba el decreto– con aquellos materiales escribiría una historia general de las Indias "con fundamento de verdad".[15]

Dependiendo el éxito del proyecto de que virreyes y audiencias repartiesen los cuestionarios e instasen a la ejecución de las tareas debidas, la respuesta al envío de 1577 fue irregular.[16] Si Martín Enríquez –virrey de Nueva España– acató la orden, Francisco de Toledo –virrey del Perú– se negó a distribuir los seiscientos ejemplares que López de Velasco le enviara. No es casual, de hecho, que, de las veintiuna respuestas que conservamos de Perú y Quito, casi todas sean

---

15. AGI, IG-1388, Juan López de Velasco, "Petición para que se mande a reconocer los papeles en las distintas audiencias pertenecientes a historia", 23 de mayo de 1578. AGI, IG-427, L. 30, ff. 281v-282, "Real cédula a los oficiales de Indias que envíen historias al Consejo de Indias", 25 de junio de 1578.
16. Cline, "*Relaciones geográficas*", 1964, 193.

posteriores a 1580, que es cuando asumió el virreinato peruano, en sucesión de Toledo, Enríquez.

Da la impresión, por una extensa misiva que remitió al rey Consejo de Indias mediante, de que aquella nueva disposición dejó a Toledo algo confuso. Tras acusar recibo de los ejemplares del cuestionario, de la real orden y de una carta "de un Juan Lopez de Belasco que dize ser coronista mayor",[17] explicaba que llevaba cuatro o cinco años preparando con toda diligencia la descripción en cuatro partes del virreinato de Perú que en su día le solicitara Juan de Ovando, y que al frente del proyecto había puesto nada menos que al capacitadísimo Pedro Sarmiento de Gamboa. La primera parte –añadía– consistía en descripción general y particular "en pintura y estampa" de cuanto territorio comprendido entre los mares "del Sur" y "del Norte" (los océanos Pacífico y Atlántico, respectivamente) desde el estrecho de Magallanes hasta Nombre de Dios (Panamá), y, además de cimentarse en la "autoridad de testigos que lo an navegado y puesto ante Juez", incluía descripciones gráficas anotadas que los "caciques y visitadores y corregidores" de cada provincia habían efectuado de sus correspondientes territorios. Aunque en 1578 Toledo decía tener aquella imponente geografía del Perú ya en su poder, hoy –por desgracia– parece ser que está perdida.

Afirmaba el virrey, por lo demás, haber reunido todas las crónicas (manuscritas o impresas) disponibles, haber señalado "lo que ellas a sido verdad y lo que a sido falsedad", y haber usado dichos materiales para las partes segunda y tercera de la empresa, que, de índole histórica, incluían relación de ritos y religión ("idolatría") incas –es este bloque, concluido en 1572, lo que hoy conocemos como la *Historia de los incas* de Sarmiento de Gamboa–. La cuarta y última parte, que también era de historia pero a partir de la llegada de los españoles, decía que le estaba resultando especialmente complicada por las muchas mentiras que circulaban, y porque muchos de los primeros conquistadores que podrían dar testimonio verídico ya estaban muertos.

La conclusión de la carta era que en cumplimiento de la real orden enviaría, en vez de respuestas a aquellos cuestionarios, las historias y descripciones geográficas recién detalladas –se comprometía, eso sí, a usar los mejores medios a su alcance para que dicha documentación incluyera "todas las curiosidades que V[uestra] M[ajestad] manda por

---

17. AGI, Lima-30, libro 3, ff. 28-36v, Francisco de Toledo, "Carta del virrey del Perú a Su Majestad", 18 de abril de 1578.

las ynstruciones que se embian para la discripcion desta tierra"‚[18] y a modo de disculpa por no seguir las nuevas instrucciones explicaba que era tal la cantidad de extremos sobre los que inquirían, que ordenar a todos los agentes gubernamentales necesarios ocuparse de ello representaría distraerlos de sus funciones demasiado tiempo, y saldría carísimo, a lo que añadía cuán difícil resultaba encontrar hombres "dotados en muchas partes de las profesiones de lo que se les pregunta"–. Dedicaba la parte final a explicar cómo pensaba proceder –escaso margen dejaba a la negociación–, y al cronista aclaraba que le enviaría respuesta aparte.[19]

No tuvo, pues, en el Perú buen fin el plan de López de Velasco: las objeciones del virrey reflejan un rechazo a andar cambiando de criterios con el proyecto a medias, y un deseo (tal vez) de no perder el control y la autoridad sobre el mismo. A pesar, sin embargo, de esta negativa, él había hecho lo posible para fomentar la colaboración, pues –amén de granjearse el apoyo del monarca e integrar los cuestionarios en el aparato burocrático de la España colonial– formuló una lista de preguntas (quizás aún más significativo) accesible y directa, en marcado contraste con la vasta y compleja serie de libros de descripciones a que las *Instrucciones* apuntaban. Las respuestas que pedía estaban, sí, al alcance de un observador culto con un mínimo interés, y esta accesibilidad fue clave para el éxito más general de la empresa.

Por su formación, disposición intelectual y gran volumen de trabajo, López de Velasco no se sentía llamado a realizar él mismo las observaciones que su puesto de cosmógrafo-cronista del Consejo de Indias demandaba. La ley que codificaba las funciones del cargo dejaba claro, de hecho, que estas no exigían alejarse del escritorio: el acento iba (en la vena de las tradiciones tolemaica y descriptiva de la cosmografía del Renacimiento) en las fuentes escritas, no en la experiencia personal –componente este que, como en los casos de Jaime Juan y Francisco Hernández hemos visto, daba lugar a un estilo de práctica de la disciplina paralelo, pero diferenciado–.

Los cuestionarios fueron la solución al problema epistemológico que sus fuentes anteriores –relatos de descubrimiento, historias misceláneas y descripciones de pilotos– en último extremo le planteaban: determinar (habiendo a mano más de una) en cuál estaba

---

18. AGI, Lima-30, cuaderno 3, f. 39.
19. Para un estudio reciente de la contribución de Sarmiento de Gamboa, véase la introducción de Brian S. Bauer y Jean-Jacques Decoster a Pedro Sarmiento de Gamboa, *The History of the Incas*.

la verdad, o (ante una única) dónde. Aquellas respuestas constituían, en efecto, el testimonio ocular –de primera mano y sin intermediarios– con que este jurista soñaba. Buscó, pues –tomando por pauta al plantear las preguntas la organización temática y estructural de las *Instrucciones*–, superar con ellas las limitaciones de las fuentes que había usado para la *Geografía y descripción*, por cuya causa padeció la obra la crítica severa de un matemático.

Continúa abierta la pregunta de si el corpus de relaciones geográficas de Indias que los cuestionarios recabaron llegó realmente a "usarse" o no, ya que el Consejo no parece haberlo consultado con regularidad, pero esta apariencia de abandono no debería sorprendernos si tenemos en cuenta que los miembros de la institución no gozaban de acceso a todo aquel material: solo el cosmógrafo-cronista. El cual, no obstante, no cabe duda de que lo recibió –da fe un memorándum de 1583–.[20] ¿Por qué no escribió, entonces, con aquella información otra obra cosmográfica en la línea de la *Geografía y descripción universal*?

Los historiadores han juzgado con dureza este pecado de omisión de López de Velasco. Hay quien interpreta, valga de ejemplo, que las relaciones se archivaron e ignoraron tan deprisa por haber por los pueblos bajo yugo español escaso interés[21] –supuesta falta de atención que, por cierto, también se ha esgrimido contra la tesis de que el proyecto de los cuestionarios se concibiese como mecanismo de control social o político, defendiendo, en vez, que era, a lo sumo, herramienta marginal para el gobierno de un imperio remoto–.[22] Otros han llegado a proponer que los mapas de estilo amerindio anejos a tantas relaciones defraudasen a tal punto al cosmógrafo-cronista, que prefiriese no hacer uso de ellos.[23]

No disponiendo, sin embargo, de documentos escritos que nos aclaren qué opinión tuviesen de las respuestas al cuestionario ni dicho cosmógrafo-cronista ni contemporáneos suyos, en cualquier conclusión sobre la "utilidad" del proyecto no cabe ver sino hipótesis. Dicho lo cual, puestos a explicar por qué no usase López de Velasco aquella

---

20. AGI, P-171, N. 1, R.16, ff. 11-14v, Juan López de Velasco, "Relación de las descripciones y pinturas de las provincias del distrito de Nueva España que se han traído al Consejo y se entregó a Juan López de Velasco", 21 de noviembre de 1583.

21. Poole, *Juan de Ovando*, 202.

22. Pilar Ponce Leiva, "Los cuestionarios oficiales: ¿Un sistema de control de espacio?", en *Cuestionarios para la formación de las relaciones geográficas de Indias, siglos XVI-XIX*, ed. Francisco de Solano (Madrid: CSIC, 1988), xxxiv-xxxv.

23. Mundy, *Mapping of New Spain*, 215, y David Turnbull, *Masons, Tricksters, and Cartographers* (Amsterdam: Harwood Academic, 2000), 110.

información para componer cosmografía tradicional, personalmente tiendo a pensar que, en realidad, tal nunca fuese su intención: que considerase, antes bien, que las respuestas mismas ya constituían un corpus cosmográfico: testimonios directos de individuos que conocían la realidad del Nuevo Mundo de primera mano. En el segundo envío (siete años posterior al primero) inquiría en esencia sobre las mismas materias, y eso parece indicio de que, satisfecho con la información lograda con la tanda de 1577, le preocupaba no tanto el contenido de las respuestas, sino que los destinatarios de los pliegos de preguntas efectivamente cooperasen.

Cuidadosamente archivadas e inventariadas como sabemos fueron,[24] las respuestas al cuestionario supusieron descripciones cosmográficas "particulares" autónomas y exhaustivas que llevaban –aparte– credencial incuestionable de haberlas escrito testigos presenciales, y López de Velasco, incorporando aquel formato de lista de preguntas a la práctica de la cosmografía en el Consejo de Indias, mató dos pájaros de un tiro: al mismo tiempo que dotaba al compendio informativo recopilado de una homogeneidad temática y estructural que, ante cualquier consulta, hacía sencillo localizar los datos relevantes, quedaba eximido de deber confeccionar con el material recabado cosmografía tradicional, pues, técnicamente, la institución ya "conocía" los datos cosmográficos de cada región, independientemente de que los tuviese a su disposición no como texto continuo, sino en forma de respuestas a cincuenta preguntas separadas.

Así entendido, este proyecto de los cuestionarios solucionó los inconvenientes que –como a propósito del *Islario* de Santa Cruz pudimos ver– venían advirtiéndose en el género cosmográfico renacentista. Un cultor de la disciplina como López de Velasco –cuya suerte dependía de cuán exacto se considerase el contenido de su obra– encontraba, en efecto, en dicho género cosmográfico unas dificultades epistemológicas tales en lo que a exhaustividad, actualidad y veracidad respectaba, que, tras sufrirlas en carne propia con la *Geografía*, prefirió recurrir a un método de recopilación y organización de información cosmográfica que las subsanase. Había entendido –además– que, dada

---

24. Los estudios sobre la procedencia de las relaciones geográficas de Indias conservadas sugieren que obraron en poder de los sucesivos titulares del cargo de cosmógrafo o cronista del Consejo hasta bien entrado el siglo XVII. Cline explica que las relaciones se cataloparon en AGS en algún momento entre 1659 y 1718 con la etiqueta "descripción y población". Véase Cline, *"Relaciones geográficas"*, 1964, 196-197.

la política de confidencialidad de la monarquía en lo referente a geografía, recursos naturales e historia de las Indias, la difusión de cualquier cosmografía que él compusiese sería por fuerza limitada –pudiendo optar a recompensa (vetada la fama) del rey y del Consejo solamente–, pero, en vista de la parca recepción de que ambos habían hecho objeto a su primera incursión en aquel formato renacentista, sencillamente decidió ya no probar suerte más.

Resuelta, pues, con las respuestas a los cuestionarios la recopilación y organización de aspectos cosmográficos "particulares", el cosmógrafo-cronista volvió grupas hacia la información que –para poder interrelacionar geográficamente las diversas jurisdicciones del Nuevo Mundo– una cosmografía "general" requería. Ello pasaba por la confección de mapas regionales y universales cuyo cimiento fuese la autoridad irrebatible de coordenadas de latitud y longitud obtenidas astronómicamente, y, puesto que las *Instrucciones* afirmaban –e incluso Gesio lo reconocía– que el único método factible de determinar coordenadas de longitud con precisión era la observación simultánea –y esmerada– de eclipses lunares, él, decidido a producir cuantos de tales datos hiciesen falta, accionó al efecto los engranajes burocráticos del imperio español.

Eclipses y longitudes

Las *Ordenanzas* e *Instrucciones* de que entre 1571 y 1573 se dotó el Consejo de Indias prescribían la observación de eclipses lunares para determinar coordenadas de longitud, pero desde entonces los cielos no habían presentado dicho fenómeno visible en paralelo desde España y el Nuevo Mundo. Traerían consigo, sin embargo, sendas ocasiones los años de 1577 y 1578, y, a raíz de la primera, López de Velasco puso en marcha un proyecto bien ambicioso.

Para los once años que siguieron, preparó una serie de instrucciones impresas donde, tras notificar a cada territorio ultramarino cuáles eclipses allí se esperaban, daba instrucciones detalladas para su observación y registro. Pretendía que, siguiendo diligentes aquellas directrices suyas, fuesen tomando datos paralelamente sobre los mismos fenómenos una serie de informantes repartidos por el mundo de quienes en ningún caso esperaba familiaridad con mediciones astronómicas de tipo occidental. Les explicaba, en efecto, cómo confeccionar un sencillo artilugio (el instrumento de Indias), llevar a cabo la observación, anotar los resultados, certificarlos y enviarlos para su estudio a España –al Consejo de Indias, cuyo cosmógrafo (es decir: él) realizaría los cálculos matemáticos pertinentes, determinaría la coordenada de longitud con respecto a España de cada informante y operaría en los mapas las correcciones debidas–.

Aunque el proyecto se ha calificado de "primer plan sistemático de observación astronómica, que se conozca, de tal enorme magnitud",[25] los historiadores normalmente han dado por hecho que los resultados de las observaciones eran insignificantes de puro impreciso, o que fueron tan pocos los informantes que, al final, apenas si mejoraron la cartografía española.[26] Semejantes opiniones constituyen, sin embargo, flaca ayuda al estudio de tan sofisticada empresa. Es preciso insistir, antes bien, en su relevancia para la historia de la astronomía y la geografía, así como en sus importantes enseñanzas sobre la praxis científica de la Edad Moderna.

La determinación de las dimensiones y ubicación del Nuevo Mundo venía siendo desde su descubrimiento una de las principales preocupaciones del imperio español. Ello se debía, en primer lugar, a lo peligroso de la travesía igual de ida que de vuelta –la posibilidad (por no ir más lejos) de perderse, que a menudo se hacía realidad–, y, en segundo lugar, a que saber exactamente dónde estaban los territorios recién descubiertos tenía en la España del siglo xvi importantes implicaciones geopolíticas, pero exacerbaban el problema las dificultades técnicas con que cosmógrafos y marinos de la época chocaban queriendo calcular coordenadas de longitud, pues, si hoy empleamos para ello dispositivos GPS o mediciones de lapsos temporales precisas, en aquel

---

25. Esteban Piñeiro, "Los cosmógrafos al servicio de Felipe II", 532-533. Aunque el proyecto suele citarse en bibliografías e historias sintéticas de la ciencia española, poco se ha hecho al respecto más allá de reconocer su importancia. Para un interesante estudio en inglés, véase Clinton R. Edwards, "Mapping by Questionnaire and Early Spanish Attempts to Determine New World Geographical Positions", *Imago Mundi* 23 (1969): 117-208. Rodríguez-Sala publicó lo que se creía eran las únicas observaciones conservadas en *Eclipse de Luna*.

26. Tal es la conclusión de Edwards en su artículo de 1969 que cita (y del que se hace eco) Mundy, *Mapping of New Spain*, 55-56. Randles reconoció, sin embargo, que para finales del siglo xvi los cálculos de longitudes de los españoles habían alcanzado una notable precisión, si bien no deja de preguntarse: "W[ere] such close figure[s] a fluke or the result of a real mastery of the process of measurements?" ("Unas cifras tan ajustadas, ¿fueron cosa de chamba, o llegaron a ellas porque realmente dominaban el proceso de medición?", traducción *ad hoc* de M. C.). Véase W. G. L. Randles, "Portuguese and Spanish Attempts to Measure Longitude in the 16th Century", *Vistas in Astronomy* 28 (1985): 238.

entonces ni siquiera en tierra eran los relojes lo bastante fiables para fijar dichas coordenadas con seguridad.[27]

La teoría subyacente al empleo de eclipses lunares para determinar coordenadas de longitud es engañosamente sencilla. El eclipse es el agente sincronizador global: se anota a qué horas locales respectivas ocurre en dos puntos dados de la superficie de la Tierra, se restan las cifras, y, teniendo en cuenta que una hora de diferencia equivale a 15° de circunferencia terrestre, la conversión no ofrece mayor dificultad. Pero esto presupone, lógicamente, que los relojes de ambos puntos avanzan parejos, y que dan la hora con razonable precisión.

Los eclipses de Luna venían observándose en España y en el Nuevo Mundo en la idea de determinar coordenadas de longitud mucho antes del proyecto de López de Velasco: además del hábito de los marinos de usar el método cada vez que, navegando, se les presentaba el fenómeno, habían contribuido también autoridades civiles y cosmógrafos, como vimos en el caso de Juanote Durán. Efectuó una de las primeras observaciones de esta índole (el 16 de noviembre de 1537) Antonio de Mendoza –virrey de Nueva España–, quien, conocido de Alonso de Santa Cruz, probablemente fuese a instancias de este cosmógrafo como hizo aquello. Informaba al rey –en carta que le remitiera vía Consejo de Indias– de que el fenómeno había empezado en Ciudad de México siete minutos y medio tras el ocaso, y hay que decir que se trata de un registro de gran precisión.[28] Con los actuales métodos de cómputo astronómico podemos afirmar, en efecto, que el comienzo de la fase parcial de aquel eclipse (el primer contacto con la Luna de la sombra de la Tierra visible a ojo) se produjo a las 17:28, y, teniendo en cuenta que siete minutos tras

---

27. Pocos textos explican este problema de las longitudes en su contexto histórico mejor que el clásico de Taylor, *Haven-Finding Art*. Para una explicación de distintos métodos de cálculo de coordenadas de longitud en la Edad Moderna, véase Charles H. Cotter, *A History of Nautical Astronomy* (London: Hollis and Carter, 1968), 180-208. Para un repaso exhaustivo del tema, véase William J. H. Andrewes, ed., *The Quest for Longitude: The Proceedings of the Longitude Symposium, Harvard University, Cambridge, Massachusetts, November 4-6, 1993* (Cambridge, Mass.: Harvard University, 1993).

28. Escribió Mendoza: "Si V. M. quisiere mandar averiguar la longitud que hay desde aqui a España por el eclipse que hubo el 16 de noviembre pasado, sepa que comenzo en esta ciudad medio cuarto de ora despues de puesto el sol". Véanse AGI, P-184, R. 27, b. 2 (27) y la copia conservada en BAH, Colección Muñoz vol. 63, f. 40: "Carta del Virrey Antonio de Mendoza a Su Majestad", 10 de diciembre de 1537, México. Para la amistad de Mendoza con Alonso de Santa Cruz y sus intereses cosmográficos, véase Manuel de la Puente y Olea, *Los trabajos geográficos de la Casa de Contratación* (Sevilla: Librería Salesianas, 1900), 362.

el ocaso serían –más o menos– las 17:29, entre nuestra estimación y la del virrey no hay sino un minuto de diferencia.[29]

Se esgrimieron datos obtenidos observando eclipses también en la junta cosmográfica de 1566 sobre si las islas Filipinas quedaban del lado español o portugués, y el respaldo a la fiabilidad de este método de determinación de distancias longitudinales que ostentaron varios cosmógrafos allí partícipes no cabe duda de que contribuyó a la formalización del mismo en las *Ordenanzas* de 1571.[30] Hicieron igualmente aportación al corpus de observaciones fidedignas algunos misioneros, especialmente en el Lejano Oriente. Aparte de Martín de Rada, envió a España datos tomados en China el jesuita Matteo Ricci.[31]

Los principios subyacentes a la determinación de distancias longitudinales observando eclipses de Luna –bien conocidos en la Antigüedad– recobraron su crédito tras publicarse, en el siglo xv, la *Geografía* de Tolomeo. Los astrónomos tenían interés en fijar coordenadas de longitud precisas porque así podían ajustar los movimientos de astros de las tablas alfonsíes –dados siempre en función del meridiano de Toledo– a puntos de referencia locales (los correspondientes lugares de observación, cuya longitud definía su distancia con dicho meridiano); no hay, sin embargo, indicios de esfuerzos sistemáticos en este sentido[32], pues, si corregía un

---

29. Las circunstancias siderales del informe del virrey pueden reconstruirse con modelos astronómicos modernos, y todos los datos astronómicos que uso en este capítulo están tomados de Fred Espenak, del centro Goddard de la NASA. El comienzo de la fase parcial del eclipse sabemos que se produjo a las 01:05 UT del 17 de noviembre, y, dado que la distancia desde Greenwich (UT) a Ciudad de México es de 06:36 horas, en Ciudad de México el fenómeno sería visible a las 17:28 del 16 de noviembre. La puesta de Sol se produjo en esta ciudad aquella noche hacia las 17:22, y el virrey anotó que el comienzo del eclipse tuvo lugar 7,5 minutos después de ocultarse el Sol. Su cifra se desvía, por tanto, en solo un minuto de la hora real. El hecho de que el eclipse se produjese tan poco después del ocaso es evidente que tiene que ver con la exactitud de la hora registrada, pues es probable que los observadores pusieran en marcha un reloj de arena al ocultarse el sol.

30. AGI, P-49, R.12, Bloque 2. Se conserva una copia en BAH, Colección Muñoz, vol. 33, ff. 304-313: Alonso de Santa Cruz, "Parecer sobre la demarcación", 1566. Urdaneta también citó las observaciones de eclipses como parte de sus argumentos sobre la línea demarcativa.

31. AGI, Filipinas-29, N. 49, ff. 215-229v, "Relación sobre el reino de China de Juan Bautista Román", 28 de septiembre de 1584, Macao. Se conserva una copia en BAH, Colección Muñoz, vol. 33, ff. 249-265.

32. Richard L. Kremer y Jerzy Dobrzycki, "Alfonsine Meridians: Tradition versus Experience in Astronomical Practice, c. 1500", *Journal for the History of Astronomy* 29 (1998): 188.

astrónomo la coordenada de longitud de una población afirmando usar datos de observaciones de un eclipse lunar, al menos una de las dos observaciones de referencia necesarias era en verdad –en vez de tal– cálculo nomás sobre previsiones de tablas de efemérides. Para lugares cercanos a Toledo solían usar distancias estimadas, pero, una vez descubierto el Nuevo Mundo –siendo la escala ahora global y habiendo mar de por medio–, esto no era ya posible.

El interés renovado por las coordenadas de longitud –igual terrestres que marítimas– trajo consigo nuevos métodos que prometían una solución definitiva al problema. En 1514, Johannes Werner propuso el sistema de las distancias lunares,[33] que usaba el movimiento de este satélite –determinado en función de qué estrellas fijas iba ocultando– para determinar horas locales y, por ende, longitudes, pero, aunque teóricamente estaba bien planteado, ponerlo en práctica requería saber con exactitud la posición de cada estrella, así como la posición de la Luna con respecto al Sol en cualquier momento y latitud, y eso en aquel tiempo aún no se había conseguido.[34] No inauguraba, en cualquier caso, este método Werner: encontrándose (en 1499) en la costa de Brasil, Américo Vespucio ya había usado la conjunción de la Luna y Marte para calcular a qué longitud se encontraba,[35] y en un capítulo anterior me ocupé de cómo Andrés de San Martín (piloto de la expedición de Magallanes) implementó en la misma idea una versión del mismo método –fue en 1519: observó la posición de la Luna con respecto a Júpiter, y el resultado que obtuvo concluyó que estaba seriamente corrompido, cosa que atribuyó a inexactitudes de las tablas astronómicas de Zacuto y Regiomontano (tenía razón)–.[36]

Pedro Apiano, aunque en su popular *Cosmographicus liber* de 1524 explicaba el método de Werner para determinar coordenadas de longitud, también defendía el de observar eclipses lunares, y, para facilitar los cálculos, incluía dibujos de la fase máxima de los eclipses venideros tomando como punto de observación la ciudad de Leiden –el lector debía, observando el fenómeno en cuestión desde donde entonces se encontrara, anotar la correspondiente hora local, y, con ella y la que el libro aducía para Leiden, calcular la distancia

---

33. Bennett, *Divided Circle*, 53-56. Para un estudio excelente, más traducciones de los métodos para calcular longitudes de Werner y el Frisio, incluyendo sus tratamientos del uso de eclipses, véase Andrewes, ed., *Quest for Longitude*, 376-392.
34. Gallois, *Géographes allemands de la Renaissance*, 123-124.
35. Pohl, *Amerigo Vespucci, Pilot Major*, 65-67.
36. Fernández de Navarrete, *Disertación sobre la historia de la náutica*, 77:333-334.

longitudinal entre su lugar de observación y dicha ciudad–.[37] Gemma el Frisio, por su parte, en sus múltiples ediciones de Apiano siguió abogando por este método de los eclipses. No fue sino en su *De principiis astronomiae et cosmographiae* (1530) donde introdujo el de transportar relojes mecánicos, que es el que al cabo –casi dos siglos después– traería solución al problema de las longitudes.[38]

Para tratar de lidiar con el cual, hubo en el siglo XVI aún otros cosmógrafos que propusieron complicadas fórmulas. Oroncio Fineo, por dar un caso, en la tercera parte de su *Quadratura Circuli* (1544) exponía lo que consideraba un refinamiento del método de cálculo de longitudes con eclipses de Luna[39] –medir el ángulo entre las posiciones de esta en el momento de su eclipse total, y en el de su tránsito del meridiano (si lo pasaba, claro, antes o después de eclipsarse)–, pero Pedro Núñez, cosmógrafo del rey de Portugal, en su *De erratis Oronti Finé* (1546), señaló algunas inconsistencias de esta propuesta:[40] por lo visto –deploraba– Fineo no sabía que el movimiento visible de la Luna no es uniforme y, por lo tanto, las distancias angulares lunares desde el meridiano no pueden usarse para determinar cuánto tiempo tomaría al satélite llegar al mismo. Los métodos tanto de Werner como de Fineo presuponían una serie de tablas astronómicas para las que era necesario poder prever con precisión el movimiento de la Luna. En tal movimiento residía, sin embargo, uno de los mayores retos astronómicos de la época, y no recibiría tratamiento mejor hasta la teoría al respecto de Isaac Newton.

Pero las complejidades que usar eclipses lunares para determinar longitudes entrañaba no se limitaban a lo impreciso de los relojes de la época, ni a lo defectuoso de las teorías sobre la Luna y las tablas lunares al uso: una serie de problemas relativos a las propias observaciones –por ejemplo la paralaje– ya eran bien conocidos, y otros como la distorsión producto de las emanaciones de la Tierra o "vapores" (la

---

37. Pedro Apiano, *Cosmographicus liber Petri Apianimathematici studiose collectus* (Landshut: P. Apiani, 1524).

38. Gemma el Frisio, *De principiis astronomiae et cosmographiae*, reproducción facsímil (Antwerpen: Ioannis Steelfii, 1553), 19.64.

39. Oroncio Fineo, *Quadratura circuli [...] De invenienda longitudinis locorum differentia...* (Paris: S. Colinaeum, 1544), 83-91. En su *Protomathesis* Fineo también discute las matemáticas subyacentes al método de determinación de longitudes con eclipses, pero no menciona ningún instrumento. Véase Oroncio Fineo, *Protomathesis: Opus varium...* (Paris: Gerardi Morrhij et Ioannis Pet, 1532), ff. 145v-146.

40. Pedro Núñez, "De erratis Orontii Finoei liber unus", en *Petri Nonii Salaciensis Opera* (Basel: Sebastianum Henricpetri, 1592), 347-348.

refracción atmosférica) iban empezando a cuantificarse mejor. El astrónomo Jerónimo Muñoz sugería, en efecto, confeccionar para diversas ubicaciones geográficas tablas de paralaje con las que corregir las coordenadas de longitud obtenidas observando eclipses.[41]

En la Península Ibérica, en 1536, el recién mencionado Núñez ya ordenó –en tanto que cosmógrafo mayor de Portugal– recomponer el derrotero oficial de la travesía Portugal-Molucas usando para corroborar las distancias eclipses lunares,[42] pero, aun siendo tantos los cosmógrafos de entonces que trataron este método de cálculo de longitudes en obra impresa, del instrumento y el protocolo específicos que dispuso para las observaciones López de Velasco yo no he logrado encontrar antecedentes. Lo sencillo y fácil de construir del primero lo hacían especialmente apto para aquel proyecto, si tenemos en cuenta que se esperaba fuesen personas bisoñas quienes lo confeccionasen y usasen para registrar el comienzo y el fin de cada fenómeno.

Para este tema de eclipses y longitudes, el cosmógrafo-cronista es razonable suponer que recurriera, como otras veces, a la obra de Alonso de Santa Cruz, cuyo *Libro de longitudes* recordemos que obraba en su poder. Había escrito Santa Cruz este tratado como parte del dictamen que le habían pedido sobre unos instrumentos de Pedro Apiano para determinar coordenadas de longitud presentados al Consejo en 1554,[43] y entre los doce métodos de cálculo de dichas coordenadas que en él explicaba se contaba el de los eclipses,[44] pero el único ejemplar de la obra que conservamos (manuscrito) plantea cierto problema: le falta la página –ni más ni menos– sobre dicho método de deducir longitudes de eclipses.[45] Sigue el autor tras la laguna: "[M]as sólo diré que así los astrólogos como cosmógrafo, por causa de la diversidad de horas del dicho miramiento, vinieron a considerar que según lo tal podían

---

41. El historiador Navarro Brotóns identificó el manuscrito actualmente conservado en la Biblioteca Nacional de Nápoles, Ms. VIII, 33, ff. 1r-19v.

42. Armando Cortesão, *Cartografia portuguesa antiga* (Lisboa: Comissão Executiva das Comemorações do Quinto Centenário da Morte do Infante D. Henrique, 1960), 129.

43. Santa Cruz, *Obra cosmográfica*, 1:93. El *Libro de longitudes* está publicado en esta edición en 1:139-202.

44. Para un breve estudio de los temas que trata Santa Cruz, véase Luis de Albuquerque, "Acerca de Alonso de Santa Cruz y de su 'Libro de las longitudes'", en *América y la España del siglo XVI: Homenaje a Gonzalo Fernández de Oviedo cronista de Indias en el V comentario de su nacimiento*, eds. F. de Solano y F. del Pino (Madrid: CSIC, Instituto "Gonzalo Fernández de Oviedo", 1982).

45. BN, MS 9441, f. 21-22. Alonso de Santa Cruz, "Libro de longitudes".

sacarlo de cualesquier dos lugares por muy apartados que pudiesen estar por longitud, haciéndose consideración en ellos del punto de hora que en cada uno se pudo ver el principio o el fin del eclipse".[46]

Santa Cruz apuntaba que, aunque aquel era uno de los modos conocidos de cálculo de longitudes más sencillos y fiables, planteaba algunos problemas: de entrada, lo complicado de determinar los momentos exactos del comienzo y el fin del eclipse –es decir: de empezar y acabar el contacto de la sombra de la Tierra con el satélite–; luego, lo difícil (e impreciso) de sincronizar relojes con el correspondiente meridiano de observación; por último, que –por la escasa frecuencia del fenómeno– lógicamente no era método con que contar navegando. La solución al problema en el mar entendía que pasaba por determinar exactamente la correlación que –según parecía– guardaban el grado de longitud y la correspondiente desviación de la brújula con respecto al Norte auténtico en función del entonces denominado punto fijo –aquel donde el Norte del artilugio y el Norte verdadero coincidían–. Menciona, no obstante, también el método de transportar con un reloj mecánico la hora local del meridiano primero.

Un proyecto global

En la jerarquía epistémica de su *Geografía*, López de Velasco otorgaba el primer puesto a los eclipses lunares –estaba obligado, en cualquier caso, a usar este método de cálculo de longitudes por ley–. Pues bien: en 1577 y 1578 pensó, sin duda, que los cielos le ofrecían las condiciones necesarias para zanjar definitivamente las fervientes disputas cosmográficas sobre la ubicación del Nuevo Mundo. Se veía, en efecto, ante la ocasión de estandarizar la observación de eclipses lunares y el formato empleado para su registro por todo el imperio.

El proyecto era sencillísimo y de magnitud imponente. Una vez elegido para inaugurarlo el espectacular eclipse total previsto para 1577, que sería claramente visible tanto desde España como desde ambos hemisferios del Nuevo Mundo, envió a todas las unidades administrativas de este un pliego impreso que –con indicación al inicio de que se trataba de un mandato real y con su elegante rúbrica– explicaba el objetivo de la empresa e incluía directrices detalladas para

---

46. Santa Cruz, *Obra cosmográfica*, 1:149.

construir un instrumento, efectuar las mediciones el día del fenómeno
y transmitir los datos al Consejo de Indias.

A las autoridades locales se remitió un documento aparte –una real
orden– que exponía el propósito de aquella iniciativa: "para situarlos
[pueblos] en las cartas de geographia, y para corregir las nabegaciones
y distancias, ytinerario, y para otros efectos comunes a nuestro
servicio". El pliego impreso arrancaba:

> Instruction y advertimientos para la observacion de los eclypses de
> la luna, y cantidades de las sombras que Su Magestad manda hazer,
> este año, de mil y quinientos y setenta y siete y quinientos y setenta y
> ocho, en las ciudades y pueblos de las yndias: para verificar la longi-
> tud, y altura de ellos que aunq[ue] para el effecto sobredicho tienen la
> Astrologia, y Cosmographia propuestos muchos y differentes medios
> Mathematicos pero teniendo respecto a la falta que en las Indias ha de
> aver de personas que sepan usar de otros easn elegido por mas faciles y
> usuales: los medios que se siguen.[47]

López de Velasco trató de poner en marcha el proyecto a comienzos
de 1577, pero las respuestas a su petición de real orden sufrieron retraso
en tanto las firmaba el soberano,[48] y el primer envío apenas si llegó
a tiempo para el eclipse del 26 de septiembre –si el virrey de Nueva
España se quejó de recibir las directrices veinte días antes del fenómeno
nomás, al Perú no llegaron sino pasado ya el mismo–.[49] Aparte de este
pliego de instrucciones, que era para los eclipses del 26 de septiembre de
1577 y el 15 de septiembre de 1578, los diez años siguientes preparó y
envió a las Indias al menos otros cuatro: para el del 15 de julio de 1581,
para el del 19 de junio de 1582, el del 10 de mayo y el 17 de noviembre
de 1584, y para el del 12 de mayo y el 4 de septiembre de 1588.[50] Tras

---

47. BN, MS 3035, f. 40-41, "Instrucción y advertimiento para observación de los eclip-
    ses de la luna, y cantidad de las sombras", 1577-1578. Se trata de la versión más
    antigua que conservamos de las instrucciones para la observación de eclipses. Dos
    bibliografías mencionan una versión anterior, fechada en 1577, pero probablemen-
    te se trate de una errata. Véase Pérez Pastor, *BM*, 1:54-55, y José Toribio Medina,
    Biblioteca hispanoamericana, 1493-1810, edición facsímil (Santiago de Chile: Fon-
    do Histórico y Bibliográfico José Toribio Medina, 1958), ítems 246, 401.
48. IVDJ, Envío 100, f. 297, López de Velasco, Juan, "Carta a Mateo Vázquez sobre
    varias cédulas incluyendo una de Indias y la descripción de España", 16 de julio de
    1577, Madrid.
49. AGI, México 69, R. 5, N. 83, "Carta del virrey Martín Enríquez al rey", 19 de
    octubre de 1577.
50. Se trata de "Instrucción para la observación del eclipse de la luna...", con fecha de
    15 de julio de 1581 y reproducido íntegro en Joaquín Francisco Pacheco, Francisco

la mala experiencia de 1577, todos estos otros anuncios llegaron a su destino con un año de antelación.

Lo primero que hacían estas instrucciones era asegurar al destinatario que los protocolos de observación estipulados eran sencillos, y el instrumento fácil de confeccionar; tras lo cual pasaban a desgranar las directrices para armar el artilugio, verificar que fuese vertical y cuadrado y colocarlo debidamente –cerciorándose de que estuviese realmente orientado al meridiano–. En la imagen 6.2. puede verse qué aspecto tendría aquel aparato que López de Velasco llamaba "instrumento de Indias" y servía para observar la sombra de la Luna al inicio y al fin del eclipse. Consistía, en efecto, en una tabla de madera de una vara (unos 84 centímetros) de lado, perpendicular a la

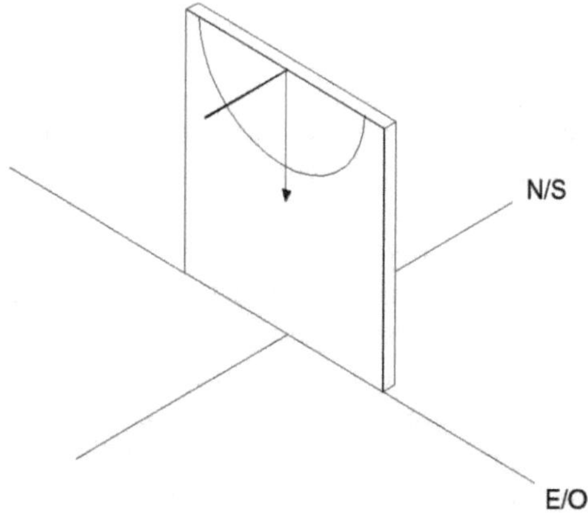

Imagen 6.2. Instrumento de Indias según las instrucciones de López de Velasco de 1577.

de Cárdenas y Espejo y Luis Torres de Mendoza, eds., *Colección de documentos inéditos relativos al descubrimiento, conquista y organización de las antiguas posesiones españolas de América y Oceania, sacados de los archivos del reino, y muy especialmente del de Indias*, 42 vols. (Vaduz: Kraus Reprint, 1964), 18:129-136; "Instrucción para la observación del eclipse de luna", relativo al eclipse del 19 de junio de 1582, y reproducido en Carlos Sanz, *Relaciones geográficas de España y de Indias: Impresas y publicadas en el siglo XVI* (Madrid: Bibliotheca Americana Vetustissima, 1962), 7-8, y en *Instrucción para la observación de los eclipses de luna, 1584*, ed. Biblioteca de Historiadores Mexicanos (México: Vargas Rea, 1953), y citado en Medina, *Biblioteca hispanoamericana*, 450, y Pérez Pastor, *Bibliografía madrileña*, 1:100. De las instrucciones de 1588 no he sido capaz de encontrar copia.

cual se proyectaba un nomon de un tercio de vara de largo. Tomando por centro la base del nomon, en la cara de la tabla se trazaba un semicírculo con radio (de nuevo) de un tercio de vara, y de la base del nomon se colgaba una plomada que, cortando al pender destrabada el semicírculo, indicaba el punto de referencia vertical del artefacto.

Ordenaban también las instrucciones construir sobre una plataforma horizontal un sencillo reloj de sol vertical (imagen 6.3.) con el que había que medir –en función de un nomon central de longitud conocida– la longitud de la sombra que el Sol proyectase a mediodía. El documento no lo aclaraba, pero con esta medición se pretendía conocer la latitud del lugar, si bien los observadores podían usarla también para determinar sus respectivos mediodías y sincronizar relojes. Siguiendo, en cualquier caso, la sombra del nomon central del alba al ocaso, y señalando dónde interceptase los dos círculos previamente trazados sobre su plataforma, podían deducirse las dos líneas perpendiculares de los cuatro puntos cardinales, y la Este-Oeste serviría luego para orientar correctamente el instrumento de Indias.

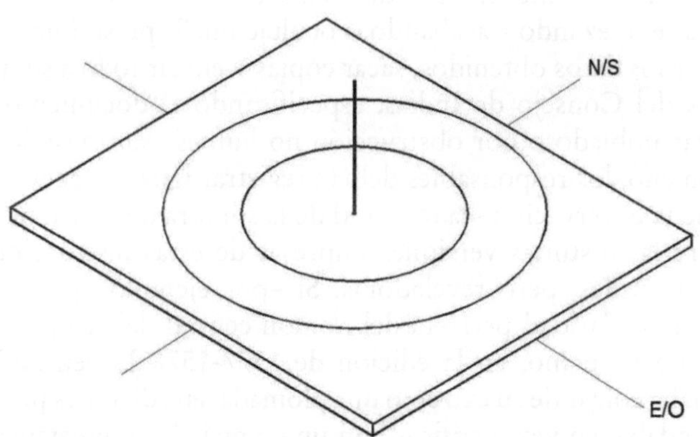

Imagen 6.3. Instrumento para determinar latitudes observando el paso del meridiano del Sol.

Dadas las directrices necesarias para la confección del aparato –cuya función sería (decíamos) medir la sombra de la Luna al comienzo y al término del eclipse–, se pasaba a detallar cómo, una vez construido, había que posicionarlo cuidadosamente en la línea Este-Oeste recién mencionada del reloj de sol, asegurándose, eso sí, de que su nomon apuntase en dirección contraria de en la que el de dicho reloj de sol hubiese proyectado su sombra a mediodía (garantía que la cara del instrumento mirase a la mitad del orbe celeste donde en la tarde del eclipse estaría la Luna), y, llegada esa tarde, habían de congregarse a presenciar el fenómeno una serie de personas todas las cuales debían convenir en si la Luna se elevava perfectamente redonda o parcialmente oscurecida, o totalmente.[51] Si el satélite surgía, efectivamente, completamente redondo, entonces los observadores procedían con sus mediciones, debiendo señalar, cuando la sombra de la Tierra empezase a cubrir por fin la Luna, el punto del semicírculo trazado en la cara del instrumento en el cual cayese en ese instante la sombra que por el nomon la Luna proyectase, y otro tanto en el instante final del fenómeno, al recobrar la Luna su circunferencia plena.

Acabado el eclipse, debían trasladar las señales practicadas en el aparato a una gran pieza de papel –cuatro pliegos ensamblados–, y reunir dos juegos de mediciones: la longitud de la sombra del Sol a mediodía (en función de la longitud del nomon central del reloj solar), y la réplica recién mencionada de las marcas hechas en el instrumento de Indias empezando y acabando la ocultación. Se prescribía asimismo certificar los datos obtenidos, sacar copias y enviar todo a su majestad a través del Consejo de Indias, especificando el documento que, si por estar nublado o por obstrucción no hubiese sido visible al cabo el fenómeno, los responsables debían registrar igual –mencionando la fecha de la observación– la longitud de la sombra del Sol a mediodía.

Entre las distintas versiones impresas de estas instrucciones hay variantes sutiles, pero reveladoras. Si –por ejemplo– para asegurar la perpendicularidad perfecta del nomon central del reloj de sol con respecto a su plano, en la edición de 1577-1578 López de Velasco aconsejaba colgar de su extremo una plomada, en ediciones posteriores recomendaba, en vez, verificar con un compás la equidistancia de su punta con respecto a uno de los círculos trazados sobre el plano del instrumento (método de lejos más preciso), y, debido quizás a que –yendo a producirse el eclipse en ciertas partes de las Indias con el ocaso próximo– el artilugio podía ser que no echase sombra, en la edición de 1577-1578 pedía también tener a mano un "reloj de ruedas" con que cronometrar el fenómeno, o, si eso no era posible,

---

51. Edwards, "Mapping by Questionnaire", 20.

uno de arena –si no había relojes de ninguna clase, pedía se estimase el tiempo "a poco mas o menos, segun el parecer, y arbitrio de los que lo miraren"–.[52]

En la versión impresa para 1581 no describía ya instrumento de Indias de una cara sino de dos (cada una con su propio nomon), y eliminaba, en consecuencia, la parte relativa a colocar el instrumento en dirección contraria a la que se proyectara a mediodía la sombra del Sol, pues el nuevo instrumento, aunque era más complicado de armar, era imposible ponerlo "al revés" –de espaldas a la sombra que la Luna proyectase–. En todas las ediciones posteriores a la de 1577 recomendaba también escribir los informes no en pergamino sino en papel –el pergamino encoge con la humedad–, y prescribía enviarlos, en vez de a los agentes gubernamentales de quienes se habían recibido aquellas instrucciones –o sea: a la audiencia o gobernación correspondiente–, que es lo que rezaba la primera edición, directamente al rey Consejo de Indias mediante.

Que ninguna versión especifique cómo calcular con los datos recabados las correspondientes coordenadas de latitud o longitud es debido, obviamente, a que la idea era que efectuasen dichos cómputos cosmógrafos de España (motivo quizás de descontento para un observador de ultramar diligente), pero también a la voluntad de mantener la información en secreto. De cómo hiciese, por su parte, López de Velasco para sacar de estas observaciones latitudes y longitudes, lamentablemente no tenemos noticia. Cabe inferir, sin embargo, de las instrucciones que la primera parte de las mediciones a realizar –la longitud de la sombra del Sol a mediodía– servía para determinar, como ya hemos dicho, la latitud del enclave con ayuda de tablas de declinación solar. En cuanto al instrumento de Indias, proporcionaba el ángulo de la sombra de la Luna al comienzo y al fin del eclipse en función de una línea vertical correspondiente al meridiano en cuestión (imagen 6.4.), y el ángulo obtenido –o los ángulos, si resultaban visibles tanto el inicio como el término del fenómeno– eran proporcionales a la altura y acimut del satélite.

Aquel artefacto cimentaba su diseño en la premisa de que, en un eclipse lunar, al estar el Sol y la Luna en oposición, la ascensión recta de la Luna lleva con la del Sol doce horas de diferencia –equivaliendo, entonces, su declinación a la de la eclíptica, más 180°–, y esta coincidencia sideral resolvía un grave inconveniente con el que en el siglo XVI venían

---

52. BN, MS 3035, f. 40v.

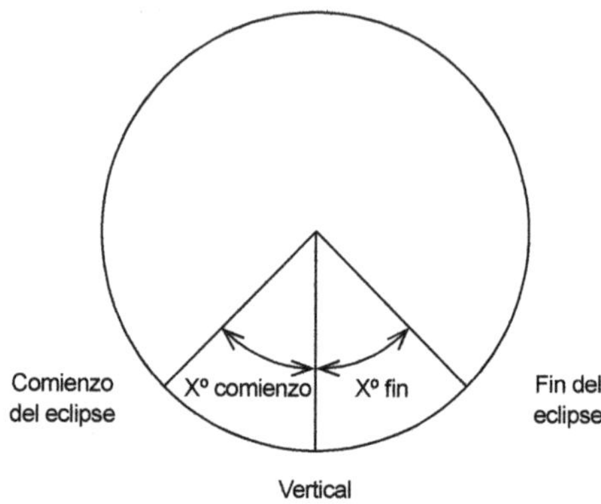

Imagen 6.4. Marcas en la cara del instrumento de Indias, señalando dónde proyectaba su sombra el nomon al inicio y al término del eclipse lunar.

chocando los astrónomos. Los modelos del movimiento lunar tolemaico y copernicano quedaba claro, en efecto, que eran ambos indignos de crédito –no se disponía, por tanto, de valores fiables de ascensión recta y declinación del satélite–. El movimiento del Sol, sin embargo, venía comprendiéndose correctamente desde la Antigüedad. El eclipse de Luna era, pues, excepción que permitía determinar técnicamente la posición de la misma en el cielo: 180° de diferencia con el Sol.

Quienes observasen el fenómeno desde España usarían para determinar la hora local y medir la posición de la Luna este mismo instrumento o, quizás, un astrolabio. Comparando, en cualquier caso, los datos que recabasen con los remitidos desde las Indias, los cosmógrafos estarían en condiciones de determinar –tomando en cuenta la latitud de cada observador y tras una serie de complejos cálculos matemáticos– la hora local del eclipse en las Indias y, con ello, la correspondiente longitud.[53]

---

53. La relación entre las líneas practicadas en la cara del instrumento para señalar dónde caía la sombra de la Luna acabando y terminando el eclipse, y la altura y acimut del satélite en función del horizonte del observador, puede expresarse con la ecuación tg (X) = sen (acimut) / tg (altura). De estos cálculos, y del modo de obtener de estas observaciones elevación lunar y longitud, me ocupo en "Lunar Eclipses, Longitude and the New World", *Journal of the History of Astronomy* 40 (2009), 249-276.

A pesar de su elegante sencillez, este método de López de Velasco planteaba algún que otro problema. Es muy difícil, de entrada –pues la penumbra que circunda la fase total puede distorsionar la observación–, determinar a ojo el comienzo y el final exactos de un eclipse, si bien esto el cosmógrafo-cronista trató de remediarlo con la recomendación de que, habiendo varios testigos, llegasen a un acuerdo sobre ambos extremos entre todos. Pueden incidir, sin embargo, en diversas medidas también algunos fenómenos naturales: el error, por ejemplo, producto de la refracción atmosférica, salvo si el eclipse ocurre estando la Luna muy cerca del horizonte, en el resto de los casos es cierto que es mínimo (~0,1°), pero la paralaje de la Luna sí que puede modificar la medición de la posición de la misma en aproximadamente 1°, como recordaba a sus alumnos Jerónimo Muñoz. Tengamos presente, por último, que las tablas de declinación solar de la época, aunque eran más exactas que las de la posición de la Luna, todavía precisaban de algunos ajustes.

De todas formas, no todos los eclipses lunares para los que se enviaron instrucciones resultaron luego visibles desde América. El cuadro 6.1. enumera, en efecto –con la correspondiente elevación o declinación de la Luna con respecto al horizonte para diferentes localidades–, cuántos se produjeron entre 1577 y 1588, y, de los dos habidos en 1577, desde México vemos que solo cupo observar el final, ocurriendo otro tanto el 17 de noviembre de 1584, y siendo, en cambio, el final del fenómeno lo que no pudo verse desde España el 16 de julio de 1581.

En otras dos ocasiones, sin embargo, el problema era que las instrucciones daban fechas equivocadas. El 19 de junio de 1582 –y el 10 de mayo de 1584– hubo, sí, eclipses, pero de Sol. ¿Cómo pudo López de Velasco cometer semejantes errores –sin duda embarazosos–? Nos da la clave su documentación conservada en El Escorial, que incluye una serie de notas astronómicas sobre eclipses lunares sacadas del *Eclipsium omnium ab anno Domini 1554 usque in annum Domini 1606 accurata descriptio et pictura* de Cipriano Leovicio.[54]

---

54. BME, K-III-8, ff. 311V-318V, "Copias del Eclipsium omnium ab año Domini 1554 usque in annum 1606 de Cypriani Leovitii", c. 1581. El imponente ejemplar que usó López de Velasco sigue en BME. Véase Cipriano Leovicio, *Eclipsium omnium ab anno Domini 1554 usque in annum Domini 1606: Accurata descriptio & pictura, ad meridianum Augustanum ita supputata, ut quibusvis aliis facillimè accommodari possit, una cum explicatione effectuum tam generalium quàm particularium pro cuiusque genesi* (Augsburg: Philippus Ulhardus, 1556).

Cuadro 6.1. Altura de la Luna durante una serie de eclipses lunares, para determinadas latitudes y longitudes terrestres

| | | | UT | | | | Madrid 40° 23'N, 3° 41'O | | Sevilla 37° 22'N, 5° 59'O | | San Juan 18° 27'N, 66° 7'O | | Panamá 8° 48'S, 79° 3'O | | Lima 13° 43'N, 75° 57'O | | Ciudad de México 19° 24'N, 99° 12'O | | |
| | | | | | | | Altura lunar | | Altura lunar | | Altura lunar | | Altura lunar | | Altura lunar | | Altura lunar | | |
	Fecha		Tipo**	Tot.*	RA*	Dec.*	Inicio	Fin	Inicio	Fin	Inicio	Fin	Inicio	Fin	Inicio	Fin	Inicio	Fin	
1577	Apr	2	T+	20:05	13,4	-9,00	(4,90)	30,60	(4,75)	32,63	(60,54)	(10,57)	(74,34)	(22,09)	(61,58)	(15,41)	(78,80)	(41,82)	
1577	Sep	27	T-	0:13	0,82	5,50	47,67	45,25	49,70	47,46	2,53	56,96	(11,04)	46,14	(9,94)	45,53	(27,98)	26,09	1
1578	Sep	16	P	0:19	0,12	1,70	50,37	48,36	53,21	51,17	17,68	42,45	5,35	31,52	7,69	33,39	(13,54)	11,41	2
1580	Jan	31	T	21:41	9,6	14,80	25,29	60,57	25,08	62,85	(31,89)	14,71	(47,67)	0,28	(52,48)	(2,12)	(52,63)	(15,05)	
1580	Jul	26	T	11:07	21	-17,30	(45,79)	(66,32)	(46,41)	(69,30)	9,23	(36,61)	24,55	(22,32)	28,32	(18,30)	35,80	(6,21)	
1581	Jan	19	T+	21:22	8,83	17,60	22,47	62,36	21,94	64,43	(34,87)	14,12	(50,68)	(0,64)	(58,10)	(4,06)	(51,88)	(15,08)	
1581	Jul	16	T	4:11	20,3	-19,20	23,24	(6,39)	25,89	(5,11)	42,16	47,79	39,21	61,28	51,07	78,46	17,04	49,14	3
1582	Jan	8	P	22:12	8,03	19,70	48,06	61,83	48,58	63,48	(7,42)	10,80	(22,88)	(4,24)	(27,56)	(8,41)	(33,51)	(17,67)	
1582	Jul	5	N	18:05	19,6	-20,50	N/D	N/D	N/D	N/D	N/D	N/D	N/D	N/D	N/D	N/D	N/D	N/D	4
1583	Jun	5	P	11:10	16,8	-23,20	(56,48)	(72,53)	(57,17)	(75,54)	(1,30)	(35,27)	14,19	(20,26)	19,85	(14,16)	25,09	(5,95)	
1584	May	24	T+	11:43	16,1	-20,90	(52,98)	(63,07)	(53,69)	(65,12)	1,97	(51,82)	17,38	(37,14)	22,28	(30,39)	28,59	(21,50)	5
1584	Nov	18	T+	0:02	3,57	19,10	58,90	58,57	60,32	60,42	6,92	56,52	(8,15)	42,12	(12,13)	35,48	(21,32)	25,81	6
1588	Mar	13	T-	2:21	11,6	3,20	52,74	27,72	55,77	29,03	29,64	73,37	17,58	69,63	19,16	67,38	(1,62)	47,86	
1588	Sep	5	T+	4:13	22,9	-7,00	33,54	(2,91)	35,97	(2,29)	51,66	54,26	45,26	69,88	51,32	73,75	23,38	62,55	

( ) indica que la Luna quedaba debajo del horizonte. La altura mínima para poder observar un eclipse suele ser de 10°.

1. En México solo se vio el final del eclipse.
2. En México solo se vio el final del eclipse.
3. En España no se vio el final del eclipse.
4. Las instrucciones dicen 19 de junio, pero ese día lo que hubo fue un eclipse de Sol.
5. Las instrucciones dicen 10 de mayo, pero ese día lo que hubo fue un eclipse de Sol.
6. Eclipse observado por Jaime Juan y Francisco Domínguez en México.

*Datos tomados de Fred Espenak, Nasa/Goddard Center (Tot. = momento de mayor ocultación; RA = ascensión recta; Dec.: declinación)."

**Tipo de eclipse: T+ = total central con el centro de la luna transitando al norte del eje de la sombra; T- = total central con el centro de la luna transitando al sur del eje de la sombra; T = total; P = parcial; N = penumbral."

Contienen dichas notas cuantos eclipses esta obra predecía entre 1581 y 1598 –sin incluir, eso sí, los dibujos que ofrece de sus correspondientes grados de ocultamiento–, y el amanuense, quizás el propio López de Velasco, transcribió, efectivamente, la información sobre los fenómenos de 1581 (15 de julio), 1582 (19 de junio) y 1584 (29 de abril y 7 de noviembre),[55] así como sobre los eclipses lunares de 1588 (2 de marzo, y 25 de agosto), 1591 (19 de diciembre) y 1598 (10 de febrero), pero, en la página de estas notas sobre un supuesto eclipse lunar el 10 de mayo de 1584, el texto está tachado, y hay una nota marginal que dice: "Este del Sol se envio por yerro".[56] Pues bien: consultando un ejemplar del libro de Leovicio, queda patente que un copista negligente incluyó dos ejemplos de eclipses de Sol en lo que se suponía una recopilación de eclipses de Luna, y fue a partir de esta copia bastarda como López de Velasco confeccionó sus instrucciones. Equívoco, por lo demás, que verdaderamente no revela gran cosa a su favor, si tenemos en cuenta que, una vez detectado el error de 1582 (19 de junio), el de 1584 podía haberlo evitado.

Las instrucciones impresas se enviaron a las Indias acompañadas de reales órdenes que, además de instar a los agentes gubernamentales a observar los eclipses, les recordaba su deber de remitir descripciones geográficas y responder a los cuestionarios. El recordatorio enviado a Panamá para las primeras observaciones de eclipses expresa sin ambages el apoyo del rey al proyecto: "Yo bos mando que en esa ciudad hagais acer las observaciones, conforme a los apuntamientos e ynstrucciones que para ello mandamos enbiar, firmado por Juan Lopez de Velasco, Nuestro cosmografo y coronista mayor de las dichas Yndias, e por otros medios exatos e precisos si ubiere algunas personas en hesa ciudad que sepan dellos".[57]

Cada nueva edición de las instrucciones llevaba aneja una real orden similar, y en las versiones sucesivas del decreto encontramos, de nuevo, variantes sutiles que nos informan de la evolución de la empresa. Si la real orden de 1577 mencionaba como objetivo de las observaciones la "averiguacion de las distancias que ay destos Rey[no]

---

55. Puesto que se publicó en 1556, en el libro de Leovicio las fechas posteriores a 1583 aparecen según el calendario juliano. Mientras que este autor da como fecha de cada eclipse "la noche de", en el cuadro 6.1. yo asumo la convención horaria UT.

56. BME, K-III-8, f. 313.

57. En DIA, 17:506: "Sobre el eclipse", 25 de mayo de 1577. Conservamos otros recordatorios. Véase DIA, 18:127-128, "Recordatorio a La Plata sobre el eclipse en julio 1581", 3 de junio de 1580, y, para Yucatán, DIU, 11:3-4, 20 de mayo de 1580.

s a essas partes assi por lo que toca a la navegacion cierta, como por otros effectos concernientes y necessarios para a buengovierno dellas",[58] para 1581 y 1582 la referencia al "buen gobierno" se eliminó, ocupando su lugar el propósito –mucho más específico– de "tomar las verdaderas alturas delos pueblos de españoles de las Indias, y averiguar con presicion las longitud y distancias q[ue] ay de estos Reynos a ellas q[ue] hasta agora no esta hecho come combiene para situar las en las descripciones y carta de Geographia en su veradera graduación, y para corregir las navegaciones y distancias ytinerarias, y para otros efectos combenientes a nueatro ser[vicio]".[59] Pasados ya más de cinco años de muerto Ovando, su ambicioso proyecto pormenorizado de "buen gobierno" estaba ya en el olvido.

La real orden que se adjuntó a las instrucciones de 1584 acusaba recibo de las observaciones anteriores, y explicaba que, justo por ellas, era "de mucha ynportancia para la descripcion" de las Indias que la siguiente serie de eclipses se observase con suma diligencia. En esta ocasión, sin embargo, la real orden no era idéntica para todos los virreinatos y autoridades provinciales:[60] la enviada, por ejemplo, al nuevo virrey del Perú (Martín Enríquez, quien tanto había cooperado siendo virrey de Nueva España) reconocía su cuidado en garantizar que todas las instancias gubernamentales bajo su control respondiesen al cuestionario –quizás una pequeña alabanza lo animase a recopilar en el Perú observaciones y respuestas al cuestionario con celo equivalente–.[61]

---

58. AGI, IG-427, L. 30, f. 278-79, "Real cédula a Martín Enríquez, virrey de Nueva España y presidente de la audiencia de México, mandándole que de acuerdo con las instruciones enviadas observe el eclipse de luna que ocurrirá el 26 de septiembre de 1577 y el 15 de septiembre de el 1578", 25 de mayo de 1577. Se enviaron órdenes similares a Perú, Charcas, Quito, Nueva Granada, Tierra Firme, Santa Marta, Veragua, Tucumán, Gualsongo y Pacamoros, Islas Occidentales y Cartagena de Indias.

59. AGI, IG-427, L. 30, ff. 313v-314v, "Cédula a Martín Enríquez virrey del Peru para que envíen a todos los pueblos de dicho distrito unas instrucciones impresas para que anoten las observaciones astrológicas sobre un eclipse de luna que se producirá en julio de 1581", 3 de junio de 1580.

60. AGI, IG-427, L. 30, ff. 357v-358, "Real Cédula al presidente y oidores de la Audiencia de Panamá, mandándoles que distribuyan en el territorio de su jurisdicción unas instrucciones para que se realicen las observaciones de dos eclipses que tendrán lugar el 10 de mayo y el 17 de noviembre de 1584, y se encarguen luego de recogerlos y enviarlos junto con todos los papeles referentes a la historia de dicha provincia", 16 de agosto de 1583.

61. AGI, IG-427, L. 30, f. 357-357v, "Real Cédula a Martín Enríquez, virrey del Perú, mandándole que distribuya en las provincias de su jurisdicción unas instrucciones para que se realicen las observaciones de dos eclipses", 2 de agosto de 1583, Madrid.

El último eclipse cuyas observaciones coordinó Juan López de Velasco fue en 1588. La real orden explicaba que, habiendo resultado las tomas de datos sobre eclipses previos de gran importancia para la precisa verificación de coordenadas de longitud, "esta es la ultima diligencia que se a de hazer por agora para conseguir el intento y sin ella seria perdido y de poco provecho el trabajo pasado".[62] El cosmógrafo-cronista saliente tenía, en efecto, la esperanza de que aquella última serie de observaciones pudiese esclarecer definitivamente las longitudes de una serie de enclaves que, hasta entonces, o bien no habían satisfecho la solicitud de información, o no habían tenido ocasión de recabar datos, pues –como ahora veremos–, aunque los envíos previos habían generado un volumen significativo de respuestas y coordenadas de longitud, no eran al fin los resultados lo definitivos e incuestionables que él al principio pensaba serían.

Las observaciones de eclipses lunares

El éxito de este proyecto de López de Velasco dependía de la cantidad –y calidad– de las respuestas recopiladas. ¿Se efectuaron, entonces, las observaciones según las instrucciones del cosmógrafo-cronista? En cuyo caso, ¿llegó este a recibir la información recabada, y –más importante– llegó dicha información a usarse para corregir las longitudes de mapas y descripciones de las Indias? El resultado del proyecto no se hizo público hasta 1606, al tratar algunas de las observaciones del mismo (en su *Regimiento de navegación e hydrografía*) el sucesor de López de Velasco como cosmógrafo mayor del Consejo de Indias, Andrés García de Céspedes, quien tenía de la empresa opinión favorable, y afirmaba que la toma de datos se había efectuado debidamente: según prescribían las instrucciones y siendo encomendada en cada lugar a los hombres más duchos.[63] Pues bien: este veredicto de García de Céspedes, y diversos comentarios dispersos en una serie de fuentes y archivos, revelan que los logros de aquel proyecto de eclipses y longitudes realmente fueron mucho mayores de lo que su historiografía sugiere.

---

62. AGI, IG-427, L. 30, ff. 374v-375v, "Observación de eclipse: Instruciones al Conde de Villar, virrey del Perú", 1 de junio de 1587.

63. "[L]o qual todo se cumplio como yva la instrucción, y se hizieron las observaciones por los mas diestros que en cada lugar avia, y se enbiaron al Consejo Real de las Indias" (Andrés García de Céspedes, *Regimiento de navegación e hydrografía* [Madrid: Casa de Juan de la Cuesta, 1606], 140v).

Lamentablemente, de cuantas observaciones astronómicas hiciese López de Velasco no conservamos sino el esbozo de una. Él no llegó a trazar, que sepamos, mapa basado en longitudes obtenidas observando eclipses, pues la cartografía del *Sumario* –la única que conservamos que se le atribuye– recordemos que no se hace eco de esta empresa astronómica, pero esto no es cosa que deba extrañarnos, habida cuenta del contexto de confidencialidad en que operó, como tampoco cabría esperar un tratado impreso sobre las complejidades de semejante empresa durante el reinado de Felipe II. Viene, por tanto, casi toda la información sobre el proyecto de que disponemos de la mencionada *Hydrografía* de García de Céspedes –quien ejerció la cosmografía en el Consejo en la época de la erosión de las políticas secretistas que habían regulado la divulgación del saber cosmográfico en la segunda mitad del siglo XVI–, aunque hay que decir que, por desgracia, dicha obra no aborda sino un pequeño número de observaciones de eclipses, a pesar de la tentadora afirmación de su autor de tener a mano muchísimas más.

Sostiene García de Céspedes que era el propio López de Velasco quien llevaba a cabo las observaciones desde España, y que usaba para ello tanto el instrumento de Indias, como un astrolabio. Transcribe sus notas –hoy perdidas– sobre el eclipse de 1577, y reproduce (imagen 6.5.) las marcas con que señalara el comienzo y el término del mismo en el instrumento de Indias, resultando –pues van medidos sobre la observación publicada– que los 32° y 37,5° entre la vertical y las líneas indicadoras (respectivamente) del inicio y el fin del ocultamiento se ajustan razonablemente bien a los 31,3° y 36° que calculamos hoy. Aunque opina que son valores aceptables, añade que su antecesor se engañó al fiar en los 41° y 39° de altura que determinó para la Luna con el astrolabio al empezar y acabar el fenómeno –siempre respectivamente–, y hay que decir que lleva razón, pues la altura de la Luna era al comienzo de 47,5° y, al final, de 45,25°. Refiere, por último, que el cosmógrafo-cronista situó la conclusión del eclipse a las 02:16 –veintitrés minutos tarde–.

Publicó también el sucesor de López de Velasco la información que recabaron una serie de cosmógrafos a los que este encargó observaciones paralelas desde diversos puntos de la Península Ibérica en la idea de corroborar los datos llegados del Nuevo Mundo, si bien dichos cosmógrafos parece que no usaron el instrumento de Indias. Incluyó asimismo las observaciones realizadas en México del eclipse de 1577 y una del de 1578.

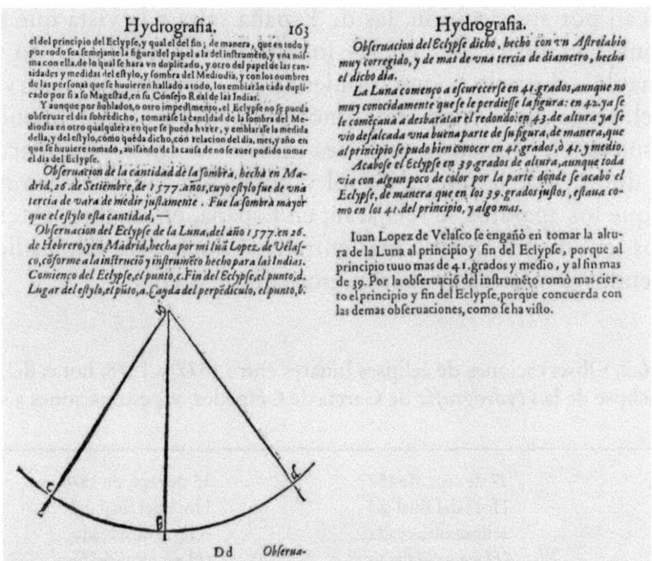

Hydrografia.   163   Hydrografia.

el del principio del Eclypse,y qual el del fin; de manera, que en todo y por todo sea semejante la figura del papel a la del instrumēto, y vna misma con ella,de lo qual se hara vn duplicado, y otro del papel de las cantidades y medidas del estylo,y sombra del Mediodia, y con los nombres de las personas que se huuieren hallado a todo, los embiaran cada duplicado por si a su Magestad,en su Consejo Real de las Indias.

Y aunque por ñublados,o otro impedimento, el Eclypse no se pueda obseruar el dia sobredicho, tomarase la cantidad de la sombra del Mediodia en otro qualquiera en que se pueda hazer, y embiarase la medida della, y del estylo,como queda dicho,con relacion del dia, mes,y año en que se huuiere tomado, auisando de la causa de no se auer podido tomar el dia del Eclypse.

Obseruacion de la cantidad de la sombra, hecha en Madrid,26.de Setiembre,de 1577.años,cuyo estylo fue de vna tercia de vara de medir justamente . Fue la sombra mayor que el estylo esta cantidad,—

Obseruacion del Eclypse de la Luna,del año 1577.en 26. de Hebrero,yen Madrid,hecha por mi Iuā Lopez de Velasco,cōforme a la instruciō y instrumēto hecho para las Indias. Comienço del Eclypse,el punto,c.Fin del Eclypse,el punto,d. Lugar del estylo,el pūto,a.Çayda del perpēdiculo, el punto,b.

Obseruacion del Eclypse dicho, hecho con vn Astrolabio muy corregido, y de mas de vna tercia de diametro, hecha el dicho dia.

La Luna començo a escurecerse en 41.grados,aunque no muy conocidamente que se le perdiesse la figura: en 42.ya se le cōmēçaua a desbaratar el redondo:en 43.de altura ya se vio desfalcada vna buena parte de su figura,de manera,que al principio se pudo bien conocer en 41.grados,ò 41. y medio.

Acabose el Eclypse en 39.grados de altura,aunque toda via con algun poco de color por la parte dōde se acabò el Eclypse,de manera que en los 39.grados justos , estaua como en los 41.del principio, y algo mas.

Iuan Lopez de Velasco se engañò en tomar la altura de la Luna al principio y fin del Eclypse, porque al principio tuuo mas de 41.grados y medio, y al fin mas de 39. Por la obseruaciō del instrumēto tomò mas cierto el principio y fin del Eclypse,porque concuerda con las demas obseruaciones,como se ha visto.

Dd   Obserua-

Imagen 6.5. Observación de eclipse de López de Velasco, 1577, según la *Hydrografía* de García de Céspedes.

Desde ultramar, Martín Enríquez –el ya varias veces mencionado virrey de Nueva España– describía así las circunstancias de las dos observaciones efectuadas en México en 1577:

Lo q[ue] se avia de hazer aqui previne luego y despache a la Ciudad de los Angeles y a Guadalajara Mechoacan y a la V[eracruz], porq[ue] para Guajaca ya no avia tiempo. Y por estar esta ciudad metida entre sierras enbie diez leguas p[ara] q[ue] los q[ue] avian de hazer lo q[ue] se les esperava estuvieren sobre una sierra por no aver otro lugar conveniente y sucedio lo q[ue] yo me temía q[ue] fue muy gran nublado y oscuridad de manera q[ue] no se pudo ver. Lo que se hizo en la Ciudad de los Angeles envío hay.[64]

El cuadro 6.2. nos permite comparar con nuestras correspondientes estimaciones actuales las diversas horas que para el final de este eclipse se registraron tanto en México como en España, y, si las de México

---

64. AGI, México-69, R. 5, N. 83, "Carta del virrey Martín Enríquez al rey", 19 de octubre de 1577.

destacan por su precisión, las de España salta a la vista que son las responsables de la tara en las longitudes calculadas. Esto parece razonable achacarlo a que, poniendo en marcha los observadores con el ocaso algún tipo de cronómetro lo mismo en México que en España, en México los eclipses lunares de 1577 y 1578 acabaron poco después de la puesta de sol y hubo, por tanto, escaso margen para que los aparatos se relajaran; en España, en cambio, al terminar ambos fenómenos mucho más entrada la noche, los relojes llevaban corriendo ya más rato y dieron, por ello, más error.

Tabla 6.2. Observaciones de eclipses lunares entre 1577 y 1578: horas del final de cada eclipse de la *Hydrografía* de García de Céspedes, vs. estimaciones actuales

Ciudad (coordenadas actuales) Observador	27 de sept. de 1577 Hora del final del eclipse observada (*Hora local del final del eclipse calculada hoy: UT 02:09*)[*]		Error	15 de sept. de 1578 Hora del final del eclipse observada (*Hora local del final del eclipse calculada hoy: UT 01:12*)[*]		Error
Madrid (40° 23'N, 3° 41'O) Juan López de Velasco	02:16	(01:53)	23 min.			
Toledo (39° 52'N, 4° 1'O) Juanelo Alcántara	02:12	(01:52)	20 min.	01:20 (Obs. de López de Velasco)	(00:56)	24 min.
Valladolid (41° 38'N, 4° 43'O) Doctor Sobrino	02:08	(01:49)	19 min.			
Sevilla (37° 22'N, 5° 59'O) Rodrigo Zamorano	02:04	(01:45)	19 min.	01:00 (Según carta de Sarmiento de Gamboa)	(00:48)	12 min.
Ciudad de Los Ángeles Puebla (19° 24'N, 98° 10'O)	19:36	(19:36)	0 min.	18:46	(18:39)	7 min.
San Juan de Ulúa (19° 11'N, 96° 7'O)	19:50	(19:51)	1 min.			

[*]Datos históricos de eclipses (y modelo) tomados de Fred Espenak, NASA/Goddard.

Las observaciones de 1577 dieron una distancia de Toledo a Veracruz de 95,5°, y de 99° de Toledo a Puebla –es decir: una diferencia de entre 3° y 4° con nuestros cómputos de hoy–, y ajustar estos valores en función de las distancias que (según López de Velasco) había entre Puebla, Veracruz y Ciudad de México habría dado una longitud entre Ciudad de México y Toledo de entre 98,5° y 100°,[65] pero, en su *Sumario* de 1580, el cosmógrafo-cronista siguió sosteniendo que dichas localidades distaban 103°. Cabe, entonces, preguntarse por qué al tratar la longitud de Ciudad de México no se refirieron a las observaciones de los eclipses lunares de 1577 y 1578 ni López de Velasco ni –en su *castigatio* del mencionado *Sumario* de este– Gesio.

Tal vez contuviera una respuesta una carta (hoy perdida) en la que Francisco Domínguez –el cosmógrafo destinado a la expedición de Francisco Hernández– calificaba dichas observaciones de inútiles por su imprecisión. En una misiva posterior que sí se conserva, dicho Domínguez escribe que, habiendo examinado las observaciones efectuadas desde Ciudad de México y otras provincias de los eclipses lunares de 1577 y 1578, albergaba dudas sobre su utilidad, y añade a ello que, de hecho, había enviado al Consejo, junto con las observaciones mismas, una carta en la que insistía en sus inconsistencias, y manifestaba la poca credibilidad que le merecían sus resultados, que consideraba pérdida de tiempo.[66] Gesio, que sabemos que tenía a este hombre por cosmógrafo competente, esta valoración que hizo negativa tal vez le mermase la confianza en aquellos registros, y otro tanto puede que ocurriese a López de Velasco.

Del eclipse de Luna de 1578 tomó datos a instancias del Consejo de Indias también Rodrigo de Zamorano –el cosmógrafo de la Casa

---

65. Puebla dice que está a 18,5° de latitud, 22 leguas al sur, algo al este, de México, y a 44 de Veracruz. Más adelante en la *Geografía* añade que Veracruz se encontraba a 18,5°, 60 o 70 leguas de México, y la conversión de estas distancias a grados (a 20 leguas el grado) situaría Puebla 1° y Veracruz entre 3° y 3,5° al este de Ciudad de México. López de Velasco, *Geografía y descripción*, 107-109.

66. "[A]sí en los negocios de España, que fué verificar los eclipses lunares del año 77 y 78, por mandato de V.R.M., y hacer todos los modelos y duplicados dellos y ponerlos de suerte que allá se pudiesen pontender, así los de esta ciudad como todos los demas que en otras provincias se calcularon, escribiendo y avisando á vuestro Real Consejo, aliende de los trasuntos, la variedad y poca certidumbre que tenia semejante regulacion, y que era tiempo perdido, y lo regulado sería incierto" (Carta de Francisco Domínguez al Consejo de Indias. 30 de diciembre de 1581, México. Publicado en DIE, 1:380).

de la Contratación–.[67] Por su colaboración con Pedro Sarmiento de Gamboa sabemos que, si él observó el final del eclipse en Sevilla a la 01:00, este lo hizo en Lima a las 20:04 ("ocho horas y un dieciseisavos de hora"),[68] y con esta diferencia entre horas locales calcularon una distancia longitudinal de 04:56 –es decir: 74°–, pero, según los modelos astronómicos modernos, aquel eclipse terminó en Lima a las 20:08, y, en Sevilla, a las 00:48, con que el error de cada observador fue cuestión de solo minutos –minutos los cuales, no obstante, sumados ascienden a dieciséis, que a su vez equivalen a 4° de longitud–. Teniendo en cuenta, con todo, lo difícil de determinar a ojo cuándo la sombra de la Tierra deja de tocar la Luna, podemos decir que son observaciones bastante buenas.

Este ejercicio de Sarmiento de Gamboa y Zamorano puso el dedo en la llaga de las distancias longitudinales computadas sobre predicciones de eclipses publicadas –basadas en las tablas alfonsíes (tolemaicas) o en las más recientes prusianas (copernicanas)–: llamaron la atención sobre el hecho de que, en su popular *Chronographía*, Jerónimo de Chaves calculó que aquel eclipse acabaría en Sevilla a la 01:24, y que, de haber usado esta hora, habrían situado Lima 10° más al Oeste. Explicando, de hecho, por qué prefirió los datos de Zamorano, Sarmiento de Gamboa resumió el propósito y concepto de este proyecto de los eclipses: "Aunque Chaves en su repertorio lo pone acabar a la una ora y veinte y quatro minutos de ora; mas como la ciencia y la esperiencia juntos quando concordan son dos testigos irrefrazables [*sic*] abemos de ir con Zamorano que es docto y lo esperimento y Chaves no lo observó aunque lo calculó".[69] Testigos, irrefutabilidad, ciencia, experiencia... palabras todas que hubieron de tintinear en los oídos de López de Velasco bien rico.

Otro observador del eclipse lunar de 1577 fue Jerónimo Muñoz, el famoso profesor de astronomía de las universidades de Valencia y Salamanca. El mismo año publicó un opúsculo titulado *Summa del prognostico del cometa de la ecclipse de la Luna que fue a los 26 de*

---

67. AGI, P-262, R. 11, ff. 1-3, "Rodrigo Zamorano cosmógrafo y catedrático de la Casa de la Contratación de Sevilla sobre se le acreciente el salario que tiene", 14 de mayo de 1582. Publicado en Esteban Piñeiro, "Cosmógrafos al servicio de Felipe II", 529-530.

68. AGI, P-33, N. 3, R. 27, Pedro Sarmiento de Gamboa, "Relación de lo sucedido a la Armada Real de S. M. en el viaje al Estrecho de Magallanes [...] el año 1581 hasta 1583". Publicado en Fernández de Navarrete, *Colección Fernández de Navarrete*, 20.1:212v-214v.

69. AGI, P-33, N. 3, R. 27, ff. 5r-6v.

septiembre del año 1577 a las 12 horas 11 minutos qual cometa ha sido causado por la dicha ecclipse.[70] Se trataba, básicamente, de una predicción astrológica asociada al cometa de 1577 –cuya génesis él atribuía, como en el título vemos, al mencionado eclipse de Luna coetáneo–, y arrancaba declarando lacónico que "A instancia del señor Joan López de Velasco coronista mayor de las Indias de la Magestad del Rey Philippe nuestro Señor hecha la observación de la hora de la Ecclipse hize el siguiente prognostico della segun la doctrina de Ptolomeo"[71] –calificando a López de Velasco de cronista, pero no de cosmógrafo, tal vez esté dando a entender que como astrónomo no lo tenía en gran estima–. La hora del eclipse, en cualquier caso, la indica solo en el título, y sobre la posición de la Luna simplemente calla, como tampoco aclara si es la hora aducida del comienzo, de la fase total, o del final del fenómeno, por lo que es imposible relacionar sus datos con los de otros observadores.[72] Si asumimos, de todas formas, que la hora del título es para la fase total, y que efectuó la observación desde Valencia (39° 28' N, 0° 23' O), las 00:11 que aduce no casan mal con las 23:50 que estimamos hoy. Su error de veintiún minutos va en la línea de los informes de otros observadores de la Península Ibérica, y redundó, análogamente, en entre 5° y 6° de error en la longitud luego calculada.

No todos los responsables de observaciones mostraron el celo para con su deber de Zamorano y del virrey de México –ni la recalcitrancia de Muñoz–. Los delegados de Nueva Salamanca de la Ramada (Colombia) explicaron: "No va la observación porque no se pudo hazer porque al tiempo del eclipse no obo aquí honbre que lo tendiese queda aca el molde para que si oviere al otro eclipse quien lo haga se hara y se enbiará".[73] Disponemos, en cambio, del interesante registro que del eclipse de 1581 efectuó en la Ciudad de Panamá Alonso Palomares de Vargas,

---

70. Reproducido en facsímil en el apéndice a Jerónimo Muñoz, *Libro del nuevo cometa*, ed. Víctor Navarro Brotóns (Valencia: Valencia Cultural, 1981).

71. *Ibid.*, apéndice 2.

72. Navarro Brotóns ha estudiado la obra de Muñoz y sus ariscas relaciones con la corte. Se mostró el astrónomo tan parco en detalles probablemente en respuesta a comentarios negativos sobre su *Libro del nuevo cometa* sobre la nova de 1572. Se quejaba, en efecto, de que, tras dicho libro, "a cambio de mis realizaciones no sólo no me han dado las gracias, sino que además he sido rociado de injurias por muchos teólogos, filósofos y palaciegos del rey Felipe" (*ibid.*, 108).

73. AGI, IG-1528, N. 11, ff. 1-18, "Descripción de Salamanca de la Ramada", 24 de abril de 1578, Tenerife.

meticuloso cosmógrafo que observó el fenómeno con el licenciado Juan López de Cepeda, presidente de la Audiencia de Tierra Firme.[74] Enviaron –probablemente acompañado de dibujos (hoy perdidos) de la sombra de la Luna al comienzo y al término del ocultamiento– un memorándum pormenorizado en el que describían los instrumentos y el método aplicados, y queda claro leyéndolo que entendían muy bien el fondo de cuanto en las instrucciones expusiera López de Velasco. Explican –por ejemplo– que, como (por estar los días previos a la fecha prevista nublado) no les fue posible tomar la latitud del lugar con el artilugio tipo reloj de sol que prescribían las instrucciones, usaron para ello un astrolabio, y obtuvieron para la Ciudad de Panamá (cuyas coordenadas reales son 8° 58' N, 79° 33' O) el valor de 9° N. Refieren también que, debido a dicho mal tiempo, optaron por cronometrar el eclipse con un reloj de arena de media hora que, puesto en marcha a mediodía el día del fenómeno, mantuvieron luego activo sin solución de continuidad.

La noche del eclipse estaba –como se temían– nublado, pero a las nueve pudieron atisbar la Luna, y tenía la silueta perfectamente redonda. Cuando, algo después de las diez, volvieron a verla, determinaron que estaba ya algo eclipsada –su resplandor era, sin embargo, demasiado tenue por las nubes para que el instrumento echase sombra–, y comenzó la fase total a las 22:30, permaneciendo el satélite cubierto una hora y pocos minutos.

Anotaron también que, al consultar el reloj de arena en el momento en que la sombra del instrumento de Indias indicaba que la Luna estaba en su punto álgido, la marcha del dispositivo era lenta –en un eclipse lunar, estando el Sol y la Luna en oposición a medianoche, el satélite proyectaría sobre el instrumento de Indias al pasar por el meridiano una sombra vertical–. Añadieron, por último, que el fenómeno concluyó una hora y siete minutos tras su plenitud –durante todo el proceso habían ido señalando, siempre que pudieron, en qué lugar de la cara del instrumento proyectaba la Luna su sombra–.

Si los comparamos con nuestras estimaciones actuales, los valores a que estos observadores llegaron con su reloj de arena resultan ser bastante buenos: las 22:30 (o algo antes) que registraron como hora local a la que el fenómeno alcanzó su plenitud no se desvía sino en

---

74. AGI, P-260, N. 1, R.3, ff. 1-4, Alonso Palomares, "Descripción de un eclipse de luna, hecha en Panamá, por el cosmógrafo Alonso Palomares de Vargas", 15 de julio de 1581. Publicado en Fernández de Navarrete, *Colección Fernández de Navarrete*, 27.1:89-94.

18 minutos de las 22:48 hoy computadas. Dejaron constancia también
–aclarando que el reloj andaba despacio– de las 00:37 como hora en que
acabó el fenómeno, pero, dado que el término del mismo no fue visible
en España, faltaba la referencia necesaria, y sus esfuerzos no sirvieron
para determinar distancia longitudinal basada en observaciones de
esta índole –definitiva–. De haber consultado López de Velasco la
Chronographía de Chaves, como hora para el fin de este eclipse en
Sevilla habría encontrado las 05:36 –diez minutos después de lo que hoy
calculamos–.[75] Habría calculado, en consecuencia, una distancia entre
ambas localidades de 05:00 o 75° –la diferencia correcta son 73,5°–, y
el uso de valores publicados basados en efemérides defectuosas habría
resultado introducir también aquí (como en el caso de Sarmiento de
Gamboa-Zamorano) un importante error en el cómputo.

En el Archivo General de Indias no se conservan sino dos juegos
de dibujos de observaciones de eclipses lunares efectuadas con el
instrumento de Indias. Uno es de México –del eclipse de noviembre
de 1584–, y contiene observaciones originales de cuatro testigos, entre
los cuales se halla Jaime Juan. El otro, toma de datos hasta ahora
inédita efectuada en Puerto Rico,[76] consta de dibujos que, aunque
están realizados en arreglo a las instrucciones de López de Velasco,
van sin fechar, y carecen de documentación adjunta que explique las
circunstancias de las observaciones. Donde se sugiere la procedencia
de Puerto Rico es, de hecho, en los registros del archivo, y las fechas
en el mismo indicadas son 1581 o 1588.

Los eclipses de estos dos años nos consta que se observaron –remi-
tiéndose a España los correspondientes informes–, y nos da una clave la
respuesta enviada desde Puerto Rico al cuestionario de 1577 (datada el 1
de enero de 1582), pues la contestación a la pregunta sexta reza que "la
altura y elevacion del pueblo en que esta la Cuidad de Puerto Rico se
bera por el eclisse que yo Juan Ponce de Leon, por mandato del Capitan
Juan de Cespedes, Governador que fué desta isla, tomé a los quince
de Julio del año pasado, el qual se embia en este propio nabio a Su

---

75. Jerónimo de Chaves, *Chronographía o Repertorio de los tiempos, el más copioso y
    preciso que hasta ahora ha salido a luz* (Sevilla: En casa de Fernando Diaz en la calle
    de la Sierpe, 1581), f. 204v. Hoy calculamos para el final del eclipse en Panamá las
    00:31 (6 minutos de diferencia con Palomares de Vargas), y en Sevilla las 05:26 (10
    minutos de diferencia con Chaves).
76. AGI, Mapas y Planos, Teóricos 1 y 2, "Observación astronómica de eclipse de luna
    hecha en Puerto Rico demostrada en círculos, c. 1600". Los dibujos están tomados
    de AGI, P-175, R. 40.

Magestad";[77] es evidente, por tanto, que el eclipse de 1581 efectivamente se observó, y que se envió a España un informe –disponemos de más cartas que lo confirman–.[78] Otra misiva conservada (esta vez de 1588) sugiere, sin embargo, que el eclipse de Luna de aquel año también se observó y registró, y que se enviaron a España los resultados mejores posibles.[79] Sigue siendo –así las cosas– la pregunta si los dibujos del Archivo General de Indias son del eclipse de 1582 o del de 1588, y si se corresponden realmente con las observaciones realizadas en Puerto Rico.

De los cuatro pliegos de papel cuidadosamente ensamblados a que se trasladaron los trazos practicados sobre el artilugio semejante a un reloj de sol podemos deducir que la observación se realizó en un punto cercano al ecuador. La sombra del Sol es corta –el nomon inferimos del dibujo que era de media vara, es decir, 27,3 centímetros (el documento no lo especifica)–, y, por fortuna, una pequeña anotación nos informa de que este registro se efectuó el 2 de septiembre –argumento en favor del eclipse lunar de 1588, frente a otros anteriores–. Dada, además, una declinación solar de 7° 40' para esa fecha, el dibujo sugiere que la observación se realizase cerca de una latitud 19° N, y la latitud de San Juan, en Puerto Rico, es precisamente de 18° 27' N.

En cuanto al dibujo de las sombras de la Luna al comienzo y al final del eclipse, este podemos conjeturar que, en el lugar desde donde se efectuó la observación, no solo pasó el meridiano sino que fue visible tanto a su inicio como a su término, y los únicos eclipses de entonces que cumplieron estas condiciones en Puerto Rico fueron el del 16 de julio de 1581 y el del 5 de septiembre de 1588. Pues bien: en el cuadro 6.1. podemos ver lo similar de la elevación que en aquel lugar la Luna presentó durante ambos fenómenos, y, teniendo en cuenta la

---

77. AHN, Diversos-25, Doc. 53, "Descripción de la isla de P. R. hecha por el presbítero Juan Ponce de León y bachiller Antonio de Santa Clara, abogado por encargo del gobernadores Juan Melgarejo en cumplimiento de orden real", 1582. Publicado en Pacheco, Cárdenas y Espejo, y Torres de Mendoza, eds., DIA, 21:255. Conviene no confundir a este Juan Ponce de León con el conquistador y gobernador de Puerto Rico, que llevaba ya muerto muchos años. Inicialmente, Puerto Rico era el nombre de la ciudad de San Juan.

78. AGI, Santo Domingo, 155, R. 9, N. 65, Juan de Céspedes, "Carta del gobernador de Puerto Rico al rey", 20 de septiembre de 1580, y AGI, Santo Domingo, 155, R. 10, N. 66, Juan Malgarejo, "Carta del gobernador de Puerto Rico al rey", 3 de febrero de 1582.

79. AGI, Santo Domingo, 155, R. 11, N. 118, Diego Menéndez, "Carta del gobernador de Puerto Rico al rey", 7 de octubre de 1588.

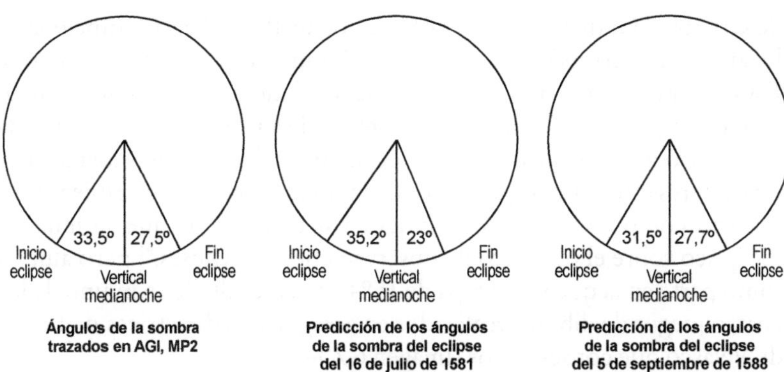

Imagen 6.6. Comparación entre los ángulos de la sombra entonces registrados, y los calculados hoy, según se señaló en la cara del instrumento de Indias, para eclipses lunares observados desde Puerto Rico.

comparación de la imagen 6.6., los dibujos que nos ocupan concluyo que son, en efecto, de la observación realizada desde Puerto Rico del eclipse de Luna del 5 de septiembre de 1588.

Una carta enviada desde Quito atestigua que también llegaron a España datos del eclipse del 18 de noviembre de 1584,[80] pero, aparte del juego de dibujos de Puerto Rico de que recién nos hemos ocupado, el único testimonio conservado de aplicación del método de López de Velasco es –antes lo dijimos– la toma de datos que de dicho fenómeno de 1584 se realizó desde Ciudad de México. Uno de los observadores recordemos que era Jaime Juan –a quien (véase el segundo capítulo) se había encomendado un ambicioso viaje de exploración científica–: López de Velasco, que tuvo un papel mínimo en el diseño de la expedición, le pidió, con todo, que durante la misma tomase datos de eclipses de Luna, y la noche de aquel un grupo de observadores se reunió –en presencia del arzobispo Pedro Moya de Contreras (virrey de Nueva España)– en la azotea de las casas reales de Ciudad de México. Junto al extenso informe de Juan, conservamos notas sobre el fenómeno

---

80. "[E]n cumplimiento de una cedula de V. M[agestad]. que vino en pliego del año pasado de 84 se hizieron las diligencias para tomar las alturas y sombras del sol y luna al tiempo del eclipse de la luna que ubo el mes de nobiembre. La partes donde se pudieron hazer y se enbian los rrecaudos dellos en pliego" (AGI, Quito-8, R. 19, N. 50, ff. 1-4, Pedro Venegas de Cañaveral, "Carta sobre diversos asuntos [...] se envía los datos tomados en el eclipse de luna del mes de noviembre", 26 de marzo de 1585, Quito).

de Cristóbal Gudiel (armero real), del doctor Pedro Farfán (funcionario local) y del cosmógrafo Francisco Domínguez,[81] quien, vuelto a España Francisco Hernández, se había quedado en México preparando una descripción geográfica de aquellas tierras y ganándose la vida vendiendo instrumentos y mapas locales para el virrey –lo sabemos por una interesante misiva que en 1581 envió al monarca describiendo su servicio como cosmógrafo en Nueva España, y en la que se muestra escéptico sobre el proyecto de observaciones de eclipses,[82] pero aun así tomó parte en la que nos ocupa de 1584, y sus resultados son uno de los cuatro juegos de dibujos realizados en arreglo a las directrices de López de Velasco que conservamos (imagen 6.7.)–.

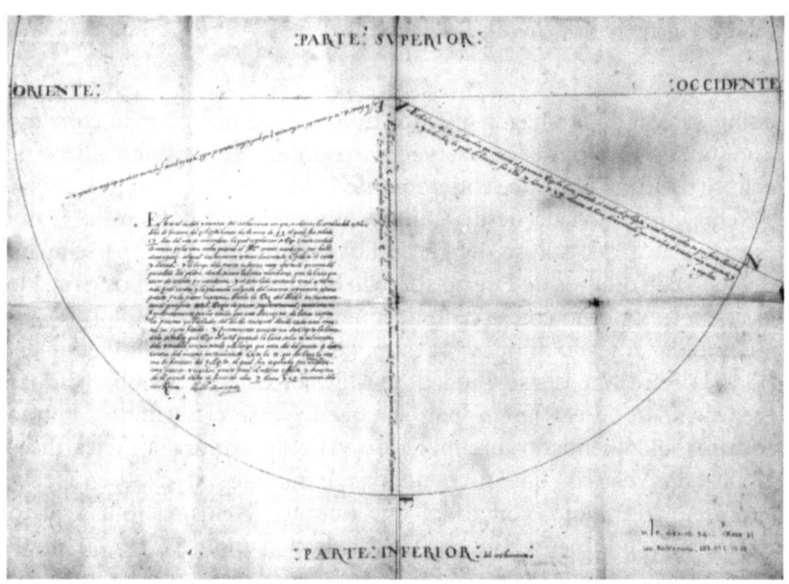

Imagen 6.7. Observación de eclipse de Francisco Domínguez, 1584. España. Ministerio de Educación, Cultura y Deporte. Archivo General de Indias. MP-México, 34.

---

81. AGI, IG-740, N. 103. Los dibujos, que antes estaban con AGI, P-183, N. 1, R. 13, y ahora en Mapas y Planos México-34, se han publicado con un estudio introductorio exhaustivo en Rodríguez-Sala, *Eclipse de luna*, 67-83.
82. Carta de Francisco Domínguez a Felipe II, 1581. Publicado en DIE, 1:379-384. Para más información sobre Domínguez, véase Rodríguez-Sala, *Eclipse de luna*, 67-83.

El eclipse lunar de aquel año fue visible en México solo en su fase final –a su término, la Luna no estaba sino 25° 48' sobre el horizonte–, y las observaciones claramente reflejan este hecho. Las notas de Juan son ligeramente distintas de las del resto: sus dibujos explican la estructura del instrumento con un detalle mucho mayor, incluyen cálculos de latitud, y atestiguan la diligente medición que, usando a modo de transportador el borde graduado de un astrolabio, al acabar el fenómeno efectuó del ángulo de la sombra de la Luna.[83] Entendía este cosmógrafo que, por los mismos principios de un reloj de sol vertical orientado al Sur, el ángulo entre la vertical y la sombra que el satélite echase sobre el instrumento empezando y acabando el eclipse fungiría de registro cronológico, y, según su dibujo, dicho ángulo era de 64,25° (imagen 6.8.). El que hoy calculamos sobre datos históricos de eclipses es de 63,65°. No erró, pues, sino en 0,6°. Fue la suya, en verdad –teniendo en cuenta cuán cerca del horizonte ocurrió el fenómeno–, observación cuidadosa: en la línea de precisión de las realizadas con el instrumento de Indias.

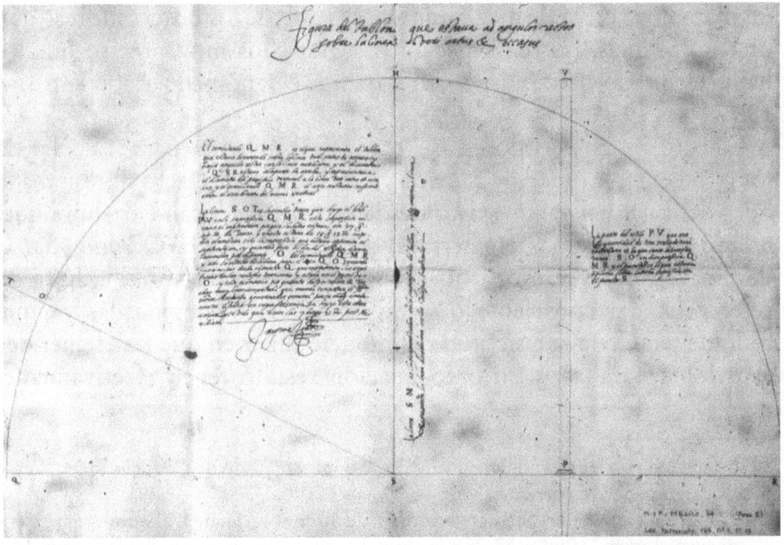

Imagen 6.8. Observación de eclipse de Jaime Juan, 1584. España. Ministerio de Educación, Cultura y Deporte. Archivo General de Indias. MP-México, 34.

---

83. Situó Ciudad de México 19° 13' N (la latitud real es 19° 24' N). Anotó que la sombra formaba un ángulo de 25° 45' (25,75°) con la horizontal, que representaba las 18:00.

Además de respetar todas las pautas de López de Velasco, discute también Juan en sus papeles conservados sobre este eclipse dos métodos alternativos para calcular la hora del término del fenómeno –esto lo hace en latín–. Llegando, en efecto, el eclipse a su fin, observó la posición de la Luna con un astrolabio (anotó que estaba a 27° 44' en Tauro), y calculó la correspondiente hora local observando el ángulo entre dicha posición del satélite, y la del mismo al pasar el meridiano;[84] preocupado, sin embargo, por que la oscilación del movimiento de la Luna hubiese podido introducir algún error,[85] determinó también su posición tomando como referencia sideral una estrella fija (parece ser que Betelgeuse, el "Humerus Dexter Orionis"[86]), pues, a su juicio, semejante método "firmissimis demostrationibus a doctissimis viris adinventis innititur"[87] (alusión, quizás, a Johannes Werner), y corregiría el efecto de la paralaje intrínseca a observaciones directas de la Luna, sobre todo estando el satélite cercano al horizonte, como era el caso en aquel eclipse de 1584. Con el primer modo alternativo obtuvo como hora local del fin del fenómeno las 19:20, y con el segundo, las 19:22. Dado que hoy calculamos las 19:12, ambos valores quedan dentro de un margen de error de diez minutos. El resto de los observadores –que usaron, además, un reloj mecánico según ellos muy preciso que les había facilitado el arzobispo–, dijeron que el fenómeno acabó entre las 19:27 y las 19:31.

Tras fijar estos valores, se dispuso a usarlos para calcular la longitud entre Ciudad de México y Sevilla, a cuyo efecto necesitaba la hora del final del eclipse visto desde esta última localidad –hora que, aclara, tomó de unas efemérides, probablemente la *Chronographía* de Chaves, aunque eso sí no lo especifica–.[88] Esta segunda hora de referencia, era consciente de que podía estar equivocada, ya que todo dependía de la exactitud del modelo lunar en que las efemérides estuviesen basadas, y su preocupación resultó tener, efectivamente,

---

84. Su segunda propuesta sugiere que conocía bien el método de Oroncio Fineo. Véase Rodríguez-Sala, *Eclipse de Luna*, 165.

85. "Magnam enim habet propter varium lunae motum varietatem et non levem errandi suspicionem" (*ibid.*, 157, con la correspondiente traducción española en p. 166: "[Pues] entraña una gran oscilación, por causa del variado movimiento de la luna, y no ligera sospecha de errar").

86. *Ibid.*, 157, con la correspondiente traducción española en p. 166: "Hombro derecho de Orión".

87. *Ibid.*, 162, con la correspondiente traducción española en p. 172: "Se sustenta en demonstraciones firmísimas, descubiertas por hombres doctísimos".

88. Chaves, *Chronographía*, f. 204v.

fundamento, pues, si hasta ese punto sus cómputos venían siendo bastante precisos, aquellas tablas preveían el fin de aquel eclipse en Sevilla a las 02:30 –es decir: con más de una hora de retraso–, y eso introdujo en la distancia longitudinal al cabo calculada un exceso de más de 16°. Él –que, aunque no sabía de este error, recelaba– cerró el informe calculando con trigonometría esférica el segmento de círculo máximo comprendido entre Sevilla y México, e –insistiendo en un debate que no dio síntoma de remitir hasta acabado el siglo xvi– para semejantes cálculos explicaba que prefería, sobre las habituales 17,5 (o incluso las 20 de Apiano), las 18 leguas que para cada grado decía había confirmado con experimentos Jerónimo Muñoz, de quien había sido alumno.[89] Incluía también, como en 1577 hiciera este profesor suyo, una predicción astrológica del fenómeno.

Siguieron observándose eclipses lunares según las instrucciones de López de Velasco hasta 1588. Desde Filipinas llegaron datos de uno de 1587,[90] y desde Panamá y Quito, de los de 1588.[91] García de Céspedes, por su parte, en su *Regimiento de navegación* se ocupa de observaciones adicionales efectuadas desde Puerto Viejo (Ecuador), Ciudad de los Reyes (Lima) y Arequipa (Perú) el 4 de septiembre de 1588.[92] Las de Puerto Viejo –que realizaron miembros de los aparatos judicial y militar locales, más "muchas otras personas"– respetaron las directrices del primer cosmógrafo-cronista, y García de Céspedes apunta que él en persona tuvo ocasión de observar aquel eclipse desde Lisboa, y de corroborar sus datos con los que tomara en la misma ciudad el doctor Sobrino (capellán de Felipe II).

Estas observaciones, y las anteriormente comentadas, fueron la base de la revisión de García de Céspedes del padrón real –esto es: del derrotero oficial–, y de las rutas de cuantos barcos navegasen bajo

---

89. Reza el original latino: "In hac computatione unicuique gradui circuli maiori 18 leucas tribuimus, quia experientia comprobavit caepissime institutor noster Geronymus Munnoz" (Rodríguez-Sala, *Eclipse de luna*, 161, con la correspondiente traducción española en p. 172: "En este cálculo atribuimos 18 leguas a cualquier grado del círculo mayor, puesto que nuestro preceptor Gerónimo Muñoz comprobó muchísimas veces por experiencia que un grado del círculo mayor le corresponden 18 leguas en la tierra").

90. Este eclipse no fue visible desde España. Véase AGI, Filipinas-18A, R. 5, N. 31, ff. 1-8, "Carta de Santiago de Vera sobre la situación en Filipinas [...] anuncia muerte de Jaime Juan", 26 de junio de 1587.

91. "[A]sí mismo haber enviando las observaciones de los eclipses que allá se hicieron". AGI, Quito-209, L.1, ff. 87v-91, "Respuesta de la audiencia de Quito", 27 de febrero de 1591.

92. García de Céspedes, *Regimiento de navegación*, 153v-154.

insignia española y licenciase la Casa de la Contratación, importante proyecto cuyas implicaciones para la actividad cosmográfica en el Consejo de Indias reciben consideración en el capítulo séptimo.

En su estudio de las observaciones del eclipse de 1584, Jaime Juan consignó su cándido sentir sobre los cambios a que estaba siendo sometida la cosmografía renacentista y que, para finales de aquel siglo xvi, tan importantes consecuencias tendrían en el ejercicio de la misma en el Consejo de Indias. Se mostraba contrario a fiar, para geografía de regiones remotas, en unos "imperitis nautis"[93] que, apenas si habiendo asimilado una formación cosmográfica ya de suyo magra –y reposando sus relatos en observaciones practicadas con instrumentos defectuosos–, se jactaban de describir tierras extensas y remotas. Lamentaba que, siendo tan pocas las personas cultas que habían viajado hasta aquellas zonas, no quedara sino dar crédito a los datos que trajesen aquellos marinos, en la esperanza de que reflejasen la realidad.

Así las cosas, al final cualquier cómputo dependía –aunque lo realizasen "doctissimi viri"[94]– de coordenadas de longitud sacadas de relatos que "ojalá nos trasnmitieran la verdad en esta materia", y esto para Juan era evidente que tenía efectos catastróficos, pues, al no poderse demostrar dichas coordenadas, las provincias distantes eran imposibles de cartografiar, y de sus mapas ya trazados no cabía fiarse. Veía, con todo, una esperanza: afirma –en referencia, sin duda, a los objetivos de la expedición a la que Juan de Herrera le había enviado– que, en atención a este problema (y a lo poco frecuente de los eclipses de Luna), los astrónomos reales habían descubierto para determinar longitudes nuevos métodos "sustentados en firmísimas demonstraciones" cuya validez esperaba confirmasen "las experiencias" entonces en curso, que, de llevarlas a cabo astrónomos expertos (o marinos dotados de curiosidad) estaba seguro "proporcionarán no poca utilidad y provecho".[95]

---

93. Rodríguez-Sala, *Eclipse de luna*, 162, con la correspondiente traducción española en p. 172: "Marinos ignorantes".

94. *Ibid.*, 162, con la correspondiente traducción española en p. 172: "Hombres doctísimos".

95. Mi análisis se basa en la traducción al español del original latino de Rodríguez-Sala, *Eclipse de luna*, 173.

Esta opinión era un ataque frontal a la metodología de López de Velasco en el Consejo de Indias. Los estatutos de Ovando requerían, en efecto, que las descripciones del cosmógrafo-cronista de la institución estuviesen basadas en testimonios presenciales –fuesen de marineros o de otros legos cualesquiera en cosmografía–, y, de cuantos aspectos del ejercicio de la disciplina especificaban, únicamente la observación de eclipses lunares proporcionaba lo que Jaime Juan habría considerado reposaba en "firmísimas demonstraciones" –es decir: en pruebas matemáticas como las que él mismo incluyera en su dossier recién visto–. Pues bien: en la medida en que dicho Jaime Juan se hacía eco del parecer de su mentor –Juan de Herrera–, sus comentarios socavaban gravemente los cimientos epistemológicos de los dos proyectos cosmográficos entonces en curso en el Consejo: el de los cuestionarios y el de los eclipses.

Aquel informe y aquellos comentarios debieron de turbar, por tanto, a López de Velasco. Es posible, sí, que en realidad no le agarrasen desprevenido, teniendo en cuenta que era la misma argumentación que durante años esgrimiera Gesio, pero en este caso había una carga de profundidad adicional: quien, abogando por un enfoque de la cosmografía puramente matemático –basado en experimentos efectuados por expertos con sofisticados artilugios–, estaba invalidando el trabajo que, durante doce años, él llevaba realizando en la idea de describir las Indias era (ni más ni menos) un delegado de la mano derecha del rey para proyectos científicos y técnicos.

El proyecto de los cuestionarios y el de los eclipses hacen de jalón entre el género cosmográfico renacentista y la cosmografía matemática que, acabando el siglo XVI, pasó a definir la práctica de la disciplina en el Consejo de Indias. La preferencia de López de Velasco por los hechos aislados era un remedio metodológico a los problemas de representación que habían dejado dicho género cosmográfico renacentista obsoleto, pues el establecimiento de compartimentos estancos suponía –igual que hoy– el modo más práctico de procesar grandes cantidades de información, pero el cosmógrafo-cronista entendía que los criterios epistémicos de ambos proyectos eran análogos: que era por su condición de declaraciones juradas de testigos presenciales por lo que cobraban estatus de hechos cosmográficos tanto descripciones geográficas en forma de respuestas a preguntas concretas, como observaciones astronómicas. El método que propugnaban Gesio y Jaime Juan tenía, en vez, por modo representativo la cosmografía matemática.

López de Velasco puso en marcha proyectos que le sirviesen en su búsqueda tenaz de la información geográfica, etnográfica, natural e histórica que era responsable de recopilar, colegir y poner en buen orden, pero, en vez de interpretar –como inicialmente hizo– que estaban pidiéndole componer una cosmografía como las del Renacimiento, optó por leer, donde ponía "recopilar", "preguntar"; donde ponía "colegir", "reunir"; y donde ponía "poner en buen orden", "archivar". Semejante relectura burocrática de las funciones de su cargo no cabe reducirla a motivaciones personales o de medre: hay que retrotraerse, antes bien, a las *Ordenanzas* de Ovando, pues en esta herramienta legal diseñada para proporcionar al Consejo de Indias la información necesaria para una gobernanza eficaz encontramos unas definiciones exhaustivas (al tiempo que estrictas) de en qué consistían los hechos cosmográficos, y una intrusión en aspectos metodológicos, que, en última instancia, conformarían la idea de práctica cosmográfica del primer titular del puesto de cosmógrafo-cronista –contribuirían a su alejamiento de los enfoques humanísticos–.

Trajo presión adicional la escisión paulatina –pero constante– de la disciplina en dos áreas discretas de especialización: la matemática y la descriptiva. De la primera de las cuales, a partir de 1580 pasó a ser responsable oficioso Juan de Herrera (cuando volvió de Portugal convencido de que los aspectos matemáticos de cualquier ciencia, pero especialmente de la cosmográfica, revestían para el imperio una importancia vital), y su posición de influencia en la corte es verosímil que contribuyera a una decisión que disolvió los últimos vínculos entre cosmografía y Renacimiento. Sucedió, en efecto, que, al cesar López de Velasco como cosmógrafo-cronista del Consejo, cada uno de los dos constituyentes del cargo pasó a existir independiente.

7
La cosmografía se desintegra

Concluido el ejercicio de Juan López de Velasco (1588), el Consejo de Indias volvió a plantearse su idea de práctica cosmográfica, pero en esta ocasión los cambios no se codificaron, como sí se hiciera durante el mandato de Juan de Ovando, en un texto legal que estipulase las funciones del cosmógrafo-cronista –las cuales siguieron rigiéndose, en efecto, por los artículos relevantes de las *Ordenanzas* de 1571–, sino que, aunque se introdujeron algunas modificaciones, fue de forma indirecta. En primer lugar, el propio cargo se escindió (recién lo anunciábamos) en sus dos componentes –por un lado el cosmógrafo y, por otro, el cronista–; luego (aspecto este más sutil, pero igual más definitivo) cosmógrafo mayor pasó a nombrarse únicamente a cultores de la disciplina que diesen prioridad a determinados aspectos de la misma –concretamente, los empírico-matemáticos–, y consecuencia de esto fue ceder su sitio los relatos directos de testigos presenciales en que epistemológicamente venía cimentándose la actividad cosmográfica de la institución, a un enfoque del que constituyen ejemplo señero las prácticas (que en este capítulo analizaremos) de Andrés García de Céspedes –titular del cargo entre 1596, y 1611–. Ocuparían, pues, ahora el puesto de cosmógrafo del Consejo de Indias solo candidatos con querencia por los aspectos matemáticos de la disciplina: cartografía matemática, navegación astronómica, hidrografía y geodesia. Vertientes como la geografía descriptiva, la etnografía y la historia natural pasaban a ser competencia del cronista –especialmente si iban asociadas a modos representativos textuales–.

Junto a esta escisión de la disciplina en sus dos componentes, el cambio de siglo trajo consigo –contribuyendo a ello una serie de nuevos imperativos políticos y sociales que había acarreado, a su vez, la subida al trono de Felipe III– un relajo paulatino de la normativa de confidencialidad para información cosmográfica vigente reinando Felipe II. La cosmografía ya no era secreto de Estado: el *Sumario* de López de Velasco –celosamente custodiado un tiempo– iba a constituir (cosa impensable tres décadas atrás) el prólogo de la primera historia oficial del Nuevo Mundo que el Consejo de Indias publicase, y el cosmógrafo mayor de la institución sacaría a la luz los resultados del proyecto de eclipses y longitudes dando a conocer –en forma de cartas náuticas y derroteros– la geografía de aquellos territorios que implicaban.

Una nueva ecuación de patronazgo

Muerto Felipe II, la estructura de patronazgo y el contexto cortesano de la cosmografía en el Consejo de Indias experimentaron un cambio significativo: tras la penuria que con su padre afligiera la corte, Felipe III se hizo famoso por sus generosísimas mercedes; mercedes reservadas, sin embargo, a oportunistas que tuviesen en gracia o él mismo o su mano derecha, hasta el extremo de que su reinado ha acabado siendo sinónimo del auge de la figura del privado. Hay que matizar, pues la asistencia en el gobierno por parte de un depositario de la real confianza no era novedad: ya Felipe II había delegado la gestión de los asuntos de Estado en un grupo selecto de asesores –cuidándose mucho, no obstante, de dar la imagen de quien gobierna solo: uno que escucha, sí, opiniones, pero es al cabo soberano único, absoluto; fuente, por tanto, de todo patronazgo real–, y Cristóbal de Moura, que fue quien pasó a ser (muerto en 1591 Mateo Vázquez) canal de peticiones de favores del anciano rey, en los últimos años del mismo fue un elemento clave en el gobierno de la monarquía.[1] Pero, si Felipe II había confiado en allegados asesores, con Felipe III no cupo duda ya a los españoles del poder y la influencia monstruosos que un privado podía acaparar: Francisco Gómez de Sandoval y Rojas, duque de Lerma (1553-1625), habiendo cultivado desde el primer momento con el sucesor una amistad estratégica que al poco le valió la posición de más poder de todo el reino, usó su influencia sobre el monarca para monopolizar el acceso al mismo, y logró canalizar el patronazgo real hacia individuos y facciones que –viceversa– apoyaban su privanza.[2]

---

1. Feros, "Viejo monarca", 30.
2. Antonio Feros, *El Duque de Lerma: Realeza y privanza en la España de Felipe III* (Madrid: Marcial Pons, 2002), 186-188, 240.

Logró, pues, Lerma que Felipe III asignase los principales cargos del reino a familiares suyos, y a miembros de facciones que le eran leales, y fue uno de tales nombramientos el de presidente del Consejo de Indias de Pedro Fernández de Castro y Osorio, conde de Lemos y Andrade, y sobrino y yerno del privado del rey (1576-1622). Titular del cargo entre 1603 y 1609,[3] Lemos compartía con otros cortesanos (especialmente los del círculo de favoritos del monarca vinculados al duque de Lerma) un interés por patrocinar a artistas y escritores de aquella fase inicial del Siglo de Oro de las artes y las letras españolas, y atestiguan su importante papel de mecenas las numerosas dedicatorias que le escribieron autores como Miguel de Cervantes, Lope de Vega y Francisco de Quevedo.[4] En cuanto a cronistas, el Consejo de Indias engrosó su lista de asalariados con al menos dos más, ya que Antonio de Herrera, Gil González Dávila y Pedro de Valencia cobraban, junto a sus sueldos de dicho Consejo, otros no menos generosos del de Castilla.

Con Felipe III, cosmógrafo y cronista operaban bajo nuevas reglas de patronazgo nobiliario, pues ahora se recompensaba la producción *pública*: era, en efecto, con el reconocimiento del talento de un artista por parte del público como su patrón adquiría prestigio; para beber, por tanto, de la fuente ubérrima del mecenazgo, el autor tenía que ejercer de puertas para afuera.[5] Al cosmógrafo del Consejo de Indias, sin embargo, esta situación le planteaba un problema potencialmente grave: al prohibir políticas de confidencialidad ya largamente asentadas publicarse obras sobre la que era, precisamente, su especialidad –la geografía del Nuevo Mundo–, esta economía de patronazgo suculenta y prestigiosa le quedaba vetada.

Pero dichas restricciones sobre la divulgación de información geográfica de las Indias aflojaron al asumir la presidencia de la institución el joven Lemos, quien dio licencia de impresión a una serie de obras cuya difusión habría sido inconcebible unos años antes nomás. Sirva de ejemplo el encargo que hizo al cronista –protegido de la facción de Lerma– Bartolomé de Argensola (1561-1631).[6] Al ser reconquistada (en 1606) de manos holandesas Ternate –principal ciudad de las Molucas, cuyo baluarte perdiera en 1601 Portugal–, le pidió una historia del papel

---

3. Schäfer, *Consejo Real y Supremo de las Indias*, 1:187.

4. Eduardo José Pardo de Guevara, María del Pilar Rodríguez Suárez y Dolores Barral, *Don Pedro Fernández de Castro, VII Conde de Lemos (1576-1622)*, 2 vols. (Santiago de Compostela: Xunta de Galicia, 1997), 1:245-253.

5. Harry Sieber, "The Magnificent Fountain: Literary Patronage in the Court of Philip III", *Cervantes: Bulletin of the Cervantes Society of America* 18, nº 2 (1998): 94.

6. Pardo de Guevara, Rodríguez Suárez, y Barral, *Don Pedro Fernández de Castro*, 1:138-139.

de España en aquellas islas que incluyese relato, por supuesto, de la reciente "conquista" de las mismas –cuyo campeón había sido él–, y en esa idea puso los archivos secretos del centro a disposición del escritor. Este compuso, por su parte, una historia laudatoria de la gestión de Lemos de la "conquista" del archipiélago insistiendo –en alusiones recurrentes a aquella documentación del Consejo de Indias a la que tuvo acceso– que se atenía en su relato en todo punto a la verdad.

Esta *Conquista de las Malucas* de Argensola (Madrid, 1609) no solo ofrece geografía pormenorizada del archipiélago objeto de lid: incluye, aparte, sinopsis del relato de Pedro Sarmiento de Gamboa de su exploración del estrecho de Magallanes entre 1579 y 1580 a raíz de la incursión en el Pacífico de Drake. A semejante información geográfica no hacía tanto que se atribuía un valor defensivo vital –se custodiaba, por tanto, a buen recaudo (por salvaguarda de las posesiones de España en el Pacífico)–, pero esta descripción de Sarmiento de Gamboa es parte sustancial del contenido geográfico del libro de Argensola: la usa el autor para presentar por cuantos territorios se pasaba en la travesía España-Molucas como partes del imperio bien cartografiadas y exploradas. Afirma en el prólogo al lector que, si bien la narración de la reciente conquista cabría en unas pocas páginas, para que el lector tuviese ocasión de apreciar lo justo y necesario de aquella gesta era menester "dar razón de todas las cosas desde su principio",[7] y la detallada descripción geográfica funge, en efecto, de caja de resonancia del núcleo temático del libro: el dominio español sobre tierra y mar, basado igual en la potencia bélica, que en un conocimiento exhaustivo de los territorios bajo su poder.

Esta nueva política de confidencialidad supuso un replanteo radical del valor estratégico del saber geográfico. El cual, si bajo Felipe II se medía en función de la información privilegiada que en caso de confrontación armada pudiese proporcionar –o del grado en que (teniéndolos ocultos de avarientos enemigos) pudiese proteger activos económicos–, para Felipe III venía dado, en cambio, por la posibilidad de desplegar dicho saber (debidamente contextualizado) para crear una imagen pública de la hegemonía y el prestigio de España. Dando a entender que aquellas tierras se conocían al dedillo, se contribuía a crear la percepción de que igual de estrecho se controlaban.[8]

---

7. Escribió el prefacio Lupercio Leonardo de Argensola, hermano del autor. Bartolomé Leonardo Argensola, *Conquista de las Islas Malucas* (Madrid: Alonso Martín, 1609).
8. Para un estudio del uso estratégico de la historia para fines políticos durante los reinados de Felipe II y III, véase Richard L. Kagan, *El rey recatado: Felipe II, la historia y los cronistas del rey*, Colección Síntesis (Valladolid: Universidad de Valladolid, 2004).

Pero no fueron cambios repentinos los habidos en el Consejo durante el mandato de Lemos sobre la guarda en secreto de la información geográfica: fue la culminación, antes bien, de un proceso de erosión que, a pesar de los esfuerzos de López de Velasco, arrancó a finales de los años 70 del siglo XVI. España encontraba, en efecto, cada vez más difícil impedir la difusión de información sobre zonas que, aunque era cosa puramente nominal, en rigor pertenecían a la frontera occidental del imperio (concretamente, China y Japón), y venía la presión de colectivos ajenos al ámbito de la monarquía –sobre todo órdenes religiosas, a las que invocar la autoridad papal permitía sustraerse a la normativa de confidencialidad del Consejo–.

Desde mediados del siglo, la Compañía de Jesús venía desarrollando su labor misionera en el Lejano Oriente fuera de la esfera de influencia de la Corona española, e informar de dicha labor a todas las naciones cristianas era parte integral del programa de la congregación, que cultivaba tales relaciones públicas con cartas anuales en las que la descripción geográfica era componente fundamental –las misivas recopiladas en 1571 satisfacían, en efecto, la curiosidad de los europeos sobre el Lejano Oriente–.[9] Pues bien: semejantes estrategias de promoción (vitales para los jesuitas no solo para el sostén de los aspectos logísticos de su labor misionera, sino para atraer patronazgo y vocaciones) chocaban frontalmente con las políticas de confidencialidad que, con Felipe II, en el Consejo de Indias se aplicaban sobre el saber geográfico.[10] A tal punto, que en 1576 Juan Bautista Gesio se pronunció contra la publicación del mencionado libro de cartas de jesuitas, esgrimiendo que contenía datos geográficos potencialmente contrarios a la pretensión de España de que Japón quedaba de su lado de la línea de demarcación[11] –este italiano, recuérdese que había abogado por la conquista española de Japón o por que se encargasen de su conversión (en su defecto) sacerdotes solo de España–. Pero fue en vano: la versión española de la obra, que se había publicado en 1575, nunca fue retirada de la circulación.[12]

---

9. Emanuel Acosta, *Rerum a Societate Jesu in Oriente Gestarum ad annum usque à Deipara Virgine MDLXVII commentarius* (Dillingen: Sebald Mayer, 1571). Para un estudio del papel de las cartas anuales jesuitas en la divulgación del saber geográfico e histórico-natural, véase Steven J. Harris, "Confession-Building, Long-Distance Networks, and the Organization of Jesuit Science", *Early Science and Medicine* 1, nº 3 (1996): 306.

10. Dainville, *Géographie des humanistes*, 123-126.

11. IVDJ, Envío 25, f. 22, Juan Bautista Gesio, "Advierte de un libro de cartas de los Jesuítas escritas desde el Japón y ser de nuestro inconveniente para la demarcación", 6 de febrero de 1576.

12. *Cartas que los padres y hermanos de la Compañia de Iesus que andan en los Reynos de Iapon escriuieron alos dela misma Compañia, desde el año de mil y quinientos y*

Tras los jesuitas fueron los agustinos: la inmensamente popular *Historia de las cosas mas notables, ritos y costumbres, del gran reino de la China* de Juan González de Mendoza (Roma, 1585). En 1581, Felipe II había enviado a este religioso en embajada –fallida al cabo– al reino de China, y, a su vuelta, el papa Gregorio XIII le ordenó publicar una descripción del mismo "para despertar mayor deseo de salvacion de tantas almas".[13] Al requerir Mendoza al Consejo de Indias –en 1585– licencia de impresión para España, adujo el motivo de la orden papal, y su descripción de China –que incluía el itinerario formativo de Ignacio de Loyola– se publicó en Madrid en 1586. Para los años 90 del mismo siglo, prácticamente se había desistido ya en los esfuerzos por mantener secreta la geografía del límite occidental del imperio, como cabe inferir del envío que, en 1592, Luis Teixeira –sacerdote jesuita, y cartógrafo de la corte de Felipe II (1564-1604)– hizo a Ortelio de un mapa de Japón que había confeccionado a partir de fuentes japonesas y jesuíticas.[14]

En 1590, el también jesuita José de Acosta publicó en Sevilla una *Historia natural y moral de las Indias* que reproducía la estructura simbiótica de historia natural y moral que en las *Instrucciones* de 1573 introdujera Juan de Ovando.[15] Es un estudio –en la línea de la filosofía natural– sobre los pueblos del Nuevo Mundo desde una perspectiva firmemente aristotélica y cristiana. En el proemio –que tanto se cita– explica sus razones para componer la obra: "Mas hasta agora no he visto Autor, que trate de declarar las causas y razon de tales novedades y estrañezas de naturaleza, ni que haga discurso, e inquisicion en esta parte: ni ta[m]poco he topado libro, cuyo argumento sea los hechos y historia de los mismos Indios antiguos y naturales habitadores del

---

quareta y nueue, hasta el de mil y quinientos y setenta y vno... (Alcalá: En casa de Juan Iñiguez de Lequerica, 1575).

13. Juan González de Mendoza, *Historia de las cosas más notables, ritos y costumbres del gran reino de la China* (Madrid: M. Aguilar, 1944), 10.

14. Desde la edición de 1584, Ortelio había incluido en su atlas un mapa de China basado en uno del portugués Luis Jorge de Barbuda (Ludovicus Georgius), protegido de Gesio, que en 1580 le había enviado Benito Arias Montano. Véase M. P. R. van den Broecke, *Ortelius Atlas Maps: An Illustrated Guide* (Goy-Houten: HES Publishers, 1996). Referencia basada en la correspondencia de Ortelio en Jan Hendrik Hessels, *Abrahami Ortelii et virorum eruditorum ad eundem et ad Iacobum Colium Ortelianum epistolae*, 4 vols., Ecclesiae Londino-Batavae Archivum (Cambridge: Academiae Sumptibus Ecclesiae Londino-Batavae, 1887-1897), números 62, 99, 210.

15. Fermín del Pino Díaz, *La historia natural y moral de las Indias como género: Orden y génesis literaria de la obra de Acosta* (1999), <http://www.fas.harvard.edu/~icop/fermindelpino.html> (consultado el 5 de abril de 2007).

nuevo orbe".[16] Formaba parte, en efecto, de un corpus más amplio para la instrucción de misioneros: el lector –presumiblemente europeo–, puesto ante "la noticia de las obras naturales que el Autor tan sabio de toda naturaleza ha hecho", se esperaba que glorificase a Dios y que, tras informarse sobre la religión y cultura de los nativos, los ayudase a "conseguir y permanecer en la gracia de la alta vocacion del Sancto Evangelio".[17] Este doble propósito misionero de Acosta –ofrecer, al tiempo que una racionalización religiosa de las maravillas del Nuevo Mundo que agrandase la fe de los europeos, un manual de instrucciones para misioneros sobre los paganos– le abría, quizás, puertas que para otras obras sobre las Indias permanecían cerradas.

Los avatares de la publicación de la producción de Acosta dan a entender que, como decíamos, para los años 90 del siglo XVI la política de confidencialidad era ya más laxa. Los dos primeros libros de la *Historia natural y moral* –que estaban en latín (*De natura novi orbis*)– eran la introducción al manual para misioneros del mismo autor –*De procuranda indorum salute* (Salamanca, 1588)–, pero, a pesar de que en 1583 ya estaban escritos, la publicación parece ser que se retrasó debido a la censura de la nueva obra, y a ciertas dificultades con la impresión.[18] Aunque ello reviste cierto interés histórico, ya que ocurrió en la época en que López de Velasco desempeñaba un papel muy activo en la censura de libros sobre el Nuevo Mundo, lamentablemente no disponemos de información sobre el episodio, como no sabemos si la obra se presentó para su examen al Consejo de Indias. Parece claro, en cualquier caso, que, cuando (en 1589) Acosta solicitó licencia de impresión para su obra aumentada –la *Historia natural y moral* (que incluía el recién mencionado *De natura*)–, el Consejo de Castilla no se demoró en concedérsela, pero –detalle revelador– el libro no lleva licencia del de Indias.

El cual, pocos años antes sin duda habría censurado varios puntos de la obra de Acosta –aunque no se trate de una descripción geográfica sistemática o detallada–. Baste decir que en los libros 3 y 4 hay un relato de la navegación de Francis Drake, una descripción del estrecho de Magallanes –en la que se especula sobre si el territorio al sur del mismo

---

16. José de Acosta, *Historia natural y moral de las Indias, en que se tratan de las cosas notables del cielo, y elementos, metales, plantas y animales dellas: y los ritos, y ceremonias, leyes y gobierno, y guerras de los Indios* (Sevilla: Juan de León, 1590), edición facsímil, ed. Barbara Beddall (Valencia: Hispaniae Scientia, 1977), 29.

17. Acosta, prefacio a *Historia natural y moral*, 11-12.

18. La licencia de publicación se concedió el 22 de junio de 1586. Véase la introducción a José de Acosta, *Obras del P. José de Acosta*, ed. Francisco Mateos, Biblioteca de Autores Españoles (Madrid: Atlas, 1954), xxxvii.

era una isla–, y un informe pormenorizado de los procesos mineros al
uso en Potosí, y que los libros 5, 6 y 7 (la historia moral) contienen un
diligente estudio etnográfico de los pueblos nativos de Perú y México
–relato afín a los de Sahagún, Las Casas, y Cervantes de Salazar que
López de Velasco condenó a los archivos secretos del Consejo–.

Hay aún otros aspectos que distinguen de la de los 70 la década de
los 90 del siglo xvi. Habiendo sido las posesiones españolas objeto de
incursiones recurrentes de ingleses y franceses –ejemplo que pronto
seguirían los holandeses–, acabando el siglo cada vez tenía menos
sentido bregar por mantener en secreto la información geográfica.
Saqueando la costa occidental de Suramérica, en 1579 Drake capturó
–con un barco español que iba a Filipinas– a sus dos pilotos, más
un auténtico tesoro de mapas y derroteros de las rutas náuticas del
Pacífico, y en 1588 Thomas Cavendish realizaría hazaña comparable,
siendo su botín nueva información geográfica sobre el Pacífico norte
que los españoles custodiaban con todo su celo.[19]

La información geográfica era, en efecto, esencial en el programa
en ciernes de expansión territorial de la Inglaterra isabelina[20] –sus
responsables la necesitaban urgentemente, sobre todo para Norteamérica
y el paso del Noroeste–, y, en esa idea, Richard Hakluyt pasó en Francia
los años entre su *Divers Voyages* (1582) y su *Principal Navigations,
Voyages, and Discoveries of the English Nation* (1589). Podemos
decir, con el historiador George Bruner Parks, que "fue a Francia a
descubrir América",[21] ya que, no hallando acceso a los epicentros del
saber geográfico español –Sevilla, Madrid, y Lisboa–, encontró allí a
algunos exiliados portugueses contrarios a las pretensiones de Felipe
II sobre la Corona de su país (entre los cuales estaba el aspirante
al trono, Dom António) encantados de compartir información
geográfica con el rival de España, pudiendo también entrevistar a
marinos franceses hechos a la costa este norteamericana, y consultar
datos geográficos y de historia natural del libro de Acosta.[22] Podía,
pues, alguien con la curiosidad, avidez y motivación de Hakluyt, si no
conquistar, sí sortear los baluartes custodios de secretos geográficos
de Madrid y Sevilla.

---

19. Wagner, *Sir Francis Drake's Voyage around the World*, 35-37, y Wagner, *Spanish
    Voyages to the Northwest Coast of America in the Sixteenth Century* (Amsterdam:
    N. Israel, 1966), 345.
20. Para un estudio sobre el valor de la información geográfica en la Inglaterra isabeli-
    na, véase Cormack, *Charting an Empire*, 200-220.
21. George B. Parks, *Richard Hakluyt and the English Voyages* (New York: American
    Geographical Society, 1930), 99.
22. *Ibid.*, 99-115, 137-138.

Pero, aunque en los años 90 del siglo xvi el Consejo de Indias iba ya desistiendo de querer tener la información geográfica secreta, seguía procurando hacer valer su derecho de censura sobre cualquier obra sobre el tema de las Indias, y, en 1597, escribió al rey pidiéndole que por favor recordase al Consejo de Castilla que para toda licencia de impresión de obras relativas a las Indias era menester su aprobación.[23] No está claro qué llevó a la institución a enviar aquella petición. Quizás un recordatorio más bien rutinario al Consejo de Castilla de su derecho a opinar en aquellos asuntos, especialmente en caso de libros que tratasen aspectos políticos o religiosos polémicos.

Con Felipe III, la institución siguió siendo consciente de que las noticias relativas a la situación política del Nuevo Mundo eran delicadas, por ejemplo el relato impreso que, en torno a 1610, Pedro Fernández de Quirós puso en circulación en Madrid –vuelto de su viaje de exploración al sur del Pacífico (1605-1606)– sosteniendo haber encontrado la Terra Australis Incognita. En aquella ocasión, el Consejo pidió al monarca que mandase confiscar las copias del texto, y el motivo era que Quirós tocaba cierto debate sobre el gobierno de las Indias que mejor no cayese en manos extranjeras:

> [Quirós]... ha impreso en esta córte diversos memoriales, y última-
> mente uno muy largo, en que hace un discurso de aquella jornada y
> viaje que hizo, y trata indistintamente de otras muchas cosas del go-
> vierno de las Indias y materias bien excusadas, y ha dado y distribuido
> estos memoriales a diferentes personas nacionales y extranjeras; cosa
> que se tiene por de muy grande inconveniente, así por la noticia que
> por él pueden sacar los extranjeros, viniendo de mano en mano á las
> suyas noticias de aquellas tierras y navegación, como por ser cosas las
> mas de las que trata en el dicho memorial sin fundamento.[24]

Felipe III respondió (en el margen del memorándum) que se pidiese a Quirós se encargase él en persona de recuperar aquellos papeles, e hiciese entrega de los mismos al Consejo "con secreto" –de modo que

---

23. AGI, IG-744, N. 214, "Sobre la censura que han de tener los libros que se impri-men sobre cosas de Indias", 16 de julio de 1597. Publicado en Antonia Heredia Herrera, ed., *Catálogo de las consultas del Consejo de Indias, 1529-1591*, 2 vols. (Madrid: Dirección General de Archivos y Bibliotecas, 1972), 2:374.

24. El rey respondió: "Dígasele al mismo Quirós que él recoja estos papeles y los dé con secreto á los del Consejo de Indias porque no anden por muchas manos esas cosas". Transcrito en Justo Zaragoza, *Historia del descubrimiento de las regiones australes: Hecho por el general Pedro Fernández de Quirós, el Pacífico hispano y la búsqueda de la "Terra Australis"* (Madrid: Impr. de Manuel G. Hernández, 1876-1882; reimpresión, Madrid: Dove, 2000), 389.

"no anden por muchas manos"–, pero merece la pena señalar que la principal objeción había sido el contenido político de la obra –no la noticia de sus recientes descubrimientos–, y el historiador Toribio Medina llama la atención sobre el hecho de que no fue hasta 1641 cuando el Consejo reiteró su derecho censor con una real orden.[25]

Los matemáticos se hacen con las riendas

En 1591, tras años de languidez del cargo de cosmógrafo del Consejo de Indias en las manos desilusionadas de López de Velasco, la práctica de la disciplina experimentó por fin una reorientación fundamental tanto en la corte, como en dicho Consejo, cuyas arcas pasaron a sufragar, de hecho, los gastos de la Academia Real Matemática, centro que –financiado hasta entonces por el Palacio Real– continuó, no obstante, bajo la dirección de Juan de Herrera hasta su muerte, en 1597.[26] De resultas de una reconfiguración de la constelación cosmográfica de la corte, se envió a Juan Bautista Labaña de vuelta a su tierra originaria –como principal cosmógrafo del Consejo de Portugal–,[27] y, tras veinte años como cosmógrafo-cronista mayor del de Indias, Juan López de Velasco dejó de ostentar dicho cargo, que (antes lo dijimos) se escindió en dos: el de cosmógrafo de un lado y, por otro, el de cronista.

A esta escisión contribuyeron una serie de factores. Hacia el final del ejercicio de López de Velasco, el Consejo había expresado en diversas ocasiones un descontento general con su desempeño de las funciones que le habían sido encomendadas, solicitando al rey, de hecho, ya en 1588 un nuevo cronista alegando que a aquel lo tenían demasiado ocupado para cumplir con sus deberes allí otros cargos paralelos.[28] Da la impresión de que, en la institución, la percepción era

---

25. Medina, *Historia de la imprenta*, 9.
26. Estudian la reorganización Vicente Maroto y Esteban Piñeiro, *Aspectos de la ciencia*, 98-102.
27. En 1600 volvió a España y siguió trabajando cosmógrafo para Felipe III. Entre sus obras de esta época hay un encargo del Consejo de Aragón de cartografiar su territorio, cosa que hizo usando el método de triangulación. Véase Agustín Hernando, *La imagen de un país: Juan Bautista Labaña y su mapa de Aragón (1610-1620)* (Zaragoza: Institución Fernando el Católico, 1996).
28. IVDJ, Envío 23, caja 1, leg. 144, Hernando de la Vega y Fonseca, "Carta del Consejo de Indias al Rey en lo del oficio de cronista y cosmógrafo de las Indias", 10 de septiembre de 1588, Madrid.

que los aspectos matemáticos de la labor cosmográfica requerían los servicios de un especialista, y que habían de recibir prioridad sobre los histórico-descriptivos. No tenemos pruebas documentales al respecto, pero su posición prominente en la corte, y su énfasis en la cosmografía matemática, hacen razonable pensar que fuese Juan de Herrera el arquitecto de este replanteo.[29]

Su estancia en Portugal lo había convencido, en efecto, de que la matemática aplicada era fundamental para la buena marcha del Estado, y, en el caso de la cosmografía, esto se traducía en atención a la cartografía, a la tecnología, a la navegación y a la geodesia –lo atestiguan los proyectos que puso en marcha estando aún en Portugal, y en años posteriores, a saber: la revisión de las prácticas náuticas y la cartografía portuguesas, la fundación de la Academia Real Matemática y la expedición de Jaime Juan–. Reclutó, pues, para llevar a cabo sus empresas en la corte a cosmógrafos especializados en los aspectos matemáticos de la disciplina –Juan Bautista Labaña, Pedro Ambrosio de Ondériz y Luis Jorge–, y, en los años 90 de aquel siglo XVI, con la culminación (para satisfacción del rey) del palacio-monasterio de El Escorial, del que había sido artífice, se cubrió de honor y prestigio, llegando al culmen de su influencia sobre el soberano.

El puesto de cronista mayor de Indias recayó con aquella reorganización en Juan Arias de Loyola, pasando a ser cosmógrafo mayor Pedro Ambrosio de Ondériz.[30] Se ordenó a ambos sacar adelante las funciones de sus cargos como "han y deven y pueden hacer", a cuyo efecto se les hizo entrega de cuantas "historias, relaciones, informaziones, memoriales, Cartas, y otros libros y papeles que al presente huviere en poder del dicho Juan López de Velasco".[31]

Sus respectivas funciones en el Consejo de Indias eran las siguientes. El cronista mayor era responsable de "recopilar y hazer historia general, moral y particular de los hechos y casos memorables que aquellas

---

29. Vicente Maroto y Esteban Piñeiro, *Aspectos de la ciencia*, 390.
30. AGI, IG-874, "Carta de Felipe II nombrando al Lcdo. Arias de Loyola Cronista Mayor de las Indias", 19 de octubre de 1591, y AGI, IG-874, "Provisión de Felipe II con el nombramiento y título de Cosmógrafo Mayor del Consejo de Indias a favor de Pedro Ambrosio Ondériz", 9 de septiembre de 1591. Ambos documentos están publicados en Vicente Maroto y Esteban Piñeiro, *Aspectos de la ciencia*, 124-128.
31. Vicente Maroto y Esteban Piñeiro, *Aspectos de la ciencia*, 127.

partes han acaescido y acaescieren, y de las cosas naturales dignas de saberse, que en ellas hay y huviere, y veais y examineis las historias de las dichas Indias"[32] –referencia a su papel de censor–. Además, un punto que retomaba una cláusula de las *Instrucciones* de 1573 que López de Velasco había ignorado especificaba que, antes de recibir su paga, cada año debía entregar al Consejo "lo que assí escriviéredes o huviéredes scrito aquel año tocante a la dicha historia".[33]

En cuanto al cosmógrafo mayor, sus funciones consistían en "ordenar, disponer y executar las cosas de la cosmographía y discrictiones de las dichas Yndias".[34] En la idea de que no se repitiera el olvido a que López de Velasco había relegado a la navegación, la orden de nombramiento le prescribía explícitamente reformar y enmendar –"en beneficio universal de los navegantes"– las cartas, instrumentos y prácticas náuticas al uso en la Casa de la Contratación. Aclaraba también que el Consejo –o quizás Herrera– tenía noticia de importantes errores en dichas cartas e instrumentos, y que diariamente estaban descubriéndose nuevos "primores" que serían de gran ayuda a la navegación, y ordenaba a todos los cosmógrafos del reino aportar los documentos necesarios para cualquier investigación que pudiese ser de utilidad al cosmógrafo del Consejo en aquellas reformas. No estaba este cosmógrafo obligado, sin embargo –a diferencia del cronista–, a demostrar cada año que había cumplido con sus obligaciones, aunque sí a presentar al Consejo "todas las cosas que inventáredes e las discrictiones generales o particulares que hiziéredes", las cuales

---

32. AGI, IG-874, "Carta de Felipe II nombrando al Lcdo. Arias de Loyola Cronista Mayor de las Indias. Toma de posesión de su oficio", 19 de octubre de 1591. Publicado en Vicente Maroto y Esteban Piñeiro, *Aspectos de la ciencia*, 128.
33. Pasados tres años en el cargo, Arias de Loyola aún no había presentado nada al Consejo de Indias y el tesorero del centro se negó a pagarle su salario. Arias de Loyola alegó que, aunque disponía de la documentación de López de Velasco, aquellos papeles eran muchos, muy diversos y muy confusos, y que como paso previo a redactar la historia había estado estudiando el material. El Consejo le advirtió que, si al año siguiente no entregaba algo, no se le pagaría su sueldo, y, ocurriendo, en efecto, cumplido el plazo que no tenía nada, rápidamente lo destituyeron, recayendo brevemente sus funciones sobre Ondériz. Véase AGI, IG-742, N. 153, "Informe del Consejo de Indias dirigido a Felipe II sobre el cumplimiento de sus obligaciones por el licenciado Arias de Loyola", 8 de abril de 1594.
34. AGI, IG-874, "Nombramiento de Ondériz como Cronista Mayor del Consejo de Indias y su asiento en los libros del citado Consejo de Indias", 16 de septiembre de 1595. Publicado en Vicente Maroto y Esteban Piñeiro, *Aspectos de la ciencia*, 124.

la institución examinaría y no podrían ser puestas implementadas o dadas a conocer sin su aprobación.

Para tener derecho a sus salarios, cronista y cosmógrafo debían ambos enseñar también en la Academia Real Matemática, y era menester una carta trimestral de Juan de Herrera certificando que habían impartido sus correspondientes clases. Las disposiciones relativas a supervisión de estas órdenes de nombramiento sugieren que, dependiendo de Herrera para esta labor docente en la Academia, para el resto dependían del Consejo, pero en la nueva lista de deberes del cosmógrafo mayor es evidente la influencia de Herrera: el ejercicio de la cosmografía en el Consejo giraba ahora en torno a la cartografía, al instrumental y a las prácticas náuticas. Para Herrera, aquella era la ocasión de replantear la actividad cosmográfica en la institución orientándola a los aspectos matemáticos de la disciplina, y no cabe duda de que era su propósito poner al Consejo en posición de hacer valer su deber fiduciario de supervisar el quehacer cosmográfico y náutico de la Casa de la Contratación. La clave estaba en situar en el puesto de cosmógrafo mayor a un individuo capaz de sobreponerse a la discolez tradicional de cosmógrafos y pilotos de la Casa, y Ondériz –aquel joven matemático que había adiestrado en Portugal– debió de parecerle el candidato perfecto.

Durante su ejercicio, López de Velasco no había realizado revisión alguna del padrón real de la Casa de la Contratación, por más que el artículo 69 de las *Instrucciones* le ordenase confeccionar e ir corrigiendo al hilo de nuevos descubrimientos e investigaciones todas las cartas náuticas que llevaban los pilotos de la carrera de Indias. Esto, explicaba el artículo, había de llevarlo a cabo el cosmógrafo en una visita (una auditoría) a la Casa –con cuyos cosmógrafos y pilotos debía reunirse para recabar sus opiniones–, pero él hizo oídos sordos hasta 1575, año en que Alonso Álvarez de Toledo (cosmógrafo de la armada) se quejó al rey al impedírsele asistir a los exámenes de pilotos.[35]

A comienzos de 1575, lo que López de Velasco hizo fue solicitar real orden amonestadora de la Casa por no mantener actualizado el

---

35. AGI, IG-1968, L. 20, f. 94-94v, "Real Cédula a los oficiales de la Casa de la Contratación para que, mientras resida en Sevilla Alonso Alvarez de Toledo, cosmógrafo de la armada de la Carrera de Indias, pueda estar presente en los exámenes que para piloto y maestre, se llevan a cabo en la Casa de la Contratación", 2 de febrero de 1575, Madrid.

padrón real, siendo emitida, en efecto, disposición del soberano de que, junto a dicho padrón (que era un mapa), confeccionase la institución sevillana un libro con las longitudes y latitudes de cuanto en el mismo se describiese.[36] Explicaba la orden que, con ello, se hacía frente al problema de las condiciones materiales del padrón –que se trazaba, según parece, sobre pergamino, soporte cuya tendencia a encoger volvía las lecturas de coordenadas sacadas del mapa con compás imprecisas–, e indicaba al catedrático Ruiz (predecesor de Zamorano) que, tras preparar aquel inventario de latitudes y longitudes, enviase una copia al Consejo de Indias, donde se tendría a buen recaudo y sería, quizás, fuente de la labor cosmográfica en curso de López de Velasco. El cual, no es disparatado suponer que realizase esta solicitud examinando el estado del derrotero oficial de Indias, y hallándolo insatisfactorio, especialmente como fuente de coordenadas geográficas.

Otra orden recordaba a los funcionarios de la Casa que, como ya en 1536 se les ordenara hacer con Alonso de Santa Cruz, los pilotos debían entregar informes y descripciones de sus navegaciones (el género de fuentes oculares que el cosmógrafo-cronista tanto estimaba)[37], y a esto se limitó la relación de López de Velasco con la Casa durante todo su ejercicio de cosmógrafo-cronista –incluso habiendo hallado, a raíz de la visita de 1578 a dicho centro del licenciado Benito Pérez de Gamboa (miembro del Consejo), serios problemas relativos al estado del padrón real y a la instrucción y examen de los pilotos–.[38] Alonso Álvarez de Toledo volvió a formular, por tanto, la más aceda crítica sobre la situación de la cosmografía en la Casa.

Institución cuyas cartas, instrumental y prácticas náuticas Ondériz se aprestó a reformar, en cambio –en un proyecto conocido como "enmienda del padrón"–, apenas fue nombrado cosmógrafo mayor.[39] Como primera providencia emprendió un estudio de las cartas de

---

36. AGI, IG-1968, L. 20, f. 93v, "Por orden del Rey debe haber padrón por escrito en libro, y a instancia de Juan López de Velasco, cosmógrafo y coronista mayor, se mando que le hubiese", 27 de febrero de 1575, Madrid. La orden también prescribía que la Casa de la Contratación informase de cualesquiera inconvenientes de ella pudiesen resultar.

37. AGI, IG-1956, L. 1, f. 266-266v, "Descripción de viajes por maestres y pilotos", 14 de marzo de 1575, Madrid.

38. Barrera-Osorio, *Experiencing Nature*, 49-55.

39. Esteban y Vicente han estudiado esta labor reformadora de Ondériz. Véase *Aspectos de la ciencia*, 390-404.

navegación e instrumentos autorizados por el centro para la carrera de Indias, y para finales de 1593 había presentado ya al Consejo un informe exhaustivo producto de sus propias indagaciones y de consultas con otros cosmógrafos. Señalaba una serie de problemas relativos a la confección y graduación de los artilugios náuticos al uso –algunos de los cuales encontraba de todo punto impropios para la medición de latitudes (especialmente la ballestilla)–, y de las cartas náuticas no opinaba mejor: no solo era la carta universal incorrecta en un sentido "general" (situaba las Molucas del lado portugués de la línea de demarcación), sino que tenía también una serie de errores "particulares" que urgía corregir. Llamaba la atención sobre el hecho de que el padrón real, que databa de 1567, no se había enmendado desde entonces.

Consideraba Ondériz –fiel discípulo de Herrera– que una adecuada puesta en solfa del padrón pasaba por que personas debidamente cualificadas viajasen con la siguiente flota (la de 1594) con el encargo expreso de recabar los datos geográficos, geodésicos e hidrográficos que faltaban, pero la Casa objetó y dispuso, en vez, obtener dicha información pidiendo a los pilotos de dicha flota cumplimentar un cuestionario –se les pidió también usar nuevos artilugios náuticos confeccionados según indicaciones de Ondériz, y, puestos a calcular coordenadas de accidentes geográficos, seguir una serie de pautas–. Este plan de la Casa fue un fracaso anunciado: vuelta la flota al otro año, habían cumplido con lo dispuesto tres pilotos de veintidós nomás, y estos aún pobremente.

El verano de 1595, Juan de Herrera propuso una solución bien acorde con el estilo cosmográfico del que era paladín: enviar a examinar la hidrografía de la costa atlántica de América a dos pequeños barcos a bordo de los cuales fuese, para supervisar de las mediciones, un experto –es decir: un cosmógrafo-matemático–. Alistándose la expedición para partir, Ondériz –ahora también piloto mayor de la Casa de la Contratación– había de trasladarse a Sevilla con Luis Jorge, y, desde allí, colaborar con Rodrigo Zamorano y Domingo de Villarroel en la preparación del nuevo padrón, pero, a pesar de que –según parece– la empresa contaba con el apoyo de Felipe II, al cabo no tuvo lugar, ya que aquel mismo verano Ondériz se enfermó, muriendo en enero de 1596. Se retomaría, no obstante, a conciencia este proyecto de enmienda del padrón en junio de 1596, al recibir Andrés García de Céspedes el nombramiento de cosmógrafo mayor del Consejo de Indias.

En Andrés García de Céspedes (c. 1545-1611), el Consejo halló cos-mógrafo de destrezas sin par.[40] Tenía a gala ser oriundo del valle de Tobalina, en la región de las montañas de Burgos; concretamente, de la localidad de Villanueva del Grillo, hoy despoblada. Hijo de hidalgos, tras cursar estudios universitarios que le valieron el título de licen-ciado, entró a formar parte del clero. De sus primeros años sabemos –principalmente por comentarios que él mismo dejó en sus obras– que pasó un tiempo en el castillo de Burgos (cuando este contenía una escuela de artillería y una fundición de cañones),[41] y que entre 1582 y 1583 estuvo en Lisboa a las órdenes del archiduque Alberto –cuando el sobrino del monarca servía como virrey de Portugal (1583-1593)–.[42] No sabemos en calidad de qué asistiese García de Céspedes al archidu-que, pero sí que, como matemático y astrónomo, aquel le fue tiempo ubérrimo: alude a la ocasión que tuvo de departir de navegación as-tronómica y cartografía con pilotos portugueses, así como de estudiar las obras de Pedro Núñez –el cosmógrafo luso ya mencionado–. En cuanto a sus observaciones astronómicas –algunas de las cuales llevó a cabo con el doctor Sobrino (confesor del rey)–, construyó un enorme cuadrante con el que observar las posiciones de planetas y del Sol, y llegó a la conclusión de que las tablas de declinación solar al uso –crí-ticas para calcular coordenadas de latitud en el mar– andaban erradas y precisaban reforma. Se dio asimismo al estudio de una serie de proble-mas técnicos y científicos de los que dio cuenta en diversas obras que escribió en español. En 1594, enumeraba las siguientes:[43]

---

40. Para notas biográficas y documentos relativos a García de Céspedes, véanse Pérez Pastor, *Bibliografía madrileña*, 3:103-107, y Felipe Picatoste y Rodríguez, *Apuntes para una biblioteca científica española del siglo XVI* (Madrid: Impr. de M. Tello, 1891), 120-127. Para más información sobre la vida y la trayectoria profesional de este cos-mógrafo, véase Vicente Maroto y Esteban Piñeiro, *Aspectos de la ciencia*, 145-153.

41. Carta al lector, en Andrés García de Céspedes, *Libro de instrumentos nuevos de geometría muy necesarios para medir distancias, y alturas, sin que intervengan nu-meros como se demuestra en la práctica* (Madrid: Juan de la Cuesta, 1606).

42. García de Céspedes dice en su *Regimiento de tomar la altura de Polo* que vivió doce años en Lisboa. BN, MS 3036, f. 2.

43. BN, MS 3036, ff. 2v-3. García de Céspedes se referiría en varias ocasiones a su corpus de obras, y esta lista, escrita en 1594, reviste gran importancia no sólo para trazar su trayectoria y pensamiento científico, sino también para identificar las obras que realmente escribió, pues, como en el capítulo segundo dijimos, presentó a Felipe III como trabajos suyos dos que había compuesto Alonso de Santa Cruz: un comentario a Sacrobosco titulado *Astronómico real* y el *Islario general*. Buscó, de hecho, y obtuvo licencia de impresión para ambos libros, pero no llegaron a publicarse. Como es de esperar, en esta lista de obras de 1594 no alude a ninguna de las dos de Santa Cruz mencionadas.

· Un libro sobre el cálculo de coordenadas de latitud.[44]

· Otro sobre teoría y práctica de la perspectiva.[45]

· Otro sobre la teoría planetaria de Copérnico, con sus propias observaciones.[46]

· Otro sobre el astrolabio y sus usos en astronomía y perspectiva.[47]

· Otro sobre los relojes de sol.[48]

---

44. BN, MS 3036, Andrés García de Céspedes, "Regimiento de tomar la altura de Polo en la mar y cosas tocantes a la navegación. Dirigido al Rey don Felipe Tercero [segundo] deste nombre".

45. Esta no se conserva individualmente, pero es posible que García de Céspedes incluyese partes en el manuscrito BAH, 9/2711, "Libros de reloges de Sol que hizo Andrés García de Céspedes", así como en los *Libros de instrumentos nuevos de geometría* que publicó. En ambos casos hay breves secciones sobre perspectiva.

46. Esta versión temprana de su libro sobre la teoría de Copérnico se ha perdido. Parece ser que a lo largo de los años García de Céspedes siguió trabajando en ella, y en 1606 dice que constaba de tres partes: una teoría planetaria conforme a Copérnico; una explicación de por qué según observaciones que él había efectuado eran incorrectas tanto la teoría copernicana del Sol y la Luna, como las tablas alfonsíes, y una discusión de las órbitas de los planetas, con un tratado sobre la paralaje. Aunque la obra no llegó a publicarse, en 1603 García de Céspedes obtuvo licencia de publicación para un libro que se describía como "Teórica de Planetas, donde se declaraba la doctrina de Copérnico y de Ptolomeo, y se ponían, muchas observaciones que en este tiempo tenia de hechas, por las cuales se averiguaban muchos errores que se hallaban así en la una doctrina como en la otra". La licencia aparece en su *Regimiento de navegación*, y en el prólogo a su *Libro de instrumentos nuevos de geometría* (1606) menciona también que había escrito un comentario a la teoría planetaria de Peuerbach, y otra obra que, dedicada a "equatorios o teóricas" para determinar la latitud y longitud de un planeta sin necesidad de tablas, incluía un instrumento "con que saber los eclipses". Esteban y Vicente localizaron el comentario a Peuerbach en BAH, manuscrito 9/5630, "Teóricas de los Planetas de Jorge Puerbachio con el comento de Andrés García de Céspedes". El documento incluye una sección sobre cómo calcular la posición de planetas con tablas alfonsíes y prusianas.

47. Esta obra también se ha perdido y también obtuvo licencia de impresión en 1603. Se describía entonces como "Teórica, práctica y uso del Astrolabio".

48. BAH, 9/2711, Andrés García de Céspedes, "Libros de reloges de Sol que hizo Andrés García de Céspedes Cosmógrafo mayor del Rey nro. Señor y natural del Valle de Tobalina montaña de Burgos en el qual se enseña como se ecribiran Reloges en qualquiera superficie q[ue] sea que el extremo de la sombra del estilo muestre varios círculos del primer mobil asi otras muchas curiosidades". Se conserva otra copia manuscrita en BUS, MS 2639, Andrés García de Céspedes, "Tratado de relojes solares". Para este libro no nos consta que solicitase licencia de impresión.

· Otro sobre mecánica y teoría de máquinas, en la que discutía la construcción de una serie de artefactos.[49]

· Otro sobre "como mover las aguas".[50]

Ninguna de estas obras se publicó –no al menos como en 1594 las concebía García de Céspedes, el cual dio a la prensa, al cabo, solo dos: una sobre instrumentos de medición, y otra (en dos partes) donde consignó los resultados del proyecto de enmienda del padrón–. El *Libro de instrumentos nuevos de geometría* (Madrid, 1606) lo dedicó a su antiguo patrono –el archiduque Alberto, entonces soberano de los Países Bajos–, y dice en la dedicatoria que optó por ofrecerle esta obra (frente a otras más importantes) por estar el archiduque ocupado en asuntos de guerra, y que esperaba que dos de los instrumentos diseñados (un cuadrante y una ballestilla mejorados) pudiesen ser de ayuda en combate a sus hombres. Este opúsculo práctico de García de Céspedes –que explica, en efecto, cómo usar y construir un cuadrante y una ballestilla (así como un nivel que "he visto en casa de Juan de Herrera"), y contiene un estudio de cómo calcular y controlar el flujo de agua de un acueducto y un tratado de artillería– sitúa de plano a su autor en la tradición de los matemáticos de la Edad Moderna, interesados en un público no especialista, pero dotado de curiosidad.

Viendo la lista de sus obras, lo que más le interesaba es evidente que era la astronomía, y fue como astrónomo que primero quiso atrapar la atención de Felipe II. A finales de 1593 lo vemos a cargo de los relojes astronómicos del monarca en el palacio real de Madrid, y unos años después (en 1595), sustituyendo a uno de los profesores de la Academia Real Matemática.[51] Tal debió de ser la época cuando

---

49. Esta obra se ha perdido. En una referencia posterior su autor menciona, en cualquier caso, que incluye una treintena de máquinas. También obtuvo licencia en 1603, y era la descripción: "un libro de Mecánicas, con Teórica, práctica para ingenieros, y todo género de gente".

50. Este libro no se ha conservado, pero posteriormente García de Céspedes añadió una sección de hidrología titulada "Tratado de conducir las aguas de un lugar a otro cosa bien importante para los que tratan de semejante oficio" en García de Céspedes, *Libro de instrumentos nuevos de geometría*, 25-43.

51. Sabemos de otras dos obras que García de Céspedes escribió y quizás utilizara en sus clases. Jehan Lhermite las copió en su memoria de los años que pasó en las cortes de Felipe II y Felipe III. Véase *Le Passetemps de Jehan Lhermite*, en la Biblioteca Real de Bélgica, MS II 1028. El *Tratado de astronomía y astrología* está en ff. 230-244, y otro sobre nomónica, en ff. 293-308V.

escribió al soberano planteándole un observatorio astronómico en El Escorial.[52] Se presentaba en la carta como alguien que combina destreza tecnológica y saber matemático, y se ofrecía a construir una serie de artilugios astronómicos de grandes dimensiones con los que equipar dicho observatorio: "dos grandes globos, celeste y terrestres de metal dorado, imitando en el primero los movimientos del sol, luna y demás planetas; un gran cuadrante de ocho palmos y un radio astronómico de diez, para observar y averiguar los verdaderos lugares del sol y la luna".[53] Proponía también confeccionar "unas armilas de seis palmos de diámetro para rectificar los lugares de las estrellas fijas; una esfera grande de metal con la teórica del sol, luna y octava esfera, y otras teorías de planetas en globos pequeños cubiertos con sus círculos".[54] Se imaginaba a astrónomos de toda Europa acudiendo a El Escorial para llevar a cabo observaciones del mismo modo que "Hiparco venia de Rodas á Alexandia para hacér observaciones". El primer objetivo del observatorio era, no obstante, corregir las tablas alfonsíes, que "no dan en los tiempos de ahora los verdaderos lugares de los Planetas ni Estrellas fixas", pero eso –añadía para tranquilizar al siempre justo de fondos Felipe II– costaría muchísimo menos que en su día a Alfonso el Sabio. Adjuntaba a la propuesta (testimonio de sus capacidades como diseñador de artilugios y matemático) una serie de tratados matemáticos y varios instrumentos.

Puede que tuviera noticia de Uraniborg –el observatorio de Tycho Brahe en la isla de Ven–. Podríamos conjeturar, de hecho (aunque aquel

---

52. Fernández de Navarrete fue el primer historiador que identificó el documento en BME. Describió su ubicación como "Codice j. Lib. 16 en la Biblioteca alta", pero mis varios intentos de localizarlo no han dado fruto. Aunque, a mi juicio, no es sino por la paráfrasis de Fernández de Navarrete en su *Disertación sobre la historia de la náutica*, 77:356-357, como los historiadores han sabido de la propuesta de García de Céspedes, un documento similar se describe en un catálogo de 1944 de los archivos familiares del marqués de Legarda, y se cita en Julio Fernando Guillén y Tato, *Inventario de los papel pertenecientes al Excmo. Señor D. Martín Fernández de Navarrete existente en Abalos, en el Archivo del Marques de Legarda* (Madrid: Ediciones Cultura Hispánica, 1944), 35. Con la gentil asistencia del actual marqués de Legarda, don Francisco Fernández de Navarrete, tuve ocasión de examinar el documento. Se trata de una copia del siglo XVIII que realizó uno de los escribanos del marqués, y este verificó con el original de El Escorial. Es un resumen de la propuesta de García de Céspedes, preparado, probablemente, para tratar el tema con alguien de la corte.

53. *Ibid.*, 77:356.

54. *Ibid.*, 77:356.

astrónomo danés luterano no sea verosímil que viese en los Habsburgo de España posibles mecenas, ni que hubiese recibido bienvenida calurosa en El Escorial), que fuese su idea establecer un centro análogo en dicho monasterio-palacio, pues debió de formular su propuesta al monarca pocos años antes de dejar Brahe la mencionada isla danesa en procura de nuevo patrón (1597), y el nuevo patrón que Brahe encontró en Praga –Rodolfo II– resulta que tenía fuertes vínculos con España: había sido educado, en efecto, en la corte de su tío Felipe II, y era hermano del archiduque Alberto –quien (antes vimos) había sido mucho tiempo patrono de García de Céspedes–; su gran pasión por la astrología, la alquimia y la filosofía natural, cabe suponer que la desarrollase en la corte española.[55]

No tuvo, pues, que ir el Consejo muy lejos para encontrar –muerto Ondériz– cosmógrafo de credenciales eminentes y, más importante, cuya formación e intereses tendiesen hacia los aspectos no narrativo-descriptivos, sino matemáticos y empíricos de aquella ciencia. La primera misión de García de Céspedes en el cargo consistió –su orden de nombramiento es muy clara al respecto– en proseguir y culminar la reforma de mapas, instrumental y derroteros al uso en la Casa de la Contratación, y las funciones en dicha orden de nombramiento enumeradas, básicamente equivalen a las anteriormente encomendadas a Ondériz ("entendáis en ordenar, disponer y executar las cosas de la cosmographía y discripciones de las dichas Yndias"),[56] sin añadirse, eso sí, en este caso a las labores de cosmógrafo las de cronista que aquel hubo de asumir tras la destitución de Arias de Loyola. Hay, con todo, alguna diferencia entre la orden de nombramiento de Ondériz y la de García de Céspedes. El segundo –sirva de ejemplo– no tenía que impartir en la Academia Real Matemática (no estaba sujeto, por tanto, a la guía de Juan de Herrera),[57] aunque sí estaba obligado a entregar al

---

55. José Manuel Sánchez Ron se planteó esta tentadora pregunta en "Felipe II, El Escorial y la ciencia Europea", en *La ciencia en el Monasterio del Escorial. Actas del simposium, 1 al 4 de noviembre de 1993* (Madrid: Ediciones Escurialenses, 1994), 67-69.

56. AGI, IG-874, "Provisión de Felipe II con el nombramiento y título de Cosmógrafo Mayor del Consejo de Indias a favor de Andrés García de Céspedes", 15 de mayo de 1596. Publicado en Vicente Maroto y Esteban Piñeiro, *Aspectos de la ciencia*, 181-182.

57. Volvería a asumir estas responsabilidades en 1607, y, en un gesto que delata su preferencia por los aspectos teóricos de la disciplina, cambió el currículo a un programa de tres años semejante al de la cátedra de astrología de la Universidad de

Consejo antes de recibir su paga al término de cada año "alguna obra tocante a las descripciones".

García de Céspedes se centró –decíamos– primero de todo en completar la reforma de las cartas e instrumentos náuticos, pero eran muchos más los particulares (especificados todos en lista entregada al cosmógrafo) en los que el Consejo esperaba que aquel proyecto de enmienda incidiese.[58] Debía revisar –proponiendo tras ello prototipos– los principales artilugios usados en la navegación: el astrolabio y la ballestilla, y dos tipos de agujas de brújula. Se esperaba también que compusiese "carta universal reformada con tierra adentro", más seis cartas específicas que fungirían de padrón real, a las que acompañarían un manual o "regimiento de navegación" con tablas de declinación solar corregidas, y nuevas tablas para el uso de la ballestilla y el regimiento de la estrella Polar. Se le pedía asimismo dictamen sobre dos asuntos: si los puestos de piloto mayor y catedrático (es decir: profesor de navegación) de la Casa de la Contratación debían seguir ambos en manos del mismo titular –Rodrigo Zamorano–, y lo adecuado de la instrucción y el examen para aspirantes a pilotos de la carrera de Indias. Siguieron a su orden de nombramiento otras reales órdenes para que una serie de cosmógrafos le asistiesen en aquella reforma.[59]

A comienzos de 1597 García de Céspedes estaba ya en Sevilla –tratando de retomar la mencionada enmienda del padrón–, pero las cosas no iban bien: escribió al Consejo visiblemente exasperado por los funcionarios de la Casa de la Contratación, acusándolos de retardar y

---

Salamanca. Los dos primeros años se dedicaban a la adquisición de las destrezas matemáticas necesarias: teoría de la esfera, teoría planetaria, tablas alfonsíes, geometría euclídea y *Almagesto* tolemaico. El tercer año –de culminación– era para cosmografía, navegación y uso de instrumentos náuticos. Véase *ibid.*, 150-151.

58. AGI, P-262, R. 2, "Instrucción de Felipe II sobre lo que debe hacer Andrés García de Céspedes para la enmienda de las cartas e instrumentos de la navegación", 13 de junio de 1596. También en IG-1957, L. 6, ff. 139v-141v, y publicado en Vicente Maroto y Esteban Piñeiro, *Aspectos de la ciencia*, 435-438.

59. Entre los cosmógrafos a quienes se pidió colaborar con García de Céspedes estaban Rodrigo Zamorano y Domingo de Villarroel (de la Casa de la Contratación), el sevillano Simón de Tovar y Luis Jorge de la Barbuda, a quien se ordenó interrumpir sus labores en la corte real madrileña e ir a Sevilla con García de Céspedes, pero, cuando este llegó a la ciudad del Guadalquivir, Villarroel había desertado a Francia –tras acusarlo Zamorano de espía–, y Tovar había muerto, conque no quedaba sino Zamorano. Véase las órdenes del 13 de junio de 1596 en AGI, IG-1957, L. 6, f. 143.

obstruir su quehacer –por no hablar del impago, por parte del tesorero del centro, de las sumas prometidas (lo que le había obligado a vender algunas joyas para sufragar los gastos de su estancia)–, y se quejaba también de no poder salir de casa por los daños e insalubridad tremendos que habían provocado una inundaciones recientes.[60] A pesar –sin embargo– de todos estos contratiempos, tendría ya acabada dicha enmienda (señal de su tesón) para finales del año siguiente.

Imprimió un breve cuestionario para saber qué opinión merecían a los pilotos los derroteros y cartas que en aquel centro sevillano les facilitaban, si encontraban adecuadas las dimensiones de los astrolabios reglamentarios y si habría que montar la brújula en un marco ajustable, de forma que pudiesen corregir las desviaciones de su aguja con respecto al Norte auténtico.[61] La mayoría de los que contestaron –conservamos cuarenta y dos respuestas– insistían en que no tenían ningún problema con el padrón o las cartas náuticas al uso, y la idea de modificar el astrolabio o la brújula parece que no les hacía mucha gracia: aunque algunos aportaban comentarios útiles sobre la ubicación de bajíos peligrosos, en su mayoría afirmaban rotundos que andar cambiando el derrotero de Indias podía resultar catastrófico –reacción conservadora y corporativista típica de la llamada Universidad de Mareantes (gremio de pilotos de Sevilla)–.[62] El cosmógrafo mayor cobró entonces conciencia de que, para que la reforma diese fruto, no le quedaba sino adoptar aquella postura conservadora él mismo.

A finales de 1598 dio la labor por terminada, y el Consejo envió el resultado –para su revisión– a un equipo de cosmógrafos de Madrid que, aunque alabó la obra, recomendó la examinase con mayor detalle otro de "ombres muy doctos, y espertos de q[ue] por buena suerte

---

60. AGI, IG-744, N. 119v, "Petición de Andrés García de Céspedes", 20 de enero de 1597.
61. AGI, P-262, R. 2\1\27-120, "Memorial de lo que han de advertir los Pilotos de las Carreras de Indias acerca de la reformación del padrón de las Cartas de Marear, y los demás instrumentos de que usan, para saber las alturas y derrotas de sus viajes", 1598.
62. Alison D. Sandman, "Educating Pilots: Licensing Exams, Cosmography Classes, and the Unversidad de Mareantes in Sixteenth Century Spain", en *Ars nautica: Fernando Oliveira and His Era; Humanism and the Art of Navigation in Renaissance Europe (1450-1650)*, ed. Inácio Guerreiro y Francisco Contente Domingues, Ninth International Reunion for the History of Nautical Science and Hydrography (Cascais: Patrimonia, 1999).

ay copia en n[uestras] partes".[63] Desazonado ante semejante dictamen inicial, el cosmógrafo se zambulló (según han señalado Vicente y Esteban) en un torrente de actividad: escribió, por ejemplo, una carta en la que acusaba a los examinadores –concretamente Arias de Loyola (quien fuera cronista mayor del Consejo), Luis Jorge y el doctor Osma– de "malicia fundada en interes", así como de ser gente "que nunca vieron la mar ni trataron con pilotos";[64] pidió, además, un dictamen independiente de la obra a tres matemáticos sevillanos que "no solo saben teorica pero tienen noticia de la practica por la cominucacion que cada dia tienen con pilotos".[65] Estos matemáticos, aparte de decir –lógicamente– que la obra tenía consistencia, respaldaron –quizás más importante– explícitamente la estrategia conservadora de su cliente: los pilotos –afirmaron– realmente usarían aquellas nuevas cartas porque no se desviaban demasiado de lo que en la práctica se aceptaba. Se alinearon de plano, por lo demás, con el uso de García de Céspedes de "cartas arrumbadas" –es decir: trazadas no con meridianos curvos, sino con proyección sobre retícula cuadrada–, y daban fe de cuántas horas había empleado estudiando derroteros antiguos y recientes, e interrogando a pilotos.

Pero no cejó García de Céspedes en sus esfuerzos por ver reconocidos y puestos en práctica los resultados del proyecto de enmienda del padrón una vez se hubo ganado a la junta de cosmógrafos y hubo recibido cartas aprobatorias: procuró también –y fue esta maniobra sin precedentes– publicar dichos resultados. El Consejo de Indias elogió su trabajo bien hecho, y dispuso usasen las cartas de su nuevo padrón cuantos pilotos navegasen por cuenta de la Casa de la Contratación, pero esto no era nada nuevo –desde 1597 él ya era piloto mayor y tenía, por tanto, potestad de definir los contenidos de las cartas al uso en dicho centro–, como tampoco suponía novedad la recomendación del Consejo de publicar manual de navegación que tratase los nuevos instrumentos, métodos náuticos y tablas

---

63. AGI, P-262, R. 2\6\1, "Parecer de todos los cosmógrafos sobre reforma del padrón", 1598.
64. AGI, P-262, R. 2\1\3-6, "Memorial sobre junta de cosmográfos", 8 de enero de 1599. Véase también Vicente Maroto y Esteban Piñeiro, *Aspectos de la ciencia*, 408-409.
65. Se trataba de Diego Pérez de Mesa, Antonio Moreno y Gerónimo Martínez Pradillo.

astronómicas[66] –en 1581, siendo cosmógrafo de la Casa, Rodrigo Zamorano había publicado su *Arte de Navegar* (si bien se trataba de un manual náutico mucho más sencillo)–. Lo que marca la diferencia en este caso es el gran cambio que observamos en el Consejo al trasladar la petición a Felipe III, quien, por su parte, dio por bueno cuanto la institución le sugería. La real orden subsiguiente disponía se imprimiese cuanto material había preparado García de Céspedes: "[S]e deve mandar que las cartas se hagan de aqui adelante conforme al dicho padron, y que se imprima, y use del regimiento que para el uso, y gobierno de la carta ha hecho el dicho Andres Garcia de Cespedes, reduziendo lo necessario para los Pilotos aparte, y que se imprima de porsi, y que lo demas también se imprima, para que con mas facilidad saquen los Pilotos provecho de ello".[67] Es decir: que el rey autorizaba la circulación –como obra impresa– de aquel padrón real un tiempo secreto y celosamente custodiado, y que saliese a la luz, junto con él, también un libro sobre los métodos geográficos usados para trazar la carta que lo acompañaría.

Con la publicación de su obra a las puertas, García de Céspedes se afanó por hacer valer sin ambages su autoridad sobre los principios de navegación –y los valores astronómicos– asumidos y enseñados en la Casa de la Contratación; se fijó, pues, como blanco a Rodrigo Zamorano y su *Arte de navegar*. Cuando, en 1598, Zamorano reanudó su actividad como piloto mayor, la autoridad de dicho cargo sobre los contenidos del padrón real –y sobre los instrumentos náuticos adecuados– había pasado al cosmógrafo del Consejo, pero, aun así, en 1603 García de Céspedes recomendó retirar a aquel hombre aquel título (dejándolo solo para enseñar navegación), e impedir que volviese a trazar mapas y diseñar instrumentos (por entender que ni unos ni otros hacían ma-

---

66. "Y que tambien se debe mandar que las cartas se hagan conforme al padrón que el trae pues en el estan enmendados los que se han hecho hasta ahora y mejor declarado todo por diligencia que se ha puesto para averiguar lo que se a podido y de ello se puede resultar mayor noticia y utilidad sin perjuicio de nadie" (AGI, IG-745, f. 202, "Sobre emmienda del padrón e instrumentos hechos por Andrés García de Céspedes", 31 de enero de 1599, Madrid).
67. AGI, P-262, R.2 \5\1, "Orden a los oficiales de la Casa de la Contratación de que se impriman los regimientos", 3 de mayo de 1599. Publicado a modo de prólogo en García de Céspedes, *Regimiento de navegación*.

yor bien)[68]. Emitió, de hecho, declaración conjunta con el doctor Firrufino –principal profesor de la Academia Real Matemática– recomendando se seleccionase para enseñar a los pilotos a alguien con más curiosidad y cuidado, y, una vez listo ya su libro (con sus tablas de declinación y derroteros nuevos), solicitó al Consejo "que nadie use le de Zamorano que la tabla de declinacion y las estrellas esta defectuosa [...] por la que causa que se pierdan muchos navios".[69]

La estructura bimembre de la obra –*Regimiento de navegación e hydrografía*– se ceñía a los criterios que el decreto del monarca fijaba. La primera parte era un sofisticado manual de navegación; la *Hydrografía* incluía, por su parte, el material geográfico y la explicación del padrón real. Por razones que no podemos precisar –aunque probablemente relacionadas con el enfoque exhaustivo por el que optó García de Céspedes–, estas dos secciones no se publicaron hasta 1606 (en Madrid). En cuanto a las cartas náuticas, parece ser que no llegaron a imprimirse, y que fue la razón el conflicto que hacerlo habría ocasionado con el gremio de cartógrafos sevillanos que vivían de sacar copias del padrón y de los mapas a usar en la carrera de Indias.

El primer bloque (el *Regimiento de navegación*) presenta la organización característica del manual náutico español, pero, al incluir explicaciones teóricas, trasciende los contenidos típicos del género. En efecto: tras la introducción de rigor a la teoría de la esfera –y una exposición de la necesidad de reformar las cartas de navegación y derroteros de la Casa de la Contratación–, no se limitaba este autor a explicar del modo más claro y sucinto las reglas de la navegación astronómica, y la construcción y empleo de los artilugios náuticos –que es a lo que sus predecesores en el género aspiraban–, sino que, sometiendo primero a examen metódico (dado cada punto) cuantos procederes, artefactos, cartas y tablas astronómicas a él asociados, rediseñaba al cabo astrolabios, ballestillas y brújulas, y proponía nuevos métodos de determinar coordenadas de latitud igual de día que de noche (usando el regimiento de la estrella Polar). Calculaba, además –tras señalar que la inclinación de la eclíptica en que las tablas alfonsíes y copernicanas reposaban ya no era válida–, nuevas tablas de

---

68. Biblioteca Palacio Real (BPR), II/175, f. 311-12, "Apuntamientos necesarios para la buena navegación por Andrés García de Céspedes y el Dr. Firrufini", 1603. Véase también Pulido Rubio, *Piloto mayor*, 698.
69. BPR, II/175, f. 311v.

declinación solar basadas en una serie de observaciones que él mismo
había efectuado y había corroborado con las complementarias de
otros astrónomos como (desde Bogotá) Pedro de Retes.

Se mostraba García de Céspedes escepticísimo con tablas solares,
lunares y estelares canónicas igual tolemaicas que copernicanas,
insistiendo recurrentemente en las veces incontables que le habían
mostrado el error de las mismas sus propias observaciones –que efectuaba,
aclara, con instrumentos bien precisos y de grandes dimensiones, y
corroboraba siempre con las paralelas de otros–. La reforma del padrón
y de las prácticas náuticas de la Casa entendía, de hecho, que pasaban
por una revaluación de los datos astronómicos en que iban cimentados
los cálculos de coordenadas de latitud y (potencialmente) longitud –de
ahí que antes de su nombramiento en el Consejo propusiese fundar un
observatorio en El Escorial–, pero, una vez asumido el cargo, su labor
astronómica quedó restringida a las necesidades náuticas y geográficas
del centro –es decir: tablas de declinación solar y observaciones
encaminadas a determinar la verdadera posición de la estrella Polar–.
Sus nuevas tablas suponen, con todo, una mejora significativa sobre los
conatos previos de Zamorano y Labaña.[70]

Las matemáticas y la epistemología cosmográfica

El proyecto de enmienda del padrón –y el *Regimiento* de García de
Céspedes– marcan la escisión definitiva de los aspectos descriptivos vs.
matemáticos de la práctica de la cosmografía en el Consejo de Indias.
Subyace a este divorcio un replanteo de la epistemología de la disciplina
del que es característico un énfasis creciente en el uso de argumentos
matemáticos a la hora de determinar los hechos cosmográficos –enfoque opuesto al de López de Velasco (establecer la credibilidad de testimonios oculares y garantizar la exhaustividad)–, y esta evolución cabe
constatarla en documentos previos a la publicación del *Regimiento de
navegación e hydrografía* que contribuyeron a la trayectoria de García
de Céspedes y revelan cuán dúctiles resultaron las bases epistémicas de
la cosmografía una vez en manos de un matemático.

---

70. Navarro Brotóns compara las tablas de declinación de Zamorano, García de Cés-
    pedes y Labaña en Víctor Navarro Brotóns, "Astrología y cosmografía entre 1561
    y 1625", *Cronos* 3, n° 2 (2000).

Aceptando el encargo de reformar el padrón real, García de Céspedes se enfrentaba a un problema peliagudo. La reforma había de efectuarse en arreglo a unas directrices que disponían que el cosmógrafo del Consejo no estableciese los datos que determinarían los derroteros y mapas a usar en la Casa sin previamente recabar –y sopesar– los pareceres de otros cultores de la disciplina, y de marinos y pilotos, y a ello hay que añadir que el propósito del proyecto era crear una serie de productos –cartas y artilugios– que usarían los mismos pilotos mencionados a quienes debía consultar. Pues bien: estos requisitos necesariamente habían de colisionar con el racionalismo matemático de García de Céspedes.

Dos años antes de convertirse en cosmógrafo mayor, había compuesto un tratado sobre la determinación de coordenadas de latitud (*Regimiento de tomar la altura del Polo*) en el que, igual que antes Jaime Juan, negaba categórico la validez de los relatos de pilotos para calcular posiciones en el mar:[71] aducía su comercio cotidiano con marinos durante los más de doce años que viviera en Lisboa, del cual concluía que, puestos a efectuar observaciones, cada uno tenía su propio método, y "no proceden con orden". Las anotaciones al margen de este texto que él mismo realizó tras asumir el cargo de cosmógrafo revelan, sin embargo, la paulatina moderación de este punto de vista a que sus nuevas responsabilidades le forzaron.

Cuando escribió el manuscrito, se mostraba especialmente crítico con "otros" que usaban observaciones de pilotos para dar reglas sin contrastar primero la información con las debidas experiencias, y suplicaba al rey que encomendase aquello a persona "diestra en theorica y practica". Años después, sin embargo –quizás en 1598, que es la fecha que figura en la cubierta del documento (habiendo acometido, por lo tanto, ya la enmienda del padrón)–, revisó aquel pasaje, y fue su comentario (en nota al margen) que, entre tanto –es decir: mientras se enviaba y no a recabar aquella información a la persona "diestra" que él pedía–, "siguiendo la mas comun opinion y relaciones de personas que an navegado y segun algunos eclipses que por el mandato de V[uestra] M[ajestad] se observaron en España y en las Indias se ha hecho una general descripcion de todas las costas

---

71. En los folios 2 y 103 hay referencias que sugieren que la redacción original fuese hacia 1594. BN, MS 3036, *Regimiento de tomar la altura de Polo*.

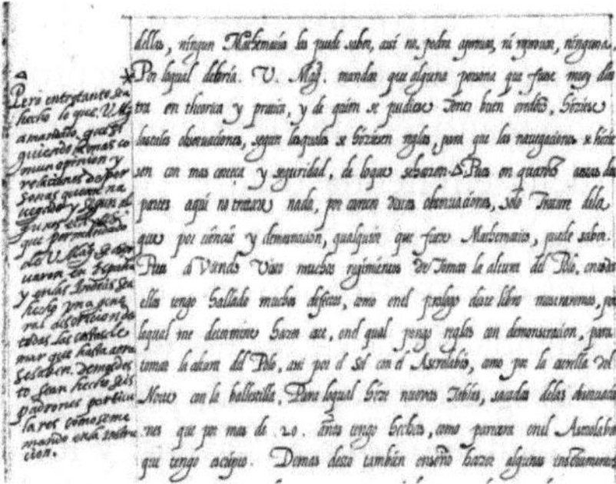

Imagen 7.1. Detalle con notas al margen del
Regimiento de tomar la altura del polo de
García de Céspedes. MS 3036, f. 2v. Biblio-
teca Nacional de España.

de mar que hasta aora se saben, y seis derroteros"[72] (imagen 7.1.). En otra nota incluso posterior –probablemente escrita alistado ya para publicarse el *Regimiento*– cambiaba por completo la consecuencia de la introducción: borraba la solicitud de que preparase la información alguien "diestro", y explicaba que, en aquellas ocasiones donde no le había sido dado sino fiar en testimonios de pilotos, había optado por abstraer de los mismos únicamente lo que se considerase comúnmente aceptado y razonable –insistía (eso sí) en que, allí donde era menester "demostración", enfocaba el asunto matemáticamente–.[73]

De esta metamorfosis en el parecer de García de Céspedes carecemos de indicio hasta que no se vio debiendo defender los resultados de la enmienda del padrón ante el equipo de cosmógrafos que a tal efecto

---

72. BN, MS 3036, f. 2v.
73. A lo largo del manuscrito continúan las anotaciones que rebajan el anterior desdén del autor hacia las observaciones de pilotos. Tras discutir, por ejemplo, un instrumento que corregía la desviación de la brújula y que él consideraba esencial para enmendar "con la perfecion que se requiere" las cartas náuticas, en la versión primera añadía que el artilugio hacía falta porque, siendo tan grandes las diferencias entre relatos de la misma travesía de distintos pilotos, era difícil darles crédito. Ahora, en cambio, modificaba la segunda parte de la frase, y quedaba: "Porque son tan varias las opiniones de los Pilotos que no se puede tener buen crédito de ellas pero por ahora se ha de pasar con lo que es mas semejante y llegado a la verdad". Véase BN, MS 3036, f. 103.

el Consejo reuniera, y entre los aspectos más interesantes de la polémica que entonces hubo están sus argumentos en defensa de sus nuevos mapas. Echó mano, en efecto –siempre en la idea de justificar los métodos en dicha enmienda usados (y enfatizando una u otra en maneras diversas)–, de tres fuentes distintas: relatos de pilotos, eclipses y relaciones de expertos. Sostenía, por ejemplo, que, "en lo que toca a la enmienda de la carta, no debe mudarse cosa alguna en la parte de la navegacion occidental, por hallarla assi los pilotos con experiencia de cien años que se navega, y los eclipses que alla y aca se han observado conforman con la descricion de la carta, salvo algunos baxos que cada dia se van descubriendo como lo aprecian los pareceres de quarenta pilotos que aqui presento"[74] –es decir: que encontrar los pilotos una carta fiable (y acorde a su experiencia) ya sí era razón para dejarla como estaba, descendiendo los datos basados en eclipses al estatus de mera confirmación de lo que aquellos hombres ya habían establecido como hechos–. Advertía, metido en el rol de quien lleva navegando y estudiando matemáticas cuarenta años, contra los peligros y las pérdidas de vidas y de bienes que entrañarían nuevas cartas náuticas fundamentadas solo en la opinión de hombres que nunca habían visto el mar –venenosa referencia a la experiencia práctica nula de algunos de los miembros de aquel equipo examinador ya varias veces mencionado–, pues los pilotos, explicaba, estaban hechos a los derroteros al uso: navegaban con ellos hasta las Indias –travesía que, si drásticamente les cambiaban las cartas náuticas, se pensarían dos veces antes de emprender–. Añadir, sin embargo, a sus criterios epistemológicos el peso de los resultados del proyecto de López de Velasco de eclipses lunares confería a los relatos de los pilotos –asociando a sus latitudes y longitudes clave pruebas matemáticas– una dimensión de coherencia científica.[75] Sus nuevas cartas –afirmaba– estaban concebidas para satisfacción lo mismo de pilotos que de cosmógrafos.

En el mismo documento explicaba que, aunque las cartas de los derroteros del norte de Europa y del Mediterráneo quizás

---

74. Tanto esto, como la discusión que sigue, se refiere a AGI, P-262, R. 2\1\3-6, Andrés García de Céspedes, "Memorial sobre junta de cosmógrafos", 8 de enero de 1599.

75. Para más información sobre el uso que se hacía en la Edad Moderna de la infalibilidad de las matemáticas como herramienta para resolver problemas epistemológicos, véase Dear, *Discipline and Experience*, 31-62.

sí contuviesen ciertas partes que no reflejasen las verdaderas coordenadas de latitud y longitud, lo había permitido porque, surcando dichas aguas, los marinos fiaban más en distancia y rumbo que no en latitudes, y cambiar las cartas sería hacerlas inservibles –proponía, pues, enmendar según las latitudes y longitudes correctas solo el mapa universal–. En cuanto a las pegas de los cosmógrafos a su mapa del océano Índico, y a la ubicación en el mismo de la línea demarcativa occidental, explicaba –como antes que él hicieran Gesio y Santa Cruz– la conocida afición portuguesa a acortar en sus derroteros el ancho de dicho océano y del Atlántico sur para que las Molucas quedasen de su lado, error que él había decidido remediar haciendo pasar la mencionada línea por Malaca, basándose para ello, principalmente, en la conclusión a que se llegara en Badajoz en 1524, conclusión con la que convenían Alonso de Santa Cruz, Juan López de Velasco, Pedro Ruiz de Villegas, Jacobo Castaldo, Sebastián Caboto y Miguel López de Legazpi. Refrendadas, pues –concluía–, como estaban por las relaciones de que entonces se disponía, por observaciones de eclipses y por numerosos pilotos, aquellas nuevas cartas y derroteros habían de ponerse en práctica en la Casa de la Contratación siempre que no surgiese evidencia en contrario.

Estos argumentos los explicaba García de Céspedes en la segunda parte del *Regimiento de navegación* –la *Hydrografía*–, al presentar los datos y métodos que manejó confeccionando el nuevo mapa universal y las seis cartas regionales (imagen 7.2.). Introducía el primero con una exégesis de los criterios que siguió para determinar latitudes y longitudes, dejando claro que, aunque solía fiar en operaciones matemáticas y observaciones astronómicas, tenía en cuenta también las opiniones de pilotos y marinos experimentados –habiendo "acomodado", de todas formas, a los eclipses los derroteros de los pilotos en caso de tener a la mano ambas fuentes (para este astrónomo, la última palabra correspondía siempre a las estrellas)–.[76] No disponiendo, sin embargo, de datos de eclipses –como ocurría con la ruta a las Indias orientales–, prefería seguir testimonios de pilotos portugueses, más

---

76. "[N]o apartandome de la comun opinion de los navegantes. He tomado por fundamento algunas dellas, para descrivir las partes donde no avia observacion de Eclypse, acomodando las tales derrotas, con la observacion de los Eclypses" (García de Céspedes, *Regimiento de navegación*, 117v-118).

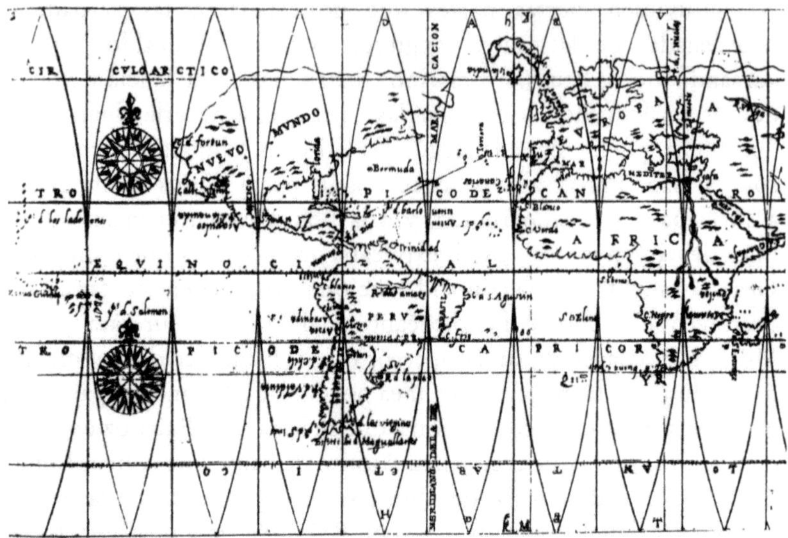

Imagen 7.2. Ilustración del *Regimiento de navegación e hydrografía* (1606) basada en el mapamundi de García de Céspedes.

hechos a aquella travesía.[77] Para el resto de casos daba todo el crédito a relatos de españoles y a los resultados del proyecto de observación de eclipses de Luna de López de Velasco.[78]

A lo largo del libro iba examinando sistemáticamente cuantos datos disponibles de eclipses lunares hasta considerar que estaba en condiciones de establecer con certeza coordenadas clave de longitud en referencia a las cuales ir trazando derroteros y líneas costeras, y con este enfoque justificó una revisión significativa del mapa de Suramérica. Ubicó, por ejemplo, el acceso al estrecho de Magallanes y Puerto Viejo (en el Perú) en el mismo meridiano. El 4 de septiembre de 1588 –explicaba–, a instancias de López de Velasco una serie de

---

77. Para la travesía oriental se servía sobre todo del relato de João de Castro y de las declaraciones que algunos pilotos prestaron cuando el archiduque Alberto trató de reformar el padrón portugués. *Ibid.*, 131-139.

78. "[M]uchas observaciones de Eclypses de la Luna, con las quales se averigua la longitud de las partes donde se hizieron: y las longitudines de las partes donde no huviere observacion de Eclypse, se procedera por la distancia de camino que los navegantes han hallado" (*ibid.*, 140).

"personas de la justicia y Regimiento" observó desde dicha localidad del litoral peruano un eclipse de Luna que, empezando a las 20:54, concluyó a medianoche, y, teniendo en cuenta que el mismo fenómeno lo había observado en paralelo desde Lisboa "con mucha diligencia" el propio cosmógrafo-cronista, que registró su inicio a la 01:49, la diferencia de las horas locales sugería entre las correspondientes localidades distancia longitudinal de 73° 45'. Añadía entonces que –aunque en aquella obra no los especificaba por no resultar prolijo– los datos que se tomaron del mismo eclipse en la Cuidad de los Reyes (Lima) y Arequipa confirmaban que la costa del continente suramericano corría exactamente Norte-Sur hasta el acceso al estrecho de Magallanes (en latitud 52° S), y ello coincidía –señalaba– con el parecer de Pedro Sarmiento de Gamboa y su piloto. De todo lo cual deducía –como anunciábamos– que el estrecho de Magallanes y Puerto Viejo quedaban en el mismo meridiano.[79]

Para detalles costeros de los mapas parciales no fiaba sino en relatos de "los mas expertos pilotos que aqui en Sevilla se han hallado" que corroboraba con los de otros pilotos hechos a las rutas en cuestión. En el caso de Florida –valga de ejemplo– usaba la descripción del litoral del "Capitan Pedro Cermeño, y el Piloto Iuan de Coy, los quales por orden del Governador de la Habana, el año 1595 fueron y costearon todos los Cayos que estan en la costa de la Florida".[80]

Sus notas al margen antes examinadas indican que, si accedió a –según entonces leíamos– "acomodar" los relatos de los pilotos, fue únicamente por habérsele *ordenado* tenerlos en cuenta al reformar el padrón. La prueba es que no pensó en examinarlos seriamente sino tras la asunción de responsabilidades en el Consejo de Indias, y que –incluso entonces– estaba siempre dispuesto a neutralizarlos esgrimiendo los resultados del proyecto de eclipses de López de Velasco, que constituyen, en efecto, los datos en que se basa para establecer coordenadas geográficas clave a lo largo de toda la *Hydrografía*. Para el derrotero entre Cebú (Filipinas) y Navidad (México) usa el relato de un piloto anónimo, pero las longitudes extraídas del mismo se apresura a aclarar que coinciden con las que determinara López de Velasco, y, aunque en lo que a cartas de zonas

---

79. *Ibid.*, 153v-154.
80. *Ibid.*, 160-161.

específicas respecta estaba dispuesto a sumarse a lo que entendía era el parecer comúnmente aceptado entre los pilotos, aquella era en realidad decisión pragmática: producto no de miramientos para con la experiencia de los miembros de aquel colectivo, sino de examen concienzudo de la fiabilidad de los materiales geográficos con que contaba. Sabedor de que, en su mayoría, los pilotos efectuaban sus descripciones de accidentes hidrográficos con métodos poco fiables, tampoco le escapaba que no tenía el género de información que para trazar mapas regionales precisos haría falta, y optaba, así –si los pilotos daban crédito a los mapas al uso y entendían que eran "representación verdadera"–, por simplemente dejarlos tal cual. Se cercioró, de todos modos, de que las coordenadas geográficas clave del mapa universal –hoy por desgracia perdido– se derivasen de eclipses o las hubiesen sometido a examen otros cosmógrafos.

De este uso de García de Céspedes de observaciones de eclipses que otros efectuaran podría interpretarse que, en su marco epistémico, las fuentes de la descripción cosmográfica eran los testimonios presenciales, pero esto es cierto en su sentido más laxo nomás. Aunque comprendía la importancia de determinar la credibilidad de los ejecutores de las observaciones –y que habían seguido un enfoque teórico consistente–, su idea no era (como sí en los proyectos de López de Velasco de los cuestionarios y los eclipses) establecer las credenciales de la información cosmográfica recabada –garantizar que fuesen declaraciones directas (sin intermediarios) de testigos oculares de los hechos en cuestión–, sino interpretar y traducir dicha información (tanto observaciones astronómicas, como relatos de pilotos) al idioma de la cartografía matemática.

Los relatos descriptivos de la cosmografía renacentista, por lo general no satisfacían las expectativas de los cosmógrafos-matemáticos para con sus fuentes, pues, aunque con sus mencionados proyectos de cuestionarios y eclipses López de Velasco había tratado de satisfacer los aspectos tanto descriptivos como matemáticos de la disciplina en el Renacimiento, dicho conato no llegó a cristalizar en corpus coherente de saber cosmográfico. Fue, en efecto, esencial el desarrollo por parte del primer cosmógrafo-cronista de un programa racionalizado de recopilación de datos sobre el Nuevo Mundo, pero la tarea de implementar en el Consejo de Indias una cosmografía que insistiese en un enfoque empírico y matemático –privilegiando como fuentes de datos solamente aquellos relatos descriptivos susceptibles de coherencia matemática– quedó para García de Céspedes. No suponía, sin embargo, esta coherencia matemática fin en sí mismo, sino que se aplicaba selectivamente, con la idea última de producir resultados de utilidad. Dio forma, sí, al enfoque epistémico de García de Céspedes la voluntad de demostrar la validez de unas conclusiones, pero también lo hizo el pragmatismo que su posición de cosmógrafo mayor del Consejo exigía, y, operando en la nueva economía de patronazgo de la corte de Felipe III, aprovechó plenamente la ocasión que publicar su *Regimiento de navegación e hydrografía* le brindaba de labrarse reputación de astrónomo y matemático.

En la *Hydrografía*, García de Céspedes dedica alguna palabra bien dura al anterior cosmógrafo del Consejo de Indias. Constató consternado, en efecto, que ni en las instrucciones impresas ni en los papeles personales de López de Velasco se especificaban los complejos cálculos necesarios para traducir a coordenadas de longitud los dibujos que los observadores de los eclipses remitían de las marcas previamente efectuadas en el instrumento de Indias en función de la sombra de la Luna al inicio y al término del fenómeno. Dice no hallar, de hecho, indicio alguno en toda aquella documentación de que su predecesor hubiese interpretado los resultados de las observaciones, y llega al extremo de sugerir que quizás simplemente no supiese cómo hacer aquellos cálculos. Pero la pregunta es: encontrando al cabo los resultados de tal valor, ¿por qué tanta molestia en dejar patentes errores y carencias de López de Velasco?

Con aquella crítica, García de Céspedes estaba exponiendo dos ideas sobre los métodos usados en el proyecto de los eclipses: que los cálculos matemáticos requeridos eran difíciles –fuera del alcance de los más–, y que hasta el fidelísimo astrolabio podía dar valores incorrectos –incluso en manos de un cosmógrafo–. Que tal era su intención, queda patente porque luego propone solución precisamente para esos dos problemas: un nuevo artilugio computacional de su propia cosecha (imagen 7.3.).[81] Aprovechó, en efecto, estar el proyecto de los eclipses

---

81. Concibe el instrumento como apoyo computacional de cara a la resolución de problemas astronómicos que impliquen coordenadas eclípticas y horizontales. Se trata de un disco giratorio transparente con una proyección estereográfica universal, montado sobre otro disco marcado con la misma proyección. Usa la proyección típica de la azafea árabe, que Gemma el Frisio reintrodujo en Europa como "astrolabio católico" (es decir, universal), y, aunque no incluye explicación de la teoría tras el instrumento, remite al lector a su tratado sobre el astrolabio, que no conservamos.

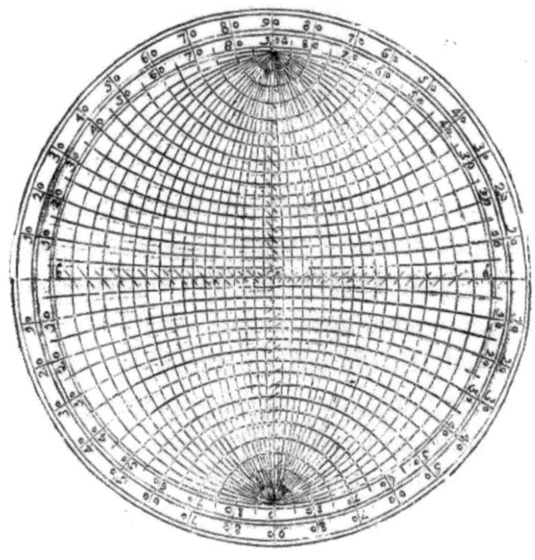

Imagen 7.3. Instrumento computacional del *Regimiento de navegación e hydrografía* (1606).

ya libre de restricciones de confidencialidad para promoción pública
de sus inventos y aumento de su prestigio como matemático.

Su cargo de cosmógrafo mayor comportaba implícito una
autoridad sobre temas cosmográficos que, siendo, sin embargo,
fácilmente socavable, él hacía cuanto en su mano estaba por afirmar
y salvaguardar –como cuando la enmienda del padrón–. A menudo lo
llamaban para examinar proyectos de inventores o exploradores, por
ejemplo en 1597, al remitir al Consejo de Indias Fernando de los Ríos
Coronel –procurador general de la Audiencia de Manila– una extensa
misiva en la que proponía un nuevo astrolabio que había inventado, y
una expedición en búsqueda de paso septentrional entre los océanos
Atlántico y Pacífico por el estrecho de Anián.[82]

---

82. Ríos Coronel basaba su propuesta en un relato hallado entre la documentación de
Martín de Rada, donde se afirmaba que aquel paso existía. "Memorial de Hernando de los Ríos sobre navegación a las Filipinas, incluye noticias de Martín de Rada,
1597", en Fernández de Navarrete, *Colección Fernández de Navarrete*, 18:633-
642. El original se conserva en AGI, Filipinas-35, N. 15, y hay documentación adicional en AGI, Filipinas-18B, R.7, N. 68, "Carta de Fernando de los Ríos Coronel
dando cuenta del astrolabio que había inventado", 27 de junio de 1597, Manila.

Le pidió el Consejo también dictamen sobre los resultados del viaje de exploración que se encomendó a Sebastián Vizcaíno de la costa de California desde México hasta más allá de cabo Mendocino, y, estudiada la información que habían traído, concluyó que el puerto de Monterrey era punto propicio para escala de avituallamiento y reparaciones del galeón de Manila tras el arduo paso del Pacífico. Cuando se dispuso exploración más en profundidad de la zona, preparó "a set of questions regarding the situation and condition of the port which were to be answered by Vizcaíno or by whoever accompanied the expeditions and was competent to do so"[83], y se pidió a las autoridades pertinentes ordenar a cuanto visitante tuviese en el par de años siguientes aquel nuevo puerto de Monterrey enviar al cosmógrafo descripción del mismo.[84]

De cuantos proyectos se le encomendaba evaluar, los de mayor notoriedad eran, no obstante, los de quienes afirmaban haber resuelto el problema del cálculo de coordenadas de longitud (en tierra firme o en el mar). Porque no era aquel asunto exclusivo de España –en la misma época hubo propuestas análogas desde Inglaterra y la Europa continental (Galileo incluido)–,[85] pero en España es verdad que el tema había entrado en una fase especialmente candente, con un rebrote del interés por la "aguja fija" –término usado (alternativamente) para brújula que señalase siempre el Norte correcto o que usase el efecto de la declinación magnética para determinar longitudes en el mar–. Sometieron, pues, a su consideración instrumentos o métodos en esta línea concebidos –entre otros– Juan Arias de Loyola o el portugués Luis de Fonseca Coutinho, y él a veces descartaba la propuesta rápido, en otras ocasiones recomendaba ponerla a prueba con experimentos en el mar...[86] En general, sin embargo, tenía poca fe en que nadie

---

83. "Una serie de preguntas sobre la situación y condición del puerto a responder por Vizcaíno o por quienquiera que fuese con las expediciones y estuviese capacitado para ello" (traducción *ad hoc* de M. C.). Desconocemos el contenido del cuestionario. Wagner, *Spanish Voyages*, 275.
84. BL, Add 13976, ff. 469-472, "Carta del rey a Pedro de Acuña, Gobernador y Capitán General de las Islas Filipinas sobre descubrimientos en las costas de California para resguardo de los galeones de Manila", 19 de agosto de 1606.
85. Cormack, *Charting an Empire*, 37.
86. Los registros están en AGI, P-262, R. 3 para Arias de Loyola, y R. 4 para Fonseca. Fernández de Navarrete resumió los documentos en su *Disertación sobre la historia de la náutica*.

alcanzase a solucionar realmente aquel problema y él viviera para verlo. Sus muchos años de escrutar los cielos y diseñar artefactos lo habían convencido de que, en el mar, la longitud no podía calcularse ni de una forma ni de otra.[87]

Cronistas e historiadores

Mientras García de Céspedes porfiaba por ver su *Regimiento e hydrografía* publicado, el Consejo de Indias no abandonó del todo su recabo de descripciones de las Indias: el nuevo presidente del centro, el conde de Lemos, era un gran defensor del cuestionario, cuya práctica se reactivó brevemente con el envío (entre 1604 y 1605) de uno nuevo con 355 preguntas impresas en folleto de ocho páginas.[88] En esto no está claro en qué medida participase García de Céspedes, pues firmaba el documento el propio conde,[89] quien cabe la posibilidad de que dirigiera él mismo la confección del cuestionario, o que delegase en Antonio de Herrera y Tordesillas o Gil González Dávila, que es quienes entonces servían como cronistas de Indias –Pedro de Valencia empezaría en 1607–.[90]

Las respuestas a aquel cuestionario de 1604 fueron escasas –hay identificadas treinta y una nomás (catorce de Suramérica y diecisiete de Nueva España)–, y ello se debió probablemente a quejas de las autoridades locales por su extensión y dificultad.[91] En la extensión y

---

87. A sus argumentos contra el uso de la brújula para determinar longitudes añadió una explicación razonada de los problemas que acarreaba intentar hacerlo con tablas solares, lunares y estelares, así como de los inconvenientes intrínsecos a relojes de arena, clepsidras y cronómetros mecánicos. Véase García de Céspedes, *Regimiento de navegación*, 106v-110.

88. BN, MS 3035, "Interrogatorio para todas las Ciudades, Villas y Lugares de Españoles y Pueblos de Naturales de las Indias Occidentales, Islas y Tierra Firme: al cual se ha satisfacer, conforme a las preguntas siguientes, habiendolas averiguado en casa pueblo con puntualidad y cuidado". Publicado en Solano, *Cuestionarios*, 97-111.

89. AGI, IG- 428, L. 32, f. 89, "Real Cédula al Conde de Monterrey, virrey del Perú, enviándole para que conteste un interrogatorio sobre la descripción de aquellas tierras", 25 de enero de 1605, Valladolid.

90. AGI, IG-874, "Título a Pedro de Valencia de Historiographo y Choronista general de las Indias Occidentales", 11 de mayo de 1607.

91. El número de respuestas se basa en el inventario de 1636 de León Pinelo. Véase Cline, "*Relaciones geográficas* of the Spanish Indies, 1577-1648", 230.

el formato del nuevo cuestionario, la historiadora Silvia Vilar ve, sin embargo, un esfuerzo por propiciar respuestas concisas, preferiblemente numéricas y cuantitativas.[92] Encuentra también –indicio de sensibilidad por parte del autor (de voluntad de hablar en modo sencillo de entender para los destinatarios)– un mayor uso de términos americanos. Las preguntas reflejan una mayor preocupación por aspectos económicos, de comunicaciones y demográficos –la información geográfica no lleva demasiado énfasis–, y en ningún caso se preguntan coordenadas de latitud o longitud ni se piden mapas –solo distancias estimadas y nombres de localidades cercanas–.[93] Las respuestas no podrían, pues, usarse para describir en detalle los accidentes geográficos de un territorio con cartografía matemática. Tampoco hay interés por la historia de cada región o sus aborígenes y las preguntas sobre historia natural se ocupan, simplemente, de la explotación de recursos naturales.

Lo que estas 355 preguntas persiguen es información cuantificable sobre la que cimentar decisiones administrativas. Al autor no le preocupaba si con los datos recabados pudiese componerse o no una descripción cosmográfica completa –para López de Velasco esto sí era importante–, y recopilar la información solicitada no requería ser cosmógrafo ni de orientación humanística ni matemática (componer el informe a enviar al Consejo, cabe suponer que tampoco).

Con este cuestionario de 1604 (surgido del nuevo intento de la Corona de aumentar los ingresos procedentes de las Indias),[94] Lemos esperaba encontrar fuentes de riqueza aún sin explotar, pues de ello entendía que dependía que dicho aumento de ingresos se diese. Puso palabras a su plan en la dedicatoria de la *Descripción de la Provincia de los Quixos*, obra que, publicada con su nombre en 1608 en Madrid, y compuesta en realidad por Pedro de Valencia, parece que se planteaba como nuevo modelo de descripción regional –confeccionado a partir de las respuestas del cuestionario que nos ocupa y para uso del

---

92. Vilar, "Trajectoire des curiosités Espagnoles sur les Indes", 258-267.
93. Hay una pregunta ambigua con la que tal vez se estuviesen pidiendo latitudes: "125. En q- graduación esta este pueblo por la parte del Sur, o del Norte". Véase BN, MS 3035. f. 2v.
94. Desde 1600, el duque de Lerma venía presionando al Consejo para que mirase formas de aumentar los ingresos procedentes de las Indias. Véase Schäfer, *Consejo de Indias*, 1:178.

Consejo de Indias–.[95] Expresaba la esperanza de que aquella iniciativa proporcionase a la institución la información actualizada sobre los territorios que gobernaba de que hasta entonces venía careciendo –eco de las quejas de Ovando cuarenta años atrás–.

De los comentarios de Lemos se desprende que la información que en 1577 y 1584 recabaran los cuestionarios de López de Velasco se consideraba ahora obsoleta. Explicaba el conde, en efecto, que se había enviado a las Indias un copioso cuestionario sobre "las haciendas, ocupaciones y comercio de los naturales, la navegacion de sus Mares y otras cosas menudas de este genero",[96] y que había ordenado a las autoridades locales ir actualizando las respuestas cada cinco años –las de Quito y Panamá (que ya se habían recibido) insistía en que daba clara muestra de la utilidad de este modo de recopilación de información–. Aquel libro, y otras descripciones que según su modelo se compondrían, decía que incluían "aquello solamente que la experiencia del oficio me ha enseñado a notar, que es de importancia para la buena expedicion de los negocios".[97]

La *Descripción de la Provincia de los Quixos* se divide en cuatro secciones –lo natural, lo moral, lo eclesiástico y lo militar– a las que siguen breves descripciones de las principales poblaciones españolas, incluyendo también mapa corográfico de la región (imagen 7.4.). Fue la primera de las veintiuna que conservamos que escribiría Valencia –todas semejantes a ella en planteamiento, estilo y contenido–. A diferencia de López de Velasco, este autor usaba una serie de respuestas al cuestionario de 1604 para preparar lo que yo califico de informes descriptivos para el Consejo de Indias, si bien su distribución de la materia difería de dicho cuestionario en la medida en que, para enfatizarlos, situaba los aspectos naturales y productivos del territorio al comienzo. Es decir: que, aunque una vez más la composición consistía en extraer información del cuestionario, ya no se trataba de una cosmografía exhaustiva de una zona, sino de presentar los

---

95. Una edición reciente de la obra de Pedro de Valencia incluye un excelente estudio introductorio y transcribe cuantas relaciones de Indias se le atribuyen en BN 3064 y BN 594. Véase Pedro de Valencia *et al.*, *Obras completas: Relaciones de Indias: Nueva Granada y Virreinato de Perú*, 2ª ed., vol. 5/1 (León: Universidad de León, 2001).

96. *Ibid.*, 110.

97. *Ibid.*, 111.

7.4. Mapa de la *Descripción de la gobernación de los Quixos*. BN, MS 594, f. 5.

posibles recursos naturales de cada unidad administrativa. No pretendía Valencia, en efecto, estar escribiendo obra cosmográfica, sino únicamente informes bien organizados y sintéticos. Dio por terminado el proyecto en 1613.[98]

Como el *Regimiento* de García de Céspedes, este cuestionario de 1604 y las relaciones de Indias de Valencia señalan la definitiva ruptura en el Consejo con la herencia cosmográfica humanística que había dado lugar a las reformas de Ovando, y que halló aún expresión en el cuestionario de López de Velasco, del que es característica, por lo demás, una atomización de los hechos que las descripciones geográficas conservarían incluso en manos de Pedro de Valencia, quien, a pesar de pertenecer a la última generación que se daría semejante apelativo, no dejaba de ser uno de los principales humanistas de España.[99] No fue ya más, por tanto, pauta en el Consejo para establecer qué era necesario saber sobre las Indias el enfoque holístico (exhaustivo) de la cosmografía renacentista –enfoque que (con geografía, etnografía, historia natural e historia)

---

98. Pedro de Valencia *et al.*, *Obras completas,* vol. 5, *Relaciones de Indias,* nº 2, *México,* 2ª ed. (León: Universidad de León, 2001), 52.
99. Bustamante García, "Círculos intelectuales", 45.

Ovando pensó conllevaría método y taxonomía capaces de abarcar la realidad del Nuevo Mundo–. En vez de tratar de comprender el conjunto, procuraba ahora disponer la institución del saber preciso para sus funciones y responsabilidades administrativas inmediatas. Estas obras supusieron –con sus característicos fines pragmáticos y utilitarios– los últimos vestigios de prácticas asociadas a la cosmografía del Renacimiento en el Consejo de Indias.

En el cual, puesta ya la vertiente matemática de la disciplina en manos de un experto matemático, la descriptiva –es decir: la que para hallar expresión requería de palabras– pasó a ser competencia del cronista mayor, cargo que en 1596 asumió Antonio de Herrera y Tordesillas, emprendiendo la escritura de lo que se convertiría en la historia oficial de la Corona española del descubrimiento y la conquista del Nuevo Mundo: la *Historia general de los hechos de los castellanos en las Islas y Tierra Firme del Mar Océano* (también conocida como *Décadas*), cuya publicación se inició en 1601. El primer volumen contenía –introducción para toda la obra– sección geográfica que, titulada *Descripción de las Indias Ocidentales*, básicamente era un refundido del *Sumario* de López de Velasco.[100] Incluía –reflejo del cambio en la política de confidencialidad sobre la geografía de ultramar– mapas trazados a partir de los que dicho López de Velasco con tamaño celo se cuidara de tener restringidos en el Consejo (imagen 7.5.),[101] y cabe

---

100. Para ampliar la obra de López de Velasco, Herrera y Tordesillas añadió algunos materiales históricos, y parece que consultó algunas relaciones geográficas, como en el caso de la *Descripción de Guazacapán, Los Izalcos, Cuzcatln y Chiquimula (Guatemala)* de Diego García de Palacio (Acuña, ed., *Relaciones geográficas*, 1:252). Cuesta Domingo identificó la mayoría de las fuentes de Herrera y Tordesillas en su introducción a Antonio de Herrera y Tordesillas, *Historia general de los hechos de los castellanos en las Islas y Terra Firme del Mar Océano, o, Décadas de Antonio de Herrera y Tordesillas (1601-1615)*, ed. Mariano Cuesta Domingo, 4 vols. (Madrid: Universidad Complutense, 1991), 1:57-59.

101. Los mapas presentan algunas diferencias con respecto a las coordenadas geográficas de López de Velasco en la *Geografía* y el *Sumario*. Aunque, a grandes rasgos, el continente americano presenta un aspecto similar, la zona asiática está rehecha, quizás en arreglo a las objeciones de Gesio. Hay, con todo, una coincidencia toponímica que sugiere que Herrera y Tordesillas usase como guía los mapas de López de Velasco, pues el río Ganges sigue apareciendo en la costa china, error flagrante por el que Gesio puso el grito en el cielo. Para un estudio de la relación entre ambos juegos de mapas, véase Cuesta, "Cartografía grabada en la obra de Antonio de Herrera", en *Descubrimiento y cartografía en la época de Felipe II*, ed. Mariano Cuesta Domingo (Valladolid: Universidad de Valladolid, 1999), 71-114.

Imagen 7.5. Mapa de la *Descripción de las Indias Occidentales*, publicado en las *Décadas* de Herrera y Tordesillas. Library of Congress.

decir que efectuó el autor selección acertada sobre el nutrido corpus cartográfico que sin duda tendría a su disposición. Otorgaba al mapa, por lo demás, la misma función que su mencionado predecesor López de Velasco: subsidiaria del texto. No era la geografía en aquel libro sino trasfondo sobre que pintar las hazañas heroicas de los españoles en el Nuevo Mundo.

Dando su apoyo a la publicación de las *Décadas*, García de Céspedes reconocía esta función del mapa no como cartografía definitiva de las Indias, sino como complemento del texto descriptivo. Emitió, en efecto, dictamen certificando que en la geografía y la cosmografía de Herrera y Tordesillas "todo está conforme a lo que comúnmente se platica y está más recibido entre todos los que navegan y conforme a lo que pasó en el primer descubrimiento y a lo que después acá se ha hallado y que adonde quiera parecerá bien, y que se puede muy bien imprimir y que de la impresión resultará mucha utilidad y honra a la nación Castellana, y lo firmé de mi nombre a 3 de enero de 1599".[102] Recuérdese que, cuando escribió esto, el cosmógrafo andaba trabajando en lo que igual él que el Consejo consideraban la geografía definitiva del Nuevo Mundo: el padrón real y su corpus cartográfico anejo. El uso por parte de Herrera y Tordesillas de los viejos mapas de López de Velasco para ilustrar un relato histórico no era en detrimento del proyecto paralelo –pero conceptualmente ya distinto– del cosmógrafo.

Aquel sueño quimérico de los humanistas del Renacimiento de componer una cosmografía universal se había disipado ante el reto de incluir el Nuevo Mundo en su marco teórico. Lo cual no supuso, sin embargo, el fin de las prácticas que sus adeptos llevaban más de un siglo perfeccionando, y el divorcio resultante entre las vertientes descriptiva y matemática de la disciplina abrió la puerta a la especialización, particularmente en el segundo caso. Los historiadores han identificado transformaciones similares en el ámbito de la cosmografía francesa y alemana, y, para los años 20 del siglo XVII, los geógrafos ingleses tomarían senda análoga de especialización.[103]

---

102. Herrera y Tordesillas, *Décadas*, 1:122.
103. Lestringant, *Mapping the Renaissance World*, 129, y Cormack, *Charting an Empire*, 37-42.

Andrés García de Céspedes trajo a su cargo la firme convicción de que el valor de la cosmografía residía en su componente matemático, pero tuvo la perspicacia de entender –y adaptarse a– los contextos institucionales del Consejo de Indias y la Casa de la Contratación. Era consciente de las limitaciones tanto de los instrumentos entonces disponibles (astrolabios, tablas astronómicas y mapas) como de sus usuarios (pilotos y burócratas), y, desarrollando un enfoque epistémico que, fundamentado en el racionalismo matemático, se hacía a un lado –no obstante– ante la experiencia de los marinos y las exigencias de los burócratas, logró salvar el abismo entre el crédito al testimonio de primera mano de la cosmografía renacentista y el planteamiento matemático y empírico del siglo XVII.

Con Felipe III, el interés por hacer pública la información geográfica sobre las tierras de ultramar confirió a la misma un papel que trascendía su uso estrictamente utilitario en el Consejo y en la Casa. Que el saber geográfico sobre el Nuevo Mundo se difundiese no significaba, en efecto, que para la Corona española ya no fuese cosa importante: se sacaba, antes bien, a la luz pública en forma estratégica. Ya no cabía tenerlo secreto por miedo a usurpadores o por razones defensivas –como sí durante la mayor parte del reinado de Felipe II–: determinaba ahora su valor (siendo necesaria, por tanto, su exhibición pública) su condición potencial de argumento a favor de las pretensiones territoriales de la Corona de España. Pasó a ser, sí, una de las herramientas con que esta anunciaba al mundo la magnitud de sus posesiones, y ello supuso que la cosmografía dejase de ser la ciencia secreta del imperio español.

Conclusión

Cuando –en el siglo xv– lo émulos humanistas de Tolomeo sentaron las bases de la cosmografía renacentista, adoptaron las metodologías y modos de representación más adecuados al que era su objetivo: una descripción sintética del mundo erudito-libresca. Recogiendo el testigo del cosmógrafo griego –invitación a describir la totalidad del orbe conocido–, compusieron una serie de elegantes (si bien estáticas) imágenes del mismo que incluían nuevos territorios y pueblos en la visión del mundo de la Edad Moderna, pero el descubrimiento de América –todo un siglo, de hecho, de descubrimientos geográficos– pusieron en cuestión que aquella disciplina relativamente joven realmente constituyese marco teórico y set de prácticas desde el que poder explicar tierras y océanos hasta entonces ignotos. Dichos descubrimientos, si bien fungieron de catalizador de la praxis cosmográfica y confirieron a sus cultores una mayor notoriedad, supusieron al tiempo presión excesiva para el enfoque epistémico, las metodologías y los productos textuales asociados a la disciplina en el Renacimiento.

En España el descubrimiento obligó, en efecto, a los cosmógrafos reales a abandonar las prácticas humanísticas que caracterizaban a la disciplina en el Renacimiento, optando, en vez, por otras nuevas más adecuadas al flujo de información cosmográfica que del Nuevo Mundo emanaba. Ejercían ahora en la frontera misma de lo conocido y lo desconocido: cada relación, derrotero de piloto, carta o relato de descubrimiento nuevo llegado de las Indias les planteaba un problema epistémico que exigía desarrollar nuevos métodos para una determinación consistente de los hechos cosmográficos. Hubieron, pues, de concebir nuevos modos de recopilar y organizar información, así como de comprobar la validez de la misma, garantizando, a la vez, que sirviese siempre a fines utilitarios.

En la España de los años 70 del siglo xvi, las prácticas asociadas a la cosmografía renacentista entraron en una época de reconceptualización que demandaba enfoques epistemológicos, modos de representación y metodologías nuevos que, al cabo, transformaron la disciplina. Dicha cosmografía renacentista ofrecía, como el ejemplo de Alonso de Santa Cruz demuestra, un marco conceptual exhaustivo (quizás demasiado ambicioso) desde el que acercarse al Nuevo Mundo, pero otros aspectos que incluía –especialmente los asociados con el humanismo–, al intentar ponerlos al servicio del imperio español resultaron inadecuados. Para Juan de Ovando, aquella disciplina seguía proporcionando, más allá de sus aparentes limitaciones, la imagen del mundo exhaustiva –holística, podríamos decir– que él consideraba esencial para llegar a comprender el territorio y los pueblos del Nuevo Mundo, y su enfoque legal de la misma fue un esfuerzo sincero por garantizar que los miembros del Consejo de Indias –a quienes, en buena medida, las realidades de los nuevos territorios escapaban– tuviesen a su disposición la información que el gobierno responsable de estos requería. Aquella ley restringía, sin embargo –a pesar del intento que era de respetar las prácticas asociadas a la cosmografía–, el ámbito de la producción cosmográfica a obras que desde dicho Consejo se considerasen "útiles", y este mandato utilitario –institucionalizado y codificado– transformaría el ejercicio de la disciplina en la institución: se asumirían, depuesta la herencia humanística, modos de recopilación, organización y presentación de información sobre el Nuevo Mundo cuantificables y atomizados.

Juan López de Velasco, inicialmente reacio a abandonar el modo representativo de la cosmografía renacentista –la magna obra que todo abarcaba–, al final cedió, y sus proyectos de cuestionarios y eclipses renovaron la metodología al uso permitiéndole dar cuenta de la fluidez inherente a la información cosmográfica durante la época de los descubrimientos. Seguía anclado, sin embargo, su trabajo a una epistemología que privilegiaba, sobre otras fuentes, los testimonios descriptivos de primera mano, que concebía no como fuentes de información cosmográfica (necesitados, por tanto, de interpretación) sino como declaraciones legales a las que, aplicando un criterio de inspiración jurídica, confería validez análoga a la del testimonio jurado de un testigo ante un juez. En semejante marco epistémico, cualquier manipulación del relato del testigo equivalía a manipulación de los datos y tenía, en consecuencia, connotaciones negativas.

Con este enfoque imparcial, López de Velasco evitaba el rol de mediador entre los hechos que los testigos formulaban y los que aparecían en la cosmografía –renunciaba, pues, a la principal tarea del cosmógrafo–, y en esto yo veo la culminación necesaria de un planteamiento epistémico que otorgaba al testimonio ocular un valor enorme. El que llevaba a cabo era un programa esencialmente descriptivo. Se juzgaría, por ende, en función de cuán fiel fuese la descripción a la realidad –realidad que bien podían cuestionar las noticias que trajese la siguiente flota de Indias–. De ahí que dejar el testimonio presencial tal cual –sin mediador ninguno– fuese lo más acorde a la verdad según definición legal de la misma.

Cosmógrafo-cronista mayor del Consejo de Indias, López de Velasco se convirtió (sin pretenderlo) en paradigma de la cosmografía oficial, y ello implicó que su planteamiento descriptivo de la disciplina pasase a ser –para otros cultores de la misma partidarios de un set de prácticas de todo punto distinto– blanco a abatir, pues, si a mediados del siglo XVI había en ella cabida para estilos diversos, acabando el mismo pasó a ser patrimonio prácticamente exclusivo de matemáticos, cambio debido, en mi opinión, a una revalorización de sus cimientos epistemológicos, es decir: a una revaluación de los métodos y criterios empleados para determinar hechos cosmográficos. Para cosmógrafos de orientación matemática como Andrés García de Céspedes, las relaciones descriptivas de pilotos, agentes gubernamentales u observadores instruidos no solían satisfacer, en efecto, los requisitos que ellos en principio exigían de un hecho cosmográfico, y, convencidos de que someter los testimonios oculares al análisis matemático daría lugar a un saber nuevo, más profundo, propusieron ir más allá del apego estricto a la letra de los mismos. Correspondió, pues, a García de Céspedes poner en marcha en el Consejo de Indias una cosmografía que insistiese en este enfoque matemático y privilegiase como fuentes de información geográfica únicamente relatos descriptivos cuya coherencia matemática pudiese demostrarse. En cuanto al componente descriptivo de la geografía, pasó a ser competencia del historiador y cronista.

Las *Ordenanzas* de Ovando habían formalizado también en el Consejo una política de confidencialidad que, en las últimas décadas del siglo XVI, reguló –o, mejor dicho, vetó– la difusión pública de información cosmográfica sobre el imperio ultramarino español, y, primer cosmógrafo-cronista sujeto a dicha provisión, López de Velasco ejerció la censura que conllevaba sobre toda obra tocante a historia, geografía, historia natural o pueblos nativos del Nuevo Mundo. Mostró, quizás, un celo excesivo, pero hizo gala, en cualquier caso, de su eficiencia habitual, y, en sus manos, la cosmografía se convirtió en la ciencia secreta del imperio español. Conviene no perder de vista, sin embargo, que coordinó una ingente red sin precedentes de recopilación de información –tarea ardua, si tenemos en cuenta las dificultades logísticas que la distancia cultural y geográfica imponía–, y que el alijo de información sobre el Nuevo Mundo que dejó a buen recaudo en el archivo secreto del Consejo de Indias informó las obras de Antonio de Herrera y Pedro de Valencia, así como de un equipo de cronistas de la institución del siglo XVII. No son, en efecto, sino los gravámenes de apertura y colaboración que impone a la ciencia una perspectiva presentista los responsables del supuesto cariz conspirador de su quehacer.

Como, en los años 90 del siglo XVI, la ventaja militar y económica de tener secreto aquel corpus de información empezara a menguar, se encontró para el mismo una nueva misión estratégica. Reinando Felipe III, el cosmógrafo y el cronista del Consejo de Indias se encargaron de presentar y sacar a la luz la geografía de las colonias –aspecto de la cosmografía de las mismas que no amenazaba su política interna– en la idea de construir una imagen pública del poder y el control imperiales.

Este estudio de los cosmógrafos reales de España cuestiona las conclusiones de otros recientes sobre patronazgo y ciencia. Los historiadores tienden a sostener que, al posibilitar el ejercicio de la ciencia fuera del escolasticismo restrictivo de las universidades, la emergencia del filósofo cortesano habida en esta época propició el paulatino debilitamiento de la filosofía natural aristotélica,[1] pero, en el caso de los cosmógrafos españoles que ocupaban cargos burocráticos en un

---

1. Westman, "Astronomer's Role in the Sixteenth Century", 122-127. Para un estudio de caso de un matemático que se reconvirtió en filósofo natural, véase Biagioli, *Galileo, Courtier.*

entorno institucional, semejante patronazgo no conllevó desafío a los fundamentos del aristotelismo –ya requiriese efectuar aquella actividad en secreto o divulgar el saber–. A lo que sí dio lugar la institucionalización de la práctica cosmográfica fue –igual en la Casa que en el Consejo o en la corte– a aunar fuerzas por el desarrollo de aspectos de la disciplina que prometían soluciones al problema acuciante de un imperio en expansión.

Las obras de Santa Cruz, López de Velasco y García de Céspedes carecen casi por completo de especulación filosófico-natural –mucho menos cuestionan la explicación de fenómenos naturales de la filosofía natural aristotélica–, y esta ausencia plantea una interesante pregunta: en España, la actividad cosmográfica, ¿tan determinada estaba por el papel del cosmógrafo al servicio del imperio, que apenas quedaba espacio para la especulación filosófica? Ello nos enfrenta a un tema central de la historiografía tradicional de la ciencia, según la cual, al clima intelectual que desembocó en la Revolución Científica contribuyó, además del baconianismo, y de un interés por matematizar los fenómenos naturales, una nueva ola de filosofía natural especulativa habida a comienzos del siglo XVII –esta escuela de pensamiento sugiere que explicaciones mecanicistas como la cartesiana abrieron las puertas a formulaciones matemáticas de fenómenos naturales como las leyes de los gases de Boyle o las leyes de la gravedad de Newton–.

El material que he presentado apunta a que las exigencias utilitarias del imperio alejaron a los cosmógrafos de la Corona española de la filosofía natural especulativa: si lo que se recompensaba era representar la naturaleza en tanto que inventario del mundo real, visible y tangible, el tipo de filosofía natural especulativa que podría haber llevado a cuestionar la filosofía natural aristotélica les ofrecía poca perspectiva de conocimiento al cabo aprovechable, y era, por tanto, poco valorado en un sistema de patronazgo que premiaba los resultados útiles.[2] En

---

2. El aspecto utilitario del quehacer científico en la España de la Edad Moderna ha sido objeto de análisis durante mucho tiempo. A finales del siglo XIX, en el contexto de una crítica de la educación científica, Marcelino Menéndez y Pelayo achacaba la decadencia de la ciencia española en el siglo XVII a una insistencia obstinada en el utilitarismo que redujo la astronomía a la navegación y las matemáticas a la fortificación y a la artillería, y sacó, por tanto, al país de la cadena de los descubrimientos teóricos. Véase su introducción a Acisclo Fernández Vallín, *Cultura científica en España en el siglo XVI* (Sevilla: Padilla Libros, 1893), edición facsímil, ed. Marcelino Menéndez y Pelayo

semejante contexto no ha de sorprendernos que, de las obras de García de Céspedes, bajo los auspicios de la Corona se publicasen solo las que entrañaban componente pragmático, y las de corte astronómico que dedicó al movimiento planetario y sistemas cosmológicos alternativos quedasen, en cambio, inéditas –no porque cuestionasen la filosofía natural aristotélica (cosa que dudo, dado el enfoque instrumentalista de este autor), sino porque no tenían aplicación práctica inmediata–.

En el cumplimiento de las funciones de sus cargos oficiales, los cosmógrafos reales de España desarrollaron nuevas prácticas basadas en la observación y –algunas veces– el experimento, y esto se asemeja a los procederes que, a comienzos del siglo XVII, Francis Bacon propondría como fundamentales para la construcción de una nueva filosofía. Lo cierto es, de todas formas, que hay un abismo entre estos cosmógrafos y Bacon. Para este, lo que permitía hablar de conocimiento era la construcción de los principios de una filosofía y una metodología investigadora nuevas que explicasen el mundo natural. Los cosmógrafos españoles, en cambio, aunque en respuesta al encuentro de su país con el Nuevo Mundo desarrollaron metodologías investigadoras y sistemas organizativos del conocimiento innovadores, respondían a motivos esencialmente distintos de los del pensador inglés. Creían, con una fe que no necesitaba justificación, que la Providencia había encomendado a España un Nuevo Mundo que era menester comprender y describir de modo que sus pueblos pudiesen ser convertidos al cristianismo y gobernados eficazmente. Y esta misión trascendental exigía, sí, tanto herramientas tecnológicas que facilitasen el acceso a aquellas tierras (la cartografía y la navegación), como conocer los recursos naturales terrestres y marítimos de las mismas, y la historia de sus pueblos aborígenes, pero desarrollar una nueva filosofía natural no parece que fuese condición indispensable, pues la misión del cosmógrafo no era tanto explicar como –simplemente– incluir, y, en ambos casos, con la filosofía natural aristotélica bastaba.

(Sevilla: Padilla Libros, 1989), xlv. Recientemente, Navarro Brotóns da crédito al papel de la práctica en el quehacer científico español, y concluye que la ciencia de los cosmógrafos, al estar bajo el patronazgo de la Corona y verse como instrumento, fue ciencia reducida en realidad a tecnología. Véase Víctor Navarro Brotóns, "Cartografía y cosmografía en la época del descubrimiento", en *Mundialización de la ciencia y cultura nacional: Actas del Congreso Internacional "Ciencia, descubrimiento y mundo colonial"*, ed. A. Lafuente, A. Elena, y M. L. Ortega (Madrid: Doce Calles, 1991), 72.

Los cosmógrafos reales de España, cuya labor iba encaminada a identificar y organizar información provechosa para el imperio –no a desvelar arcanos de la naturaleza–, no aspiraban a análisis causal de los fenómenos observados, y, por tanto, no desarrollaron enfoque epistémico que esclareciese relaciones de causalidad. Lo cual resulta –y es curioso, pues el entorno cognitivo en que operaban mostraba un claro compromiso con la filosofía natural aristotélica– cosa en rigor contraria al sistema del Estagirita, en los cimientos de cuya epistemología está la tesis de que el auténtico conocimiento lo es de causas.[3] Desarrollando de cara a la determinación de hechos sofisticadas prácticas empíricas y agudos planteamientos epistémicos, contribuyeron a abrir (en la investigación de la naturaleza) sendero alternativo por el que eludir la búsqueda de causas,[4] cosa que no hicieron, por cierto, sino siguiendo querencia natural: optando por el camino que llevaba al patronazgo y por la satisfacción profesional que proporcionaba la contribución al proyecto imperial.

Frente a ello, el tipo de especulación filosófico-natural que en el siglo XVII llevó a explicaciones mecanicistas de la naturaleza surgió, precisamente, de una búsqueda de causalidad –minaba, en efecto, la base teórica de la filosofía natural aristotélica, pero no su planteamiento epistémico–. Esta fue, una vez complementada con sofisticadas prácticas empíricas, una de las vías que condujeron a la ciencia moderna, y cartografiar estos diversos enfoques bien podría suponer, a mi juicio, un punto de partida para la conceptualización de la labor de los científicos españoles del siglo XVII en relación a la de sus pares europeos. Podría proporcionar, de hecho, nuevas explicaciones históricas de la incidencia en el desarrollo de la ciencia moderna del descubrimiento del Nuevo Mundo.

---

3. Para un interesante estudio de cómo los distintos estilos nacionales incidieron en la búsqueda de causas en Francia y en Inglaterra durante la Revolución Científica, véase John Henry, "National Styles in Science", en *Geography and Revolution*, ed. David N. Livingstone y Charles W. J. Whithers (Chicago: University of Chicago Press, 2005), 43-74.

4. De todas formas, evitar el pensamiento especulativo no era infrecuente entre los matemáticos europeos del siglo XVI. Para el caso de los ingleses, véase Bennett, "'Mechanics' Philosophy", 11. Agradezco a uno de los correctores anónimos por esta puntualización.

A tal descubrimiento siguió un flujo de nueva información sobre la geografía, la historia natural y los pueblos del orbe sin precedentes hasta donde hay registro histórico, y los cosmógrafos reales de la España de la época de los descubrimientos gozaban con respecto a la misma de una posición envidiable. Mientras que a otras zonas de Europa llegaba noticia del Nuevo Mundo mayoritariamente a través de fuentes noveladas de segunda mano, ellos disponían de relatos sobre aquellos territorios y sus pueblos de testigos oculares. Estaban, hablando en sentido figurado, más cerca de ellos que el resto de cosmógrafos europeos, que no podían sino envidiar su situación (a partir de mediados del siglo XVI, por dar un caso, la información geográfica sobre los nuevos descubrimientos era para los cosmógrafos alemanes tan difícil de conseguir, que optaron por centrarse en trazar mejores mapas de Alemania).[5] Este acceso privilegiado les permitió aplicar a su disciplina el rigor que Tolomeo propugnaba para la geografía, y les dio el aplomo necesario para diseñar un programa epistémico que afirmaba el carácter efectivo –real– de los hechos cosmográficos. Con semejante riqueza de material a la mano, los aspectos especulativos no es de extrañar que no les atrajesen. Recuerda al rey, en efecto, hacia 1556 Pedro Cieza de León –escribiendo desde su perspectiva eurocéntrica– que, si no los españoles, entonces "¿quién podrá decir las cosas grandes y diferentes que en él son, las sierras altísimas y valles profundos por donde se fue descubriendo y conquistando, los ríos tantos y tan grandes, de tan crecida hondura; tanta variedad de provincias como en él hay, con tantas diferentes calidades; las diferencias de pueblos y gentes con diversas costumbres, ritos y ceremonias extrañas; tantas aves y animales, árboles y peces tan diferentes y ignotos?".[6]

---

5. Gallois, *Géographes allemands de la Renaissance*, 238.
6. Pedro Cieza de León, *La crónica del Perú*, ed. Manuel Ballesteros (Madrid: Dastin, 2000), 56.

Bibliografía

Acosta, José de. *Historia natural y moral de las Indias, en que se tratan de las cosas notables del cielo, y elementos, metales, plantas y animales dellas: y los ritos, y ceremonias, leyes y gobierno, y guerras de los Indios.* Sevilla: Juan de León, 1590. Edición facsímil, ed. Barbara Beddall. Valencia: Hispaniae Scientia, 1977.

—. *Historia natural y moral de las Indias, en que se tratan de las cosas notables del cielo, y elementos, metales, plantas y animales dellas: y los ritos, y ceremonias, leyes y gobierno, y guerras de los Indios.* Ed. Edmundo O'Gorman. 2ª ed. México: Fondo de Cultura Económica, 1962.

—. *Obras del P. José de Acosta.* Ed. Francisco Mateos. Biblioteca de Autores Españoles. Madrid: Atlas, 1954.

Acosta Rodríguez, Antonio, Adolfo Luis González Rodríguez y Enriqueta Vila Vilar, eds. *La Casa de la Contratación y la navegación entre España y las Indias.* Sevilla: Universidad de Sevilla/ CSIC/Fundación El Monte, 2003.

Acuña, René, ed. *Relaciones geográficas del siglo XVI.* 10 vols. México: Universidad Nacional Autónoma de México, 1982.

Albares Albares, Roberto. "El humanismo científico de Pedro Ciruelo". En *La Universidad Complutense Cisneriana.* Madrid: Editorial Complutense, 1996, 177-205.

Albuquerque, Luis de. "Acerca de Alonso de Santa Cruz y de su 'Libro de las longitudes'". En *América y la España del siglo XVI: Homenaje a Gonzalo Fernández de Oviedo, cronista de Indias, en el V centenario de su nacimiento,* eds. F. de Solano y F. del Pino. Madrid: CSIC, Instituto Gonzalo Fernández de Oviedo, 1982, 189-204.

—. *Astronomical Navigation.* Lisboa: Comissão Nacional para as Comemorações dos Descobrimentos Portugueses, 1988.

Alejo Montes, Francisco Javier. *La Universidad de Salamanca bajo Felipe II, 1575-1598.* Burgos: Aldecoa, 1998.

Alvar Ezquerra, Alfredo, María Elena García Guerra y María de los Ángeles Vicioso Rodríguez, eds. *Relaciones topográficas de Felipe I.* 4 vols. Madrid: CSIC, 1993.

Álvarez Peláez, Raquel. *La conquista de la naturaleza Americana*. Madrid: CSIC, 1993.

—. "Etnografía e historia natural en los cuestionarios oficiales del siglo XVI". *Asclepio* 41, nº 2 (1989): 103-126.

—. "La historia natural en los siglos XVI y XVII". Ponencia presentada en las Jornadas sobre España y las expediciones científicas en América y Filipinas, Ateneo Científico, Literario y Artístico de Madrid, 1991.

—. "Las relaciones de Indias". En *Felipe II, la ciencia y la técnica*, ed. E. Martínez Ruiz. Madrid: Actas, 1999, 291-315.

Andrés, Gregorio de. "Juan Bautista Gesio, cosmógrafo de Felipe II y portador de documentos geográficos desde Lisboa para la Biblioteca de El Escorial en 1573". *Publicaciones de la Real Sociedad Geográfica*, ser. B, 478 (1967): 1-12.

—. "Viaje del humanista Alvar Gómez de Castro a Plasencia en busca de códices de obras de S. Isidoro para Felipe II (1572)". En *Homenaje a don Agustín Millares Carlo*. Las Palmas: Caja Insular de Ahorros de Gran Canaria, 1975, 608-621.

Andrewes, William J. H., ed. *The Quest for Longitude: The Proceedings of the Longitude Symposium, Harvard University, Cambridge, Massachusetts, November 4-6, 1993*. Cambridge, Mass.: Harvard University Press, 1993.

Anónimo. *Vida del Lazarillo de Tormes castigado*. Ed. Gonzalo Santoja. Madrid: Sociedad Estatal España Nuevo Milenio, 2000.

Apiano, Pedro. *Cosmographicus liber Petri Apiani mathematici studiose collectus*. Landshut: P. Apiani, 1524. Microfilm.

Arellano Moreno, Antonio, ed. *Relaciones geográficas de Venezuela: Recopilación, estudio preliminar y notas de Antonio Arellano Moreno*. Caracas: Academia Nacional de la Historia, 1964.

Argensola, Bartolomé Leonardo. *Conquista de las Islas Malucas*. Madrid: Alonso Martín, 1609.

Arribas Lázaro, Ángeles. "Unas cartas de Alonso de Santa Cruz". *Asclepio* 26-27 (1974-1975): 257-266.

Ash, Eric H. *Power, Knowledge, and Expertise in Elizabethan England*. Baltimore: Johns Hopkins University Press, 2004.

Ashworth, William B. "Natural History and the Emblematic World View". En *Reappraisals of the Scientific Revolution*, eds. David Lindberg y Robert Westman. Cambridge: Cambridge University Press, 1990, 301-332.

BARONA, Josep Lluís y Xavier GÓMEZ I FONT, eds. *La correspondencia de Carolus Clusius con los científicos españoles*. Valencia: Seminari d'Estudis sobre la Ciència, 1998.

BARRERA-OSORIO, Antonio. "Empire and Knowledge: Reporting om the New World". *Colonial Latin American Review* 15, nº 1 (2006): 39-54.

—. *Experiencing Nature: The Spanish American Empire and the Early Scientific Revolution*. Austin: University of Texas Press, 2006.

BARROS, João de. *Décadas*. Ed. António Baião. 4 vols. Colecção de clássicos Sá da Costa. Lisboa: Livraria Sá da Costa, 1945-1946.

BAUDOT, Georges. *Utopia and History in Mexico: The First Chroniclers of Mexican Civilization (1520-1569)*. Trad. Bernard R. Ortiz de Montellano y Thelma Ortiz de Montellano. Niwot: University Press of Colorado, 1995. [Edición original francesa: *Utopie et histoire au Mexique. Les premiers chroniqueurs de la civilisation mexicaine (1520-1569)*. Toulouse: Privat, 1977.] [Edición española: *Utopía e historia en México. Los primeros cronistas de la civilización mexicana (1520-1569)*. Trad. Vicente González Loscertales. Madrid: Espasa-Calpe, 1983.]

BELTRÁN Y RÓZPIDE, Ricardo. "América en el tiempo de Felipe II según el cosmógrafo cronista Juan López de Velasco". *Publicación de la Real Sociedad Geográfica*, 1927, 1-48.

BENNETT, J. A. "The 'Mechanics' Philosophy and the Mechanical Philosophy". *History of Science* 24 (1986): 1-28.

—. *The Divided Circle: A History of Instruments for Astronomy, Navigation, and Surveying*. Oxford: Phaidon, 1987.

—. "The Challenge of Practical Mathematics". En *Science, Culture, and Popular Belief in Renaissance Europe*, eds. Maurice Slawinski, Paolo L. Rossi y Stephen Pumfrey. Manchester: Manchester University Press, 1991, 176-190.

BERGEVIN, Jean. *Déterminisme et géographie: Hérodote, Strabon, Albert le Grand et Sebastian Münster*. Travaux du Département de géographie de l'Université Laval 8. Sainte-Foy, Québec: Presses de l'Université Laval, 1992.

BERTHE, Jean-Pierre. "Juan López de Velasco (c. 1530-1598), cronista y cosmógrafo mayor del Consejo de Indias: Su personalidad y su obra geográfica". *Relaciones* 19, nº 75 (1998): 141-172.

BIAGIOLI, Mario. *Galileo, Courtier: The Practice of Science in the Culture of Absolutism*. Chicago: Chicago University Press, 1993.

Blair, Ann. *The Theater of Nature: Jean Bodin and Renaissance Science*. Princeton, N.J.: Princeton University Press, 1997.

Bouza, Fernando. *Corre manuscrito: Una historia cultural del Siglo de Oro*. Madrid: Marcial Pons, 2001.

Bowen, Margarita. *Empiricism and Geographical Thought: From Francis Bacon to Alexander von Humboldt*. Cambridge: Cambridge University Press, 1981.

Broecke, M. P. R. van den. *Ortelius Atlas Maps: An Illustrated Guide*. Goy-Houten: HES Publishers, 1996.

Brotton, Jerry. *Trading Territories: Mapping the Early Modern World*. Ithaca,: Cornell University Press, 1998.

Browne, Walden. *Sahagún and the Transition to Modernity*. Norman: University of Oklahoma Press, 2000.

Buchwald, Jed Z., ed. *Scientific Practice: Theories and Stories of Doing Physics*. Chicago: University of Chicago Press, 1995.

Buisseret, David, ed. *Monarchs, Ministers, and Maps: The Emergence of Cartography as a Tool of Government in Early Modern Europe*. Chicago: University of Chicago Press, 1992.

Burkholder, Mark A., ed. *Administrators of Empire*. Aldershot: Ashgate/Variorum, 1998.

Bustamante García, Jesús. *La obra etnográfica y lingüística de Fray Bernardino de Sahagún*. Madrid: Universidad Complutense de Madrid, 1989.

—. "De la naturaleza y los naturales americanos en el siglo xvi: Algunas cuestiones críticas sobre la obra de Francisco Hernández". *Revista de Indias* 52 (1992): 297-328.

—. "Francisco Hernández, Plinio del Nuevo Mundo: Tradición clásica, teoría nominal y sistema terminológico indígena en una obra renacentista". En *Entre dos mundos: Fronteras culturales y agentes mediadores*, eds. B. Ares Queija y S. Gruzinski. Sevilla: Escuela de Estudios Hispano-Americanos, 1997, 243-268.

—. "El conocimiento como necesidad de estado: las encuestas oficiales sobre Nueva España durante el reinado de Carlos V". *Revista de Indias* 60, nº 218 (2000): 33-55.

—. "Los círculos intelectuales y las empresas culturales de Felipe II: Tiempos, lugares y ritmos del humanismo en la España del siglo xvi". En *Élites intelectuales y modelos colectivos: Mundo ibérico (siglos XVI-XIX)*, eds. Mónica Quijada y Jesús Bustamante García. Madrid: CSIC, 2003, 33-58.

BUSTOS TOVAR, E. "La introducción de las teorías de Copérnico en la Universidad de Salamanca". Real Academia de Ciencias Exactas, Físicas y Naturales 67-68 (1973): 236-252.

BUTZER, Karl W. "From Columbus to Acosta: Science, Geography, and the New World". *Annals of the Association of American Geographers* 82, n° 3 (1992): 543-565.

CAÑIZARES ESGUERRA, Jorge. "New World, New Stars: Patriotic Astrology and the Invention of Indian and Creole Bodies in Colonial Spanish America, 1600-1650". *American Historical Review* 104, n° 1 (1999): 33-68.

—. "La medida del espacio en el Renacimiento: La aportación de la Universidad de Salamanca". *Cuadernos de Historia de España* 76 (2000): 185-202.

—. "Renaissance Iberian Science: Ignored How Much Longer?". *Perspectives on Science* 12, n° 1 (2004): 86-125.

—. *Nature, Empire, and Nation: Explorations of the History of Science in the Iberian World.* Stanford: Stanford University Press, 2006.

CARABIAS TORRES, Ana María. "Los conocimientos de cosmografía en Castilla en la época del Tratado de Tordesillas". En *El Tratado de Tordesillas y su época*, ed. Luis Antonio Ribot García. Madrid: Junta de Castilla y León, 1995, 959-976.

CASADO SOTO, José Luis. *Discursos de Bernardino de Escalante al Rey y sus ministros (1585-1605): Presentación, estudio y transcripción por José Luis Casado Soto.* Santander: Universidad de Cantabria, 1995.

CEBALLOS-ESCALERA GILA, Alfonso. "Una navegación de Acapulco a Manila en 1611: El Cosmógrafo Mayor Juan Bautista Labaña, el inventor Luis de Fonseca Coutinho, y el problema de la desviación de la aguja". *Revista de la Historia Naval* 17, n° 65 (1999): 7-42.

CEREZO MARTÍNEZ, Ricardo. *La cartografía náutica española en los siglos XIV, XV y XVI.* Madrid: CSIC, 1994.

—. "El meridiano y el ante meridiano de Tordesillas en la geografía, la náutica y la cartografía". *Revista de Indias* 54, n° 202 (1994): 509-542.

CERVANTES DE SALAZAR, Francisco. *Crónica de la Nueva España.* Ed. Agustín Millares Carlo. Biblioteca de Autores Españoles 244-245. Madrid: Atlas, 1971.

CERVERA VERA, Luis. *Inventario de los bienes de Juan de Herrera.* Valencia: Albatros, 1977.

—. "Instrumentos náuticos inventados por Juan de Herrera para determinar la longitud de un lugar". *Llull* 20, nº 38 (1997): 143-160.

Chaves, Jerónimo de. *Chronographía o Repertorio de los tiempos, el más copioso y preciso que hasta ahora ha salido à luz*. Sevilla: En casa de Fernando Diaz en la calle de la Sierpe, 1581.

Cieza de León, Pedro de. *Obras Completas*. Ed. Carmelo Sáenz de Santa María, 3 vols. Madrid: CSIC, 1985.

—. *La crónica del Perú*. Ed. Manuel Ballesteros. Madrid: Dastin, 2000.

Cline, Howard F. "The *relaciones geográficas* of the Spanish Indies, 1577-1586". *Hispanic American Historical Review* 44, nº 3 (1964): 341-374.

—. "The *relaciones geográficas* of the Spanish Indies, 1577-1648". En *Handbook of Middle American Indians: Guide to Historical Sources*, 183-242. Austin: University of Texas Press, 1964.

—. "*Relaciones geográficas*: Revised and Augmented Census of Relaciones geográficas of New Spain, 1579-1585". En *Handbook of Middle American Indians*. Washington, D.C.: Library of Congress, 1966.

Consejo de Indias. *Ordenanzas reales del Consejo de Indias: Gobernación y estado temporal*. Madrid: Casa de Francisco Sánchez, 1585.

Cormack, Lesley B. *Charting an Empire*. Chicago: University of Chicago Press, 1997.

Cortés, Martín. *Breve compendio de la sphera y de la arte de navegar: Introducción por Mariano Cuesta Domingo*. Sevilla: Casa de Antón Álvarez, 1551. [Reimpresión, Madrid: Editiorial Naval, 1990.]

Cortesão, Armando. *Cartografia portuguesa antiga*. Lisboa: Comissão Executiva das Comemorações do Quinto Centenário da Morte do Infante D. Henrique, 1960.

Cortesão, Jaime. "The Pre-Columbian Discovery of America". *Geographical Journal* 89, nº 1 (1937): 29-42.

Cosgrove, Denis E. "The Geometry of the Landscape: Practical and Speculative Arts in Sixteenth-Century Venetian Land Territories". En *The Iconography of Landscape: Essays on the Symbolic Representation, Design, and Use of Past Environments*, eds. Denis E. Cosgrove y Stephen Daniels. Cambridge: Cambridge University Press, 1988, 254-277.

Cotter, Charles H. *A History of Nautical Astronomy*. London: Hollis and Carter, 1968.

COVARRUBIAS HOROZCO, Sebastián de. *Tesoro de la lengua castellana o española*. Edición integral e ilustrada de Ignacio Arellano y Rafael Zafra. Madrid/Frankfurt: Iberoamericana/Vervuert, 2006.

CROMBIE, Alistair C. "Science and the Arts in the Renaissance: The Search for Truth and Certainty, Old and New". En *Science and the Arts in the Renaissance*, eds. John W. Shirley y F. David Hoeniger. London: Folger Books, 1985, 15-26.

CROSBY, Alfred W. *The Measure of Reality: Quantification and Western Society, 1250-1600*. Cambridge: Cambridge University Press, 1997.

CUESTA DOMINGO, Mariano. "'Tierra nueva e cielo nuevo', navegación, geografía y mundo nuevo". *Boletín de la Real Sociedad Geográfica* 128 (1992): 15-37.

—. "La cartografía grabada en la obra de Antonio de Herrera". En *Descubrimiento y cartografía en la época de Felipe II*, ed. Mariano Cuesta Domingo. Valladolid: Universidad de Valladolid, 1999, 71-114.

DAINVILLE, François de. *La géographie des humanistes: Les Jésuites et l'éducation de la société française*. Paris: Beauchesne et Ses Fils, 1940.

DASTON, Lorraine. "Baconian Facts, Academic Civility, and the Prehistory of Objectivity". *Annals of Scholarship* 8 (1991): 337-364.

—. "Strange Facts, Plain Facts, and the Texture of Scientific Experience in the Enlightenment". En *Proof and Persuasion: Essays on Authority, Objectivity, and Evidence*, eds. Suzanne Marchand y Elizabeth Lunbeck. Turnhout: Brepols, 1996, 42-59.

DEAR, Peter R. *Discipline and Experience: The Mathematical Way in the Scientific Revolution*. Chicago: University of Chicago Press, 1995.

D'OLWER, Luis Nicolau. *Fray Bernardino de Sahagún, 1499-1590*. Trad. Mauricio J. Mixco. Salt Lake City: University of Utah Press, 1987. [Edición española original homónima. México: Instituto Panamericano de Geografía e Historia, 1952.]

DOMÍNGUEZ ORTIZ, Antonio. *Desde Carlos V a la paz de los Pirineos, 1517-1660*. Barcelona: Ediciones Grijalbo, 1974.

EDGERTON, Samuel Y. "From Mental Matrix to Mappamundi to Christian Empire: The Heritage of Ptolemaic Cartography in the Renaissance". En *Art and Cartography*, ed. David Woodward. Chicago: University of Chicago Press, 1987, 10-50.

Edwards, Clinton R. "Mapping by Questionnaire and Early Spanish Attempts to Determine New World Geographical Positions". *Imago Mundi* 23 (1969): 17-28.

Elliott, John H. *The Old World and the New, 1492-1650*. Cambridge: Cambridge University Press, 1970. [Edición en español: *El Viejo Mundo y el Nuevo, 1492-1650*. Madrid: Alianza, 1990.]

—. *Spain and Its World, 1500-1700*. New Haven: Yale University Press, 1989.

—. *Imperial Spain, 1469-1716*. London: Penguin Books, 1990.

—. "A Europe of Composite Monarchies". *Past and Present* 137 (1992): 48-71.

—. *Empires of the Atlantic World: Britain and Spain in America, 1492-1830*. New Haven: Yale University Press, 2006.

Escalante de Mendoza, Juan de. *Itinerario de navegación de los mares y tierras occidentales, 1575*. Madrid: Museo Naval, 1985.

Esteban Piñeiro, Mariano. "La primera versión castellana de *De Revolutionibus Orbium Caelestium*: Juan Cedillo Diaz (1620-1625)". *Asclepio* 43, nº 1 (1991): 131-162.

—. "Elio Antonio de Nebrija y la búsqueda de patrones universales de medida". En *El Tratado de Tordesillas y su época*, ed. Luis Antonio Ribot García. Valladolid: Junta de Castilla y León, 1995, 569-582.

—. "Los cosmógrafos al servicio de Felipe II". *Mare Liberum* 10 (1995): 525-539.

—. "Los cosmógrafos del rey". En *Madrid, ciencia y corte*, eds. Antonio Lafuente y Javier Moscoso. Madrid: CSIC, 1999, 121-133.

Esteban Piñeiro, Mariano, María I. Vicente Maroto y Félix Gómez Crespo. "La recuperación del gran tratado científico de Alonso de Santa Cruz: El astronómico real". *Asclepio* 44 (1992): 3-32.

Estrabón. *Geografía. Libros I-II*. Introducción general de J. García Blanco, traducción y notas de J. L. García Ramón y J. García Blanco. Madrid: Gredos, 1991.

Etayo-Piñol, Marie Ange. "Medina y Cortés o el aprendizaje de las técnicas de navegación en Europa en el siglo xv". *Revista de Historia Naval* 16, nº 64 (1998): 41-47.

Euclides. *La perspectiva, y especularia de Euclides: Traduzidas en vulgar Castellano, y dirigidas a la S. C. R. M. del Rey don Phelippe nuestro Señor*. Trad. Pedro Ambrosio Ondériz. Madrid: Imp. casa de la viuda de Alonso Gómez, 1585.

FALERO, Francisco. *El tratado de la esphera y del arte de marear (1535)*. Edición facsímil. Eds. Ministerio de Defensa y Ministerio de Agricultura. Borriana: Ediciones Histórico Artísticas, 1989.

FEINGOLD, Mordechai y Víctor NAVARRO BROTÓNS, eds. *Universities and Science in the Early Modern Period*. Dordrecht: Springer, 2006.

FERNÁNDEZ ÁLVAREZ, Manuel. *Copérnico y su huella en la Salamanca del Barroco*. Salamanca: Universidad de Salamanca, 1974.

FERNÁNDEZ-ARMESTO, Felipe. *Columbus*. New York: Oxford University Press, 1991.

FERNÁNDEZ DE NAVARRETE, Martín. *Colección de opúsculos del excmo. sr. d. Martín Fernández de Navarrete*, 2 vols. Madrid: Impr. de la Viuda de Calero, 1848.

—. *Biblioteca marítima española*, 2 vols. Madrid: Impr. de la Viuda de Calero, 1851. [Reimpresión, New York: Burt Franklin, 1968.]

—. *Disertación sobre la historia de la náutica y de las ciencias matemáticas que han contribuido a sus progresos entre los españoles*. Ed. Carlos Seco Serrano. Biblioteca de Autores Españoles 77. Madrid: Ediciones Atlas, 1954-1955.

—. *Colección de documentos y manuscritos compilados por Martín Fernández de Navarrete*, ed. Museo Naval, 32 vols. Nendeln: Kraus-Thomson, 1971.

FERNÁNDEZ DE NAVARRETE, Martín, *et al.*, eds. *Colección de documentos inéditos para la historia de España*, 113 vols. Vaduz: Kraus Reprint, 1964-1975.

FERNÁNDEZ VALLÍN, Acisclo. *Cultura científica en España en el siglo XVI*. Prefacio de Marcelino Menéndez y Pelayo. Madrid: Sucesores de Rivadeneyra, 1893. [Edición facsímil, Sevilla: Padilla Libros, 1989.]

FEROS, Antonio. "El viejo monarca y los nuevos favoritos: Los discursos sobre la privanza en el reinado de Felipe II". *Studia Historica: Historia Moderna* 17 (1997): 11-36.

—. *El Duque de Lerma: Realeza y privanza en la España de Felipe III*. Madrid: Marcial Pons, 2002.

FINEO, Oroncio. *Protomathesis: Opus varium...* Paris: Gerardi Morrhij et Ioannis Pet, 1532.

—. *Quadratura circuli [...] De invenienda longitudinis locorum differentia...* Paris: S. Colinaeum, 1544.

FLÓREZ MIGUEL, Cirilo. "Cosmógrafos salamantinos de Renacimiento y cambio de paradigma". En *Ciencia, vida y espacio en Iberoamérica*, ed. José Luis Peset. Madrid: CSIC, 1989, 379-387.

Flórez Miguel, Cirilo, Pablo García Castillo y Roberto Albares Albares. *El humanismo científico*. Salamanca: Caja de Ahorros y Monte de Piedad, 1988.

Friede, Juan. "La censura española del siglo xvi y los libros de historia de América". *Revista de Historia de América* 47 (1959): 45-94.

Frisio, Gemma el. *De principiis astronomiae et cosmographiae*. Antwerpen: Ioannis Steelfii, 1553. [Edición facsímil con introducción de C. A. Davids. Reimpresión, Delmar: Scholars' Facsimiles and Reprints for the John Carter Brown Library, 1992.]

Frisio, Gemma el, *et al. Cosmographia, siue Descriptio uniuersi orbis*. Antwerpen: Apud Ioan. Bellerum, 1584. Microfilm.

Galilei, Galileo. "Discourse on the Tides (1616)". En *The Galileo Affair: A Documentary History*, ed. Maurice Finocchiaro. Berkeley: University of California Press, 1989, 119-133. [Para la versión original ("Discorso sopra il flusso e il reflusso del mare"), véase *Le Opere di Galileo Galilei. Edizione Nazionale*, ed. Antonio Favaro. Firenze: Barbera, 1890-1909. Reimpresión 1964-1968.]

Gallois, Lucien Louis. *Les géographes allemands de la Renaissance*. Paris: E. Leroux, 1890.

García Camarero, Ernesto, ed. *La polémica de la ciencia española*. Madrid: Alianza, 1970.

García Cárcel, Ricardo. *La leyenda negra: Historia y opinión*. Madrid: Alianza, 1998.

García de Céspedes, Andrés. *Libro de instrumentos nuevos de geometría muy necesarios para medir distancias, y alturas, sin que intervengan numeros como se demuestra en la práctica*. Madrid: Juan de la Cuesta, 1606.

—. *Regimiento de navegación e hydrografía*. Madrid: Casa de Juan de la Cuesta, 1606.

García Pimentel, Luis. *Descripción del arzobispado de México hecha en 1570*. México: J. J. Terrazas, 1897.

—. ed. *Relación de los obispados de Tlaxcala, Michoacán, Oaxaca y otros lugares en el siglo xvi: Manuscrito de la colección del señor don Joaquín García Icazbalceta*, 2 vols. Documentos históricos de Méjico. México: s. e., 1904.

García Tapia, Nicolás y M. I. Vicente Maroto. "Juan de Herrera, un científico en la corte española". En *Instrumentos científicos del siglo xv: La corte española y la Escuela de Lovaina*. Madrid: Fundación Carlos de Amberes, 1997, 41-54.

Garza, Mercedes de la, ed. *Relaciones histórico-geográficas de la gobernación de Yucatán*. México: Universidad Nacional Autónoma de México, 1983.

Gerbi, Antonello. *Nature in the New World: From Christopher Columbus to Gonzalo Fernández de Oviedo*. Trad. Jeremy Moyle. Pittsburgh: University of Pittsburgh Press, 1985. [Edición original italiana: *La natura delle Indie nuove: da Cristoforo Colombo a Gonzalo Fernandez*. Milano/Napoli: Ricciardi, 1975.]

Gerhard, Peter. *A Guide to the Historical Geography of New Spain*. Cambridge Latin American Studies 14. Cambridge: Cambridge University Press, 1972.

Gil, Juan. "Pedro Mártir de Anglería, intérprete de la cosmografía colombina". *Anuario de Estudios Americanos* 39 (1982): 487-502.

Gingerich, Owen. "Sacrobosco as a Textbook". *Journal for the History of Astronomy* 19 (1988): 269-273.

Golinski, Jan. "The Theory of Practice and the Practice of Theory: Sociological Approaches in the History of Science". *Isis* 81 (1990): 492-505.

Gómez Gómez, Margarita e Isabel González Ferrín. "El archivo secreto del Consejo de Indias y sus fondos bibliográficos". *Historia, Instituciones, Documentos* 19 (1992): 187-214.

González de Mendoza, Juan. *Historia de las cosas mas notables, ritos y costumbres del gran reino de la China*. Introducción de P. Félix García. Madrid: M. Aguilar, 1944.

González Echevarría, Roberto. "The Second Discovery of America". *Yale Review* 86, nº 1 (1998): 136-153.

González González, Francisco Javier. "Martín Cortés de Albácar, Cádiz y el *Breve compendio de la sphera y de la arte de navegar* (1551)". *Gades* 22 (1997): 311-326.

Goodman, David C. *Power and Penury: Government, Technology, and Science in Philip II's Spain*. Cambridge: Cambridge University Press, 1988.

Gracián, Antonio. "Diurnal de Antonio Gracián, secretario de Felipe II". En *Documentos para la historia del monasterio de San Lorenzo el Real de El Escorial*, ed. Gregorio de Andrés. El Escorial: Imprenta del Real Monasterio, 1962.

Grafton, Anthony. *Defenders of the Text: The Traditions of Scholarship in an Age of Science, 1450-1800*. Cambridge, Mass.: Harvard University Press, 1991.

Grafton, Anthony, April Shelford y Nancy Siraisi, eds. *New World, Ancient Texts: The Power of Tradition and the Shock of Discovery*. Cambridge: Belknap Press of Harvard University Press, 1992.

Grant, Edward. *The Foundations of Modern Science in the Middle Ages*. Cambridge: Cambridge University Press, 1996.

Grendler, Paul F. *The Universities of the Italian Renaissance*. Baltimore: Johns Hopkins University Press, 2002.

Guillén y Tato, Julio Fernando. *Inventario de los papeles pertenecientes al Excmo. Señor D. Martín Fernández de Navarrete existente en Abalos, en el Archivo del Marques de Legarda*. Madrid: Ediciones Cultura Hispánica, 1944.

Harley, J. B. *The New Nature of Maps*. Ed. Paul Laxton. Baltimore: Johns Hopkins University Press, 2001.

Harley, J. B. y D. Woodward, eds. *The History of Cartography*, vol. 1, 4 vols. Chicago: University of Chicago Press, 1987.

Harris, Steven J. "Confession-Building, Long-Distance Networks, and the Organization of Jesuit Science". *Early Science and Medicine* 1, n° 3 (1996): 287-318.

Harvey, David. "Between Space and Time: Reflections on the Geographical Imagination". *Annals of the Association of American Geographers* 80, n° 3 (1990): 418-432.

Henry, John. "National Styles in Science". En *Geography and Revolution*, eds. David N. Livingstone y Charles W. J. Whithers. Chicago: University of Chicago Press, 2005, 43-74.

—. *The Scientific Revolution and the Origins of Modern Science*. New York: St. Martin's, 1997.

Heredia Herrera, Antonia, ed. *Catálogo de las consultas del Consejo de Indias, 1529-1591*. 2 vols. Madrid: Dirección General de Archivos y Bibliotecas, 1972.

Hernández, Francisco. *The Mexican Treasury: The Writings of Dr. Francisco Hernández*. Ed. Simon Varey. Stanford: Stanford University Press, 2000.

Hernando, Agustín. *La imagen de un país: Juan Bautista Labaña y su mapa de Aragón (1610-1620)*. Zaragoza: Institución Fernando el Católico, 1996.

Herrera, Juan de. *Institución de la Academia Real Mathemática*. Eds. José Simón Díaz y Luis Cervera Vera. Madrid: Instituto de Estudios Madrileños, 1995.

Herrera y Tordesillas, Antonio de. *Historia general de los hechos de los castellanos en las Islas y Terra Firme del Mar Océano, o, Décadas de Antonio de Herrera y Tordesillas (1601-1615)*. Ed. Mariano Cuesta Domingo, 4 vols. Madrid: Universidad Complutense de Madrid, 1991.

Hessels, Jan Hendrik. *Abrahami Ortelii et virorum eruditorum ad eundem at ad Iacobum Colium Ortelianum epistolae*, 4 vols. Ecclesiae Londino-Batavae Archivum. Cambridge: Academiae Sumptibus Ecclesiae Londino-Batavae, 1887-1897.

Hewson, J. B. *A History of the Practice of Navigation*. Glasgow: Brown, 1951.

Hillgarth, J. N. *The Mirror of Spain, 1500-1700: The Formation of a Myth*. Ann Arbor: University of Michigan Press, 2000.

Holmes, Frederic L., Jürgen Renn y Hans-Jörg Rheinberger, eds. *Reworking the Bench: Research Notebooks in the History of Science*. Dordrecht: Kluwer Academic, 2003.

Hurtado Torres, Antonio. "La 'Esphera' de Sacrobosco en la España de los siglos xvi y xvii: Difusión bibliográfica". *Cuadernos Bibliográficos* 44 (1982): 49-58.

Jalón, Mauricio. "Empresas científicas: Sobre las políticas de la ciencia en el siglo xvii". En *Madrid, ciencia y corte*, eds. Antonio Lafuente y Javier Moscoso, 155-175. Madrid: CSIC, 1999.

Jiménez de la Espada, Marcos. *Relaciones geográficas de Indias: Perú*. Madrid: Real Academia Española, 1881-1897. [Reimpresión, Biblioteca de Autores Españoles 183-185. Madrid: Atlas, 1965.]

Juderías, Julián. *La leyenda negra: Estudios acerca del concepto de España en el extranjero*. Valladolid: Junta de Castilla y León, Consejería de Educación y Cultura/Caja Salamanca y Soria, 1997.

Kagan, Richard L. *Lawsuits and Litigants in Castile, 1500-1700*. Chapel Hill: University of North Carolina Press, 1981.

—. "Philip II and the Geographers". En *Spanish Cities of the Golden Age: The Views of Anton van den Wyngaerde*, ed. Richard L. Kagan. Berkeley: University of California Press, 1989, 40-53.

—. "Clio and the Crown: Writing History in Habsburg Spain". En *Spain, Europe, and the Atlantic World: Essays in Honor of John H. Elliott*, eds. Richard L. Kagan y Geoffrey Parker, 73-99. Cambridge: Cambridge University Press, 1995.

—. "Arcana Imperii: Mapas, sabiduría y poder en la corte de Felipe IV". En *El atlas de Rey Planeta: La descripción de España y de las costas y puertos de sus reinos de Pedro Texeira*. Madrid: Editorial Nerea, 2002, 49-70.

—. *El rey recatado: Felipe II, la historia y los cronistas del rey*. Colección Síntesis. Valladolid: Universidad de Valladolid, 2004.

KARROW, R. W., Jr. "Intellectual Foundations of the Cartographic Revolution". Tesis doctoral, Loyola University Chicago, 1999.

KELLEY, Donald R., ed. *History and the Disciplines: The Reclassification of Knowledge in Early Modern Europe*. Rochester, N.Y.: University of Rochester Press, 1997.

KREMER, Richard L. y Jerzy DOBRZYCKI. "Alfonsine Meridians: Tradition versus Experience in Astronomical Practice, c. 1500". *Journal for the History of Astronomy* 29 (1998): 187-199.

LAMB, Ursula. *Cosmographers and Pilots of the Spanish Maritime Empire*. Aldershot: Variorum/Ashgate, 1995.

LAS CASAS, Bartolomé de. *A Short Account of the Destruction of the Indies*. Introducción de Anthony Pagden. London: Penguin Books, 1992. [Una edición del texto español original: *Brevísima relación de la destruición de las Indias*. Ed. André Saint Lu. Madrid: Cátedra, 2005.]

LEÓN PINELO, Antonio de. *El epítome de Pinelo, primera bibliografía del Nuevo Mundo*. 1629. Edición facsímil, ed. Agustín Millares Carlo. Washington, D.C.: Unión Panamericana, 1958.

LEOVICIO, Cipriano. *Eclipsium omnium ab anno Domini 1554 usque in annum Domini 1606: Accurata descriptio & pictura, ad meridianum Augustanum ita supputata, ut quibusvis aliis facillimè accommodari possit, una cum explicatione effectuum tam generalium quàm particularium pro cuiusque genesi*. Augsburg: Philippus Ulhardus, 1556.

LESTRINGANT, Frank. *Mapping the Renaissance World*. Trad. David Fausset. Cambridge: Polity, 1994. [Edición original francesa: *L'atelier du cosmographe ou l'image du monde à la Renaissance*. Paris: Albin Michel, 1991.]

LINDBERG, David C. y Robert S. WESTMAN, eds. *Reappraisals of the Scientific Revolution*. Cambridge: Cambridge University Press, 1990.

LIVINGSTONE, David N. *The Geographical Tradition: Episodes in the History of a Contested Enterprise*. Oxford: Blackwell, 1992.

Llaguno y Amirola, Eugenio y Juan A. Ceán-Bermúdez. *Noticias de los arquitectos y arquitectura de España desde la restauración*, vol. 2, 4 vols. Madrid: Imprenta Real, 1829. [Reimpresión, Madrid: Ediciones Turner, 1977.]

Lloyd, G. E. R. "Saving the Appearances". *Classical Quarterly* 28, nº 1 (1978): 202-222.

Long, Pamela O. *Openness, Secrecy, and Authorship: Technical Arts and the Culture of Knowledge from Antiquity to the Renaissance*. Baltimore: Johns Hopkins University Press, 2001.

López de Gómara, Francisco. *La conquista de México*. Crónicas de América. Madrid: Dastin, 2000.

López de Velasco, Juan. *Orthographía y pronunciación castellana*. Burgos: Felipe de Junta, 1582.

—. *Geografía y descripción universal de las Indias*. Introducción de doña María del Carmen González Muñoz. Biblioteca de Autores Españoles 248. Madrid: Atlas, 1971.

—. *Geografía y descripción universal de las Indias*. Ed. Justo Zaragoza. Madrid: Real Academia de Historia, 1894.

López Piñero, José María. *Ciencia y técnica en la sociedad española de los siglos XVI y XVII*. Barcelona: Labor, 1979.

—. *El arte de navegar en la España del Renacimiento*. 2ª ed. Barcelona: Editorial Labor, 1986.

López Piñero, José María y José Pardo Tomás. *La influencia de Francisco Hernández (1515-1587) en la constitución de la botánica y la materia médica modernas*. Valencia: Instituto de Estudios Documentales e Históricos sobre la Ciencia/Universitat de València/CSIC, 1996.

Love, A. W. *Philip II and Mateo Vázquez de Leca: The Government of Spain (1572-1592)*. Genève: Librairie Droz, 1977.

Maltby, William S. *The Black Legend in England: The Development of Anti-Spanish Sentiment, 1558-1660*. Durham: Duke University Press, 1971.

Mancho Duque, María Jesús, ed. *Pórtico a la ciencia y a la técnica del Renacimiento*. Salamanca: Junta de Castilla y León, 2001.

Manzano Manzano, Juan. *Historia de las recopilaciones de Indias*, 2 vols. Madrid: Ediciones Cultura Hispánica, 1950.

—. "La visita de Ovando al Real Consejo de las Indias y el Código Ovandino". En *El Consejo de las Indias en el siglo XVI*, 111-123. Valladolid: Universidad de Valladolid, 1970.

Marchetti, Giovanni. "Hacia la edición crítica de la *Historia* de Sahagún". *Cuadernos Hispanoamericanos* 396 (1983): 1-36.

Martin, Julian. *Francis Bacon, the State, and the Reform of Natural Philosophy*. Cambridge: Cambridge University Press, 1992.

Martín Merás, Luisa. *Cartografía marítima hispana*. Colección Ciencia y Mar. Barcelona: Lunwerg Editores, 1993.

Mayhew, Robert J. "Geography, Print Culture, and the Renaissance: 'The Road Less Travelled By' ". *History of European Ideas* 27 (2001): 349-369.

Medina, José Toribio. *El veneciano Sebastián Caboto al servicio de España y especialmente de su proyectado viaje á las Molucas por el Estrecho de Magallanes y al reconocimiento de la costa del continente hasta la gobernación de Pedrarias Dávila*, 2 vols. Santiago de Chile: Imprenta y Encuadernación Universitaria, 1908.

—. *Biblioteca hispanoamericana, 1493-1810*. Edición facsímil. Santiago de Chile: Fondo Histórico y Bibliográfico José Toribio Medina, 1958.

—. *Historia de la imprenta en los antiguos dominios españoles de América y Oceanía*, 2 vols. Santiago de Chile: Fondo Histórico y Bibliográfico José Toribio Medina, 1958.

Medina, Pedro de. *Libro de las grandezas y cosas memorables de España*. Introducción y prólogo de Ángel González Palencia. Madrid: CSIC, 1944.

Mela, Pomponio. *Pomponius Mela's Description of the World*, ed. y trad. F. E. Romer. Ann Arbor: University of Michigan Press, 1998. [Traducción inglesa de la *Corografía* de Pomponio Mela.] [Edición española: Corografía, trad. Carmen Guzmán Arias. Murcia: Universidad de Murcia, 1989.]

Mignolo, Walter D. "Cartas, crónicas y relaciones del descubrimiento y la conquista". En *Historia de la literatura hispanoamericana*, ed. Luis Íñigo Madrigal. Madrid: Cátedra, 1982, 57-116.

—. *The Darker Side of the Renaissance: Literacy, Territoriality, and Colonization*. Ann Arbor: University of Michigan Press, 1995.

Miguélez, Manuel. *Catálogo de los códices españoles de la Biblioteca del Escorial*, 2 vols. Madrid: Imprenta Helénica, 1917.

—. "Sobre el verdadero autor del 'Dialogo de las lenguas'". *La Ciudad de Dios* 117 (1919): 441-457.

Millán de Benavides, Carmen. *Epítome de la conquista del Nuevo Reino de Granada: La cosmografía Española de siglo XVI y el conocimiento por cuestionario*. Bogotá: Pontificia Universidad Javeriana, Instituto de Estudios Sociales y Culturales Pensar, 2001.

Millares Carlo, Agustín, ed. *Cartas recibidas de España para Francisco Cervantes de Salazar (1569-1575)*. México: Antigua Librería Robredo, 1946.

Moran, Bruce T., ed. *Patronage and Institutions: Science, Technology, and Medicine at the European Court, 1500-1750*. Rochester: Boydell, 1991.

Mundy, Barbara M. *The Mapping of New Spain: Indigenous Cartography and the Maps of the "relaciones geográficas"*. Chicago: University of Chicago Press, 1996.

Muñoz, Jerónimo. *Libro del nuevo cometa*. Ed. Víctor Navarro Brotóns. Valencia: Valencia Cultural, 1981.

—. *Jerónimo Muñoz: Introducción a la astronomía y la geografía*. Ed. Víctor Navarro Brotóns. Colleció Oberta. Valencia: Consell Valencià de Cultura, 2004.

Muro Orejón, Antonio. "Las ordenanzas de 1571 del Real y Supremo Consejo de las Indias: Reproducción facsimilar". *Anuario de Estudios Americanos* 14 (1957): 363-423.

Naudé, Françoise. *Reconnaissance du Nouveau Monde et cosmographie à la Renaissance*. Kassel: Edition Reichenberger, 1992.

Nauert, Charles G., Jr. "Humanists, Scientists, and Pliny: Changing Approaches to a Classical Author". *American Historical Review* 84, nº 1 (1979): 72-85.

Navarro Brotóns, Víctor. "Cartografía y cosmografía en la época del descubrimiento". En *Mundialización de la ciencia y cultura nacional: Actas del Congreso Internacional "Ciencia, descubrimiento y mundo colonial"*, eds. A. Lafuente, A. Elena, y M. L. Ortega. Madrid: Doce Calles, 1991, 67-73.

—. *Bibliographia Physico-Mathematica Hispanica (1475-1900)*. Valencia: CSIC, 1999.

—. "Astrología y cosmografía entre 1561 y 1625". *Cronos* 3, nº 2 (2000): 349-380.

Navarro Brotóns, Víctor y William Eamon. "Spain and the Scientific Revolution: Historiographical Questions and Conjectures". En *Más allá de la leyenda negra: España y la Revolución Científica*, eds. Víctor Navarro Brotóns y William Eamon. Valencia: Soler, 2007, 27-38.

Navarro Brotóns, Víctor y Enrique Rodríguez Galdeano. *Matemáticas, cosmología y humanismo en la España del siglo xvi: Los comentarios al segundo libro de la historia natural de Plinio de Jerónimo Muñoz*. Valencia: Instituto de Estudios Documentales e Históricos sobre la Ciencia, 1998.

Naylor, Ron. "Galileo's Tidal Theory". *Isis* 98 (2007): 1-22.

Nebrija, Elio Antonio de. *Elio Antonio de Nebrija, cosmógrafo: In cosmographiae libros introductorium*. Trad. Virginia Bonmatí Sánchez. Ed. Hermandad de los Santos de Lebrija. Cádiz: Agrija Ediciones, 2000.

Newman, William R. y Lawrence M. Principe. *Alchemy Tried in the Fire: Starkey, Boyle, and the Fate of Helmontian Chymistry*. Chicago: University of Chicago Press, 2002.

Núñez, Pedro. "De erratis Orontii Finoei liber unus". En *Petri Nonii Salaciensis Opera*. Basel: Sebastianum Henricpetri, 1592.

Ortega Rubio, Juan. *Relaciones topográficas de los pueblos de España*. Madrid: Sociedad Española de Artes Gráficas, 1918.

Ortroy, Fernand Gratien van. *Bio-bibliographie de Gemma Frisius, fondateur de l'école belge de géographie, de son fils Corneille et de ses neveux les Arsenius*. Bruxelles: M. Lamertin, 1920.

Osler, Margaret J., ed. *Rethinking the Scientific Revolution*. Cambridge: Cambridge University Press, 2000.

Pacheco, Joaquín Francisco, Francisco de Cárdenas y Espejo y Luis Torres de Mendoza, eds. *Colección de documentos inéditos relativos al descubrimiento, conquista y organización de las antiguas posesiones españolas de América y Oceanía, sacados de los archivos del reino, y muy especialmente del de Indias*, 42 vols. Vaduz: Kraus Reprint, 1964.

Padrón, Ricardo. "Mapping Plus Ultra: Cartography, Space, and Hispanic Modernity". *Representation* 79 (2002): 28-60.

Pardo de Guevara, Eduardo José, María del Pilar Rodríguez Suárez y Dolores Barral. *Don Pedro Fernández de Castro, VII Conde de Lemos (1576-1622)*, 2 vols. Santiago de Compostela: Xunta de Galicia, 1997.

Pardo Tomás, José. *Ciencia y censura: La Inquisición española y los libros científicos en los siglos XVI y XVII*. Madrid: CSIC, 1991.

—. *Oviedo, Monardes, Hernández: El tesoro natural de América, colonialismo y ciencia en el siglo XVI*. Madrid: Nivola, 2002.

Pardo Tomás, José y María Luz López Terrada. *Las primeras noticias sobre plantas americanas en las relaciones de viajes y crónicas de Indias, 1493-1553*. Valencia: Instituto de Estudios Documentales e Históricos sobre la Ciencia/Universitat de València/CSIC, 1993.

Parks, George B. *Richard Hakluyt and the English Voyages*. New York: American Geographical Society, 1930.

PASO Y TRONCOSO, Francisco del. *Epistolario de Nueva España, 1505-1818*, 16 vols. México: Antigua Librería Robredo, 1939-1942.

—. ed. *Relaciones geográficas de la Diócesis de Michoacán, 1579-1580*, 2 vols. Guadalajara: s. e., 1958.

PEDERSEN, Olaf. "In Quest of Sacrobosco". *Journal for the History of Astronomy* 16 (1985): 175-221.

PEÑA CÁMARA, José de la. "La copulata de leyes de Indias y las ordenanzas Ovandinas". *Revista de Indias* 6 (1941): 121-146.

PÉREZ DE OLIVA, Fernán. *Cosmografía nueva*. Edición bilingüe de Cirilo Flórez Miguel. Acta Salamanticensia. Salamanca: Universidad de Salamanca, 1985.

PÉREZ PASTOR, Cristóbal. *Bibliografía madrileña*, 3 vols. Madrid: Tipografía de los Huérfanos, 1891-1907.

PÉREZ-MALLAINA BUENO, Pablo Emilio. "Los libros de náutica españoles del siglo XVI y su influencia en el descubrimiento y conquista de los océanos". En *Ciencia, vida y espacio en Iberoamérica*, ed. José Luis Peset. Madrid: CSIC, 1989, 457-484.

—. *Spain's Men of the Sea: Daily Life on the Indies Fleets in the Sixteenth Century*. Trad. Carla Rahn Phillips. Baltimore: Johns Hopkins University Press, 1998. [Edición española original: *Los hombres del océano*. Sevilla: Diputación Provincial de Sevilla, 1992.]

PÉREZ-RIOJA, José Antonio. "Un insigne visontino del siglo XVI: Juan López de Velasco". *Celtiberia* 8, n° 15 (1958): 7-38.

PICATOSTE Y RODRÍGUEZ, Felipe. *Apuntes para una biblioteca científica española del siglo XVI*. Madrid: Impr. de M. Tello, 1891.

PICKERING, Andrew, ed. *Science as Practice and Culture*. Chicago: University of Chicago Press, 1992.

PINO DÍAZ, Fermín del. "La historia natural y moral de las Indias como género: Orden y génesis literario de la obra de Acosta". En *Primer Congreso Internacional de Peruanistas en el Extranjero, 29 de abril-1 de mayo de 1999*, <http://www.fas.harvard.edu/~icop/fermindelpino.html> (consultado el 5 de abril de 2007).

PINON, Laurent. "Conrad Gessner and the Historical Depth of Renaissance Natural History". En *Historia: Empiricism and Erudition in Early Modern Europe*, eds. Gianna Pomata y Nancy G. Siriasi. Cambridge, Mass.: MIT Press, 2005, 241-267.

POGO, A. "Gemma Frisius, His Method of Determining Differences of Longitude by Transporting Timepieces (1530), and His Treatise on Triangulation (1533)". *Isis* 22 (1935): i-xix, 469-85.

Pohl, Frederick J. *Amerigo Vespucci, Pilot Major*. New York: Columbia University Press, 1945.

Pomata, Gianna y Nancy G. Siriasi, eds. *Historia: Empiricism and Erudition in Early Modern Europe*. Cambridge, Mass.: MIT Press, 2005.

Ponce Leiva, Pilar. "Los cuestionarios oficiales: ¿Un sistema de control de espacio?". En *Cuestionarios para la formación de las relaciones geográficas de Indias, siglos XVI-XIX*, ed. Francisco de Solano. Madrid: CSIC, 1988, xxix-xxxv.

—. ed. *Relaciones histórico-geográficas de la Audiencia de Quito, siglos XVI-XIX*, vol. 1, 2 vols. Madrid: CSIC, 1991.

Poole, Stafford. *Juan de Ovando: Governing the Spanish Empire in the Reign of Philip II*. Norman: University of Oklahoma Press, 2004.

Pozuelo Yvancos, José María. *López de Velasco en la teoría gramatical del siglo XVI*. Murcia: Universidad de Murcia, 1981.

Puente y Olea, Manuel de la. *Los trabajos geográficos de la Casa de Contratación*. Sevilla: Librería Salesianas, 1900.

Pulido Rubio, José. *El piloto mayor de la Casa de la Contratación de Sevilla: Pilotos mayores, catedráticos de cosmografía y cosmógrafos*. Sevilla: Escuela de Estudios Hispano-Americanos, 1950.

Randles, W. G. L. "Portuguese and Spanish Attempts to Measure Longitude in the Sixteenth Century". *Vistas in Astronomy* 28 (1985): 235-241.

—. "Science et cartographie: L'image de monde physique à fin du xve siècle". En *El Tratado de Tordesillas y su época*, ed. Luis Antonio Ribot García. Valladolid: Junta de Castilla y León, 1995, 935-941.

Rawson, Elizabeth. *Intellectual Life in the Late Roman Republic*. Baltimore: Johns Hopkins University Press, 1985.

Redondo, Augustín. "Exaltación de España y preocupaciones pedagógicas alrededor de 1580: Las reformas preconizadas por Juan López de Velasco, cronista y cosmógrafo de Felipe II". En *Felipe II, Europa y la monarquía católica*, ed. José Martínez Millán. Madrid: Parteluz, 1998, 425-436.

—. "Censura, literatura y transgresión en época de Felipe II: El 'Lazarillo castigado' de 1573". *Edad de Oro* 18 (1999): 135-149.

Reyes Gómez, Fermín de los. *El libro en España y América: Legislación y censura (siglos XV-XVIII)*. Madrid: Arco/Libros, 2000.

Ribot García, Luis Antonio, ed. *El Tratado de Tordesillas y su época*, 2 vols. Valladolid: Junta de Castilla y León, 1995.

Rodríguez-Sala, María Luisa. *El eclipse de Luna: Misión científica de Felipe II en Nueva España*. Huelva: Universidad de Huelva, 1998.

Sánchez Bella, Ismael. "El *Título de las descripciones* del código de Ovando". En *Dos estudios sobre el código de Ovando*, 91-217. Pamplona: Universidad de Navarra, 1987.

Sánchez Cantón, Francisco J. *La librería de Juan de Herrera*. Madrid: CSIC, 1941.

Sánchez Ron, José Manuel. "Felipe II, El Escorial y la ciencia Europea". En *La ciencia en el Monasterio del Escorial: Actas del simpósium, 1 al 4 de noviembre de 1993*. Madrid: Ediciones Escurialenses, 1994, 39-72.

Sandman, Alison D. "Educating Pilots: Licensing Exams, Cosmography Classes, and the Universidad de Mareantes in Sixteenth Century Spain". En *Ars nautica: Fernando Oliveira and His Era; Humanism and the Art of Navigation in Renaissance Europe (1450-1650)*, eds. Inácio Guerreiro y Francisco Contente Domingues. Cascais: Patrimonia, 1999, 99-109.

—. "Cosmographers vs. Pilots". Tesis doctoral, University of Wisconsin, 2001.

Santa Cruz, Alonso. *Crónica de los Reyes Católicos*. Ed. Juan de Mata Carriazo. Sevilla: Escuela de Estudios Hispano-Americanos, 1951.

—. *Alonso de Santa Cruz y su obra cosmográfica*. Ed. Mariano Cuesta Domingo, 2 vols. Madrid: CSIC, 1983.

Sanz, Carlos. *Relaciones geográficas de España y de Indias: Impresas y publicadas en el siglo XVI*. Madrid: Bibliotheca Americana Vetustissima, 1962.

Sarmiento de Gamboa, Pedro. *Derrotero al Estrecho de Magallanes (1580)*. Ed. Juan Batista. Madrid: Historia 16, 1987.

—. *The History of the Incas*. Introducción de Brian S. Bauer y Jean-Jacques Decoster. Austin: University of Texas Press, 2007. [Una edición del texto español original: *Historia de los incas*. Madrid: Polifemo, 2007.]

Schäfer, Ernesto [Ernst]. "El cosmógrafo Jaime Juan". *Investigación y Progreso* 10 (1936): 10-15.

—. *El Consejo Real y Supremo de las Indias: Su historia, organización y labor administrativa hasta la terminación de la Casa de Austria*, 2 vols. Valladolid/Madrid: Junta de Castilla y León/Marcial Pons, 2003.

Schatzki, Theodore R., Karin Knorr Cetina y Eike von Savigny, eds. *The Practice Turn in Contemporary Theory*. London: Routledge, 2001.

Sellés, Manuel. *Instrumentos de navegación: Del Mediterráneo al Pacífico*. Barcelona: Lunwerg, 1994.

Sevilla, Isidoro de. *De ecclesiasticis officiis*. Ed. Christopher M. Lawson. Turnhout: Brepols, 1989.

Shapin, Steven. *A Social History of Truth: Civility and Science in Seventeenth-Century England*. Chicago: University of Chicago Press, 1994.

Shapiro, Barbara J. *A Culture of Fact: England 1550-1720*. Ithaca: Cornell University Press, 2000.

Sherman, William H. John Dee: *The Politics of Reading and Writing in the English Renaissance*. Amherst: University of Massachusetts Press, 1995.

Shirley, John W. "Science and Navigation". En *Science and the Arts in the Renaissance*, eds. John W. Shirley y F. David Hoeniger. London: Folger Books, 1985, 74-93.

Sieber, Harry. "The Magnificent Fountain: Literary Patronage in the Court of Philip III". *Cervantes: Bulletin of the Cervantes Society of America* 18, n° 2 (1998): 85-116.

Solano, Francisco de, ed. *Cuestionarios para la formación de las relaciones geográficas de Indias, siglos XVI-XIX*. Madrid: CSIC, 1988.

Taylor, E. G. R. *The Haven-Finding Art: A History of Navigation from Odysseus to Captain Cook*. London: Hollis and Carter, 1956.

Thomas, Werner y Luc Duerloo, eds. *Albert and Isabella, 1598-1621*. Louvain: Brepols, 1998.

Thorndike, Lynn. *The Sphere of Sacrobosco and Its Commentators*. Chicago: University of Chicago Press, 1949.

Torre Revello, José. *El libro, la imprenta y el periodismo en América durante la dominación española*. Buenos Aires: Casa Jacobo Peuser, 1940.

Tolomeo, Claudio. *Ptolemy's Geography: An Annotated Translation of the Theoretical Chapters*. Eds. y trads. J. L. Berggren y A. Jones. Princeton, N.J.: Princeton University Press, 2000. [Traducción inglesa de los capítulos teóricos de la *Geografía*.] [Edición española: *Cosmografía de Tolomeo: estudio y traducción*. Coord. M. C. Díaz y Díaz. Barcelona: Planeta DeAgostini, 2001.]

Torres Naharro, Bartolomé de. *Propalladia and Other Works of Bartolomé de Torres Naharro*. Ed. Joseph E. Gillet, 4 vols. Menasha, Wisc.: George Banta, 1943.

Trueba, Eduardo y José Llavador. "Geografía conflictiva en la expansión marítima luso-española, siglo XVI". *Revista de Historia Naval* 15, n° 58 (1997): 19-38.

TURNBULL, David. *Masons, Tricksters, and Cartographers*. Amsterdam: Harwood Academic, 2000.

VALENCIA, Pedro de, Jesús PANIAGUA PÉREZ, Francisco Javier FUENTE FERNÁNDEZ y Jesús FUENTE FERNÁNDEZ. *Relaciones de Indias: Nueva Granada y Virreinato de Perú*. Vol. 5/1 de *Obras completas*. 2ª ed. León: Universidad de León, 2001.

VALENCIA, Pedro de, Jesús PANIAGUA PÉREZ, Rafael GONZÁLEZ CAÑAL y Gaspar MOROCHO GAYO. *Relaciones de Indias: México*. Vol. 5/2 de *Obras completas*. 2ª ed. León: Universidad de León, 2001.

VANDEN BROECKE, Steven. "The Use of Visual Media in Renaissance Cosmography: The Cosmography of Peter Apian and Gemma Frisius". *Paedagogica Historica* 36, nº 1 (2000): 131-150.

VAREY, Simon, Rafael CHABRÁN y Dora B. WEINER, eds. *Searching for the Secrets of Nature: The Life and Works of Dr. Francisco Hernández*. Stanford: Stanford University Press, 2000.

VICENTE MAROTO, M. I. "Alonso de Santa Cruz y el oficio de Cosmógrafo Mayor del Consejo de Indias". *Mare Liberum* 10 (1995): 509-523.

—. "El arte de navegar". En *Felipe II, la ciencia y la técnica*, ed. E. Martínez Ruiz. Madrid: Actas, 1999.

VICENTE MAROTO, M. I. y Mariano ESTEBAN PIÑEIRO. *Aspectos de la ciencia aplicada en la España del Siglo de Oro*. 2ª ed. Valladolid: Junta de Castilla y León/Sever-Cuesta, 2006.

VIGÓN, Jorge. *Historia de la artillería española*, vol. 1. Madrid: Instituto Jerónimo Zurita, 1947.

VILAR, Sylvia. "La trajectoire des curiosités Espagnoles sur les Indes". *Mèlanges du Casa de Velázquez* 6 (1970): 247-308.

VOGEL, Klaus A. "Cosmography". En *The Cambridge History of Science*, eds. Lorraine Daston y Katherine Park. Cambridge: Cambridge University Press, 2006, 469-496.

WAGNER, Henry R. *Sir Francis Drake's Voyage around the World*. San Francisco: John Howell, 1926.

—. *Spanish Voyages to the Northwest Coast of America in the Sixteenth Century*. Amsterdam: N. Israel, 1966.

WESTFALL, Richard S. "Science and Patronage: Galileo and the Telescope". *Isis* 76, nº 1 (1985): 11-30.

WESTMAN, Robert S. "The Astronomer's Role in the Sixteenth Century: A Preliminary Study". *History of Science* 18 (1980): 103-147.

WHITHERS, Charles W. J. "Geography, Science, and the Scientific Revolution". En *Geography and Revolution*, eds. David N. Livingstone y Charles W. J. Whithers. University of Chicago Press, 2005, 75-105.

Wilkinson-Zerner, Catherine. *Juan de Herrera: Architect to Philip II of Spain*. New Haven: Yale University Press, 1993.

Woodward, D. "Maps and the Rationalization of Geographic Space". En *Circa 1492: Art in the Age of Exploration*, ed. Jay A. Levenson. New Haven: Yale University Press, 1991.

Wright, Edward. *Certaine errors in nauigation detected and corrected by Edw. Wright; with many additions that were not in the former edition as appeareth in the next pages*. London: Printed by Felix Kingsto[n], 1610.

Zamorano, Rodrigo. *Compendio del arte de navegar*. Sevilla: Alonso de Barrera, 1581. [Reimpresión, Colección primeras ediciones. Madrid: Instituto Bibliográfico Hispánico, 1973.]

—. *Chronología y repertorio de la razón de los tiempos*. Sevilla: Imprenta de Francisco de Lyra, 1621.

Zaragoza, Justo. *Historia del descubrimiento de las regiones austriales: Hecho por el general Pedro Fernández de Quirós, el Pacífico hispano y la búsqueda de la "Terra Australis"*. Madrid: Impr. de Manuel G. Hernández, 1876-1882. [Reimpresión, Madrid: Dove, 2000.]

ÍNDICE ANALÍTICO

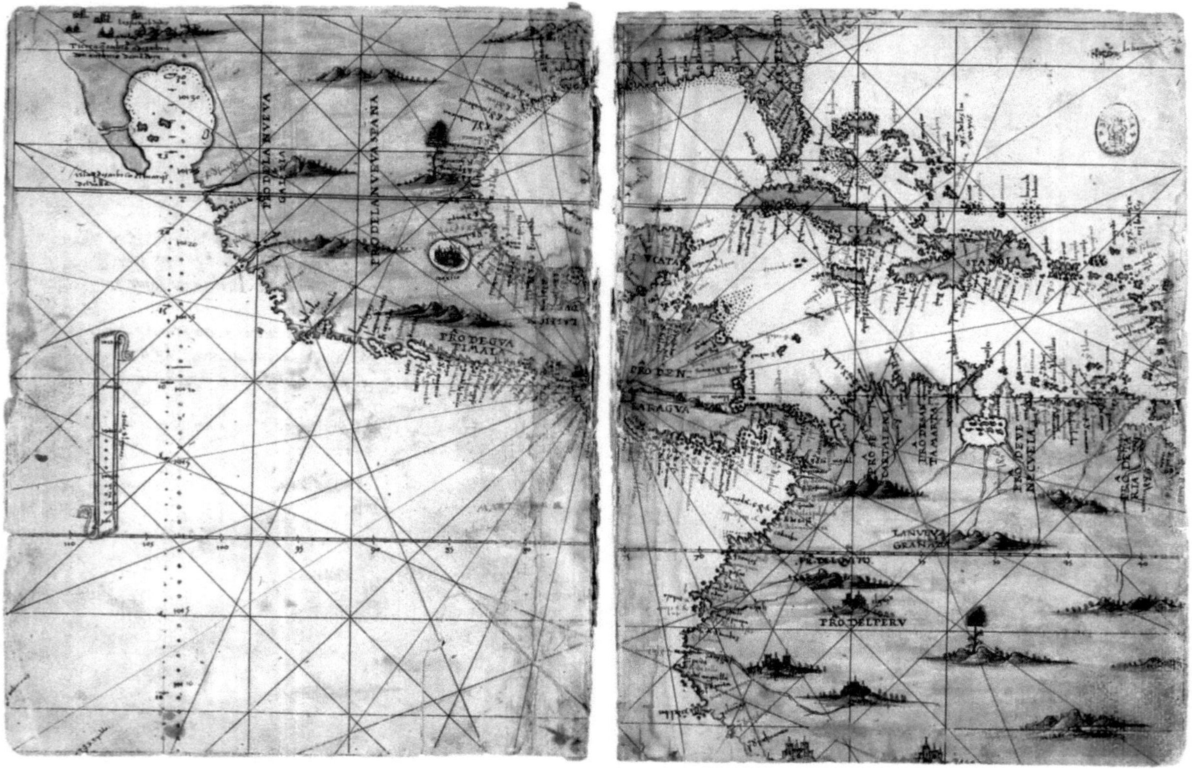

1. Mapa
de las Indias
occidentales del
Islario general
de Alonso de
Santa Cruz.
BN.

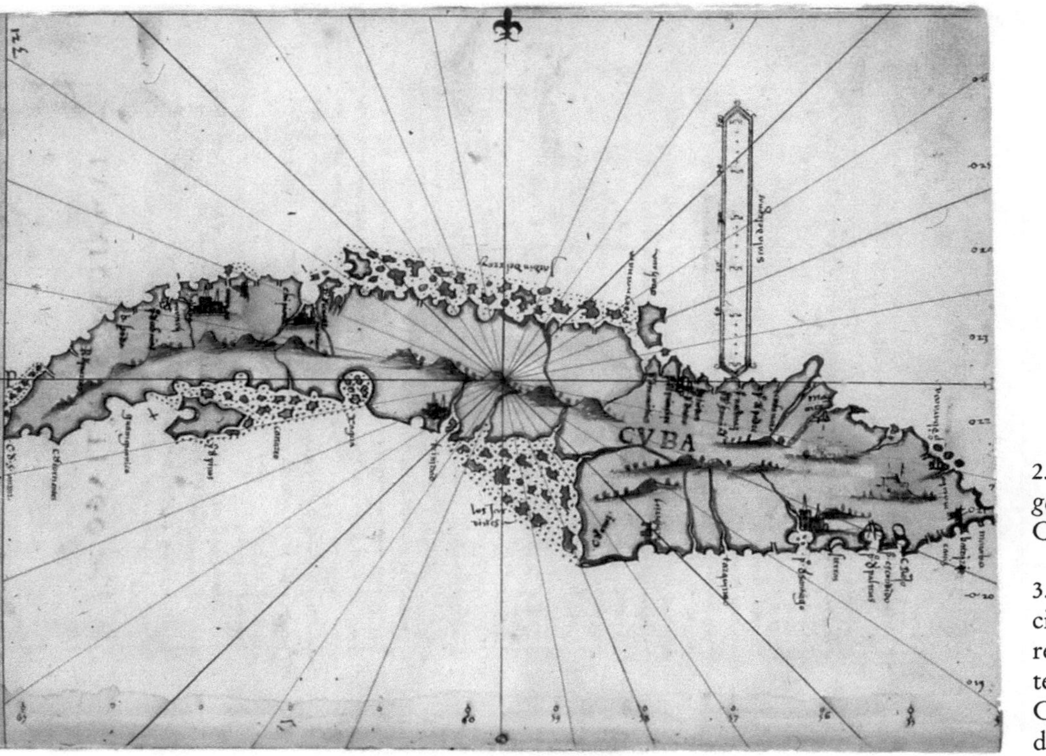

2. Mapa de Cuba del *Islario general* de Alonso de Santa Cruz. BN.

3. Mapamundi en dos circunferencias con centros respectivos en sendos polos terrestres (Alonso de Santa Cruz, 1542). Biblioteca Real de Estocolmo.

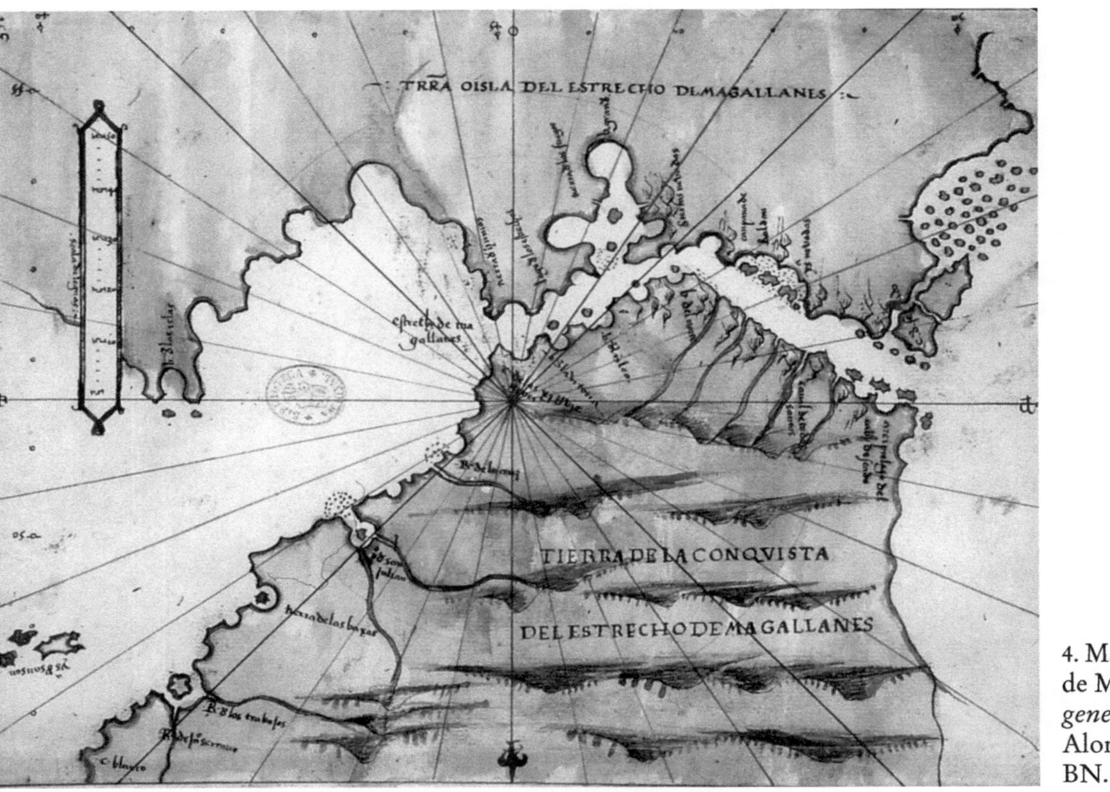

4. Mapa del estrecho de Magallanes del *Islario general* de Alonso de Santa Cruz. BN.

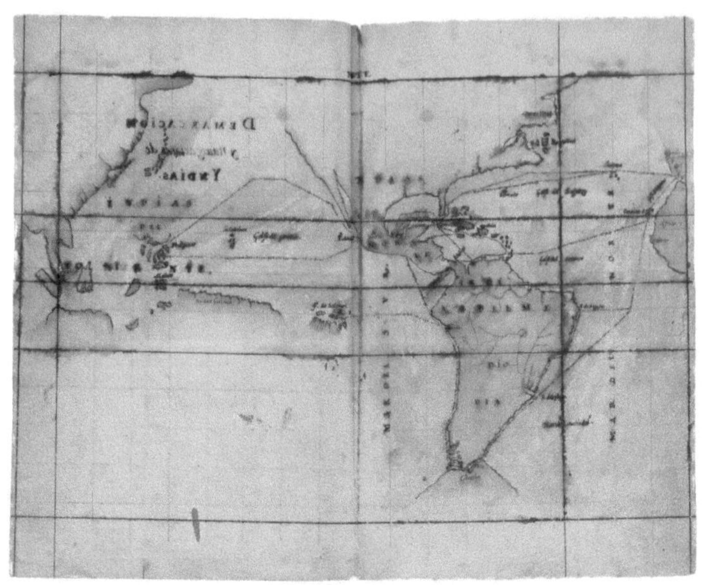

5. "Carta de marear" del *Sumario*
de Juan López de Velasco (c. 1580). JCB.

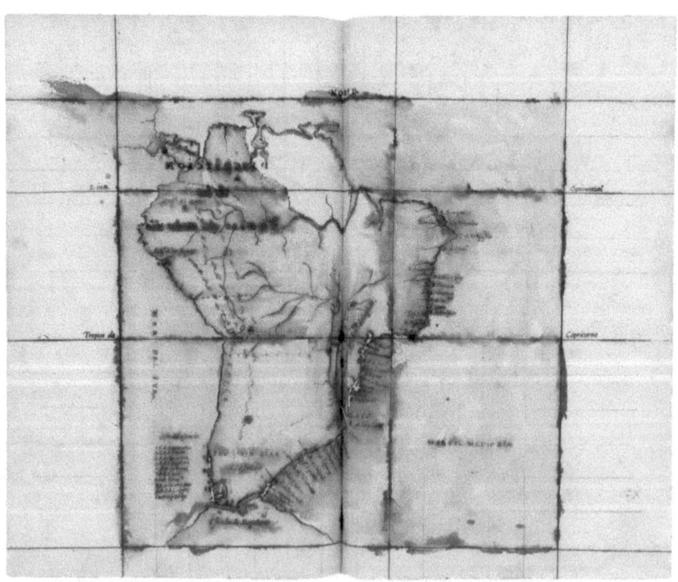

6. "Tabla general de las Indias de medio día" del *Sumario*
de Juan López de Velasco (c. 1580). JCB.

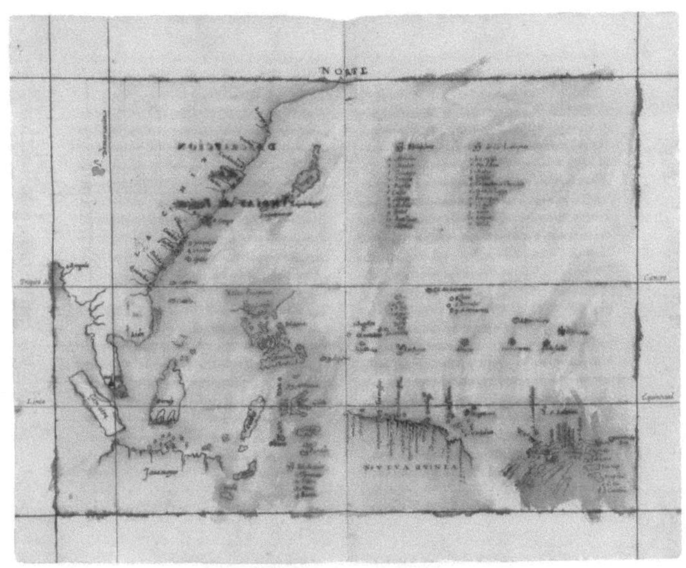

7. "Tabla de las Indias de Poniente" del *Sumario* de Juan López de Velasco (c. 1580). JCB.

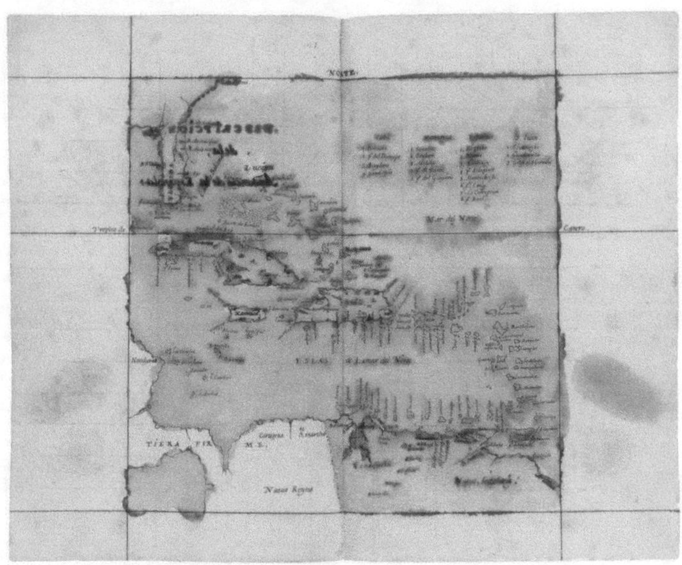

8. "Tabla de la Audiencia de La Española" del *Sumario* de Juan López de Velasco (c. 1580). JCB.

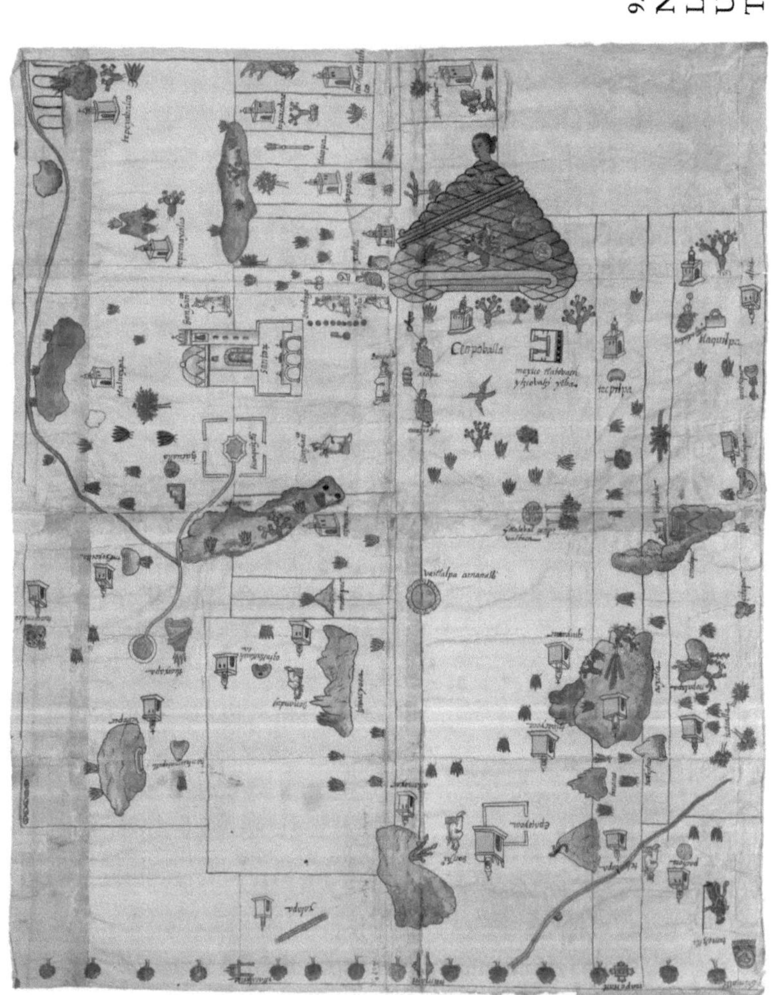

9. Mapa de Cempoala. Nettie Lee Benson Latin American Collection, University of Texas Libraries, The University of Texas at Austin.

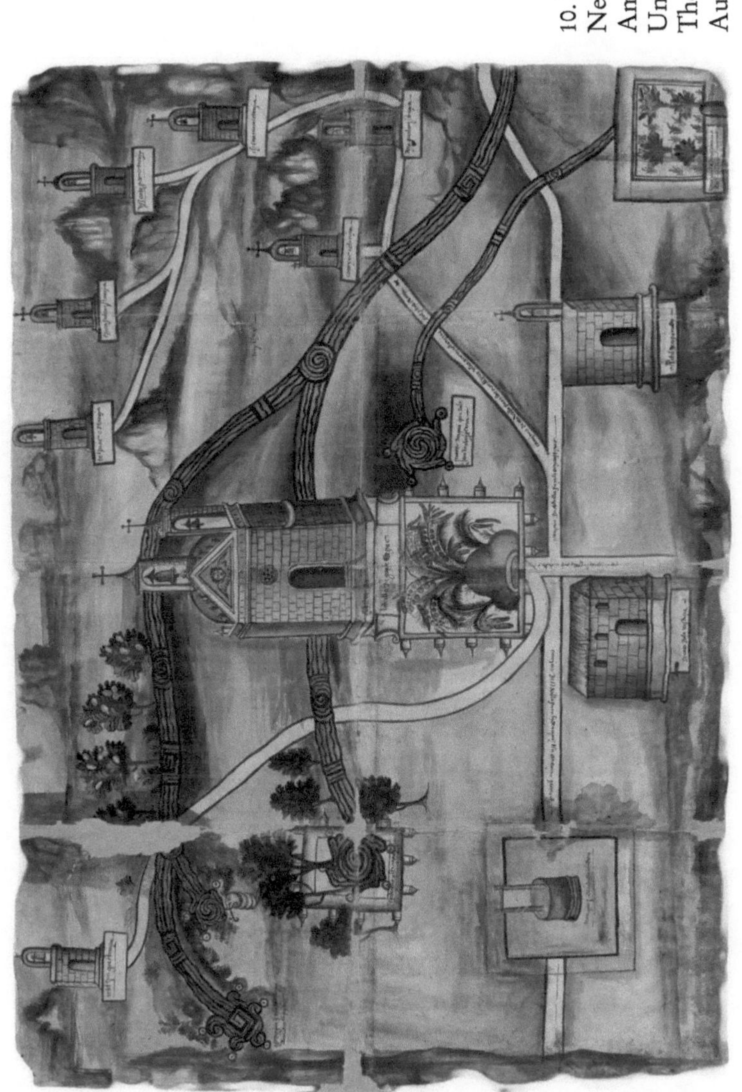

10. Mapa de Guatexpec. Nettie Lee Benson Latin American Collection, University of Texas Libraries, The University of Texas at Austin.